C·H·Beck
PAPERBACK

C.H.BECK GESCHICHTE DER ANTIKE

ELKE STEIN-HÖLKESKAMP
Das archaische Griechenland
Die Stadt und das Meer

SEBASTIAN SCHMIDT-HOFNER
Das klassische Griechenland
Der Krieg und die Freiheit
(in Vorbereitung)

PETER SCHOLZ
Der Hellenismus
Der Hof und die Welt

WOLFGANG BLÖSEL
Die römische Republik
Forum und Expansion

ARMIN EICH
Die römische Kaiserzeit
Die Legionen und das Imperium

RENE PFEILSCHIFTER
Die Spätantike
Der eine Gott und die vielen Herrscher

Peter Scholz

DER HELLENISMUS

Der Hof und die Welt

C.H.Beck Geschichte der Antike

Mit 17 Abbildungen, 10 Karten und 14 Herrscherlisten

Originalausgabe

Gesamtherstellung: Druckerei C.H.Beck, Nördlingen
Umschlagentwurf: Kunst oder Reklame, München
Umschlagabbildung: Alexander der Große auf seinem Pferd Bukephalos: Ausschnitt aus dem «Alexandermosaik» von Pompeji.

Gedruckt auf säurefreiem, alterungsbeständigem Papier
(hergestellt aus chlorfrei gebleichtem Zellstoff)
Printed in Germany
ISBN 978 3 406 67911 7

Für Xenia, Arthur und Oskar –
in Dankbarkeit für ihre Geduld
und Unterstützung

INHALT

Übersetzungen literarischer Quellen und der Bildnachweis finden sich auf der vorderen Umschlaginnenseite.

I. EINLEITUNG: EINE POLITISCHE GESCHICHTE DES HELLENISMUS

In verschiedenen Handbüchern und Darstellungen zur hellenistischen Geschichte hat es sich eingebürgert, die hellenistische Epoche erst mit dem Tod Alexanders beginnen zu lassen. Im Gegensatz dazu werden in der vorliegenden Überblicksdarstellung die Grundlagen und der Aufstieg des makedonischen Königtums miteinbezogen; denn erst die angemessene Berücksichtigung desselben lassen die Grundprobleme Alexanders und seiner Nachfolger, insbesondere das ambivalente Verhältnis der Herrscher zu den griechischen Städten, verständlich werden. Zugleich stellt die Erzählung der Geschichte der makedonischen Könige und der hellenistischen Herrscher den Leitfaden dar, welcher es überhaupt erst ermöglicht, die hellenistische Epoche als historische Einheit zu betrachten. Entsprechend wird ein Überblick über die wichtigsten Kriege, die Struktur und politische Entwicklung der Nachfolgeherrschaften des auseinandergefallenen Alexanderreiches gegeben. Dabei bilden die Geschichte der Stadt Athen, der Antigoniden, Ptolemäer, Seleukiden und Attaliden bis zum Jahr 30 v. Chr. wie überhaupt der Zusammenhang zwischen ‹Hof und Welt› den Schwerpunkt der Darstellung.

Die Höfe waren, wo auch immer sie eine bauliche und institutionelle Ausgestaltung erfuhren, die neuen Zentren der politischen und kulturellen Macht. Schließlich stellten sie die neuen Mittel- und Bezugspunkte dar, wogegen sich ‹die Welt› ansonsten in räumlicher und zeitlicher Hinsicht zersplittert und unübersichtlich zeigte. Die hellenistische Welt ist gekennzeichnet durch große Ungleichzeitigkeiten zwischen den dynamischen Entwicklungen in den politischen Zentren und lokalen ‹Stillständen› in ländlichen Gebieten, durch eine Unzahl von Schauplätzen, von kriegerischen und politischen Auseinandersetzungen, durch eine ungeheure Vielfalt an religiösen, kulturellen, literarischen, wissenschaftlichen und technologischen Neuerungen und Besonderheiten, durch Tausende von Einzelepisoden und Entdeckungen, durch eine riesige Entfaltung und Verschwendung von Kräften und Talenten, durch eine ungeheure Relativierung von Traditionen und Gewissheiten. In der vorliegenden Darstellung habe ich mich daher darum bemüht, einerseits die permanenten Kämpfe um die häufig nur lose zusammengehaltenen Herrschaftsgebiete in den wichtigsten Stationen nachzuzeichnen, andererseits der Multidimensionalität der Ereignisse und Themen Rechnung zu tragen. Dabei soll insbesondere die strukturelle Verwobenheit, Ähnlichkeit und Labilität der einzelnen Herrschaften hervortreten.

Die traditionelle Dynastie- und Kriegsgeschichte bildet daher auch in der vorliegenden Darstellung das einigende Band und den Schwerpunkt der historischen Erzählung, ist diese doch in der historiographischen Überlieferung weitaus besser als andere Aspekte des politischen und sozialen Lebens dokumentiert. So hat etwa die Selbstdarstellung der Herrscher die Überlieferung übermäßig stark geprägt und gewissermaßen die Proportionen verzerrt: Monumente des Ruhms der Herrscher und ihrer Sieghaftigkeit, Manifestationen ihrer götterähnlichen Möglichkeiten und Mittel waren in zahlreichen Städten und Heiligtümern der griechischen Welt in bis dahin nie gekannter Größe und Fülle in der gesamten griechischen Welt zu sehen und zu bewundern. Aus diesem Blickwinkel gesehen, wirkten selbst die großen unabhängigen griechischen Städte, die bis zur hellenistischen Zeit führenden Zentren des politischen und kulturellen Lebens der griechischen Welt, wie Spielbälle in der Hand der Monarchen, waren doch auch sie auf die wohlwollende Haltung der Herrscher und deren Wohltaten angewiesen.

Wie stark die Diadochen und ihre Interessen angesichts ihrer besonderen Herrschergewalt in das innere Gefüge der Städte eingriffen und dasselbe maßgeblich mitbestimmten, ist uns nur in wenigen Fällen konkret überliefert. Allein für Athen können wir dies näher verfolgen und auch hier nur für bestimmte Zeitabschnitte, wie eben für die Periode der makedonischen Oberherrschaft und der Zeit der Anwesenheit des Demetrios. Die literarische Überlieferung ist hier besonders stark vom Interesse der Historiker an den großen Einzelgestalten abhängig: Die große Popularität Plutarchs und seiner Doppelbiographien hat uns zwar zahlreiche Informationen über Alexander, Eumenes von Kardia, Demetrios, Pyrrhos oder Arat bewahrt, jedoch auch durch die Fixierung auf diese Gestalten und deren Lebensläufe viele weitere politische Zusammenhänge in Vergessenheit geraten lassen. Wir haben außer dem Werk des Polybios, der für gebildete griechische Leser den Aufstieg Roms schildert, kein Werk eines hellenistischen Historikers vorliegen. So sind wir zwangsläufig dazu verurteilt, entlang der genannten Einzelpersönlichkeiten eine zusammenhängende historische Erzählung aus einer Vielzahl heterogener und fragmentarisch erhaltener Einzelinformationen aus unterschiedlichen Quellengattungen im besten Sinne zu ‹konstruieren›. Auf diesem misslichen Umstand basiert auch das Vorgehen in dieser Darstellung: Mit dem Abschluss der Diadochenkämpfe und mit der Festigung der Reiche muss ein durchgängiger ‹roter› Erzählfaden aufgegeben werden; in der Folgezeit kann die geschichtliche Entwicklung der einzelnen Diadochenreiche häufig nur getrennt voneinander dargestellt werden. Aus der Konzentration auf die politische Geschichte ergibt sich aus Platzgründen – schon aufgrund der Fülle von Themen und Aspekten des kulturellen und sozialen Lebens in hellenistischer Zeit – der bedauerliche Verzicht auf nähere Einblicke in regionale Entwicklungen und die Ausbreitung der griechischen Kultur, Literatur, Philosophie, Religion, Kunst und Architektur.

Der Begriff des Hellenismus ist keine sprachliche und konzeptionelle Neuschöpfung der modernen Historiographie, sondern durchaus antiken Ursprungs. Jedoch bezeichneten die hellenistischen Zeitgenossen damit etwas anderes als heutige Historiker, Theologen und Altertumswissenschaftler. Unter *hellenismós* verstand man zunächst einmal den korrekten Gebrauch der griechischen Sprache, also die Sprachrichtigkeit; in diesem begrenzten Sinne wurde der Terminus bereits zur Zeit der Schule des Aristoteles, ab 300 v. Chr., verwendet. Die Erweiterung des Bedeutungsfelds auf «Nachahmung des Griechischen» und «Aneignung eines griechischen Lebensstils» ist erstmals schriftlich belegt im 2. Makkabäerbuch; dort lässt sich der unbekannte Verfasser despektierlich über die Übernahme griechischer Tracht und des Gymnasialwesens sowie den daraus resultierenden negativen Einfluss auf die jüdische Kultur aus. Der Autor bezeichnet den seiner Auffassung nach bedenklichen Assimilationsprozess als *hellenismós* und missbilligt ihn als eine falsche Hinwendung zu einer fremden Kultur und deren Gebräuchen (*allophylismós*). Daraus lässt sich zumindest schließen, dass im Begriff ‹Hellenismus› nicht nur eine sprachliche und kulturelle, sondern auch eine religiöse Konnotation mitschwang.

Entsprechend werden im Neuen Testament sowohl die griechischsprechenden Juden als auch die Judenchristen aus der Diaspora als Hellenisten bezeichnet, da diese einen Bildungsweg in griechischen Gymnasien durchlaufen und einen griechischen Namen angenommen hatten. Diese jüdische ‹Selbsthellenisierung› war eine wesentliche Voraussetzung für die Ausbreitung des Christentums; denn durch diese Öffnung gegenüber ihrer hellenisierten Umwelt beförderten sie maßgeblich den Wandel des Judentums, das damit die engen Grenzen einer Volks- und Stammesreligion verließ. Von den jüdischen Hellenisten sind die christlichen Hellenisten zu unterscheiden, die, gleichfalls griechisch sozialisiert, für ein reines Christentum, im Sinne eines rein geistigen Christentums, eintraten und deshalb ebenso die Tätigkeit der Priesterschaft am Jerusalemer Tempel ablehnten wie die Ausübung traditioneller kultischer Rituale und die Einhaltung von Reinheitsgeboten. Aufgrund ihrer fundamentalen Verweigerung gegenüber den traditionellen Formen jüdischer Glaubenspraxis waren christliche Hellenisten die Ersten, die von der jüdischen Obrigkeit verfolgt wurden; zu ihnen zählte etwa Stephanos, Diakon der Jerusalemer Urgemeinde, der erste Märtyrer in der Geschichte des Christentums († etwa 36/40 n. Chr.). Christliche Hellenisten waren zudem die ersten, die unter nichtjüdischen Griechen und Römern missionierten, dies möglicherweise sogar als Resultat von Verfolgung und Vertreibung aus Jerusalem. Die Zentren früher christlicher Missionstätigkeit waren Samaria, Antiochia, später auch Rom, Ephesos und Alexandreia. Der wesentliche Grund für den Erfolg der christlichen Mission war die sprachliche und kulturelle Anpassung der Missionare an ihr hellenisiertes Umfeld. So nutzten sie beispielsweise intensiv für ihre Arbeit den Austausch mit städtischen Beamten, die Möglichkeit, vor verschiedenen politischen Gremien Reden zu halten, ferner das Mittel der Briefkommunikation und natürlich auch das zur Verfügung stehende Straßennetz sowie Seefahrts- und Handelsrouten; sie kooperierten darüber hinaus mit Philosophenschulen und Synagogen, erweiterten ihre Kenntnisse auf dem Gebiet der griechischen Rhetorik und erweiterten insgesamt stetig ihren eigenen Bildungshorizont.[1]

Mit den beschriebenen Konnotationen des Begriffs vertraut, übertrug der deutsche Historiker Johann Gustav Droysen (1808–1884) den Hellenismus-Begriff 1836 erstmals auf die historiographische Rekonstruktion einer ganzen Epoche. Der Begriff war für seine Konzeption insofern bedeutsam, als Alexander und seine Nachfolger ihm als wichtige Wegbereiter verschiedener neuer religiöser Strömungen, insbesondere der Verbreitung des Erlösungsgedankens, galten. In dem Raum von «Westasien bis zum Indus» sah er die Wiege des Christentums und des Islams. Die Ansichten Droysens gründeten wiederum auf der Rezeption der Geschichtsphilosophie Hegels, der in wirkmächtigen historischen Gestalten wie Alexander Träger und exekutierende Kräfte des Willens des Weltgeistes erblickte. Den Theodizee-Gedanken zu vermitteln – mithin den Nachweis zu erbringen, wie trotz unermesslicher Leiden auf Erden die Existenz eines allmächtig wirkenden Gottes gerechtfertigt werden könne – sah Droysen als die vornehmste Aufgabe des Historikers an. Der Geschichtsschreiber sollte Geschichtsforschung betreiben, um in der Geschichte primär das gottgewollte Walten zu erkennen und darzustellen. In dieser Geschichtskonzeption fiel der griechischen Kultur die Aufgabe zu, die Bevölkerung in den von Alexander eroberten Gebieten – nach Zerstörung und Auflösung der überkommenen polytheistischen Vorstellungen der Griechen und der hierarchischen Religionsstrukturen des Orients – ihre Erlösungsbedürftigkeit erkennen zu lassen und sie für das Christentum empfänglich zu machen. Dieser tiefere Sinn der geschichtlichen Dynamik teilte sich Droysen in der

Erforschung und Betrachtung der Historie mit und wirkt bis heute nach – vor allem in der positiven Beurteilung Alexanders des Großen aufgrund seiner Rolle als Wegbereiter des Christentums. In seiner «Geschichte Alexanders des Großen» (1833, S. 549) formulierte dies der preußische Historiker folgendermaßen: *«Die Völker Asiens aufzuklären, ihnen die Fesseln der Superstition, der unfreien Frömmigkeit, zu zerreißen, ihnen das Wollen und Können selbstischer Verständigkeit zu erwecken und zu allen guten und bösen Consequenzen zu steigern, kurz, sie für das geschichtliche Leben zu emancipieren, das war die Arbeit, welche der Hellenismus in Asien zu vollbringen versucht und zum Theil, wenn auch erst spät, vollbracht hat».*

In der vorliegenden Darstellung soll unter ‹Hellenismus› ein langfristiger politischer Integrations- und Akkulturationsprozess verstanden werden, der durch die Eroberungen Alexanders und die Begründung der Diadochenreiche (mitsamt ihrer späteren Aufsplitterung in verschiedene, teils recht stabile Teilherrschaften) in Gang gesetzt wurde und bis in die Kaiserzeit andauerte. Ein in diesem Sinne konzipierter ‹Hellenismus› bezeichnet demnach (1) die Aneignung und Übernahme zentraler Elemente griechischer Herrschaft, griechischen Lebensstils, griechischer Bildung und Kultur durch nichtgriechische Personengruppen oder Ethnien, (2) das Vordringen griechischer Herrschaft und Kultur in den weiten Raum der Mittelmeerwelt von Griechenland über Kleinasien bis nach Indien, vom Schwarzmeergebiet bis nach Ägypten, Sizilien oder Unteritalien, und (3) schließlich eine Entwicklung, die sich auch unter der Vorherrschaft Roms fortsetzte und durch die intensivierte Überführung griechischer Kulturformen nach Rom und Italien auch dort entsprechende Spuren hinterließ, die noch bis in die Spätantike hineinwirkten. Gleichwohl erscheinen diese nur noch als Überreste griechischer Kulturformen, die, unabhängig von der politischen Entwicklung, etwa in der Literatur, Philosophie, Kunst oder Architektur weiterhin gepflegt und tradiert wurden.

II. PHILIPP II. UND ALEXANDER ALS WEGBEREITER DER HELLENISTISCHEN HERRSCHAFTEN

1. Die Neubegründung des makedonischen Königtums unter Philipp II. (359–346 v. Chr.)

Makedonien hatte bis ins 5. Jahrhundert v. Chr. am Rande der griechischen Welt gelegen und überregional in machtpolitischer Hinsicht keine sonderlich wichtige Rolle gespielt. Die Dynastie der Argeaden, die sich ihrer Herkunft aus dem griechischen Argos rühmte, hatte das Königtum für sich monopolisiert und wurde durch die Heeresversammlung formal bestätigt. Mächtige, weitgehend autonom agierende Lokalherrscher standen an der Seite des Königs und bildeten mit ihren Gefolgschaften das militärische Aufgebot, das der Herrscher anführte. Ob Grundbesitzer, Bauer oder Stadtbewohner – jeder war dem König persönlich zur Heeresfolge verpflichtet.

Die führende Schicht bildete kein ländlicher Kriegeradel, wovon man lange Zeit ausging, sondern bestand aus den führenden Männern, die in den Städten Makedoniens lebten; obgleich urban geprägt, verfügten sie über ausgedehnten Grundbesitz auf dem Land und fanden aus ihren Gemeinden den Weg an den Königshof. Auch in den Städten, die seit dem Herrschaftsantritt Philipps II. neu hinzugewonnen worden waren, bildeten rasch Makedonen die lokale Führungsschicht. Die eine Hälfte dieser Reichselite stammte aus Altmakedonien, die andere aus Obermakedonien und aus den neuen Gebieten wie Pydna und Pella. Die Kavallerie – und damit der Kreis der sogenannten Gefährten (*hetaîroi*) – Philipps II. rekrutierte sich aus etwa 1000 bis 2000 Familien. Die Stärke der makedonischen Armee beruhte vornehmlich auf der Phalanx, die etwa 20000 (Voll-) Bürgersoldaten im Alter zwischen 15 und 50 Jahren umfasste, deren Wehrfähigkeit auf einem Zensussystem mit einer recht hohen Vermögensgrenze basierte: Das Ephebarchengesetz von Amphipolis nennt ein Vermögen von 30 Minen (= 3000 Drachmen oder ein halbes Talent) als Voraussetzung für die Teilnahme an der lokalen Ephebie – der militärischen Ausbildung der jungen Männer. Das Aushebungspotential dürfte demnach bei vorsichtiger Schätzung bei 35 000 wehrfähigen Makedonen gelegen haben.

Seit Beginn des 5. Jahrhunderts v. Chr. suchten die makedonischen Könige den Kontakt zur griechischen Kultur: So war es, um nur die herausragenden Manifestationen dieser Bemühungen zu nennen, Alexander I. (497–454) gelungen, erstmals an den Olympischen Spielen teilzunehmen, und Archelaos (413–399), der das Heer grundlegend reformiert, den Handel belebt und die Residenz der makedonischen Könige von Aigai nach Pella verlegt hatte, lockte zahlreiche berühmte griechische Künstler und Gelehrte an die neu begründete makedonische Residenz.

Die räumliche Verlegung des Hofes vermochte jedoch nicht die innermakedonischen Machtkämpfe einzudämmen. Der Herrschaftsantritt eines neuen Königs blieb weiterhin schwierig und konnte blutig verlaufen: Amyntas III., der Sohn des Arrhidaios und Vater Philipps II. (der später Makedonien zu ungeahnter Größe verhelfen sollte), ermordete eigenhändig Pausanias, den Sohn des Archelaos I. Danach brachte Derdas, der Führer der obermakedonischen Elimioten und Schwiegersohn des Archelaos I., Amyntas II. den Kleinen, den jüngeren Sohn seines Schwiegervaters, um und entriss so endgültig der Familie des Archelaos die Königsherrschaft. Durch diese Gewalttat war der Königsthron auf die andere Linie der Nachfahren Alexanders I. übergegangen (s. die Liste der makedonischen Könige am Ende des Bandes).

In seiner langjährigen Herrschaft (393–370) erreichte Amyntas III. vorübergehend eine außen- und innenpolitische Stabilisierung Makedoniens. So verstand er es, Einfälle und Plünderungen der Illyrer um den Preis von Tributzahlungen zumindest für die Dauer seiner Herrschaft zu unterbinden. Des Weiteren schätzte und pflegte er Freundschaft mit den Thessalern, die ihn unterstützten. Eine Ehe mit Eurydike, der Tochter des führenden Mannes der Lynkestis, einer Region in Obermakedonien, sicherte die

Ruhe in diesem Landstrich. Mit Derdas, dem Führer der in Nordgriechenland ansässigen Elimioten, besaß er darüber hinaus einen ebenso langjährigen wie treuen Kampfgefährten. Schließlich gewann er durch territoriale Zugeständnisse die Stadt Olynth und den Chalkidischen Bund als weitere Bündner.

Nach dem Tod Amyntas' III. (370) aber stellte sich das alte Übel der makedonischen Monarchie erneut ein: Bis 359, dem Herrschaftsantritt Philipps II., wechselte die Königsherrschaft mehrmals: Auf Amyntas folgte sein ältester Sohn Alexander II. (370–368). Ihm gelang es mit Hilfe des athenischen Strategen Iphikrates, Pausanias von Aloros, der sich gegen ihn erhoben und sogar kurzzeitig die Königsstadt Pella in seine Gewalt gebracht hatte, zu vertreiben und das verlorengegangene Amphipolis zurückzuerobern. Anschließend wurde ihm allerdings die falsche Parteinahme im thessalischen Bürgerkrieg zum Verhängnis: Nachdem Alexander II. eine Besatzung in Larissa zurückgelassen hatte, fühlte sich die Stadt Theben in ihren Machtansprüchen bedroht. Der thebanische Feldherr Pelopidas zog daraufhin mit einem Heer nach Thessalien, zwang Alexander II. dazu, die Garnison aus Larissa abzuziehen, das Bündnis mit Athen zu beenden und 30 Geiseln zu stellen – darunter Philipp II., seinen jüngsten Bruder. Zudem ergriff Theben offen Partei zugunsten von Ptolemaios von Aloros.

Wenig später (368) nutzte dieser Ptolemaios ein großes Fest, um Alexander II. umzubringen. Perdikkas III. war der nächstältere Sohn Amyntas' III.; da er jedoch zu dieser Zeit noch minderjährig war, wurden die Regierungsgeschäfte einem Vormund übertragen, eben jenem Ptolemaios von Aloros, dem Mörder von dessen Bruder, dem sich freilich auch die Königswitwe Eurydike zugetan zeigte.

Nichts zeigt deutlicher als diese heikle Einsetzung, wie sehr Makedonien zu jener Zeit vom Willen Thebens abhängig war. Seine Regentschaft von Thebens Gnaden konnte Ptolemaios freilich nicht allzu lange genießen; denn bereits drei Jahre später, als Perdikkas III. die Volljährigkeit erreicht hatte, wurde auch er ermordet.

Der Zeitpunkt der Ermordung des Ptolemaios war von Perdikkas III. klug gewählt: Die militärischen Kräfte Thebens bzw. des Boiotischen Bundes, von dem man durchaus eine Intervention hätte erwarten können, waren damals vor allem in Thessalien gebunden, nachdem sich dort Alexander von Pherai zum Tagos – dem Anführer des Thessalischen Bundes – erhoben und die Thebaner 364 besiegt hatte. Anstelle der Thebaner traten nun die Athener, die zuvor noch Verbündete Alexanders II. gewesen waren, als neue Gegner Makedoniens auf. Sie erhoben traditionell Ansprüche auf das makedonische Küstengebiet und auf die Chalkidike; jetzt nutzten sie das Machtvakuum, das den Niedergang der thebanischen Hegemonie hinterlassen hatte, und brachten die griechischen Städte Poteidaia, Methone und Pydna wie zur Zeit des Ersten Attischen Seebundes (478–404) wieder unter ihre Herrschaft.

Gegen diese athenische Expansion konnte Perdikkas III. (365–359) nichts ausrichten, da er seinerseits in schwere Abwehrkämpfe mit den Thrakern im Norden und Osten und mit den Illyrern im Westen verwickelt war. Die letztgenannten Illyrer von seinem Territorium fernzuhalten bereitete schon Arybbas, dem König des in Epeiros führenden Stammes der Molosser, große Schwierigkeiten; bald war auch der makedonische Nachbar bedroht. Nach dem Tod von Amyntas III. fühlte sich der Illyrerfürst Bardylis nicht mehr an die noch mit dem verstorbenen König getroffene Vereinbarung gebunden und drang von Norden in makedonisches Territorium ein. Es kam zu einer großen Schlacht gegen die Illyrer, in welcher der König und mehr als 4000 weitere Makedonen getötet wurden.

Mit dem Tod des Perdikkas III. hatte Makedonien gleich an vier Fronten zu kämpfen, es war mehr oder weniger eingekreist: von den Illyrern im Nordwesten, von den Paioniern im Norden (mit Bylazora, später Stoboi am Axios als Hauptort), von den Thrakern im Osten und den griechischen Städten der Chalkidike und den mit ihnen verbündeten Athenern an der Küste im Südosten.

So verzweifelt auch die außenpolitische Lage war, so gestaltete sich die innenpolitische kaum besser. Drei Thronanwärter standen bereit, die sich alle von unterschiedlichen auswärtigen Mächten Unterstützung erhofften, was die inneren Zwistigkeiten nur noch verschärfte. Immerhin stellte sich der Adel geschlossen hinter den letzten verbliebenen, dritten und jüngsten Sohn des Amyntas III. 359 empfing Philipp II. im Alter von 24 Jahren die makedonische

Königswürde, nachdem er zuvor drei Jahre in Theben als Geisel verbracht hatte. Nichts gab Anlass anzunehmen, dass Makedonien in absehbarer Zeit der vielfältigen äußeren Bedrohungen Herr werden und zu dauerhafter innenpolitischer Stabilität finden könnte; erst recht war nicht an eine hegemoniale Stellung in Griechenland zu denken.

Auf den alten Konflikt zwischen den beiden großen Konkurrenten Athen und Sparta, die sich auf den Attischen Seebund bzw. den Peloponnesischen Bund stützten, folgte eine Phase der machtpolitischen Diversifizierung der Kräfte in der griechischen Welt: Die Niederlage der Spartaner gegen die Thebaner zog den Zerfall des Peloponnesischen Bundes nach sich, sodann die Aufspaltung in kleinere, aus den jeweiligen Landschaften gebildete regionale Bünde wie den Arkadischen, Achäischen, Messenischen und Boiotischen Bund. Nur eine kurze Episode bildete die Vorrangstellung Thebens, das den Boiotischen Bund anführte und dank beeindruckender militärischer und politischer Leistungen für wenige Jahre eine hegemoniale Stellung in Griechenland erringen konnte. So mächtig war Theben unter der Führung des Staatsmanns und Feldherrn Epameinondas (um 420–362), dass es ihm gelang, Spartas Machtsphäre vor allem durch die Neugründung der beiden stark befestigten Städte von Messene und Megalopolis auf der Peloponnes dauerhaft enge Grenzen zu setzen.

Nicht minder kurzzeitig war das Wiederaufleben des Attischen Seebundes (377–355), mit dessen zweiter Blüte eine innenpolitische Konsolidierung und Ausgestaltung der athenischen Demokratie verbunden war, welche die Bürger noch stärker an den politischen und juristischen Entscheidungsprozessen zu beteiligen ermöglichte – es war dies die Zeit der sogenannten radikalen Demokratie. Gleichwohl musste Athen schon recht bald wieder einen Abfall seiner Bundesgenossen hinnehmen, die sich damals lieber in die Hände der persischen Satrapen und kleinasiatischen lokalen Dynasten als unter den Schutz des sich tyrannisch gebärdenden athenischen Demos begaben.

Inmitten dieser wenig gefestigten, machtpolitisch weitgehend ungeordneten griechischen Welt war Makedonien nicht mehr als eine kleine Mittelsmacht. Zu Beginn des 4. Jahrhunderts v. Chr. sah sich das makedonische Königtum in erster Linie vor die Aufgabe gestellt, sein Reich überhaupt als politische und geographische Einheit zu behaupten. Nicht der Aufstieg zu einer Großmacht, sondern die Bewahrung des Status quo und die persönliche Sicherung des Königtums für die eigene Dynastie waren die zentralen Aufgaben, vor die sich Philipp II. bei seinem Herrschaftsantritt gestellt sah.

Diese schwierige Aufgabe erfüllte er bereits zu Beginn seiner Königsherrschaft ebenso unerwartet wie glänzend. In kurzer Zeit gelang es ihm, das makedonische Königreich in seinen Grenzen zu sichern und dessen Territorium sogar erheblich zu vergrößern. Das Jahr 356 markiert dabei eine erste Zäsur, denn fortan herrschte Philipp über ein Reich, das vom Fluss Nestos bis zum Olympos-Gebirge, also von Thrakien bis hinunter nach Thessalien, reichte und auch die gesamte Chalkidike einschloss.

Dies war ihm durch geschickte Diplomatie und Geldzahlungen gelungen, auch durch politische Täuschungsmanöver und militärische Interventionen, doch wurden diese – bereits für sich genommen – außerordentlichen politischen und militärischen Erfolge zusätzlich durch eine ebenso kluge Heiratspolitik langfristig befestigt. Systematisch setzte der makedonische König das Mittel der Eheschließung für seine Konsolidierungspolitik ein. Solche Ehen festigten die Beziehungen zu befreundeten oder unterworfenen Mächten und verschafften ihm Legitimation, Sicherheit und Kontrolle über die betreffenden Territorien (Athenaios 13,556b-d): *«In den 22 Jahren seiner Herrschaft heiratete er die Illyrierin Audata (bzw. Eurydike, Tochter oder Enkelin des Illyrerkönigs Bardylis: 359), die ihm eine Tochter Kynna gebar. Er heiratete auch Phila, die Schwester des Derdas (II. von Elimeia) und des Machatas (358). Weil er sich die Thessaler verpflichten wollte, bekam er Kinder von zwei thessalischen Frauen; die eine war Nikesipolis von Pherai, die ihm Thessalonike gebar, und die andere Philinna von Larissa, die ihm (Philipp) Arrhidaios gebar. Er bekam auch das Königreich der Molosser in seine Hand, indem er (im Herbst 357) Olympias heiratete, von der er Alexander und Kleopatra hatte. Als er Thrakien einnahm (342/341), kam König Kothelas von Thrakien und*

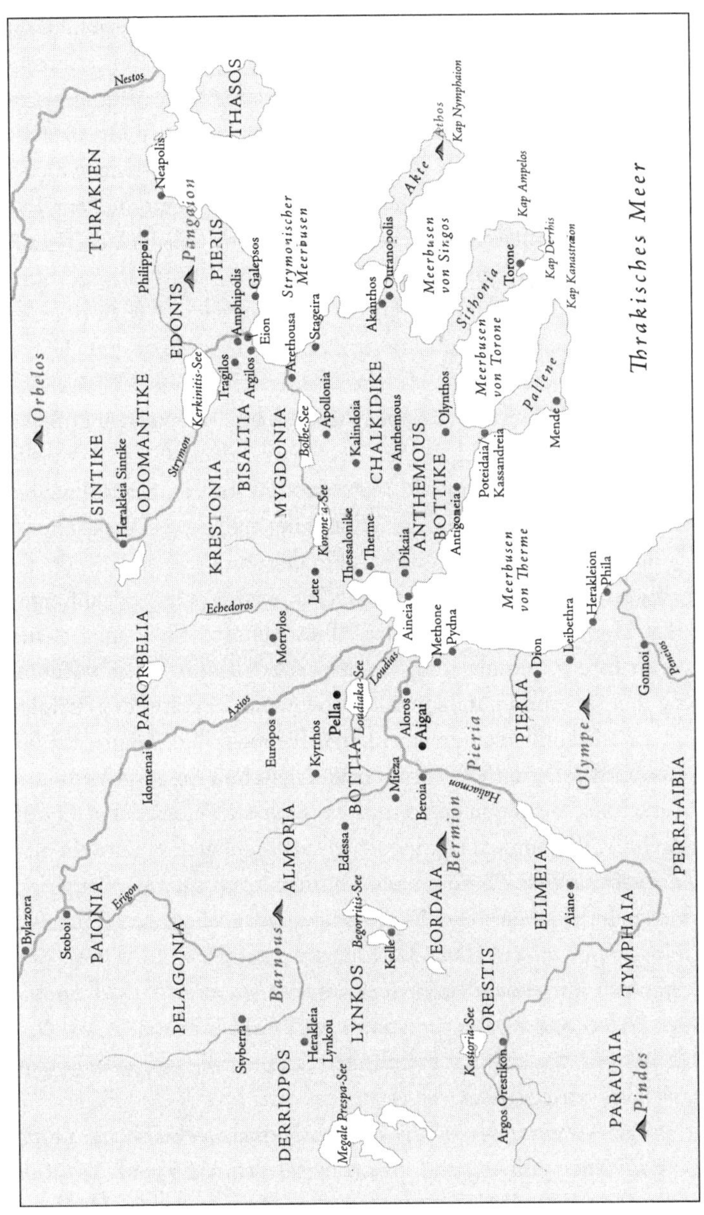

Karte 1: Makedonien und der makedonische Herrschaftsbereich im 4. Jh. v. Chr.

brachte ihm seine Tochter Medea und viele Geschenke. Er nahm sie ebenfalls zur Gattin, zusätzlich zu Olympias.»

Thrakien wurde bis zum Jahr 360 von dem Odrysenkönig Kotys als Einheit zusammengehalten. Nach dessen Ermordung zerfiel dieses Reich in mehrere rivalisierende Stammesfürstentümer und kleinere Königreiche: So bildeten einerseits die Stämme der Triballer, der Edonen (nördlich des kleinen Pangaion-Gebirges) und der Moesier autonome Herrschaftsgebiete aus, während sich gleichzeitig drei kleine thrakische Teilkönigreiche der Söhne des Kotys, Kothelas, Amdokos und Kersobleptes, etablierten. Dabei erwies sich Kersobleptes als der mächtigste Gegner der Makedonen, doch konnte er 351 besiegt werden und musste seinen Sohn als Geisel stellen. Erst 342/341 waren alle thrakischen Stammes- und Königsgebiete endgültig unterworfen und erneut geeint. So folgte auf Kotys Philipp II. als Gesamtherrscher über Thrakien.

Philipps außergewöhnlich große Begabung, seine Unternehmungen sorgfältig vorzubereiten und vorauszuplanen, half ihm, seine Herrschaft in Makedonien zu festigen und auszubauen. Pausanias und Argaios, die von dem thrakischen König Kotys wie auch von den Athenern unterstützt worden waren, und drei Stiefbrüder, die zu Mitkonkurrenten um den makedonischen Thron heranwachsen konnten, ließ er frühzeitig beseitigen. An der Nord- und Westgrenze Makedoniens wusste er (358) die Paionier und Illyrer durch Geldzahlungen zumindest zeitweilig ruhigzustellen. Mit den Athenern schloss Philipp einen Friedens- und Bündnisvertrag ab und stellte ihnen in Aussicht, Amphipolis zu erobern und ihnen die Stadt zu überlassen. Nach der Einnahme der Stadt im Winter 357 kümmerte ihn jedoch sein zuvor gegebenes Versprechen nicht mehr. Der Makedonenkönig verbannte die Wortführer eines proathenischen Kurses, schonte die übrigen Bürger und behielt die Stadt unter seiner Kontrolle.

Im Frühjahr 356 setzte Philipp seine Expansion konsequent fort, die zu Lasten Athens ging: Er eroberte zunächst Pydna, das ihm einen Meereszugang sicherte. Danach nahm er Poteidaia, Methone und die ganze Gegend am Meerbusen von Therme ein, dem späteren Thessalonike – ein Gebiet, das zuvor Athen seiner Einfluss-

Abb. 1: Goldmedaillon aus dem 3. Jahrhundert n. Chr. mit dem Bildnis Philipps II., der ein Königsdiadem und einen Panzer trägt. Anachronistisch ist das Diadem, das erst von Alexander eingeführt wurde. Die Medaillonserie entstand in der Zeit Kaiser Caracallas, der Alexander verehrte. Womöglich wurde sie für die im makedonischen Beroia veranstalteten Festspiele zu Ehren Alexanders angefertigt.

sphäre zugerechnet hatte. Die dort lebenden attischen Kleruchen (Kolonisten) wurden verjagt und die übrige Bevölkerung versklavt. Zudem schloss Philipp mit Olynthos ein Bündnis und überließ der Stadt, wie es zuvor Amyntas III. getan hatte, erneut das von beiden beanspruchte Gebiet der Stadt Anthemus auf der Chalkidike, so dass er auch auf dieser Seite gesicherte Verhältnisse schuf.

Der Chalkidische Bund, ein militärischer Verbund griechischer Städte auf der Chalkidike, musste sich notgedrungen auf ein Bündnis mit Makedonien einlassen. Athen, das durch den Hilferuf seines Bündners Pydna in den Krieg eingetreten war, hatte seit diesem Eroberungszug Philipps II. seine beherrschende Stellung in der nördlichen Ägäis eingebüßt. Zudem trat Philipp II. demonstrativ als griechischer Hegemon auf, dessen Zugehörigkeit zur griechischen Kultur sich in der Teilnahme und sogar in einem Sieg in Olympia (356) mit dem Zweigespann (Biga) manifestierte. Seine Verbundenheit mit den panhellenischen Heiligtümern und der griechischen Götterwelt demonstrierte er in seiner Goldprägung, die auf der Vorderseite den Kopf des Apollon und auf der Rückseite ein Zweigespann zeigte.

Im Sommer 356, in dem seine Gattin Olympias Alexander gebar (21. Juli), setzte er einen gut vorbereiteten Plan in die Tat um: Mit der Neugründung der Stadt Krenides, die er in Philippoi umbenannte, brachte er sich in Besitz der Goldminen des Pangaion-Gebirges. Deren Ausbeutung brachte regelmäßige zusätzliche Einnahmen von mehr als 1000 Talenten und schuf die finanzielle Grundlage, um Soldaten und Söldner anzuwerben und politische Gefolgsleute bei Laune zu halten (Diodor 16,8,6 f.). Über die Sicherung der Goldvorkommen hinaus besaßen die Städte Philippoi und Amphipolis wichtige militärische Funktionen; die eine diente dem Makedonenkönig mit ihrem Hafen als Stützpunkt der Flotte und war zugleich Ausgangspunkt für weitere militärische Unternehmungen, die andere war der Ort der Heeresversammlung. Noch im selben Jahr (356) eroberte er von dort aus das westliche Teilreich Thrakiens zwischen Strymon und Nestos.

Die erfolgreiche ‹Befriedung› der Nachbarn wie auch die gründliche Sicherung und vorsichtige Erweiterung des makedonischen Kernlands waren wichtige Voraussetzungen dafür, dass Philipp II. im Jahr 353 erstmals nach Süden bis nach Thessalien und Mittelgriechenland vorstoßen konnte. Gelegenheit dazu bot der Ausbruch des sogenannten Dritten Heiligen Krieges (356–346). ‹Heilig› war dieser Krieg, weil er das im Parnassos-Gebirge gelegene panhellenische Heiligtum von Delphi betraf, das unter dem Schutz einer sogenannten Amphiktyonie stand – einer «um das Heiligtum begründeten» Kultgemeinschaft –, der zwölf griechische Stämme und Städte angehörten, die gemeinsam alle vier Jahre die Pythischen Festspiele zu Ehren des Apollon Pythios ausrichteten. Nachdem sich die Phoker geweigert hatten, dem Bund der Amphiktyonen eine hohe Strafzahlung zu leisten, hatten sie das Heiligtum besetzt und die dort thesaurierten Gold- und Silberweihgeschenke geraubt. Auf den Hilferuf Delphis hin unterstützte Philipp II. die Boioter unter Führung Thebens und die Thessaler in ihrem Kampf gegen die phokischen Söldnerscharen. Gleichwohl war diese Intervention alles andere als ein einfaches Unterfangen: Auf dem Weg nach Mittelgriechenland musste Philipp II. zunächst die Tyrannenfamilie von Pherai im südlichen Thessalien stürzen, die sich auf die Seite der Phoker gestellt hatten. Die Einnahme von Pherai brachte ihm jedoch die wichtige Kontrolle über Pagasai, das damals über den einzigen, aber um so bedeutenderen Seehafen in Thessalien verfügte und später durch die benachbarte Neugründung der Stadt Demetrias ersetzt wurde.

In der Folgezeit stellten sich die Phoker Philipp II. energisch entgegen und vermochten zweimal das makedonische Heer zu schlagen. So schlagkräftig war das phokische Heer, dass es Philipp II. erst 352 beim dritten Aufeinandertreffen gelang, die Gegner Delphis endgültig zu besiegen. Die beiden folgenden Jahre nutzte der König zur Konsolidierung seiner Kräfte, um seiner Herrschaft mit einem Angriff auf das mit ihm an und für sich verbündete Olynth die letzte verbliebene freie griechische Stadt in seinem Machtbereich einzuverleiben und damit seine Eroberungen an der Südküste Niedermakedoniens abzuschließen. Dorthin hatten sich seine Halbbrüder Arrhidaios und Menelaos geflüchtet, die Bürger der Stadt sich aber gegen die Auslieferung der beiden ausgesprochen. Mit den sogenannten Olynthischen Reden gelang es dem großen athenischen Redner und Patrioten Demosthenes, im Jahr 348 seine athenischen Mitbürger von der Notwendigkeit der militärischen Intervention zugunsten Olynths zu überzeugen. Aber trotz dreier Hilfsexpeditionen konnten die Athener nicht die Einnahme Olynths verhindern. Die Stadt fiel durch Verrat an Philipp und wurde bis auf die Grundmauern zerstört – mit diesem Sieg war Philipp II. im Jahr 347 endgültig zum Herrn über die gesamte Chalkidike geworden. Er herrschte nun über ein Gebiet, das sich im Osten von der Grenze zu Thrakien bis nach Thessalien im Süden erstreckte. Athen blieb nichts anderes übrig, als die militärische Suprematie Makedoniens in der nördlichen Ägäis anzuerkennen.

Der Dritte Heilige Krieg (356–346) endete mit der Schleifung der Mauern der phokischen Städte. Zudem wurden die Phoker zur Rückzahlung der geraubten Tempelschätze in Höhe von 10000 Talenten verpflichtet. Mit Beendigung des Krieges ehrte Delphi seinen Retter, indem es den neuen Schutzherrn in den Rat der Amphiktyonie aufnahm. Die Makedonen erhielten nicht nur die beiden Stimmen der nunmehr ausgeschlossenen Phoker im Rat der Amphiktyonie, sondern auch die Promantie im Heiligtum von Delphi – also das Recht auf eine privilegierte Behandlung bei der Befragung des Orakels; zudem wurde ihnen die Leitung der Pythischen Spiele übertragen. Durch den Sieg über die Phoker und die ehrenvolle Aufnahme in den Rat der Kult- und Schutzherren des wichtigsten panhellenischen Heiligtums hatte der makedonische König an Ansehen und Respekt gewonnen und war damit endgültig zu einem neuen Machtfaktor in der griechischen Welt geworden. Doch ließ er mit diesem Sieg seinen Feldzug nicht enden, sondern rückte, wider die Erwartung seiner griechischen Gegner, am Malischen Golf entlang weiter nach Süden vor. Damit gab er bereits zu erkennen, welche weitergehenden machtpolitischen Ambitionen er hegte. Am Thermopylenpass hinderten ihn die Athener allerdings fürs erste am Vorstoß nach Mittelgriechenland und Attika.

In der Diskussion um die Haltung gegenüber Makedonien, die im Zuge der Erfolge über die Phoker in den Bürgerschaften der griechischen Stadtstaaten immer heftiger geführt wurde, zerfielen Öffentlichkeit und Publizistik in zwei Lager. Aus Sicht vieler Bürger in den Poleis, patriotisch auftretender Redner und der in ihrem Sinne schreibenden Historiker wurde Philipp II. zum ‹Barbaren aus dem Norden›, den man in ausgefeilter Rhetorik entsprechend diffamierte. In einem berühmten Fragment aus der ‹Geschichte der Taten Philipps II.›, verfasst von Theopomp von Chios, manifestiert sich dieser kulturelle Chauvinismus besonders eindrucksvoll. Voller topischer Vorwürfe und extremer Überzeichnungen charakterisiert der Historiker mit deutlich antimakedonischer Tendenz die Freunde und Gefährten des makedonischen Königs als ‹Verbrecher und Wüstlinge› (Theopomp, FGrHist 115 F 225ab):

«Wenn es irgendwo in Griechenland oder bei den Barbaren jemanden gab, der in seinen Gewohnheiten entartet und schamlos war, dann hat er sich Philipp von Makedonien angeschlossen und zählte zu den Gefährten des Königs. Philipp hatte keine Achtung vor Menschen, die zurückhaltend waren und sich um ihr Privatleben kümmerten, sondern er achtete und förderte die Außenseiter, die Trinker und die Spieler. Trunkenheit zogen sie der Nüchternheit bei weitem vor, und sie wollten lieber rauben und töten als ein ordentliches Leben führen. Die Wahrheit zu sagen und sich an Abmachungen zu halten, das war nichts für sie; sie beanspruchten für sich das Recht, Unrecht zu tun und in den heiligsten Angelegenheiten zu betrügen. Sie kümmerten sich nicht um das, was sie hatten, sondern um das, was sie nicht hatten – und das zu einem Zeitpunkt, wo sie einen Teil von Europa besaßen. Denn ich glaube, dass sie damals den Ertrag des Landes von mehr als 10 000 Grundbesitzern genossen, und zwar des besten und des fruchtbarsten Landes in Griechenland.»

Dass dies vor allem selbstverliebte Rhetorik im Gewand historiographisch seriöser Erzählung war und die historische Realität nicht im mindesten widerspiegelt, zeigt schon der Umstand, dass das Heer Philipp bis auf eine Ausnahme diszipliniert gefolgt war. Gewiss versorgte Philipp seine Getreuen mit allem, dessen sie bedurften: Mit Gold aus den gewaltigen Einkünften aus den Pangaion-Bergwerken, mit reichlicher Beute und mit großzügigen Landzuweisungen aus erfolgreichen Raub- und Eroberungszügen; und gewiss waren diese Männer nicht heikel in der Wahl ihrer Mittel, was den Kampfeinsatz und ihr Privatleben betraf: Zögern und Rücksichtnahme, gepflegte Umgangsformen und intellektuelle Genüsse dürften diesen vermutlich wirklich wilden Gefährten um Philipp fremd gewesen sein. Dennoch wird man ihnen Selbstdisziplin und Härte gegen sich und andere nicht absprechen dürfen. Eine Anekdote verdeutlicht dies (Polyainos 4,2,1): *«Philipp degradierte Dokimos von Tarent, weil er sich auf dem Feldzug mit warmem Wasser wusch (und auch sonst entsprechenden Aufwand gewohnt war). Philipp soll zu ihm gesagt haben: ‹Du scheinst die Gewohnheiten der Makedonen nicht zu kennen. Bei uns waschen sich nicht einmal die Frauen bei der Geburt mit warmem Wasser.›»*

2. Philipps II. ‹maßvolle› Idee der Befreiung der Griechen von der Perserherrschaft (346–336 v. Chr.)

Mit dem Ende des Dritten Heiligen Krieges hatte Philipp II. bereits eine beachtliche Bilanz vorzuweisen. Militärisch und politisch hatte er nahezu ausnahmslos Erfolge gefeiert, was ihm zu Herrschaftsbeginn niemand zu prophezeien gewagt hätte: Er hatte die Paionier und Illyrer niedergerungen, war Schwager des epeirotischen Königs geworden, beherrschte das gesamte Thrakien in der Nachfolge des Kotys, beherrschte die Chalkidike, war erster und oberster Beamter (*árchon*) von Thessalien, und durch den endgültigen Sieg über die Phoker (346) war er zudem Mitglied und Vorsitzender des Amphiktyonenbundes von Delphi geworden.

Nach dem machtpolitischen Niedergang Thebens und Spartas war es einzig Athen, das auch nach Auflösung des Seebundes an seinem Anspruch festhielt, die führende Rolle unter den griechischen Städten einzunehmen. Der große Gegenspieler Philipps II. war der athenische Redner Demosthenes (384–322), Sohn eines reichen Handwerkers und Unternehmers, der sein Vermögen mit der Herstellung von Schilden und Waffen gemacht hatte. Nach dessen Tod war Demosthenes von seinen drei Vormündern um sein Erbe gebracht worden; immerhin war ihm eine rhetorische Ausbildung bei dem berühmten Redner Isaios ermöglicht worden, dank der er nach Erreichen des 18. Lebensjahres imstande war, die mit ihm verwandten Betrüger erfolgreich zu verklagen.

Seit 345 wandte sich Philipp II. erstmals Zentralgriechenland zu. Dort wiederholte er seine Strategie der aufgenötigten, keineswegs uneigennützigen Hilfeleistung: Auf der Peloponnes die antispartanische Politik Thebens fortsetzend, bot er 344 den Bürgerschaften von Messene und Argos militärische Unterstützung gegen Sparta an. Eine athenische Gesandtschaft mit Demosthenes als Wortführer suchte dies vergeblich zu verhindern; der große Rhetor scheiterte trotz seiner zweiten (später berühmt gewordenen) Rede gegen Philipp, die er nach seiner Rückkehr in Athen nochmals vortrug. Immerhin verweigerte sich die Stadt Megara (343) dem

Werben Philipps und stellte sich auf die Seite Athens. Dieser diplomatische Rückschlag schreckte den Makedonenkönig allerdings nicht; er war weiterhin darum bemüht, seine Machtstellung Schritt für Schritt auszubauen. Dazu zählte auch die Sicherung seiner Einflusssphäre an den Rändern seines Reiches, nicht nur im thrakischen Osten, wo er das Küstenland zu gewinnen suchte, sondern auch im epeirotischen Westen. In Epeiros verhalf er dem Bruder seiner Frau Olympias 342 zur Königsherrschaft und verpflichtete diesen zu Treue und Dankbarkeit. Skrupellos griff er nun auch in die inneren Verhältnisse griechischer Städte ein. So scheute er sich nicht, ihm ergebene Tetrarchen – ein Gremium zur Stadtverwaltung, das aus vier Männern bestand – in den thessalischen Poleis einzusetzen oder auf Euboia ihm persönlich verpflichteten Männern in Eretria und Oreos zu Tyrannenherrschaften zu verhelfen. Danach zog er gegen Ambrakia und die Akarnanen, um sich dann nicht länger nur diplomatisch, sondern auch militärisch der Peloponnes zuzuwenden.

Die Athener stemmten sich energisch seinem Vordringen entgegen. Die für Griechenland zunehmend bedrohlicher werdende Lage stellte der Redner seinen Mitbürgern in seiner dritten Philippischen Rede im Jahr 341 nochmals eindringlich vor Augen und suchte sie und die übrigen Griechen wachzurütteln. Was die Mehrheit der athenischen Bürger bewog, in den öffentlichen Debatten um die machtpolitische Haltung gegenüber Philipp II. schließlich auf die Linie des Demosthenes einzuschwenken, war nicht die Tatsache der Gefährdung ganz Griechenlands durch Philipp. Demosthenes hatte vielmehr die an und für sich seit den Perserkriegen angestaubte Barbarenideologie wieder ins Spiel gebracht. Sein Kalkül war, den Athenern die Chance auf eine zweite Wiederbelebung (Erster Attischer Seebund: 478–404, Zweiter Attischer Seebund: 377–355) der hegemonialen Stellung Athens in der griechischen Welt in Aussicht zu stellen, sofern es gelänge, den makedonischen Gegner abzuwehren. Demosthenes hatte Erfolg, und so scharte Athen im Jahr 340 v. Chr. seine Bündner um sich: Byzantion, Abydos, Euboia, Megara, Korinth, die Achäer, Akarnanen, Leukadier und Korkyrer.

Philipp II. hingegen richtete, nachdem er Thrakien 339 in Besitz genommen hatte, seine Aufmerksamkeit auf den Hellespont und machte nun keinen Hehl mehr daraus, dass er danach trachtete, das makedonische Herrschaftsgebiet bis nach Kleinasien auszuweiten. Doch misslang die Belagerung von Perinthos und Byzantion, und die makedonische Flotte wurde sogar in den Pontos abgedrängt, was vornehmlich daran lag, dass die Bündner der beiden Städte rasch herbeigeeilt waren – darunter der Perserkönig, aber auch Athen, Chios und Rhodos, die als See- und Handelsstädte ein genuines Interesse an der Aufrechterhaltung des ungehinderten Zugangs zum Schwarzen Meer hatten.

Dieser kurze Moment der Schwäche Philipps II. führte im Norden Thrakiens sogleich zur Erhebung des skythischen Fürsten Ateas. Der Vorgang verdeutlicht, wie fragil das Herrschaftsgefüge Philipps II. immer noch war. Es zeigt aber zugleich, dass es wenig sinnvoll ist, moderne nationalstaatlich geprägte Vorstellungen von einem fest umgrenzten ‹Königreich› in die Antike zurückzuspiegeln. Zwar gelang es Philipp, diesen Aufstand niederzuschlagen, seinen Gegner zu töten und dessen Herrschaft zu übernehmen, jedoch wurde er auf dem Rückweg von Thrakern bedrängt und im Kampf sogar lebensgefährlich verletzt.

Nachdem Philipp II. wieder genesen war, kam es im sogenannten Vierten Heiligen Krieg (339) zur Konfrontation mit Athen. Erneut war es die Amphiktyonie von Delphi, welche die Hilfe Philipps benötigte. Dieses Mal warf man der Polis Amphissa, die nahe bei Delphi lag, vor, sie hätte sich unrechtmäßig heiliges Land angeeignet und landwirtschaftlich genutzt. Athen und Theben stellten sich auf die Seite Amphissas. Obgleich das Jahr schon weit vorangeschritten war, zögerte Philipp nicht, seine Gegner zu überraschen. Gedeckt durch den Auftrag des Amphiktyonenbundes von Delphi, besetzte er die boiotischen Städte Kytinion und Elateia und ließ damit unverhüllt seine weitergehende Absicht erkennen, die Hegemonie über ganz Griechenland zu gewinnen. Athen und Theben kämpften nun vereint, um die Freiheit der griechischen Städte zu retten, wie ihre Redner es zumindest propagierten. Am 1. September 338 trafen bei Chaironeia in Boiotien die beiden etwa 30000 Mann starken Heere aufeinander: In der Schlacht hielt Philipp II. den rechten Flügel kalkuliert zurück, ja ließ ihn sogar zurückweichen, damit der linke Flügel des Makedonenheeres, den der junge Alexander befehligte, um so machtvoller gegen die thebanische Eliteeinheit, gegen die sogenannte ‹Heilige Schar›, vorstoßen konnte. Nach dem Bericht des Historikers Diodor (1. Jahrhundert v. Chr.) war er es, der die Thebaner immer wieder scharf bedrängte und die griechische Heeresfront schließlich auch zum Wanken brachte. Daraufhin fielen 2000 der verbündeten Griechen, 8000 gerieten in Gefangenschaft. Welch gewaltiger Ruf der ‹Heiligen Schar› vorauseilte und wie hoch der Anteil des jungen Alexander am Erfolg des makedonischen Heeres zu veranschlagen ist, belegt der Respekt, den Philipp den Leichnamen der 300 Krieger umfassenden Eliteeinheit entgegenbrachte, die bis dahin unbesiegt geblieben war.

Die ‹Heilige Schar› ist insofern erwähnenswert, als sie die enorme militärische Schlagkraft einer kleinen professionell geführten Elitetruppe vor Augen führt, die als verschworene Gemeinschaft die Kampfkraft eines herkömmlichen Söldnerkontingents bei weitem überstieg. Die Bildung derartiger professionell ausgebildeter und taktisch flexibler Eliteeinheiten, also die Differenzierung und Professionalisierung des Militärwesens überhaupt, ist eine charakteristische Erscheinung der politischen und militärischen Geschichte des 4. und 3. Jahrhunderts v. Chr.

Diese Nebenbemerkung erhellt zugleich, welche Faktoren sowohl den weiteren Erfolg in der Schlacht wie überhaupt den außergewöhnlich schnellen machtpolitischen Aufstieg Makedoniens unter der Herrschaft Philipps II. ausmachten. Weder Tradition noch Größe und Lage des makedonischen Reiches können dies hinreichend erklären; und auch die Anwerbung und Aufnahme von Söldnern in das Makedonenheer – zweifelsohne ein wichtiger Baustein der Sieghaftigkeit – reicht für sich genommen dafür nicht aus. Weitere Gründe sind sicherlich in Philipps außergewöhnlichen persönlichen Fähigkeiten zu finden, in seiner Entschlossenheit und seinem Ehrgeiz, aber auch in seiner klugen Bündnispolitik und in seiner ungeteilten Macht über Königtum, Hof und Heer. Dazu gehörte auch, dass er von den führenden Militärs seiner Zeit – Epameinondas und Pelopidas von Theben sowie von dem athenischen Strategen Iphikrates – viel gelernt hatte und so bereit war, vom traditionellen Training sowie der bisherigen Taktik, Aufstellung und Ausrüstung des makedonischen Heeres abzurücken. Fortan stand er der Idee aufgeschlossen gegenüber, sein Heer stärker an dem der athenischen Hopliten auszurichten. Die Einführung der Fußabteilungen soll bereits auf den Makedonenherrscher Alexander I. (498–454) zurückgehen, wenn man dem Redner und Historiker Anaximenes von Lampsakos (FGrHist 72 F4) folgen will. Nach Diodor (16,5,1) war es jedoch erst Philipp, der die zukunftsweisenden Neuerungen im makedonischen Heer eingeführt haben soll.

Auch wenn die mit der Neuordnung des Heeres verbundenen Maßnahmen im Einzelnen nicht bekannt sind, so sind sie doch zumindest in Grundzügen gut erkennbar: Philipp II. führte eine neue Waffe in Gestalt der Sarissa ein – einen etwa fünf Meter langen Stoßspeer, der zur typischen Waffe des makedonischen Heeres wurde. Sodann ließ er das Fußheer, die Infanterie, in fester Phalanxformation – also in geschlossenen Schlachtreihen – aufstellen, was freilich bedeutete, dass das Marschieren und Stehen in der Phalanx, Schild an Schild, regelmäßig trainiert werden musste. Insbesondere während seines Aufenthalts in Theben dürfte Philipp II. gelernt haben, dass die Grundlage des militärischen Erfolgs darin bestand, dass eine Phalanx so lange wie möglich ihre geschlossene Formation in der Schlacht aufrechtzuerhalten vermochte. Und schließlich änderte der Makedonenkönig die Schlachtordnung und stellte die Reiterei erstmals auf beiden Flügeln des Fußheeres auf.

Gleichwohl war Philipp II. mit seinem Sieg bei Chaironeia über die verbündeten Athener und Thebaner noch nicht zum Herrn über Griechenland geworden, der nach Belieben über die besiegten Städte hätte verfügen können – der König hatte eine wichtige Schlacht, noch nicht aber den Krieg gewonnen. Nach wie vor beherrschte nämlich Athen die Ägäis. Philipp konnte ihrer Flotte zumindest nicht viel anhaben; und der Ausgang einer langwierigen und kostspieligen Belagerung Thebens und Athens war mehr als ungewiss. Daher bot Philipp den Besiegten einen Frieden zu ver-

Abb. 2: Zeichnerische Rekonstruktion der 256 Soldaten umfassenden kleinsten Einheit einer makedonischen Phalanx im Angriff

hältnismäßig milden Bedingungen an: Er rief einen ‹allgemeinen Frieden› (*koinè eiréne*) aus; dabei präsentierte er sich nicht als gefürchteter Sieger und Vernichter der griechischen Freiheit, sondern als Hegemon der Griechen, der es vermied, seinen Sieg zu feiern und die unterlegene Seite zu kränken.

Mit dem Sieg hatte Philip II. ein erstes wichtiges Etappenziel erreicht: Nach über zwanzigjährigen Kämpfen war er Herr über Makedonien, Thrakien, die Chalkidike und Griechenland, Archon des Thessalischen Bundes auf Lebenszeit und leitendes Mitglied der delphischen Amphiktyonie geworden. Doch damit gab sich Philipp II. nicht zufrieden; er verfolgte weitergehende Absichten – die Herrschaft über Kleinasien oder, wie es in der Diktion der griechischen Freiheitsideologie hieß, die Befreiung der dortigen griechischen Städte von der persischen Oberherrschaft.

Neu war die machtpolitische Verwirklichung der Idee von der Befreiung der Griechen vom persischen Joch indes nicht: Bereits einige Jahrzehnte zuvor hatte sich der spartanische König Agesilaos diesen Plan zu eigen gemacht, auch wenn dessen kleinasiatischer Feldzug ein erfolgloses Abenteuer geblieben war. Philipp verfolgte schon länger ähnliche Absichten. Dass er damals den von ihm geschätzten und überaus erfahrenen Parmenion mit einem stattlichen Aufgebot nach Kleinasien entsandt hatte, belegt eindeutig, dass er das Perserreich als nächstes Ziel seiner Expansion ins Auge gefasst hatte.

Die erfolgreiche Umsetzung des Vorhabens bedingte die Gründung des Korinthischen Bundes durch Philipp II. Mit der Schaffung dieser Koalition rief der Makedonenkönig die 150 Jahre zuvor ganz Griechenland prägende Erfahrung und die Erinnerung an die Kämpfe gegen die Perser und die damit verbundenen Rachegedanken wach. Bereits nach Übernahme des Vorsitzes in der Amphiktyonie von Delphi hatten griechische Intellektuelle, Redner und Philosophen Philipp II. aufgefordert, die Griechen zu einen und Rache zu nehmen für die in den Perserkriegen erlittenen Zerstörungen. So legte bereits 346 der berühmte athenische Redner, Redelehrer und Publizist Isokrates dem makedonischen König in einer Flugschrift, die er *Philippos* betitelte, einen solchen ‹panhellenischen Angriff auf Persien› nahe.[1]

Mit der aktuellen Wiederbelebung der historischen Erinnerung an die legendären Kämpfe verband sich die allgemein geteilte Einschätzung, dass die militärische Stärke des persischen Großkönigs gering sei. Diese Ansicht wiederum beruhte auf der historischen Erfahrung, dass es einem Söldnerführer wie Xenophon im Jahr 401 mehr oder weniger mühelos gelungen war, nahezu ungehindert ein etwa 10 000 Mann starkes Söldnerheer aus dem persischen Kernland bis zurück nach Griechenland zu führen.

Der Freiheitsgedanke und der Gedanke an ein Großgriechenland bildeten starke Argumente in der Debatte, die promakedonisch gesinnte Redner und Politiker gern einsetzten, um die neue Vormachtstellung des Makedonenherrschers zu rechtfertigen: Nur mit Philipp II. war überhaupt die Möglichkeit denkbar geworden, unter einer einheitlichen Führung solch eine gemeinsame außenpolitische Unternehmung aller Griechen zu initiieren und mit Aussicht auf Erfolg durchzuführen. Mit der Ankündigung eines Rachefeldzugs gegen das Reich der Achämeniden erklärte sich Philipp II. zum Führer aller Griechen – seine Stellung als Hegemon erhielt auf diese Weise eine ideologische Legitimation.

So ließ sich Philipp II. auf der von ihm einberufenen Bundesversammlung in Korinth von den Repäsentanten der griechischen Städte zu ihrem militärischen Führer (*strategòs autokrátor*) wählen. Dies machte ihn zum Führer eines Heeres der vereinigten Griechen, das gegen den Perserkönig geführt werden konnte, ohne dass dieses Kriegsziel ausdrücklich genannt worden wäre. Der Wortlaut des Gründungseides des Korinthischen Bundes hat sich in einer athenischen Inschrift aus dem Jahr 337 erhalten. Durch den vor der Zeugenschaft der Götter geleisteten Eid und damit durch Selbstverfluchung bei Missachtung der eidlich akzeptierten Aufgaben und Pflichten – so der Zweck jeder Schwurformel – unterwarfen sich die Bündner dem Willen des Makedonenherrschers; denn in der entscheidenden Passage des Bundesvertrags, der die Mitglieder einseitig an die Makedonen band, war ihnen jegliche militärische Aktion gegen diese untersagt. Mithin wurde der bestehende politische Zustand festgeschrieben.[2]

Zur Ausführung seiner weitreichenden Expansionspläne kam Philipp II. jedoch nicht mehr. Ein Attentat bereitete seiner klug und bedacht praktizierten, in gewisser Hinsicht als ‹maßvoll› zu bezeichnenden Eroberungspolitik ein abruptes Ende. Im Theater von Aigai, dem alten Königssitz der Makedonen, während der Hochzeitsfeierlichkeiten seiner Tochter Kleopatra mit Alexander, dem König von Epeiros, wurde Philipp im Alter von 46 Jahren von einem gewissen Pausanias, einem Hauptmann der Leibwache, ermordet. Als Motiv für seine Mordtat gab dieser an, der König hätte ihn im Zusammenhang mit einer Beleidigung durch Attalos nur unzulänglich in Schutz genommen. Weitere «Gefährten» (*hetaîroi*) scheinen in den Anschlag verwickelt gewesen zu sein. Philipps Frau Olympias, die Mutter Alexanders (des nachmaligen ‹Großen›) und der Kleopatra, war einer Quelle zufolge Anstifterin des Attentats. Philipp hatte sie 337 nach zwanzigjähriger Ehe in einem heftigen Streit verstoßen, woraufhin sie bei ihrem Bruder Alexander I., dem König von Epeiros, Zuflucht genommen hatte. Zwangsläufig geriet auch Alexander, Olympias Sohn, unter Mordverdacht; man darf freilich den Wahrheitswert der einschlägigen, negativ eingestellten griechischen Publizistik in dieser Frage nicht überschätzen. Alexander wusste mit Blick auf den bereits von Philipp II. gefassten Plan zu einem Feldzug gegen die Perser geschickt zu kontern und damit die Aufmerksamkeit von seiner Mutter und sich selbst abzulenken: Der Anschlag sei dem Perserkönig anzulasten.

Wie all dem auch sei: Die Frage, ob Alexander an der Tat beteiligt gewesen war, ist für uns nicht mehr zu lösen. Zur Zeit der Ermordung war der Prinz der einzige erwachsene legitime Sohn Philipps, der sich darüber hinaus bereits bestens militärisch und politisch bewährt hatte. Schon mit sechzehn Jahren hatte Alexander 340/339 in Abwesenheit seines Vaters die Regierungsgeschäfte für die Dauer des Feldzugs gegen Perinthos und Byzantion übernommen. Darüber hinaus hatte er eine eigenständige militärische Expedition gegen den thrakischen Stamm der Maider erfolgreich durchgeführt und dort sogar die Stadt bzw. Militärkolonie Alexandroupolis gegründet. Spätestens seit dieser geglückten Unternehmung war er im Heer allseits hoch geachtet, zumal er die Unterstützung des Antipatros und des Parmenion genoss, der beiden treuen Feldherren seines Vaters. Angesichts dieses starken Rückhalts war es keine Frage, dass die makedonische Heeresversammlung tatsächlich Alexander III. zum Nachfolger Philipps ausrief und damit die Ansprüche aller anderen Thronanwärter in der Argeadenfamilie zunichtemachte.

Nach seiner Wahl verfuhr Alexander III. ganz in der Tradition seiner Vorgänger auf dem makedonischen Thron. Potentielle Konkurrenten und Widersacher ließ er beseitigen, darunter den verdienten General Attalos, den Philipp II. 336 zusammen mit Parmenion nach Asien vorausgeschickt hatte. Dieser hatte Pausanias kalkuliert beleidigt und, was schlimmer wog, öffentlich die Legitimität von Alexanders Thronfolgeanspruch zugunsten des Amyntas IV. bestritten, eines Sohnes des gegen die Illyrer gefallenen Perdikkas III. (König 365–359), des Vorgängers Philipps. Auch wenn Attalos die Tochter Parmenions geehelicht hatte, so rettete ihn dies nicht. Sein Schwiegervater stellte sich nach der Ermordung Philipps loyal auf die Seite Alexanders und duldete die Tötung seines Schwiegersohns. Nach der Logik makedonischer Herrschaftssicherung war es ebenso zwangsläufig, dass auch der eben erwähnte Amyntas IV. (* 362–336), dessen Vormund Philipp II. gewesen war, getötet wurde, obgleich er mit seiner Cousine Kynane, einer Halbschwester Alexanders, Tochter der Audata/Eurydike, verheiratet war.

Neben den inneren Machtkämpfen drohten Unruhen an den Grenzen und Erhebungen der unterworfenen Stämme und Städte, die allerdings jeden Herrscherwechsel auf dem makedonischen Thron begleiteten. So feierten auch die Athener, als Demosthenes die Nachricht von der Ermordung Philipps II. bekannt machte. Euphorisch beschloss die Volksversammlung, dem Attentäter Philipps II. den Ehrenkranz zu verleihen und sich von Alexander und dessen Führung der Griechen loszusagen. Ähnliche Hoffnungen machten sich, als sie die Todesnachricht erreichte, beispielsweise auch die Aitoler, die ihre Exilanten aus Ambrakia zurückführten, ebenso die Bürger von Ambrakia und Theben, welche die makedonischen Garnisonen aus ihren Stadtfestungen vertrieben, und nicht weniger Argos und Elis, die ihre alte Unabhängigkeit wiedergewinnen wollten. Sie alle freilich waren auch ebenso schnell wieder bereit, ihre Beschlüsse zu widerrufen und ihre Unabhängigkeitsbestrebungen aufzugeben, nachdem der gerade einmal zwanzig Jahre zählende König schon nach überraschend kurzer Zeit persönlich in Griechenland erschien. Letztlich behielt allein Sparta seine ablehnende Haltung gegenüber jedem Bund mit Makedonien bei.

Rasch stieß Alexander mit seinem Heer nach Boiotien vor und nahm den Platz seines Vaters in der delphischen Amphiktyonie ein. Eine athenische Gesandtschaft huldigte ihm als neuen König und versicherte ihm eilfertig, dass sich Athen vertragskonform verhalten hätte. Nicht weniger schnell berief Alexander die Bundesversammlung in Korinth ein, die ihn zum Nachfolger seines Vaters und damit zum Führer gegen die ‹barbarischen› Perser bestimmte. Auch wenn gemäß dieser Vereinbarung formal alle griechischen Staaten nach wie vor frei und unabhängig waren, also gleichermaßen ihre innere wie äußere Freiheit behalten sollten (*eleutheria* und *autonomía*), so war doch durch verschiedene Bestimmungen gewährleistet, dass das Synhedrion – der Bundesrat – ein williges Instrument Alexanders blieb.

Dadurch dass er so schnell vor Ort war, hatte der junge Makedonenkönig zwar den aufkeimenden Widerstand niederzudrücken vermocht, jedoch waren keineswegs alle griechischen Städte bereit, sich dieser neuen Oberherrschaft kampflos zu unterwerfen. Zumindest einige von ihnen warteten, wie die anfängliche Weigerung Athens und anderer Städte und insbesondere die konsequent ablehnende Haltung Spartas belegt, noch immer auf die rechte Gelegenheit, um die verlorene Unabhängigkeit zurückzugewinnen – dazu waren Bürgerschaften wie Sparta, Athen und Theben allein schon durch ihre lange und stolze Tradition einer gewissen machtpolitischen Größe mehr oder weniger verpflichtet.

Die erhoffte Gelegenheit ergab sich 336/335, als die Thraker, die Paionier und Illyrer – mit einer gewissen Verzögerung – den Tod des makedonischen Königs zum Anlass nahmen, sich zu erheben und die erst kürzlich erfahrene Unterwerfung unter Philipps II. Herrschaft (342/341) rückgängig zu machen. Vielleicht leitete sie die Hoffnung, dass der junge Makedonenherrscher nicht von solcher Tatkraft, Entschlossenheit und Härte war wie sein Vater – in dieser Frage allerdings sahen sie sich bald eines Besseren belehrt: Alexander sammelte im Frühjahr 335 etwa 15 000 Fußsoldaten und 5000 Reiter in Amphipolis, überschritt das Haimos-Gebirge und brachte in nur wenigen Wochen die Thraker, die Triballer am Fluss Lyginos (Rossiza) und die Geten am Istros, mithin ganz Thrakien bis zur Donau und zum Schwarzen Meer erneut unter makedonische Herrschaft. Nach einem Opfer zu Ehren des Göttervaters Zeus, seines mythischen Ahnherrn Herakles und des Flussgottes Istros musste er sich mit seinem Heer wieder umgehend nach Westen begeben. Dort hatten sich auf illyrischem Gebiet zwei Stämme gegen ihn erhoben. Bei der Stadt Pelion besiegte er die Dardaner und Taulantier. Sein Vorgehen auf diesem Feldzug war offenkundig so entschlossen, dass die genannten Stämme zu Lebzeiten Alexanders – und trotz seiner langen Abwesenheit während seines Asienfeldzuges – keinen weiteren Aufstandsversuch mehr unternahmen. Mit diesem Balkanfeldzug hatte Alexander sein erstes Ziel erreicht: Das makedonische Kernland war an seinen Grenzen erneut abgesichert; dies war die wesentliche Voraussetzung für die Umsetzung aller weiteren Pläne.

So wie sein Vater und andere makedonische Könige vor und nach Alexander musste auch dieser zunächst im höfischen Umfeld von Pella seine Machtansprüche durchsetzen und behaupten. Danach galt es, angesichts der mit jedem Thronwechsel aufflammenden Bedrohungen an den makedonischen Grenzen auf dem Schlachtfeld seine militärischen Fähigkeiten, seine persönliche Tapferkeit und sein Geschick in der Heeresführung unter Beweis zu stellen. Es versteht sich von selbst, dass für diese Ambitionen eine umfassende und gründliche Ausbildung in allen Waffenarten und im Kampf zu Pferd für jeden der Hetairen und Thronanwärter unabdingbar war, um auf diese schwierigen politischen Aufgaben und militärischen Anforderungen gut vorbereitet zu sein. Vor diesem Hintergrund ist es nur allzu verständlich, wenn Alexander in dem unbezwingbaren Achill sein mythisches Vorbild sah.

Von klein auf nämlich hatte Alexander III. wie die anderen Herrscher vor ihm den Kampf gegen innere wie äußere Feinde kennengelernt und war durch einschlägige Erfahrungen geprägt. Seine Freunde waren ungefähr gleichaltrige Jagd- und Kampfgefährten, die sich wie die homerischen Helden gemeinsam im Kampf bewähren wollten. Dass sich dabei auch ein Prinz oder König, gerade weil dieser eine besonders herausragende Rolle auszufüllen hatte, Verletzungen zuzog, war eine alltägliche Erfahrung – und eine realistische Perspektive für die Zukunft. In diesem Zusammenhang sei beispielsweise nur an den Tod des Perdikkas III. mitsamt seinen 4000 Makedonen im Kampf gegen die Illyrer erinnert, an den Pfeilschuss von 343 in Methone, der Philipp II. zum Einäugigen machte, oder auch an dessen schwere 339 in Thrakien erlittene Verwundung. Alexander hatte seinen Vater beständig als vorbildlichen Kämpfer in vorderster Front vor Augen, so dass er dessen wagemutige Haltung übernahm und grundsätzlich vor keinem Kampf zurückschreckte, wenn er ihm notwendig erschien. Tatsächlich wurde Alexander im Kampf gegen die Illyrer zweifach verwundet; einmal wurde sein Helm von einem Stein getroffen, in einem anderen Fall erhielt er einen Keulenschlag in den Nacken, kam jedoch beide Male ohne ernsthafte Verletzungen davon.[3]

Daher schien es durchaus glaubhaft, als Demosthenes, der die Griechen zum Widerstand aufwiegeln wollte, das Gerücht verbreitete, der junge Herrscher sei bereits im Frühsommer 335 im Kampf gegen die Triballer gefallen. Im Glauben, dass Makedonien erneut ohne Herrscher dastehe, erhob sich Theben als erste griechische Stadt und bedrängte die makedonische Besatzung auf der Akropolis, der berühmten Kadmeia. Die Makedonenfeinde in Athen, allen voran Demosthenes und Lykurgos, unterstützten die Thebaner darin, und zwar nicht nur mit Worten, sondern auch mit einem Teil des Geldes, mit insgesamt 300 Talenten, die ihnen aus Persien zugeflossen waren. Auch der Arkadische Bund und die Eleer entschlossen sich, ihre Unabhängigkeit wiederherzustellen; daher boten sie ein Heer auf, das rasch bis zum Isthmos von Korinth vordrang und den Zugang zur Peloponnes sperrte.

Als der totgeglaubte Alexander in einem weiteren Eilmarsch von Illyrien nach Boiotien im August 335 in Griechenland erschien, überraschte er seine Gegner so sehr, dass zumindest in Athen ein Stimmungsumschwung einsetzte, den Phokion und Demades als promakedonische Politiker herbeigeführt hatten. Die Athener versagten den aufständischen Thebanern ihre Unterstützung, so dass der Widerstand gegen Alexander bald in sich zusammenbrach. Nach einer kurzen Schlacht gegen die ohne Bündner verzweifelt kämpfenden Thebaner rächte er sich fürchterlich. Der Korinthische Bund folgte dem Vorschlag seines Hegemons und beschloss, da die Stadt den «allgemeinen Frieden» (*koinè eiréne*) gebrochen hätte, die vollständige Zerstörung Thebens. Allein das Haus des großen Dichters Pindar (um 518 – nach 446), der so viele Herrscher und Sieger bei den vier großen panhellenischen Spielen besungen hatte, blieb verschont; 6000 Thebaner fielen und die verbliebenen 30000 wurden versklavt. Mit der Zerstörung Thebens erfüllte Alexander zum einen den Wunsch der alten Feinde der Stadt – der Phoker, Orchomenier, Thespier und Plataier –, zum anderen erstickte er mit dieser Demonstration seiner Macht weitere Aufstandsneigungen anderer Städte und Bünde.

Athen vermochte ein ähnliches Schicksal abzuwenden, da Phokion und Demades die Bündnistreue Athens glaubhaft verbürgten und die Agitation gegen Alexander zur persönlichen Unternehmung des Demosthenes erklärten. Mit dieser Erklärung gab sich der makedonische König zufrieden und gestand den Unterhändlern zu, dass Athen nur zwei seiner ärgsten Widersacher, die Strategen Charidemos von Oreos, Söldnerführer, Schwager und Heerführer des thrakischen Königs Kersebleptes, und Ephialtes ausliefern musste statt der zuvor von ihm ursprünglich geforderten neun führenden Politiker, die offen gegen die Vorherrschaft der Makedonen in Griechenland agitiert hatten.

3. Der makedonische Achill in Asien oder die ‹maßlose› Idee von der Eroberung des gesamten Perserreiches (335–333 v. Chr.)

Der Übergang über den Hellespont und der Besuch Trojas

Nach der Sicherung der Herrschaft über Makedonien, Thrakien und Griechenland konnte Alexander dazu übergehen, die bereits von seinem Vater verfolgten Pläne in die Tat umzusetzen und wie einst Achill gen Troja als Führer der Griechen gegen Persien zu ziehen. In Dion, am Fuße des Olymp gelegen, ließ er sein Heer zusammenkommen. Mit etwa 30 000 Mann – darunter kampferprobte Phalangiten Philipps II., gut ausgebildete griechische Hopliten und Söldner sowie Kontingente von Mitgliedern des Korinthischen Bundes – brach Alexander im Frühjahr des Jahres 334 zum Feldzug gegen Dareios III. auf.

Kernstück des insgesamt 25 000 Mann umfassenden Fußvolks, das unter dem Oberbefehl des alten Parmenion stand, waren die 12 000 Makedonen, die als sogenannte *pezhétairoi* darin geübt waren, mit dem makedonischen Langspeer, der Sarissa, in fester Formation zu kämpfen und die Phalanx zu bilden, die in sechs Abteilungen (*táxeis*) mit jeweils 2000 Soldaten unterteilt war. Auf diese wurden zudem die 5000 griechischen Söldner aufgeteilt. Die Abteilungen wurden von jeweils einem Unterbefehlshaber (Taxiarchen) kommandiert, namentlich von Perdikkas, Koinos, Krateros, Amyntas, Meleagros und Philipp. Die verbliebenen leichten Fußsoldaten (Hypaspisten) kommandierte Nikanor, ein Sohn des Parmenion: 5000 Soldaten, gebildet aus Odrysen, Triballern, Thrakern und Illyrern, 1000 vom thrakischen Stamm der Agrianer und schließlich nur 2000 Soldaten der Bundesgenossen, deren Zahl also nicht einmal zehn Prozent des Heeres ausmachte.

Ein weiteres Prunkstück des Alexanderheeres war neben den makedonischen Phalangiten die etwa 5100 Mann umfassende Reiterei, die von Philotas, einem weiteren Sohn Parmenions, befehligt wurde; sie setzte sich aus 1800 Makedonen, 1800 Thessalern, 600 Griechen, 900 Thrakern und Paioniern zusammen. Die Reiterei bestand aus acht Ilen, also acht Einheiten zu je 600 Reitern; hinzuzurechnen ist zudem eine neunte, die sogenannte königliche Ile. Die dritte Heeresabteilung war die Flotte aus insgesamt 160 Schiffen, darunter zwanzig athenische Trieren, die das Fuß- und Reiterheer begleiteten. Ein vierter Heeresteil, der von Antipatros befehligt wurde, verblieb in Makedonien: Als Stellvertreter des Königs erhielt dieser zum Schutz Makedoniens 12 000 Fußsoldaten und 150 Reiter, um gegebenenfalls einem Abfall griechischer Städte entgegenzutreten.

Vielfache Bewährung im Kampf und unbedingte Loyalität zur eigenen Person scheinen die Kriterien gewesen zu sein, die Alexander dazu veranlassten, Parmenion (um 400–330) und seinen Söhnen die Führung des Heeres in die Hände zu legen. Bereits unter Philipp II. war er einer der fähigsten und verlässlichsten Generäle gewesen. Seine Verbundenheit zu Alexander hatte er eindrucksvoll und blutig durch die Tötung seines Schwiegersohns Attalos demonstriert. Nach dessen Ermordung verheiratete er seine Tochter mit Koinos, einem Mann aus der Elymeia, der die elymiotische Phalanx befehligte und später Philotas, den Sohn Parmenions, anklagen sollte. Parmenion war bereits über 60 Jahre alt, als er mit Alexander nach Asien aufbrach. Im Gegensatz zu Alexander verfolgte er stets eine militärische Politik, die sich am Erreichen des Möglichen ausrichtete und damit auch begnügte.

Auch Antipatros zählte zu den engsten Vertrauten Philipps II. und war ein Altersgenosse des Parmenion; er war gleichfalls bereits deutlich über 60 Jahre alt, als er stellvertretend für Alexander die Regierungsgeschäfte in Pella führte. Zusammen mit Parmenion hatte er 338 nach der Schlacht von Chaironeia die Verhandlungen geführt.

Nach einem neuntägigen Fest, das in Dion veranstaltet wurde, marschierte Alexander von Pella nach Amphipolis, von dort weiter an der thrakischen Küste entlang bis zur thrakischen Chersones nach Sestos. Diese 500 Kilometer lange Strecke legte er in zwanzig Tagen zurück, also mit einem Tagesschnitt von etwa 25 Kilometern, und überquerte den Hellespont an eben jener Stelle, an der 145 Jahre zuvor (480) der persische Großkönig Xerxes mit seinem riesigen Heer die Meerenge mit Hilfe einer Schiffsbrücke überquert hatte. Den geschichtsträchtigen Ort wusste er klug zu nutzen, um seine Stellung als Hegemon der Griechen zu inszenieren: Noch auf der europäischen Seite brachte er dem Heros Protesilaos, der dem Mythos zufolge als Erster der Griechen auf das asiatische Festland gesprungen und dort auch als erster Grieche gefallen war, an dessen Heroengrab in Elaios (auf der thrakischen Chersones) ein Opfer dar und wenig später, nun bereits auf der Fahrt mit dem Schiff, ein weiteres Opfer in der Mitte der Meerenge an Poseidon. Kurz vor der Ankunft auf asiatischer Seite schleuderte Alexander seinen Speer auf das persische Territorium. Mit diesem dritten Akt bekundete er seinen Anspruch auf das betreffende Land, das er als «mit dem Speer bzw. mit Gewalt erworbenes bzw. noch zu erwerbendes» Territorium betrachtete (*doríktetos*), das dem Sieger nach dem Kriegsrecht zustand. Anschließend sprang er in voller Rüstung als Erster an Land – darin gleichfalls Protesilaos nachahmend – und ließ Altäre für drei Gottheiten errichten, unter deren Schutz das Heer bei dieser Unternehmung ‹homerisch-heroischen Ausmaßes› stehen sollte, einen Altar für Zeus Apobaterios (Beschützer der Landung), für Athena (als Schutzgöttin der homerischen Heroen) und für Herakles, auf den sich die makedonischen Könige als Stammvater gern zurückführten.

Nachdem Alexander sein Heer von Sestos nach Abydos übergesetzt hatte, begab er sich nach Troja, während das Heer auf anderem Wege bereits nach Osten in Richtung Daskyleion, dem nächstgelegenen persischen Satrapensitz, weiterzog. Mit großer Geste trat Alexander in Ilion auf, am Schauplatz des trojanischen Krieges.

Der dortigen Stadtgöttin Athena Ilias galt sein erstes Opfer, danach spendete er den homerischen Helden ein Trankopfer. Im Gegenzug wurden ihm von den Notabeln Ilions altertümliche Waffen überreicht, die als Achills Waffen verehrt wurden. Fortan wurden ihm, immer bevor er in den Kampf eingriff, die altehrwürdigen Waffen vorangetragen. Schließlich suchte er das Grab des Achill auf und bekränzte dieses. Dabei pries er nach dem Bericht Plutarchs Achill dafür glücklich, dass er im Leben einen treuen Freund und nach seinem Tod einen großen Herold seiner Taten gefunden hätte (Plutarch, *Alexander* 15).

Die Schlacht am Granikos (Mai 334 v. Chr.)

Nachdem Alexander seine Begeisterung für die Kämpfe um Troja und seine Verehrung des griechischen Vorkämpfers Achill in Ilion durch Opfer und Bekränzung zum Ausdruck gebracht hatte, eilte er zurück zu seinem Heer. Seine Route nach Daskyleion führte ihn über Lampsakos an den Fluss Granikos, östlich der Stadt Parion. Dort hatte der persische Satrap sein Heer aufgestellt und erwartete nun Alexander und sein Heer.

Das persische Reich hätte sich schon seit längerem auf eine mögliche Auseinandersetzung mit dem aufstrebenden Makedonen vorbereiten können: Enge Kontakte der Makedonen zu verschiedenen Kleinfürsten wie Hermias von Atarneus waren bekannt; nicht von ungefähr hatte der persische Satrap diesen im Frühjahr 341 durch eine List gefangen genommen und anschließend zu Tode gefoltert, ohne dass dieser etwas von den Plänen Philipps II. preisgegeben hätte.[4]

Der persische Hof wusste gleichwohl um Feldzugspläne, die sich auf das kleinasiatische Gebiet, die Nordwestgrenze des Perserreiches, bezogen. Dennoch unterblieben vorbereitende Abwehrmaßnahmen – ein Versäumnis, das auch darin begründet lag, dass Dareios III. erst 336 zum Großkönig erhoben worden war. Die dann vom neuen persischen Herrscher eingesetzten Satrapen wollten durchaus das in sie gesetzte Vertrauen mit besonderer Loyalität beantworten und allen inneren und äußeren Gegnern militärische

Stärke demonstrieren. Sie drängten auf eine baldige militärische Auseinandersetzung, wobei sie den makedonischen Eindringling auf offenem Feld zurückschlagen wollten. Dazu wählte man das Ufer des Flusses Granikos (Biga Cay) aus; dort stellten sich im Mai 334 die persischen Satrapen auf – mit etwa 20000 persischen Reitern, den Kern der Garnisonstruppen bildend, denen eine 20000 Mann starke Fußtruppe vorgelagert war, die überwiegend aus griechischen Söldnern bestand.

In der Schlacht gelang es Alexander, die zunächst zurückgehaltene persische Reiterei aus ihrer Deckung herauszulocken und dann frontal anzugreifen. Hierbei war entscheidend, dass Alexander und seine «Gefährten» (*hetaîroi*) todesmutig agierten, dabei das denkbar größte Risiko in Kauf nahmen und die stärkste Einheit der gegnerischen Reiterei angriffen. Als diese die Flucht ergriff und das persische Heer den vermeintlich stärksten Heeresteil geschlagen sah, geriet es in Panik und wandte sich zur Flucht – entsprechend hoch und einseitig fielen die Verluste auf persischer Seite aus. Gegenüber den griechischen Söldnern in persischen Diensten ließen die Makedonen keine Gnade walten: Sie wurden eingeschlossen und größtenteils getötet – damit kamen bemerkenswerterweise durch den gräzisierten Makedonen Alexander an einem einzigen Tag mehr Griechen zu Tode als in den vier großen Kämpfen der Perserkriege zusammen (Marathon, Thermopylen, Salamis und Plataiai). Zu diesen 15000 bis 18000 Griechen sind 20000 gefallene Perser hinzuzurechnen, so dass das persische Heer bei einer Ausgangsstärke von 40000 Mann rund 35000 Tote zu beklagen hatte.

Demgegenüber fielen die Verluste auf Seiten der makedonischen Sieger gering aus. Anhand der Gefallenenzahlen lässt sich gleichwohl die unterschiedliche Intensität und Risikobereitschaft ablesen, mit der von den verschiedenen Teilen des makedonischen Heeres in der Schlacht gekämpft worden sein muss: Von 32000 Fußsoldaten waren gerade einmal 30 gefallen, aller Wahrscheinlichkeit nach darunter eher Makedonen als verbündete Einheiten. Sofern man mehrere Schlachten in den Blick nimmt, machen die geringen Verluste bei den griechischen, illyrischen und thrakischen Kontingenten rasch deutlich, dass sie vermutlich vorrangig als Hilfs- und Reservetruppen eingesetzt oder später als Besatzungs- und Garnisonstruppen zurückgelassen wurden. Hinzu kamen 60 gefallene Reiter von insgesamt 4500. Die höchsten Verluste gab es in der (hier noch nicht einberechneten) königlichen Ile; jene 500 bis 600 *hetaîroi* hatten allein für sich genommen 25 Tote zu beklagen. Wer also dem Kreis der *hetaîroi* angehörte, auf dem lag zwangsläufig die Hauptlast der Schlachtentscheidung und das größte persönliche Risiko. In ihrem Kreis zählte nur der bedingungslose Kampfeinsatz; wer in diesem Verband kämpfte, durfte einen frühen Tod nicht fürchten. Was Alexander und seine Gefährten anstrebten, war heroengleicher Ruhm. Daher entsprach es ganz den Überzeugungen Alexanders und seiner Alters- und Kampfgenossen, dass der König den berühmten griechischen Bildhauer Lysippos damit beauftragte, Bronzestatuen der 25 gefallenen *hetaîroi* anzufertigen und sie in Dion, im zentralen Heiligtum der Makedonen, gleichsam als Gruppe homerischer Helden aufzustellen.

Wer von den gefangen genommenen griechischen Söldnern, die im Dienst der Perser gekämpft hatten, nicht an Ort und Stelle getötet wurde, den ließ Alexander nach Makedonien zur Zwangsarbeit bringen, *«weil sie, obgleich sie Hellenen waren, gegen die gemeinsamen Beschlüsse der Hellenen gegen Hellas für die Barbaren gekämpft hatten.»* Zudem entsandte er als Führer der Griechen 300 persische Rüstungen nach Athen, die er der Göttin Athena weihte, in deren Namen er kriegerische Rache für die Zerstörung des zehn Jahre zuvor begonnenen Vorgängerbaus des Parthenon genommen hatte. Dabei ließ er an ihnen folgende Inschrift anbringen: *«Alexander, der Sohn des Philippos und die Hellenen, mit Ausnahme der Spartaner, (weihen dies) als Siegesbeute von den Barbaren, die Asien bewohnen»* (Arrian 1,16,6 f.).

Die Aufschrift ist ein einzigartiges Dokument, da es sich bei ihm um ein authentisches Zeugnis für das Selbstverständnis Alexanders handelt, das zugleich die offizielle Propaganda des Griechenfeldzuges wiedergibt. Darin greift Alexander den traditionellen Griechen-Barbaren-Gegensatz auf, den er auch beim Übergang über den Hellespont hervorgehoben hatte. Obgleich die griechischen Bundesgenossen in der Schlacht eine nur untergeordnete Rolle spielten, werden sie in diesem Text gleichrangig neben Alexander aufgeführt – ein Zugeständnis des Makedonenkönigs an die Griechen, als deren Führer er sich geriert und seinen Feldzug als griechischen Rachefeldzug darstellt. Entsprechend harsch tadelt er die Nichtbeteiligung der Spartaner am Feldzug, die er ausdrücklich vom Kollektiv der Griechen ausnimmt. Ebenso wie die griechischen Söldner auf persischer Seite werden sie von Alexander durch die prominente Nennung als Verräter an der griechischen Sache gebrandmarkt. In dieser demonstrativen Denunzierung tritt zugleich ein altes Verhaltensmuster der griechischen Aristokratie hervor: Wer nicht bereit ist, als Freund den Freunden zu folgen, gilt als Feind – es gibt keine differenzierenden Grautöne, sondern nur die eine scharfe Trennungslinie. Alexander selbst schließlich stellt sich schon dadurch, dass er es vermeidet, sich selbst «*König*» zu nennen und «*die Makedonen*» gesondert aufzuführen, als großer legitimer Führer *aller* Griechen dar. In der Weihung manifestiert sich somit auch der Wunsch, in der griechischen Welt und von der Öffentlichkeit fortan als Grieche unter Griechen und nicht als makedonischer Fremdherrscher betrachtet zu werden.

Der so einseitige Ausgang der Schlacht am Granikos hatte vielfältige Auswirkungen: Für Alexander, seine *hetaîroi* und sein Heer bedeutete er, dass sie sich als verschworene Gemeinschaft erfolgreich bewährt hatten; als Griechen hatten sie die Barbaren vernichtend geschlagen; eine riesige Geldmenge war erbeutet worden – die bis dahin kaum vorhandene Kriegskasse von gerade einmal 70 Talenten, womit das Heer vielleicht einen Monat lang hätte verpflegt werden können, war mit einem Male wohlgefüllt.

Alexander als Befreier und Rächer der griechischen Städte

Die persischen Satrapen Kleinasiens waren gefallen, hatten den Freitod gewählt oder waren zum Großkönig geflohen. An ihre Stelle setzte Alexander Männer seines Vertrauens ein, so Kalas als neuen Satrapen des hellespontischen Phrygien in Daskyleion. An die Verwaltungsstrukturen rührte Alexander nicht; er übernahm das Vorgefundene und wechselte nur die Führung aus. Der überwältigende Sieg hatte zur Folge, dass Alexander ganz Kleinasien bis nach Ionien kampflos zufiel, so dass er, ohne auf weiteren Widerstand zu stoßen, nach Lydien ziehen konnte. Dort wurde ihm die Stadt und der Satrapensitz von Sardeis übergeben, was er mit einer Freiheits- und Autonomieerklärung zugunsten der Lyder beantwortete. Diese gestand ihnen zwar das Recht zur Selbstverwaltung zu, bedeutete allerdings keine Befreiung von den Steuerlasten und von der Aufsicht durch den neuen, von Alexander eingesetzten Satrapen.

Vom lydischen Binnenland wandte sich Alexander nach Westen, zur ionischen Küste. In Ephesos unterstützte er die Demokraten und befreite sie abermals von den mit dem persischen Satrapen kooperierenden Oligarchen, wie dies zwei Jahre zuvor bereits Parmenion im Auftrag Philipps getan hatte. Abgaben mussten die Ephesier auch unter makedonischer Herrschaft zahlen, nun jedoch kamen diese nicht den Oberherren, sondern dem berühmten Heiligtum der Artemis zugute. Da sich in den meisten griechischen Städten Oligarchien unter dem Schutz und mit Unterstützung der persischen Oberherrschaft etabliert hatten, wurde Alexander von den Bürgerschaften als «*Befreier*» gefeiert – ganz im Sinne des Programms, mit dem der Feldzug zu Beginn geführt wurde, und das den Griechen-Barbaren-Gegensatz so oft wie möglich betonte.

Mit dem Sturz der oligarchischen Regime in den Städten ging einher, dass sich der Demos in den betreffenden Städten in der Folgezeit gegenüber Alexander und den Makedonen zumeist als loyale Bundesgenossen erwies. Aus aufrichtig empfundener Dankbarkeit wurde Alexander daher in vielen Städten als Heros verehrt und erfuhr kultische Ehren, die zum Teil sogar längere Zeit beibehalten wurden. In der wichtigen See- und Handelsstadt Milet konnte sich die griechische Bürgerschaft jedoch nicht gegenüber dem persischen Kommandanten der Stadt durchsetzen; dieser war nicht bereit, die Stadt zu übergeben, da bereits Boten das baldige Eintreffen der persischen Flotte angekündigt hatten; in dieser Situation half dem Makedonenkönig die eigene Ungeduld. Ohne zu zögern, schloss er die Stadt von der See her ein und eroberte sie durch einen Sturmangriff. Die persische Flotte – etwa 400 Schiffe vor allem aus phönizischen und zypriotischen Kontingenten – kam zu spät. Angesichts der gewaltigen zahlenmäßigen Überlegenheit der Perser zur See entschied Alexander, die kostspielige eigene Flotte (mit Ausnahme der zwanzig athenischen Trieren) aufzulösen und den weiteren Feldzug ausschließlich zu Lande zu führen. Dabei nahm er billigend in Kauf, dass die griechischen Städte an der kleinasiatischen Küste ohne Schutz blieben.

Unterdessen hatte Alexander seine ‹Befreiungstaten› erfolgreich auf dem kleinasiatischen Festland fortgesetzt. In Karien suchte ihn Ada aus der karischen Hekatomnidendynastie auf, die von ihrem jüngeren Bruder gestürzt und ins Exil nach Alinda geschickt worden war. Sie adoptierte den makedonischen Herrscher als ihren Sohn und bat Alexander um Wiedereinsetzung in ihre Herrschaft in Halikarnass, bei der es sich um keine Satrapie, sondern um eine lokale Vasallenherrschaft innerhalb des persischen Reiches handelte. Allerdings gelang es dem makedonischen Heer mit Unterstützung karischer Truppen erst nach mehreren Monaten und unter großen Verlusten die Stadt, nicht aber die Burg auf der Hafeninsel einzunehmen, auf die sich der Rhodier Memnon, griechischer Feldherr in persischen Diensten, zurückgezogen hatte. Da sich Alexander nicht weitere Monate aufhalten lassen, sondern statt dessen weiter nach Süden marschieren wollte, überließ er die dann tatsächlich noch ein ganzes Jahr in Anspruch nehmende Eroberung der Festung von Halikarnass der karischen Herrscherin, der er zur Unterstützung und Kontrolle Asandros, einen ihm ergebenen makedonischen Gefährten, an die Seite stellte.

Ohne seinem Heer die übliche Winterpause zu gewähren, begab sich Alexander nach Lykien, über Xanthos, Patara und Phaselis, und von dort aus weiter nach Pamphylien, über Perge, Aspendos und Side. Die beiden genannten Landschaften – Lykien und Pamphylien – fasste er zu einer Satrapie zusammen, die er seinem Jugendfreund Nearchos unterstellte. Seine Ungeduld trat abermals zutage, als er sich Pisidien zuwandte und in dem schwer zugänglichen Termessos auf beharrlichen Widerstand traf. Ohne sich auf eine längere Belagerung der schwer einnehmbaren lykischen Stadt einzulassen, wich er nach Norden aus, eroberte Sagalassos und fiel dann in Phrygien ein, wo er nach nur wenigen Tagen auch den Sitz des Satrapen von Großphrygien unter seine Herrschaft brachte. Im Frühjahr 333 erreichte er Gordion, die alte phrygische Königsstadt. Dort erfuhr Alexander, dass die persische Flotte, der er keine eigene Kriegsflotte entgegenstellen wollte, erste Erfolge hatte erringen können. Memnon von Rhodos hatte nämlich mit dem persischen Schiffskontingent eine Gegenoffensive an der kleinasiatischen Küste und in der Ägäis eröffnet und einige Städte, die Alexander ‹befreit› hatte, zurückzuerobern vermocht – darunter die Inseln Chios und Lesbos. Dieser Gegenangriff fand ein jähes Ende, als der überaus erfolgreiche Memnon im Mai 333 unerwartet starb, und mit seinem Tod die militärischen Unternehmungen der persischen Flotte weitgehend zum Erliegen kamen – wie schon am Granikos, so hatte sich erneut Alexanders Mut zum Risiko ausgezahlt, als er entschieden hatte, die eigene Flotte aufzugeben.

Philipp II. hätte sich mit dem Erreichten, der Eroberung Kleinasiens, wohl zufriedengegeben, zumal diese im nördlichen Teil noch nicht abgeschlossen war. Die griechischen Städte waren jedenfalls ‹befreit›. Die Hast, mit der jedoch Alexander nun vorrückte, lässt eigentlich nur den Schluss zu, dass er es geradezu darauf abgesehen hatte, so rasch wie möglich persönlich auf seinen persischen Gegner zu treffen. Es widersprach seinen heroischen Überzeugungen, sich mit Kleinasien zu begnügen, einen Friedensvertrag zu schließen und eine Verteidigungslinie aufzubauen. Die stattdessen angestrebte Herrschaft über die Welt war eine eigendynamische Folge seines Strebens nach überzeitlichem kriegerischen Ruhm, so wie ihn sein mythisches Vorbild Achill für sich hatte erringen können.

Wie entschlossen und siegesgewiss Alexander schwierige Situationen zu bewältigen pflegte, zeigt die berühmte Episode um die Lösung des sprichwörtlich gewordenen Gordischen Knotens: Auf der Burg von Gordion in Phrygien stand ein alter Wagen, den der Sage nach der unvorstellbar reiche König Midas gestiftet hatte; Joch und Deichsel dieses Wagens waren durch einen Knoten verbunden, den niemand zu lösen vermochte. Ein Orakel prophezeite demjenigen, der dies zustande bringe, die Herrschaft über Asien. Auch in diesem Fall handelte Alexander, ohne zu zögern: Entweder zerhieb er kurzerhand den Knoten oder entfernte den Deichselpflock. Diese Begebenheit war bestens geeignet, angesichts des bevorstehenden schweren Waffengangs gegen das gewaltige Heer des Dareios unter den makedonischen Soldaten den Glauben an die eigene vom Schicksal vorherbestimmte Sieghaftigkeit und Mission zu stärken. Dass es sich bei dieser Episode um eine bloße ‹Inszenierung› handelte, ist auszuschließen. Mit seiner ebenso einfachen wie genialen ‹Lösung› gelang es Alexander ein weiteres Mal, seine Tatkraft zu demonstrieren.

Als Boten den Makedonenherrscher über das Vorrücken des persischen Heeres unterrichteten, zeigte sich Alexander wenig beeindruckt; ganz im Gegenteil: Er nahm derartige Nachrichten zum Anlass, sein Heer noch schneller voranzutreiben, so dass er bereits im Sommer 333 die Kilikische Pforte im Tauros-Gebirge passiert hatte, die ihm Zugang und Herrschaft über die weite, fruchtbare Ebene des östlichen Kilikien verschaffte. Dann aber hielt ihn eine schwere Erkrankung davon ab, in den darauffolgenden Wochen entlang der Küste weiter nach Süden vorzudringen.

Währenddessen hatte Dareios die Zeit genutzt, um aus allen Teilen seines Reiches ein riesiges Heer zusammenzurufen. Der unerwartete Tod des Memnon von Rhodos, der sich im Gegensatz zu seinen persischen Nachfolgern, Pharnabazos und Autophradates, bestens darauf verstanden hatte, mit diplomatischem Geschick Bündnisse zu schmieden und den griechischen Städten Flottenkontingente im Kampf gegen Alexander abzuringen, zog einen Strategiewechsel nach sich.

Dass der Großkönig sich nun persönlich rasch und entschlossen dem eingefallenen Feind Alexander entgegenstellen und es nicht länger hinnehmen wollte, ihn ins Leere laufen zu lassen, war seinem eigentümlichen Herrschaftsverständnis geschuldet: Ein literarisches Zeugnis eines philosophischen, dem Aristoteles zugeschriebenen Traktats belegt aus griechischer Perspektive die umfassende Machtfülle des Großkönigs (Pseudo-Aristoteles, *De mundo* 398a): *«Der König selbst thronte zu Susa oder Ekbatana, für jedermann unsichtbar, in einer wunderbaren, von Gold, Elektron und Elfenbein strahlenden Königsburg und Palastbezirk; viele aufeinanderfolgende Torwege und Vorhallen, die eine Entfernung von vielen Stadien trennte, waren durch eherne Türen und mächtige Mauern gesichert. Außerhalb aber standen geschmückt bereit die ersten und angesehensten Männer – teils zum Dienst um den König selbst bestimmt: als Leibgarde und als Dienerschaft, teils als Wächter der einzelnen Höfe sogenannte Türhüter und Horcher, damit der König selbst, den man als Herrn und Gott anredete, alles sehe, alles höre. Außer ihnen waren andere aufgestellt als Verwalter der Einkünfte, als Heerführer in Kriegen und bei Jagdzügen, als Empfänger von Geschenken und als Besorger der jeweils notwendigen sonstigen Dienste. Das ganze Reich Asien aber, wie es begrenzt war vom Hellespont im Westen, vom Indus im Osten, hatten Feldherren, Satrapen und Fürsten nach Völkerschaften eingeteilt, die Knechte des Großkönigs waren.»*

Zwei wichtige Merkmale des achaimenidischen Herrschaftsverständnisses treten in diesem Text deutlich hervor: Dies ist zum einen die ‹Unsichtbarkeit› des Großkönigs. Der Großkönig soll alles hören und sehen, seine Untertanen ihn jedoch nicht. Durch sein Entrücktsein wird er zu einer Person von gleichsam mythischer Größe. In der herausgehobenen Position des Großkönigs liegt es zum anderen begründet, dass von den Untertanen zwingend verlangt wird, ihn als Herrn und Gott zu verstehen und so zu behandeln. Es liegt auf der Hand, dass die Bewohner seines Reiches im Hinblick auf seine göttliche Nähe und Größe nur als ‹Knechte› gelten konnten. Dieses Beispiel mag genügen, um zu verdeutlichen, dass der persische Großkönig das Gegenteil dessen darstellte, was Griechen und Makedonen unter aristokratischer oder monarchischer Prominenz kannten und sich vorzustellen vermochten. Von ihren Führern erwarteten sie, dass sie sich inmitten und zugunsten der Öffentlichkeit hervortaten und in derselben sichtbar waren – gleich ob sie sich in einer Stadt, in einem Heerlager oder an einem Hof befanden. Im Gegensatz zu einem griechischen Politiker und Redner, auch zu einem Monarchen wie Philipp II. oder Alexander, war der persische Großkönig keiner Öffentlichkeit, keiner Bürgerschaft gegenüber Rechenschaft schuldig. Er herrschte vielmehr von Gottes Gnaden; als Stellvertreter der Götter auf Erden war er seinen Untertanen nicht einmal seinen Anblick schuldig.

Bei Issos, in der Nähe des heutigen Iskenderun, trafen die Heere

Ende Oktober/Anfang November 333 aufeinander. Den etwa 25000 bis 30000 Makedonen standen in sicherlich dreifacher Überlegenheit rund 100000 Soldaten des Dareios gegenüber. Unter diesen 100000 Kriegern befanden sich abermals in großer Zahl griechische Söldner, denn Dareios hatte nochmals 30000 angeworben – das größte Aufgebot an griechischen Fußsoldaten, das jemals in einer Schlacht gekämpft hatte; weitere 30000 Fußsoldaten stellten achaimenidische Militärkolonisten. Medische und persische Reiter komplettierten das Heer des Großkönigs.

Alexander zeigte sich jedoch von der schieren Zahl des gegnerischen Heeres wenig beeindruckt: Auf die linke, dem Meer zugewandte Seite stellte er Parmenion mit seinen Fußtruppen auf, in der Mitte die makedonische Phalanx, die er den griechischen Söldnern gegenüberstellte, und auf den rechten Flügel schließlich die von ihm selbst befehligte Reiterei. Erneut führte Alexander den Kampf mit höchstem Risiko. Mit einer gewagten Reiterattacke suchte er die Entscheidung, indem er zwar kalkuliert, aber auch höchst riskant Dareios und seine Leibgarde im Zentrum des persischen Heeres angriff. Angesichts der drückenden numerischen Überlegenheit des persischen Heeres sollte diese eine Attacke den Schlachtenerfolg herbeiführen. Die Tollkühnheit Alexanders, die darin bestand, dass er sich gerade gegen die stärkste Einheit des Perserheeres wandte, wurde gegen alle Wahrscheinlichkeit abermals belohnt: Trotz heftigen Widerstands durchbrach Alexander die Reihen und stieß bis zu Dareios vor; dieser wandte sich, als er Alexander persönlich erblickte, zur Flucht und mit ihm sein gesamtes Heer, das infolgedessen zu einem Großteil niedergemetzelt wurde, während sich die Verluste auf Seiten der Makedonen sehr in Grenzen hielten. Diese hatten erneut, wenn man den Quellen glauben darf, nur 450 Gefallene und 2000 bis 4000 Verwundete zu beklagen.

Der historische Sieg von Issos und seine Folgen

Dass sich in dieser Schlacht die Siegesgöttin Alexander zuwandte, war weniger dem Glück des Tüchtigen zuzuschreiben, sondern vor allem dem des kühn entschlossenen, heroisch auftretenden Kriegers. Der Sieg über Dareios verdankte sich keiner ausgeklügelt kühl-rationalen Strategie, an dessen Anfang die Befreiung der kleinasiatischen Griechen von der persischen Suprematie und am Ende die Herrschaft über die damals bekannte Welt stehen sollte. Vielmehr war der junge Herrscher von einem unstillbaren, maßlosen Verlangen (*póthos*) beseelt, alle menschlichen Vorbilder zu übertreffen und somit seinem heroischen Vorbild Achill und seinem Ahnen Herakles nahezukommen. So eroberte Alexander Landstrich um Landstrich, so eilte er rastlos von Sieg zu Sieg – nicht um die Welt zu erkunden, wie oft behauptet wird, sondern um mythischen, göttergleichen Ruhm zu erlangen. Niemand konnte ernsthaft damit rechnen, bei einer solch gewaltigen zahlenmäßigen Unterlegenheit als Sieger vom Schlachtfeld zu gehen. Man muss sich vor Augen führen, dass sich Alexander in Issos keineswegs in einer verzweifelten Lage befand, keinesfalls als ein in die Enge getriebener Eindringling in diese Schlacht eintrat, sondern als jemand, der diese Schlacht geradezu im Sinne eines Zweikampfs ungeduldig angestrebt hatte. Der Sieg bei Issos war eine weitere Etappe auf Alexanders eiliger Irrfahrt ins Ungewisse, bei der er bewusst extreme Risiken in Kauf nahm und ansonsten einzig als Ziel vor Augen hatte, in der begrenzten eigenen Lebensspanne höchsten Ruhm zu erlangen. Der Feldzug war längst eine wesentlich von persönlichen Motiven bestimmte Unternehmung geworden, die sich denkbar weit von der Idee eines ‹Rachefeldzuges› für ein von den Persern an den Griechen verübtes Unrecht entfernt hatte. Spätestens nach der Schlacht von Issos war der griechischen Rache mehr als Genüge getan.

Mit diesem Sieg hatte Alexander in vielerlei Hinsicht große Vorteile errungen, materiell wie ideologisch: Der Nimbus der Unbesiegbarkeit des riesigen persischen Heeres war endgültig dahin und auf Alexander übergegangen. Das aus dem gesamten Reich rekrutierte Heeresaufgebot des Großkönigs war weitgehend vernichtet; Tross und Harem des Dareios, darunter seine Frau, seine Mutter und Schwester sowie sein sechsjähriger Sohn, waren Alexander in die Hände gefallen und mit ihnen allen – was ungleich bedeutsamer war – auch die Kriegskasse. Die mehr als 3000 Talente, die der

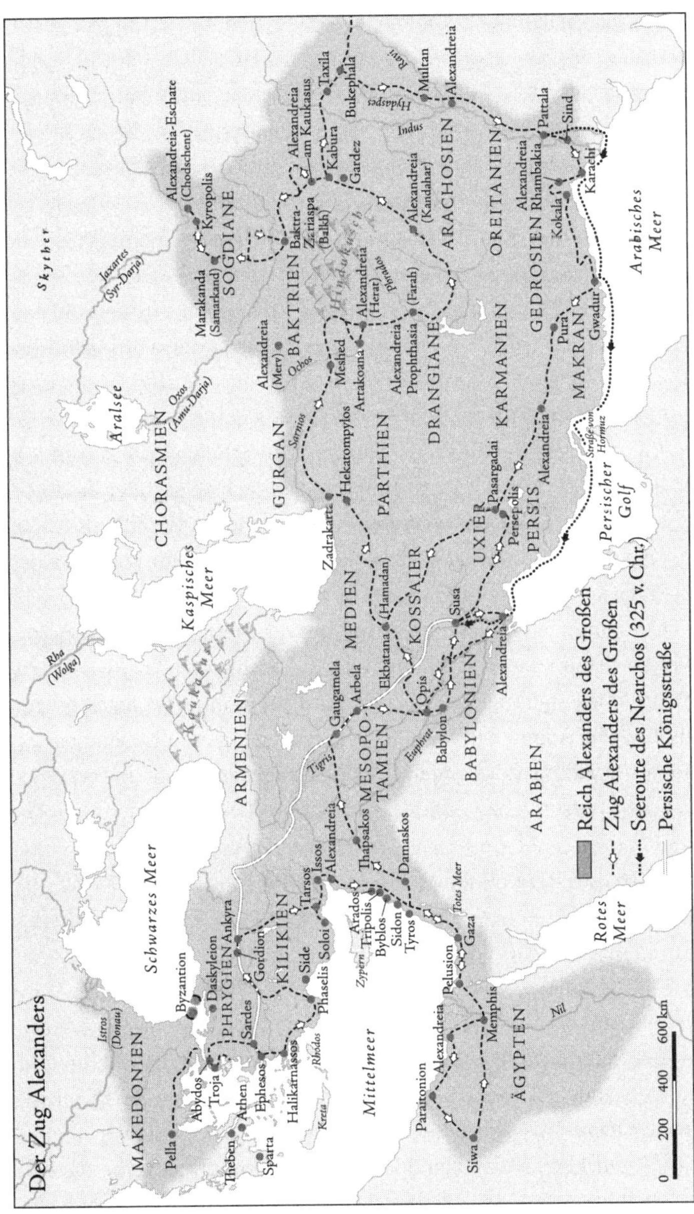

Karte 2: Der Eroberungszug Alexanders, 334–323 v. Chr.

Makedone darin fand, ermöglichten es ihm, seine Schulden zu begleichen, die seit Beginn des Feldzugs stark angewachsen waren. Darüber hinaus zog die Niederlage des Dareios die Auflösung der persischen Flotte nach sich. Viele zypriotische und phoinizische Verbände fielen ab, als sich ihre Heimatstädte bereitwillig Alexander unterwarfen. Die Schlacht von Issos markierte damit auch das Ende der persischen Flotte und deren Vorherrschaft im gesamten östlichen Mittelmeerraum.

Die neue Dimension des Feldzuges, die über Asien angestrebte Herrschaft, wurde Teil der Münzpropaganda. Den Gewinn der Kriegskasse wird Alexander zum Anlass genommen haben, um neues Geld zu schlagen. So ließ er eine neue Silbermünze, ein silbernes Vierdrachmenstück (Tetradrachme) prägen, das auf der Vorderseite den Kopf des Herakles im Löwenfell und auf der Rückseite unter Angabe des Prägeherrn «König Alexander» neben Athena Promachos und dem thronenden Zeus mit Szepter und Adler zeigte.[5]

Mit dieser Prägung setzte Alexander sich deutlich von derjenigen seines Vaters Philipps II. ab, ohne seine Herkunft gänzlich zu verleugnen; zugleich wurde ein Bildprogramm gewählt, das auch im Vorderen Orient verstanden wurde: Herakles stellte eine prominente Gottheit bei Griechen und Makedonen dar, symbolisierte Kraft, Gewalt und Tugend, war andererseits aber auch den Bewohnern der levantinischen Küste ein Begriff, da Herakles traditionell mit dem phönizischen Gott Melkart gleichgesetzt wurde. In Analogie dazu wurde in dem griechischen Göttervater Zeus der orientalische Gott Baal gesehen.

Wie schwierig sich hingegen die Lage für Dareios ausnahm, zeigt der Umstand, dass er sich wenige Monate nach dieser verheerenden Niederlage genötigt sah, sich öffentlich selbst zu erniedrigen, indem er dem makedonischen Eroberer in einem Brief zunächst Freundschaft und Bündnis, nach der Weigerung Alexanders in einem zweiten Angebot sogar die Verschwägerung und die Abtretung seines Herrschaftsgebiets bis zum Euphrat anbot (Sommer 332). Jedoch schlug Alexander auch dieses zweite Verhandlungsangebot aus: Über einen Gesandten ließ er dem Perserkönig ein Antwortschreiben zukommen, das in Form eines offenen Briefes – möglicherweise von Kallisthenes – konzipiert, die traditionelle Feldzugspropaganda aufgreift und den umfassenden Herrschaftsanspruch des Makedonenkönigs nach dem Sieg bei Issos dokumentiert (Arrian, *Anabasis* 2,14,7 f.)[6]: «*Eure Vorfahren sind nach Makedonien und das übrige Griechenland gekommen und haben uns Böses getan, ohne von uns zuvor ein Unrecht erlitten zu haben. Ich selbst nun, zum Führer der Griechen ernannt, bin nach Asien übergesetzt in der Absicht, an den Persern Rache für dieses Unrecht zu nehmen, nachdem ihr selbst damit begonnen habt. […] Nachdem mein Vater von Personen, die ihr angestiftet habt, ermordet worden war, womit ihr selbst in den Briefen an alle Welt geprahlt habt. […] Und du hast abträgliche Briefe über mich an die Griechen gerichtet, um sie zum Krieg gegen mich aufzuhetzen; hast den Spartanern und anderen griechischen Städten Gelder gesandt, die jedoch keine Stadt außer die der Spartaner angenommen haben. Und deine Gesandten haben meine Freunde bestochen und den Frieden, den ich den Griechen verschafft habe, zu beenden gesucht! Nachdem Du es also warst, der die Feindseligkeiten begründete, habe ich den Feldzug gegen Dich unternommen. So habe ich im Kampf zuerst Deine Feldherren und Satrapen besiegt und nunmehr auch Dich mitsamt Deiner Streitmacht. Dein Land aber halte ich als Geschenk der Götter in Händen; […] Da ich nun Herr über ganz Asien bin, so komm du zu mir! […] Und falls Du in Zukunft wieder eine Botschaft an mich sendest, so tue dies als an den König von Asien und schreibe nicht wie von gleich zu gleich, sondern trage mir als oberstem Herrn all Deines Besitzes vor, falls Du etwas benötigst. Ansonsten werde ich Dich als jemanden behandeln, der meiner Person ein Unrecht angetan hat, und meine Beschlüsse fassen. Solltest Du jedoch die Absicht haben, es auf einen weiteren Kampf um die Königsherrschaft ankommen zu lassen, dann bleibe an Ort und Stelle, weiche aber nicht dem Kampf aus! Denn ich werde gegen dich marschieren, wo immer Du auch sein wirst.*»

4. König, Pharao, Großkönig und Gott (333–323 v. Chr.)

«Alexander […] gleicht in der Tat eher einem, der ein Königreich gewann, als einem, der König war.» (Aelius Aristeides, *Romrede* 24)

Vom Zug nach Ägypten bis zum Tod Dareios III.

Nach der Schlacht bei Issos verfolgte Alexander den Großkönig nicht nach Osten, sondern zog es vor, weiter entlang der Küste nach Süden zu marschieren. So wie ihm zuvor die Schlacht beim Fluß Granikos einen mehr oder weniger ungehinderten Zugang nach Kleinasien eröffnete, so stand ihm nach der Schlacht von Issos, etwa anderthalb Jahre später (November 333), der Zugang nach Syrien, Phoinizien und Ägypten offen. Kampflos ergaben sich die Städte Arados und Marathos in Syrien, ebenso die phoinizischen Städte Byblos, Sidon und kollektiv die Städte auf der Insel Zypern. Eine bis dahin ungekannte Härte demonstrierte Alexander im Februar 332 gegenüber Tyros, das dem Makedonen den Zutritt verweigert hatte. Eigens der Belagerungstürme wegen ließ er einen riesigen Damm aufschütten, um die Inselstadt zu erstürmen. Erst nach siebenmonatiger Belagerung war es Alexander möglich, mit seinen Makedonen den Mauerring zu erstürmen. Danach bestrafte er die Stadt hart, die es gewagt hatte, sich ihm zu widersetzen – offenkundig als warnendes Beispiel für andere Städte, die vielleicht erwogen, in ähnlicher Weise Widerstand zu leisten. 8000 Verteidiger der Stadt wurden hingemordet, 2000 gekreuzigt, der Rest der Bewohner in die Sklaverei verkauft oder vertrieben, die Stadt mit Neusiedlern gefüllt. Schließlich feierte er die Eroberung von Tyros mit einem großen Opfer an seine göttlichen Ahnen, mit einer Parade von Heer und Flotte sowie mit athletischen Wettkämpfen.

Nicht weniger unbarmherzig verfuhr er mit der gleichfalls widerständischen Stadt Gaza; auch dort wurden sämtliche Männer getötet, Frauen und Kinder in die Sklaverei verkauft und die Stadt neu besiedelt. Den persischen Kommandanten Batis ließ Alexander an einen Wagen binden, indem er ihm die Fersen durchbohrte, um ihn dann, im Kreis fahrend, zu Tode zu schleifen, wie es einst Achill mit dem Leichnam Hektors getan hatte – die Botschaft der grausamen Bestrafung war eindeutig: Der Makedonenkönig behandelt jede Stadt und jede Person, die sich ihm nicht sofort und bedingungslos unterwirft, wie einen Verräter, der ihm die Anerkennung als neuem Machthaber versagt. Zugleich illustriert die grausige Episode eindrucksvoll, wie denkbar fern die Überzeugungen Alexanders von dem waren, was sein vermeintlicher Lehrer Aristoteles über angemessenes Verhalten in seiner «Ethik» und «Politik» gelehrt hatte – allein diese Tat muss den Philosophen in seiner Auffassung bestärkt haben, dass es sich bei dem makedonischen Herrscher nicht um einen König als vielmehr um einen Tyrannen handelte.

Von Gaza aus marschierte Alexander, ohne auf nennenswerten Widerstand zu treffen, weiter über Pelusion und Heliopolis nach Memphis, dem religiösen Mittelpunkt Ägyptens. Von den Priestern und vom ägyptischen Volk wurde er dort als ‹Befreier› empfangen, der die ungeliebte persische Fremdherrschaft beendete. Entsprechend wurde er rasch als Pharao, als König von Unter- und Oberägypten, inthronisiert. Zugleich wurde er nach ägyptischer Auffassung als Sohn des Sonnengottes Re, als Stellvertreter des Horus und als «Geliebter des Re und Auserwählter» des widderköpfigen Amun und damit als Mittler zwischen Göttern und Menschen angesehen, der, mit übermenschlichen Gaben beschenkt, die Welt vor dem Sturz ins Chaos bewahrt. Zu diesen Gaben, dank derer er als Pharao über das Land sicher zu herrschen vermochte, zählten die Macht über den Nil (zum Schutz vor Missernten), persönliche Stärke und Kampfkraft des Heeres (zum Schutz Ägyptens vor Feinden) sowie das ewige Leben nach dem Tode.

Von Memphis aus begab sich Alexander zur Küste und veranlasste die Gründung einer Handelsstadt im Nildelta, die als erste Stadt den Namen Alexandreia erhielt (332). Er konzipierte sie als griechische Stadt mit demokratischer Verfassung, in der nur gebürtige Griechen das Bürgerrecht erhielten. Für den Handel war sie insofern günstig gelegen, als sie über zwei Häfen verfügte, von denen der eine sich zum Mittelmeer öffnete und der andere zum großen Mareotis-See, der über bewachte Kanäle mit dem Nil verbunden war. Durch den doppelten Hafen konnte sowohl ein intensiver Fernhandel mit auswärtigen Herrschern und Städten betrieben als auch der Waren- und Güteraustausch mit dem Binnenland abgewickelt werden. Die Lage des Marktes und der Heiligtümer – darunter bemerkenswerterweise ein Tempel für die ägyptische Göttin Isis –, das rechtwinklige Straßensystem und der Verlauf der Stadtmauer sollen auf Alexander selbst zurückgehen, die Umsetzung seiner Pläne vertraute er dem rhodischen Architekten Deinokrates an.

Nach Planung und Gründung der Stadt entschloss sich Alexander, wohl auf Anregung der ägyptischen Priesterschaft, die Oase Siwa aufzusuchen, eine alte Orakelstätte des Amun-Re. Dieses Heiligtum wurde seit langem auch von den Griechen als Orakel des Zeus-Ammon verehrt. Die Reise dorthin war ebenso langwierig wie mühselig: 300 Kilometer zunächst an der Küste entlang bis Paraitonion, anschließend ein Marsch über 250 Kilometer durch die libysche Wüste. Diese Episode lässt sich letztlich nur schlüssig erklären, wenn man annimmt, dass Alexander diese Reise aus persönlichen Gründen unternahm, die über strategisches Kalkül weit hinausgingen. Sicherlich hatten seine Vorfahren Herakles und Perseus diesen Ort gleichfalls aufgesucht – als einer ihrer Nachfahren war er mittlerweile offenkundig zur festen Überzeugung gelangt, dass er als Heros zumindest in der Nähe und in der besonderen Gunst der Götter stand. Das Orakel konnte ihm dazu verhelfen, sich persönlich seiner Gottessohnschaft, als Sohn des Gottes Zeus-Ammon, der ein wichtiges Bindeglied zwischen der griechischen und ägyptischen Götterwelt darstellte, zu versichern und diese Botschaft durch seine Herolde in der gesamten griechischen Welt verbreiten zu lassen.

Nach diesem zeitraubenden, aber aufgrund seines Herrschaftsverständnisses notwendigen Aufenthalt in Ägypten marschierte Alexander mit seinem Heer über Memphis wieder zurück zur Küste, nach Alexandreia, dann die Levante entlang bis zum phoinizischen Tyros. Dort erreichte den Makedonenkönig das dritte und letzte Verhandlungs- und Friedensangebot des Großkönigs, welches mit dessen zweitem Angebot mehr oder weniger identisch war: Es sah vor allem vor, dass Dareios seinem makedonischen Bezwinger das gesamte Gebiet westlich des Euphrat abzutreten bereit war – ein überaus großzügiges Entgegenkommen des Großkönigs. Zahlreiche führende Männer im Heer Alexanders waren mit diesem Angebot mehr als zufrieden, war doch die Levante in Besitz zu nehmen zuvor kaum denkbar erschienen; der Auftrag des Korinthischen Bundes war somit erfüllt: Keine griechische Stadt stand mehr unter persischer Herrschaft; darüber hinaus bedurfte das griechische Mutterland erneut der militärischen Aufmerksamkeit, da sich zu dieser Zeit auf der Peloponnes unter Führung Spartas ein neuer gegen Makedonien gerichteter Bund gebildet hatte. Dem Wunsch des Antipatros wurde entsprochen, Alexander sandte ihm 100 Schiffe und eine große Geldsumme zu, damit er den Widerstand in der griechischen Heimat zu ersticken vermochte.

Jedoch lehnte der junge König auch das dritte Friedensangebot des persischen Großkönigs ebenso rigoros ab wie schon zuvor die beiden anderen – in dieser Zurückweisung tritt nochmals deutlich die Maßlosigkeit von Alexanders Streben hervor; mit einem ausgehandelten Kompromiss mochte er sich nicht begnügen. Der makedonische Herrscher strebte nach einem triumphalen Sieg über den Perserkönig in der Schlacht – das persische Reich, dessen Reichtümer und Menschen betrachtete er als den ihm zustehenden Siegespreis, als im Kampf errungene Beute, über die ein siegreicher Heros frei verfügen durfte.

Auch wenn Dareios sich nicht länger auf die Dienste griechischer Söldner und auf die Einheiten der westlichen Satrapien stützen konnte, so war er doch in der Lage, nochmals ein großes und schlagkräftiges Heer aufzubieten. Die zentralen Satrapien folgten Dareios nach wie vor loyal. Kern des Heeres bildeten die Reiter aus den östlichen Satrapien, die bis dahin noch nicht zum Einsatz gekommen waren. Die Fußtruppen hatten zudem längere Schwerter und Lanzen erhalten; einige Sichelwagen und Elefanten vervollständigten das Aufgebot.

Aber auch dieses Mal war Dareios nicht bereit, die Weite seines Herrschaftsgebiets und die natürlichen Gegebenheiten und Grenzen des Territoriums in seine Verteidigungsstrategie miteinzubeziehen – Vorteile, die zu nutzen ihm als Verteidiger des Landes zu

Gebote gestanden hätten; ein Versäumnis, das ihm abermals zum Verhängnis wurde. Immerhin wurde der Euphrat als natürliche Grenz- und Verteidigungslinie aufgegeben, so dass Alexander den Strom ohne nennenswerten Widerstand bei Thapsakos/Nikephorion überqueren und über Karrhai und Nisibis bis zum Tigris vordringen konnte. Von dort aus erreichte Alexander die Ebene von Arbela, wo ihn Dareios bei dem Dorf Gaugamela schon seit längerem mit seinem riesigen, 150000 Mann starken Heer erwartete. Dem standen 40000 Fußsoldaten und 7000 Reiter Alexanders gegenüber – am 1. Oktober 331 wurde die Schlacht geschlagen. Erneut war Dareios in einer Art ‹Zweikampf-Mentalität›, einem Kampf zwischen den Prinzipien von Gut und Böse, ganz darauf fixiert, den eingedrungenen Feind in einer offenen Feldschlacht aufgrund seiner zahlenmäßigen Überlegenheit zu besiegen.

Anfänglich schien dies auch zu gelingen: Der linke Flügel der von Parmenion geführten Fußtruppen wurde vom rechten Flügel des persischen Heeres so stark unter Druck gesetzt, dass dessen Linie ins Wanken geriet. Erneut war es ein spektakulärer, riskanter Reiterangriff der dem makedonischen König zugeordneten Reiterabteilung, die in das Zentrum des persischen Heeres vorstieß, so dass sich dieses zur Flucht wandte. Es entsprach nicht den Erwartungen und Aufgaben eines Großkönigs, sich am Kampfgeschehen zu beteiligen, und so floh Dareios über das Zagros-Gebirge nach Medien, statt noch einmal durch persönliche Initiative und Kampfeinsatz eine Wende herbeizuführen. Damit war die Schlacht entschieden. Wieder wurden Zehntausende des persischen Heeres niedergemetzelt, wogegen nur etwa 500 Gefallene auf Seiten der Makedonen zu zählen waren. Im Siegestaumel rief das makedonische Heer Alexander zum «Herrn über Asien» aus, der nun über das gesamte Achaimenidenreich gebot. Mit dieser Akklamation hatte Alexander das eingelöst, was er beim Übergang über den Hellespont beansprucht hatte – als griechischer Heros das persische Reich zu besiegen und das Land mit dem Speer zu gewinnen.

Im Anschluss an die Schlacht ging es Alexander wiederum nicht darum, Dareios zu verfolgen, der nach Ekbatana geflüchtet war; denn dieser war ein geschlagener – und damit aus der siegesgewissen Perspektive des Makedonenherrschers – kein ernstzunehmender Gegner mehr, mit dem man sich näher hätte befassen müssen. Es hat den Anschein, als ob Alexander es nur für eine Frage der Zeit hielt, wann er des Dareios habhaft würde. Daher wandte er sich mit seinem Heer zunächst nach Süden und marschierte zu den Residenzen, zu den Metropolen des Reiches: Babylon, Susa, Persepolis und Ekbatana.

Bereits drei Wochen nach der Schlacht, im späten Dezember 331, erreichte er mit seinem Heer Babylon. Dort wurde er von Mazaios, dem Satrapen von Babylonien und Elam, der in der Schlacht ein harter Widersacher gewesen war, feierlich begrüßt, zusammen mit der Priesterschaft und dem Kommandanten der Burg. Bemerkenswerterweise gönnte er sich und seinem Heer dort zum ersten Mal eine längere Pause. Dreißig Tage verbrachte er in der Stadt, bevor er weiter nach Susa und Persepolis zog, wo er schließlich sogar vier volle Monate verbrachte.

Unterdessen war in Griechenland der Aufstand ausgebrochen, der sich auf der Peloponnes angebahnt hatte: Dem spartanischen König Agis III., der 338 seinem Vater Archidamos III. gefolgt war, war es gelungen, neben den Spartanern die drei übrigen stärksten Kräfte auf der Peloponnes – die Eleer, den Achäischen und den Arkadischen Bund – unter seiner Führung zu einen und zum Krieg gegen die Makedonen aufzurufen. Die peloponnesische Koalition aber wurde vernichtend geschlagen. Damit erlosch bis zum Tod Alexanders aller Widerstand gegen die makedonische Vorherrschaft. Die Spartaner kapitulierten und wurden mehr oder weniger gezwungen, dem panhellenischen Bund beizutreten.

Zu dieser Zeit ließ sich Alexander von den Bewohnern Babylons als neuer Herr Asiens feiern. Sein heroisches Selbstverständnis erleichterte es ihm, sich in die vorgefundenen Traditionen und Riten einzufügen. Offenkundig ein Liebling der Götter, sorgte er für die Wiederherstellung der verfallenen Heiligtümer und brachte vor allem dem Hauptgott Marduk große Opfer dar. Ansonsten verfuhr Alexander nach bewährter Manier: Mit seinen 40 000 Soldaten vermochte er nur kleine Besatzungstruppen in den einzelnen Städten zurückzulassen; schon deshalb übernahm er auch dort die vorgefundenen Herrschaftsstrukturen und griff auf das traditionelle Satrapensystem zurück. Loyale Satrapen, die sich ihm bereitwillig unterwarfen, wie in Babylon Mazaios, wurden in ihren Ämtern bestätigt. Der einzige Unterschied zur persischen Herrschaft bestand darin, dass ihnen ein Makedone zur Seite gestellt wurde, der die militärische Führung innehatte.

Nach der einmonatigen Ruhepause in Babylon marschierte Alexander weiter nach Susa, zur alten Residenzstadt des Xerxes und zum politischen Zentrum der Achaimenidendynastie. Dort fielen ihm nach kurzem Kampf die Schatzkammern des Großkönigs in die Hände – eine Beute, die für die propagandistisch stets betonte Zielsetzung des Kriegszuges um so bedeutender war, als sich darunter die von Xerxes verschleppten Bronzestatuen des Harmodios und Aristogeiton befanden, jener berühmten Tyrannenmördergruppe, die von der Agora Athens geraubt und nun von Alexander zurückgeführt werden konnte. Überzeugender als durch diese Rückführung konnte man den erfolgreich durchgeführten Rachefeldzug vor den eigenen Soldaten und erst recht in Griechenland gar nicht inszenieren, indem man die Fiktion aufrechterhielt, es gehe um die Befreiung aller Griechen und die Wiedererlangung ihrer einst geraubten Güter.

Danach begab sich Alexander in die Persis, in das Stammland der Perser, und wandte sich gegen Persepolis, das er gleichfalls nach kurzem Kampf eroberte. Dort verweilte er von Januar bis April des Jahres 330 – eine mit Blick auf die bis dahin an den Tag gelegte Rastlosigkeit erstaunlich lange Zeit. Den Aufenthalt nutzte Alexander unter anderem dazu, auch die nur knapp 90 Kilometer entfernte alte Königsresidenz von Pasargadai mit dem Palast des Kyros in Besitz zu nehmen und von dort einen Schatz von 6000 Talenten abzutransportieren. Dies war freilich eine nur geringe Zahl im Vergleich zu den 120000 Talenten, die er in Persepolis vorgefunden und gleichfalls nach Susa hatte bringen lassen.

Als die Makedonen im Mai 330 Persepolis verließen und den riesigen von Dareios I. erbauten Palast plünderten und dessen Mobiliar zerstörten, gerieten Teile der Residenz, vor allem die Thronhallen, in Brand. Die dramatische Schilderung des Brandes wird man ebenso ins Reich der Legendenbildung verbannen müssen wie die damit berichtete Motivation Alexanders, er habe den Palast im Rausch und aus Rache in Brand gesetzt, danach aber seine Tat zutiefst bereut.

Der nach Ekbatana geflüchtete Dareios gab den weiteren Weg vor: Alexander setzte ihm nach und nahm auch die dritte und letzte persische Residenzstadt ein. Da das Ziel des ‹Rachefeldzugs› erreicht war, entließ er dort die Aufgebote seiner griechischen Bündner, wobei er sie mit reichen Geschenken aus den erbeuteten Schätzen versah. Mit diesem Schritt veränderte sich der Charakter seines Heeres erheblich: Neben den Aufgeboten der unterworfenen Stämme und Städte bildeten seitdem die Makedonen und auch zahlreiche Perser, die sich freiwillig für den Dienst im Heer des jungen Herrschers gemeldet hatten, die Kerntruppe seines Heeres.

Dareios flüchtete von hier aus nach Nordosten, um in Baktrien ein neues Heer anzuwerben; mit ihm flohen immerhin noch 6000 Fußsoldaten und 3000 Reiter. Alexander verfolgte ihn weiter – von Ekbatana über Rhagai, am Südhang des Elburgebirges entlang in der Nähe der Kaspischen Tore bis in die Gegend von Hekatompylos. Dort erfuhr er, dass Dareios bereits von den persischen Satrapen Bessos, Narbazanes und Barsaentes ermordet worden war.

Bis ans Ende der Welt: Die Entfremdung zwischen Alexander und den Makedonen

Der Tod des Dareios, durch den der makedonische König Alexander endgültig zum Nachfolger an der Spitze des persischen Reiches wurde, markierte nach dem Verständnis der Quellen einen Wendepunkt im Verhalten Alexanders: Seitdem wurden durch griechische Publizisten und Historiker immer wieder drei stereotype Vorwürfe gegen ihn erhoben, die letztlich alle in den Vorwurf des Medismos, der «Ver-Perserung», mündeten. Von diesem Zeitpunkt an sei er wie ein Perser aufgetreten, was Herrschaftsformen (Proskynese) und -attribute (Kleidung, Siegelring, Diadem), Lebensstil (Schwelgerei) und auch den Charakter (Willkürtaten) betroffen habe;

schließlich habe er für sich gar göttliche Verehrung eingefordert. Diese Vorwürfe belegen, ob gerechtfertigt und glaubwürdig oder nicht, zumindest die Entfremdung auch enger makedonischer Gefolgsleute und Freunde vom Makedonenkönig.

Mit dem Tod des Dareios endete jedoch mitnichten der Feldzug Alexanders: Nach der Zerstörung von Persepolis folgten in den Jahren 330 bis 325 die Kriegszüge gegen Baktrien und Indien. Dies hatte nun endgültig nichts mehr mit dem ursprünglichen, propagandistisch verbrämten Ziel des Feldzugs zu tun. Nachdem die Grenzen der damals bekannten Welt erreicht und alle ernsthaften Gegner in ihre Schranken gewiesen waren, ging es Alexander nun darum, in der Nachfolge des Gottes Dionysos bis zum Okeanos zu gelangen und einen Akt der Selbstinszenierung zu vollziehen. Ein militärisch oder politisch gebotenes Ziel ist darin nicht mehr zu erkennen.

Dem Nachfolgeanspruch Alexanders stemmte sich vor allem noch Bessos entgegen, ein Verwandter des Dareios, Satrap Baktriens und Mörder des Dareios, der fortzusetzen versuchte, was sein unglücklicher Vorgänger geplant hatte. Er war nach Baktrien geflohen, hatte in der Hauptstadt Baktra den Königstitel angenommen. Ohne jedes Entgegenkommen verfolgte Alexander den frisch gekrönten Artaxerxes V., zog durch mehrere Satrapien, die er eroberte und durch verschiedene Städtegründungen sicherte: So stieß er zuerst nach Hyrkanien vor und unterwarf dort die Marder und Tapurer. Danach zog er nach Areia, wo er zur Sicherung des Landes Alexandreia Areia (Herat) gründete. Der Satrap über die Drangiana (Sedschestan), Barsaentes, war geflohen und überließ den Makedonen seine Residenz Phrada. Dort wurde Philotas, der Sohn Parmenions, zudem enger Freund und Altersgenosse Alexanders, Opfer einer Intrige. Als Führer der gesamten Reiterei gehörte er wohl zum Kern einer wachsenden Oppositionsbewegung im makedonischen Heer. Wegen Hochverrats, für den es aber keine überzeugenden Belege gibt, wurde er von der Heeresversammlung verurteilt und hingerichtet. Kurze Zeit darauf ließ Alexander auch dessen in Ekbatana verbliebenen Vater Parmenion, den ältesten und angesehensten Feldherrn im makedonischen Heer, ermorden.

Dies sollte eine offenbar wachsende Opposition innerhalb des Führungsstabs des Heeres im Keim ersticken.

In der Arachosia gründete Alexander ein weiteres Alexandreia (Kandahar). Die Stämme und Völker aus der Landschaft Gedrosia unterwarfen sich kampflos. Durch das Land der Paropamisaden gelangte er im Frühjahr 329 bis an den Paropamisos (Hindukusch), wo er nördlich von Kabul ein weiteres Alexandreia («am Kaukasos») gründete, um dort Veteranen anzusiedeln und die Gebirgspässe nach Baktrien und Indien zu kontrollieren.

Im Sommer des Jahres 329 fiel Alexander ohne größeren Widerstand Baktrien zu, das weitläufige Siedlungsgebiet zwischen Hindukusch und Wüste mit seinen beiden Hauptstädten Aornos und Baktra. Bessos nutzte abermals die Weite des Reiches und war bereits nach Sogdien geflohen, in das Gebiet westlich des Pamir-Gebirges und jenseits des großen Flusses Oxos. Doch auch dieser Fluss konnte Alexander nicht aufhalten: Auf Schläuchen, die man aus Zelten gefertigt hatte, drang das makedonische Heer in die Sogdiana ein. Als Alexander jedoch auch am Oxos nicht erkennbar von seinem Verfolgungswillen abließ, lieferten die persischen Vertrauten und Gefolgsleute des Bessos den selbstgekrönten Großkönig an Alexander aus. Für dessen unterlassene Unterwerfung und die illegitime Aneignung des persischen Thrones übte jener grausame Rache. Bessos wurde als Aufrührer (gegen die Herrschaft des Nachfolgers von Dareios III.) in Ekbatana öffentlich ausgepeitscht, verstümmelt und hingerichtet.

Die Hoffnung derer, die Bessos ausgeliefert hatten, dass sich Alexander mit dessen Übergabe zufriedengeben und mit seinem Heer nun abziehen würde, erfüllte sich jedoch nicht. Alexander überschritt den Iaxartes und gründete dort am Flusslauf zum Schutz gegen die Skythen ein weiteres Alexandreia (Chodschent), das er absichtsvoll das «Äußerste» (*éschate*) nannte, weil man wähnte, nun, getrennt nur noch durch Wüste und hohe Bergketten, das Ende der bewohnten Welt erreicht zu haben, jenseits derer der alles umfließende Okeanos wartete. Die Skythen traten ihm zwar mit einem großen Heer am Iaxartes entgegen, doch Alexander schlug sie verlustreich zurück. Nach wiederholten

Kämpfen gegen verschiedene aufständische Stämme in Sogdien überwinterte er schließlich in Baktra. Erst im Frühjahr 328 setzte er den Feldzug fort. In den Steppen der Sogdiana, die nur von Reiternomaden wie den Skythen und Massageten besiedelt waren, gestaltete sich die Niederwerfung der aufständischen Stämme besonders mühevoll und langwierig. Die Weiträumigkeit des Landes zwang Alexander dazu, sein Heer in fünf Abteilungen aufzuteilen, die das Land unabhängig voneinander durchkämmten und eigenständig verschiedene Widerstandszentren bekämpften. Erst im Sommer 328 trafen die verschiedenen Heeresteile in Marakanda (Samarkand) wieder zusammen. Dort geschah es auch, dass Alexander bei einem Gelage seinen Freund Kleitos tötete, der ihm am Granikos das Leben gerettet und nach dem Tod des Philotas die eine Hälfte der Hetairenreiterei befehligt hatte. Weinberauscht übte dieser lautstark Kritik am Auftreten und Führungsstil des Königs, was den Zorn Alexanders so stark erregte, dass er im Affekt den Speer eines Leibgardisten ergriff und mit diesem den bis dahin ihm treu ergebenen Gefährten durchbohrte.

Einer der maßgeblichen Anführer der sich gegen Alexanders Herrschaft auflehnenden Völkerschaften war Spitamenes. Dieser wurde nach einer Schlacht von den mit ihm verbündeten Massageten für die Niederlage verantwortlich gemacht und ermordet. Erst 327 vermochte Alexander die Sogdiana vollständig zu unterwerfen und endgültig unter seine Kontrolle zu bringen. Am Ende der Kämpfe stand die Einnahme zweier schwer zugänglicher Felsenfestungen. Dabei nahm er die Felsenburg des sogdischen Fürsten Oxyartes ein, die bis dahin noch nie erobert worden war. Bei der Kapitulation wurde Alexander eine Ehe mit dessen Tochter Roxane angetragen, die der makedonische Eroberer wider Erwarten einging. Zudem nahm er den Brautvater in seinen Beraterstab auf und einen von dessen Söhnen in die königliche Reiterschwadron.

Nach seiner Rückkehr nach Baktra wurde eine Verschwörung unter einem Teil der Pagen aufgedeckt, die sich durch das Verhalten Alexanders in ihrer Ehre gekränkt fühlten. Alexander machte für diese Pagenverschwörung Kallisthenes mitverantwortlich, den Neffen des Aristoteles. Dieser nahm am Feldzug teil, um der griechischen Welt von den Taten Alexanders zu berichten und diese für die Nachwelt aufzuzeichnen, fungierte aber zugleich als Erzieher der Pagen. Obgleich nicht direkt an der Verschwörung beteiligt, wurde auch er getötet. Alexander hatte ganz offenkundig Rache dafür genommen, dass der Hofrhetor Kallisthenes sich freimütig dagegen ausgesprochen hatte, dass auch Griechen gegenüber dem Herrscher die Proskynese zu vollziehen hätten.

In Baktra begann mit dem Indienfeldzug (327 bis 324) das Schlusskapitel des Lebens Alexanders. Mit Frühlingsende brach er auf. Die Marschroute führte ihn über den Paropamisos und das Alexandreia «am Kaukasos» zum Fluss Kophen (Kabul). Unterwegs bot ihm der indische Fürst Taxiles seine Unterwerfung an. Nach Überschreiten des Indus fiel Alexander im Frühjahr 326 in Indien ein. Dort führte er einen außerordentlich verlust-, aber letztlich siegreichen Kampf gegen Poros, den Herrscher über das nordwestliche Indien. Nachdem er den besiegten Fürsten als Satrapen eingesetzt hatte, zog er am Fluss Hydaspes entlang und erreichte im Sommer (326) den dritten großen Fluss, den Hyphasis (Beas). Dort begehrten die gesamten Truppen Alexanders auf, die sich bis dahin außerordentlich loyal gezeigt hatten, und verweigerten sich erstmals dem Befehl ihres Königs. Der makedonische Herrscher war nicht mehr in der Lage, seine Soldaten zum Weiterzug zu bewegen. An dieser Weg- und Wendemarke ließ Alexander zwölf turmhohe Altäre aufrichten. Nach außen hin wurde die Umkehr am Hyphasis mit ungünstigen Opferzeichen und dem Unwillen der Götter begründet. Nachdem er die im Heer hoch angesehenen und außerordentlich beliebten Philotas und Parmenion getötet hatte bzw. hatte hinrichten lassen, wurde mit dieser Weigerung das Verhältnis zwischen König und Heer ein weiteres Mal erheblich belastet. Ob die anschließenden verlustreichen Kämpfe in Indien und der Zug des Heeres durch die Gedrosische Wüste als Strafmaßnahmen Alexanders zu deuten sind, erscheint dennoch zumindest zweifelhaft.

Das Heer trat den langen Rückweg an teils zu Wasser, mit 1800 Schiffen auf den Flüssen Hydaspes (Jhelam), Akesines (Chanab) und Indus, teils zu Land entlang des Ufers der Flüsse bis zur

Indusmündung; dabei wurde es von einheimischen Stämmen bedrängt, die Alexanders Heer immer wieder in kleine, aber heftige Gefechte verwickelten. Besonders schwierig gestaltete sich die Auseinandersetzung mit dem Stamm der Maller im Frühjahr 325, bei der Alexander schwer verletzt wurde.

Nachdem Alexander den einen Teil seines Heeres unter Krateros vorausgeschickt hatte, führte er den anderen auf einem äußerst beschwerlichen Landweg durch das Gebiet der Araber und Oreiten und anschließend durch Gedrosien und Karmanien. Unterdessen nahm die von Nearchos geführte Flotte den Seeweg in Richtung Persischer Golf (Bucht von Hormuz). Auch diese Unternehmung diente Alexander neuerlich nur dazu, heroischen Ruhm zu ernten – in diesem Fall nicht aufgrund einer weiteren siegreich geführten Schlacht oder der Eroberung ferner Länder, sondern wegen der Entdeckung, Aufzeichnung und Sicherung der Seeverbindung zwischen der Mündung des Indus und des Tigris. Die Flotte sollte auf ihrer Route durch den Heereszug auf dem Landweg unterstützt werden und deren Versorgung bei dieser Unternehmung und künftigen Seefahrten durch das Anlegen geeigneter Landungs- und Proviantstationen sicherstellen.

Ein weiteres Motiv, den riskanten Marsch durch die Gedrosische Wüste zu wagen, bestand sicherlich auch darin, die legendäre babylonische Königin Semiramis und den nicht minder berühmten persischen König Kyros den Großen zu übertreffen; denn von beiden wurde erzählt, wie ein gut informierter Zeitgenosse Alexanders, Nearchos, berichtet, dass sie an ihren Vorhaben gescheitert seien, mit einem Heer die Wüste zu durchqueren. In deutlicher Unterschätzung der Gefahren und Entfernungen und rücksichtslos gegenüber den Interessen seiner Soldaten nötigte Alexander sein Heer, zwei Monate lang durch die Sanddünen und Salzsteppen der Gedrosischen Wüste zu ziehen, der Wüste von Beludschistan. Als das Heer endlich im November 325 in Pura, der Hauptstadt Gedrosiens, anlangte, waren Tausende von Alexanders Soldaten vor Hunger, Durst und Erschöpfung elend ums Leben gekommen.

Ende des Jahres 325 trafen Krateros und Alexander in dem im Westen an die Persis angrenzenden Karmanien wieder mit ihren beiden Landheeren zusammen. Dort schlug Alexander das Winterquartier auf und traf verschiedene Maßnahmen, sein Reich zu ordnen: Satrapen, die davon ausgegangen waren, dass er bei seinem Zug an den Indus gestorben sei und sich zwischenzeitlich zu eigenständigen Königen erklärt hatten, ließ Alexander zusammen mit ihren Leibgarden hinrichten; so verfuhr er beispielsweise mit den iranischen Satrapen von Karmanien oder mit den makedonischen Befehlshabern, die Alexander in Medien zurückgelassen hatte. Deren griechische Söldner, rund 6000, entließ er, so dass diese nach Griechenland zurückkehrten und, dort am Kap Tainaron an der südlichsten Spitze der Peloponnes angekommen, in die Dienste anderer Kriegsherren traten.

Betrachtet man die in Karmanien getroffenen Maßnahmen, so wird deutlich, dass Alexander zum Getriebenen seiner eigenen Entscheidungen geworden war – ohne sein heroisches Verlangen, Menschen und sogar Halbgötter in ihren Taten zu übertreffen, wäre es kaum zu den beschriebenen Unruhen und Auflösungserscheinungen gekommen. Seine Präsenz oder zumindest seine Nähe hätte jeden Versuch der Satrapen, eigenmächtige Entscheidungen zu treffen und eigene Herrschaften zu etablieren, unmöglich gemacht. So aber waren diese in aller Eile eingesetzten Machthaber allzu lange sich selbst überlassen geblieben und werden auch schon um des Erhalts ihrer Machtstellung gezwungen gewesen sein, ihre Positionen auf lokaler Ebene auszubauen und durch Anwerbungen von Söldnern und durch Ehebünde mit Töchtern benachbarter Potentaten zusätzlich abzusichern. Dies belegt das Beispiel des Orxines, eines Achaimeniden, der sich nach dem vorzeitigen Tod des Statthalters zum Herrscher über die Persis aufgeschwungen hatte. Auch er wurde von Alexander in Pasargadai, wo das Grab des großen Kyros lag, hingerichtet und durch Peukestas ersetzt, der Alexander das Leben im Kampf gegen die Maller gerettet hatte.

Dass Alexander so unerbittlich vorging, lässt erkennen, dass er sich wenig um das politisch Machbare, um die Etablierung und Stabilisierung der eroberten Gebiete kümmern wollte – dazu war er zu stark von seinem Drang beseelt, ein Heros unter Menschen zu werden. Machtpolitische Strategien, Überlegungen und Ziele wurden ihm erst dann bewusst, wenn er damit konfrontiert wurde. So aber agierte er wie ein Tyrann, nicht wie ein König, jedenfalls nicht wie ein Staatsmann, der sich nicht nur gegenüber sich selbst, sondern gegenüber dem Allgemeinwohl verpflichtet gefühlt hätte: Durch die Hinrichtungen und drakonischen Strafmaßnahmen, die das Reich nur äußerlich zusammenzuhalten vermochten, brachte er eine Gefolgschaft hervor, die eben nicht mehr eine gemeinsame Überzeugung teilte und ein gemeinsames Ziel anstrebte, sondern aus bloßer Angst vor gewaltsamen Maßnahmen Alexander diente und folgte.

Die Entfremdung Alexanders von den makedonischen Soldaten setzte sich mit seiner Annäherung an das persische Umfeld fort: Angesichts der mehr als einmal erfahrenen ungeheuren Weite des eroberten Territoriums, das nun von Epeiros und Griechenland bis an den Indus, den Arabischen Golf und Ägypten reichte, war es mehr als ein Gebot der machtpolitischen Notwendigkeit, zumindest auf der Ebene der Kommandeure, sich auf die vorgefundene persische Führungsschicht einzulassen, sich mit ihnen kulturell und persönlich zu verbinden. Allen Makedonen wird bewusst gewesen sein, dass sie zahlenmäßig viel zu schwach waren, um die persischen Stammesfürsten dauerhaft gewaltsam in ihre Schranken zu weisen.

Verordnete Integrationen

Die Zusammensetzung des makedonischen Heeres hatte sich im Laufe des langen Feldzugs stark verändert. Dies zeigte sich deutlich bei der Rückkehr des neuen Herrschers nach Susa. Um dessen Ankunft gebührend zu würdigen, waren aus allen Landesteilen militärische Kontingente dorthin geschickt worden. Sie sollten die persönliche Loyalität derjenigen bekräftigen, welche die Mannschaften ausgesandt hatten. Es waren insgesamt 30000 Iraner, die seit Beginn des Indienfeldzuges im Jahr 327 in makedonischer Kampfweise und Taktik ausgebildet und als eigene Formation nunmehr unter dem Titel «Nachfolger» (*epígonoi*) in das Heer aufgenommen worden waren. Damit kam die schon lange betriebene Auffrischung und personelle Umstrukturierung des Heeres zum Abschluss: Immer wieder waren verschiedene Reitereinheiten aus Baktrien, Sogdien, Arachosien und Parthien in das makedonische Aufgebot integriert worden. Seitdem gab es eine fünfte, gemischte Hipparchie; darüber hinaus hatte der eine oder andere Iraner sogar Aufnahme in das Leibregiment (*ágema*) des Königs gefunden. Die Verhältnisse im Heer hatten sich also grundlegend gewandelt; die Makedonen und die Griechen waren mittlerweile zu einer klaren Minderheit geworden.

Schon aus diesem Grund blieb dem Sieger über Dareios und dem Zerstörer von Persepolis, dem neuen Achill, letztlich keine andere Wahl, als sich im Zentrum des eroberten fremden Reiches aufzuhalten und sich dort langfristig als neuer Großkönig zu präsentieren. Die Annäherung der Makedonen und Griechen an persische Herrschafts- und Lebensformen, die Aneignung persischer Repräsentation, des Herrschaftsgebarens, Zeremoniells, von Sprache und Kleidung waren mehr oder weniger unausweichlich, um sich gegenüber der Bevölkerung und den führenden Persern zu legitimieren. Mit der Rückkehr in die Persis war für Alexander der Zeitpunkt gekommen, deutlich zu bekunden, in welchen Formen und in welchem Ausmaß er bereit war, die Tradition des persischen Großkönigtums anzunehmen. Dafür dass er eine Assimilierungspolitik verfolgte, gibt es mehrere Hinweise. So ließ er beispielsweise die geschändete Grabstätte des Kyros in Pasargadai restaurieren und bekundete öffentlich Reue wegen der Zerstörung von Persepolis. Andere Indizien für die Annäherung waren die Übernahme von Teilen des Königsornats, dann des persischen Hofstaates, der den Harem wie auch die Leibwache mit einschloss, schließlich die Stiftung von Ehen zwischen makedonischen Befehlshabern, also Hetairen, und Töchtern aus führenden persischen Adelsgeschlechtern. Um Letzteres zu zelebrieren, feierte Alexander in Susa ein fünftägiges Fest, in dessen Rahmen er die Hochzeitsfeierlichkeiten integrierte: In einem knapp neun Meter hohen Festzelt, das den achaimenidischen Königen als repräsentativer Audienzort auf Reisen diente, wurden die mehr als 80 Gefährten und Altersgenossen Alexanders mit Töchtern hochrangiger Perser vermählt, die von Alexander eine besonders reiche Mitgift erhielten, und zwar vor den Augen der Soldaten und der übrigen Festgäste, die in dem knapp 800 x 800 Meter messenden Hof Platz fanden. Berühmte Schauspieler, Gaukler, Tänzer und Musiker unterhielten das geladene Publikum (Arrian, *Anabasis* 7,4,4 f.).

Dieser Maßnahme, der sogenannten Massenhochzeit von Susa, wurde oft nachgesagt, Teil einer Politik gewesen zu sein, mit der der Makedonenkönig die «Menschheit» nach kynischer und stoischer Forderung habe «verbrüdern» oder – moderner gesprochen, aber um nichts weniger zutreffend – «die griechische und persische Kultur miteinander verschmelzen wollen». Belege für diese gefälligen ethischen Ideen finden sich freilich nicht in den Quellen – tatsächlich gibt es keinen einzigen deutlichen Hinweis darauf, dass Alexander diesen Akt als multikulturelles Programm verstanden und umgesetzt hätte. Die Massenhochzeit von Susa entsprang schlichtweg der politischen Notwendigkeit, die makedonische Fremdherrschaft durch die Verbindung mit lokalen Eliten zu befestigen, einer Notwendigkeit, der sich auch kein anderer Eroberer des Perserreiches hätte entziehen können.

Dass Alexander nach wie vor nicht bereit war, seine eigenen Wünsche hintanzustellen, etwa zugunsten der weiteren sozialen Konsolidierung und politischen Neuordnung des Perserreiches, verdeutlicht sein Vorgehen nach den Hochzeitsfeierlichkeiten von Susa. Mit der Großkönigswürde und dem persischen Reich waren ihm weitere Mittel und Möglichkeiten zugewachsen, um den persönlichen Ruhm zu mehren. Den Rückweg ins Zweistromland legte das Heer zu Schiff zurück – den Pasitigris/Eulaios (Karun) hinab in den Persischen Meerbusen bis zum Mündungsgebiet des Euphrat und Tigris. Am Tigris, an der Stelle des späteren Alexandreia, zerstörte er die Staudämme, die von den Persern errichtet worden waren und bis dahin zur Bewässerung der Region gedient hatten, um den Strom für den Flottentransport nutzen zu können. Dass er mit dieser Maßnahme ein komplexes Bewässerungssystem rücksichtslos ruinierte, das die gesamte Umgegend versorgte, bekümmerte Alexander nicht.

Doch ebenso wenig wie der neue Großkönig in diesem Fall auf die Belange der persischen Bevölkerung einzugehen bereit oder auch nicht darauf bedacht war, im Sinne der persischen Herrschaftsträger zu agieren, bestehende Traditionen zu achten, ebenso wenig entsprach sein Handeln den Vorstellungen und Wünschen der Mehrheit der makedonischen Soldaten. Anlass zum Unmut gab bei der Rückkehr nach Susa die gleichberechtigte Behandlung und Titulierung des neu ausgebildeten iranischen Heereskontingents, den «Nachfolgern» (*epígonoi*); doch stieß in den Reihen der Makedonen die starke zahlenmäßige Überlegenheit der Perser im Heer Alexanders auf starke Ablehnung.

Insgesamt hatten eine Reihe von Vorfällen in den zurückliegenden Jahren – von der Philotasaffäre bis zu dem mörderischen Marsch durch die Gedrosische Wüste zu einer Entfremdung zwischen seinen alten Gefolgsleuten und Alexander geführt. Der König war schon lange nicht mehr unumstritten, und der Glanz der frühen Herrschertage war nicht nur verblasst, sondern durch das Blut vieler Gefährten verdunkelt. Doch statt sich fortan darum zu bemühen, verlorenes Vertrauen bei seinen Truppen zurückzugewinnen, sich als für seine Männer verantwortlicher Feldherr und König der Makedonen zu erweisen, kannte Alexander weiterhin nur ein Ziel – das rastlose Schmieden und Verwirklichen neuer Eroberungspläne.

In Karmanien hatte er ein großes Flottenbauprogramm in Auftrag gegeben. Deshalb wurden bereits seit Ende 325 in Kilikien und in Phoinikien Holz geschlagen, um eine Flotte von insgesamt 1700 Schiffen aufzubauen. 1000 der Schiffe waren für einen Feldzug in das westliche Mittelmeer vorgesehen, 700 sollten auf dem Landweg nach Babylon transportiert und im dort eigens vergrößerten Hafen für einen Feldzug gegen Arabien bemannt werden. All dies entsprach ganz und gar nicht dem Interesse der makedonischen Soldaten, die kriegsmüde waren. Höhepunkt der Entfremdung zwischen den Makedonen und Alexander war die Heeresversammlung von Opis. Dorthin war das Heer nach der bereits erwähnten Zerstörung der Staudämme den Tigris hinauf gesegelt, und dort kam es im Sommer 324 zur offenen Meuterei (Arrian,

Anabasis 7,8): «*Nach seiner Ankunft in Opis rief er die Makedonen zur Versammlung und verkündete, er wolle die wegen Alter oder körperlicher Verstümmelung nicht mehr Kampffähigen aus dem Kriegsdienst entlassen und sie in die Heimat zurückschicken; als Entlassungsgeschenk aber wolle er ihnen so viel geben, daß alle in der Heimat sie beneiden würden […] Diese waren jedoch nicht ohne Grund über diese Worte empört. Herrschte doch im ganzen Heer bereits aus vielen anderen Gründen eine Mißstimmung […] Sie brachen ihr Schweigen und schrien, er solle sie lieber gleich alle aus dem Heeresverband entlassen und allein mit seinem Vater in den Krieg ziehen. Sie meinten mit dieser Schmähung den Zeus-Ammon! Als Alexander das hörte […], da sprang er zusammen mit seinen Generälen von der Rednerbühne herab und befahl, die offenkundigsten der Anstifter der Menge festzunehmen, und zeigte seinen Hypaspisten mit eigener Hand an, wer zu ergreifen sei.*» Die sofortige Festnahme und anschließende Hinrichtung der Rädelsführer beendete die Meuterei. Nun jedoch lag der Bruch zwischen Alexander und seinen Makedonen unverhüllt zutage. Drei Tage bedurfte Alexander, um aus dieser offenen Auflehnung eines großen Teils des Heeres Konsequenzen zu ziehen. Am dritten Tag «*rief er die auserlesenen Perser zu sich in den königlichen Palast und wies ihnen das Kommando über die einzelnen Truppenabteilungen zu. Nur denen, die er zu seinen ‹Verwandten› (suggeneîs) erklärt hatte, erlaubte er offiziell, ihn durch Kuß zu ehren*» (Arrian, *Anabasis* 7,11,1). Darüber hinaus benannte er die persischen Einheiten nach Art makedonischer Heeresformationen. Mit diesem Vorgehen schloss Alexander die von ihm abgefallenen Makedonen konsequent aus. Er wollte ein neues Heeresaufgebot zusammenstellen, das zum größten Teil aus persischen Kontingenten bestand und in der makedonischen Kampfweise geübt, ihm aber loyal ergeben war. Mit dessen Hilfe meinte er, seine Pläne für die Zukunft besser realisieren zu können als mit dem zwar kampferfahrenen, aber kriegsmüden und assimilierungsunwilligen makedonischen Heeresverband. Damit hatte Alexander seine Herrschaft von traditionellen sozialen Bindungen unabhängig gemacht – er war nicht länger auf die ihm so lange treu ergebenen Makedonen angewiesen. So konnte er sich ihnen gegenüber großzügig erweisen – und sie reich beschenkt nach Hause schicken.

Als die Soldaten unter dem Eindruck des radikalen Bruchs Alexanders mit dem makedonischen Heer den Herrscher um Verzeihung baten, bekannte er sich großmütig zu ihnen. Gnädig bestimmte er, dass sich fortan alle Makedonen als seine ‹Verwandten› titulieren durften. Zudem versprach er jenen, die nach Makedonien heimkehrten, die in Asien zurückgelassenen Söhne aus den Verbindungen mit persischen Frauen auf makedonische Art und Weise zu erziehen. Nach der Aussöhnung mit dem makedonischen Heer forderte Alexander von beiden Seiten wechselseitigen Respekt. Opfer wurden vollzogen und die Götter um «Eintracht und Gemeinschaft der Makedonen und Perser» gebeten. So wurde es möglich, dass die 10 000 dazu bestimmten Makedonen, von Krateros und Polyperchon geführt, nach Griechenland zurückkehrten. Erneut hatte sich der unbedingte Wille Alexanders durchgesetzt.

Anschließend richtete Alexander ein großes Bankett in Opis aus, zu dem er 9000 Gäste lud. Dies diente nicht nur dem Zweck, die gewaltsam herbeigeführte Versöhnung mit den Makedonen zu feiern, sondern auch der Konstituierung einer neuen gemeinsamen makedonisch-persischen, nahezu gleichberechtigten Führungsschicht. Wer zu diesem Bankett geladen war, gleich ob Makedone oder Perser, durfte sich zu den Mitgliedern der die Herrschaft tragenden Schicht eines neuartigen, gewaltigen Reiches zählen. Alexander strebte mithin keine generelle Verschmelzung der gesamten Bevölkerung seines gewaltigen Reiches an, vielmehr bemühte er sich um nicht mehr als die Heranbildung einer mit der Person des Herrschers eng verbundenen, kulturell gemischten Funktionselite in Heer und Verwaltung.

Letztlich dürfte es Alexander gleichgültig gewesen sein, wer ihm als Mittel zur Umsetzung seiner Pläne diente, deren Ziel die Verwirklichung heroengleichen Ruhms war. Ohne die späte Bitte um Verzeihung der Soldaten wäre der Bruch mit den Makedonen endgültig gewesen. Darauf lässt auch schließen, dass ihm im Frühsommer 323 von Peukestas, dem neu eingesetzten Satrapen der Persis, in Bablyon etwa 20 000 frisch ausgebildete persische Fußsoldaten zugeführt wurden. Diese wurden umgehend in die makedonischen Pezhetaireneinheiten eingegliedert. Dass dabei neue taktische Grundeinheiten geschaffen wurden, war wahrscheinlich eine Reaktion auf den Mangel an makedonischen Pezhetairoi, zu dem es durch die hohen Verluste während des Feldzuges gekommen war. Jeweils zwölf dieser neu ausgebildeten Perser wurden je vier makedonischen Pezhetairoi zugeordnet, denen der Befehl oblag und die einen höheren Sold erhielten. Sie bildeten damit eine neu geschaffene Einheit, die jeweils 16 Soldaten umfasste und als ‹Dekas› bezeichnet wurde. Notwendigerweise bedeutete dies das Ende der traditionellen makedonischen Phalanx. Die monarchische Herrschaft Alexanders hatte sich auch in dieser Hinsicht von ihren ursprünglichen Voraussetzungen und Rahmenbedingungen, von den traditionellen Formen des makedonischen Königtums emanzipiert.

Die Heroen sterben

Nach dem Aufenthalt in Opis am Tigris wandte sich Alexander nach Ekbatana, um dort die heiße Jahreszeit zu verbringen, Anordnungen zu treffen und neue Pläne zu schmieden. Dort wurden mehrtägige Spiele veranstaltet und zahlreiche Bankette abgehalten, und nach einem dieser Trinkgelage erkrankte Hephaistion, der engste Freund der Königs. Mit ihm verband Alexander eine tiefe, vielleicht die tiefste emotionale Bindung seines Lebens überhaupt. Hephaistion litt unter Fieberanfällen, missachtete im weiteren Krankheitsverlauf die Vorschriften der Ärzte und verstarb überraschend. Nach der Rückkehr in die Persis im Zuge der Heeresreform war Hephaistion erst ein halbes Jahr zuvor – im Frühjahr 324 – von Alexander zum Chiliarchen der Leibgarde ernannt worden. Dies war nach persischer Vorstellung der höchste militärische Rang nach dem König – der engste Freund bekleidete demnach das oberste Amt und war damit so etwas wie der Stellvertreter des Königs. Diese enge Verbindung zwischen den beiden war noch im Zuge der Eheschließungen von Susa verstärkt worden. Ebenso wie Alexander – er hatte Stateira, Tochter des Dareios III., und Parysatis, Tochter des Artaxerxes III., geheiratet – ehelichte auch Hephaistion eine Tochter des Dareios III. und gehörte seitdem nicht nur nominell zu den Verwandten Alexanders. Die persönliche Freundschaft und Kampfgenossenschaft wurde durch diese Verschwägerung in einer Weise befestigt, wie es unter griechischen und makedonischen Königen, Tyrannen und Aristokraten üblich war.

Diesem Freundesbund verlieh Alexander eine mythische Dimension: So wie der homerische Achill den Tod seines treuesten Gefährten Patroklos zu beklagen hatte, war nun auch ihm der beste Weggefährte, sein erster Freund und *hetairos*, verstorben. Das Amt des Chiliarchen wurde von Alexander nicht wiederbesetzt. Niemand sollte an die Stelle des Toten treten. Entsprechend lange währte Alexanders Trauer, und in entsprechend heroischen Dimensionen wurden die Leichenspiele und Trauerfeier abgehalten. Ein riesiges Grabmal wurde in Babylon konzipiert, in mehreren Etagen aufsteigend auf einer Grundfläche von 400 x 400 Metern. Zudem erhob das Zeus-Ammon-Orakel Hephaistion zum Heros.

In den griechischen Städten wurde das Selbstverständnis von Alexander und Hephaistion als Heroen unter Menschen aufgegriffen, und zwar immer dann, wenn darüber debattiert wurde, in welcher Form man dem vielfachen Eroberer Ehren erweisen solle. Durch eine andere Maßnahme Alexanders wurde die Suche nach geeigneten Formen, ihn zu ehren, noch forciert: Der Ausgangspunkt war das sogenannte Verbanntendekret des Königs.

Bereits im Frühjahr 324 nach seiner Rückkehr nach Susa war nämlich Alexander mit vielfältigen Anfragen und Bittgesuchen griechischer Städte konfrontiert worden. In der ihm eigenen knappen Diktion, die beispielsweise die Weihinschrift für die erbeuteten Waffen vom Granikos auf der Akropolis von Athen auszeichnete, löste Alexander auch diesen ‹gordischen Knoten›. Alle Verbannten einer griechischen Stadt sollten in ihre Heimat zurückkehren können, sofern sie nicht Mörder oder Tempelräuber waren. Öffentlich bekannt gemacht wurde die Verfügung im August 324 bei den Olympischen Spielen. Da der Beschluss Alexanders sich wie ein Lauffeuer in Griechenland verbreitete, sammelten sich in Olympia rund 20000 Verbannte. Sie wollten sich diese bis dahin nur als Gerücht bekannte Verfügung von einem Herold offiziell bestätigen lassen (Diodor 18,8).

Tiefgreifender konnte man ohne direkte Gewalt nicht in die Politik der griechischen Städte eingreifen. Verbannte waren ein allgegenwärtiges Problem der griechischen Welt. Bereits im 5. und 4. Jahrhundert wurden viele griechische Städte von inneren Kämpfen zerrissen; Ursache waren zumeist die Debatten darum, welchem Oberherrn man sich im außenpolitischen Kräftespiel anschließen sollte. Die Parteikämpfe entwickelten sich zu regelrechten Bürgerkriegen, in denen Vertreibung, Vermögenskonfiskation, Ermordung und Hinrichtung politischer Gegner ein gebräuchliches Mittel darstellten – ebenso wie im Falle einer Rückkehr Racheakte üblich waren.

Selbstverständlich war der Streit in den Städten erneut aufgeflammt, als es in den Poleis seit den Tagen der Expansion Philipps II. darum ging, sich auf die Seite Makedoniens oder seiner Gegner zu stellen. Damals hatten viele Makedonengegner den Kürzeren gezogen und waren von den promakedonisch gesinnten Bürgern von ihrem Besitz vertrieben worden. Nun profitierten sogar die ‹Antimakedonen› vom sogenannten Verbanntendekret Alexanders. Mit der Proklamation drängten die Exilierten auf die Wiedereinsetzung in ihre alten Rechte und Besitzverhältnisse. Eine Befriedung der Städte wurde durch dieses Dekret gewiss nicht erreicht, auch für eine Politik der Aussöhnung gibt es keine Hinweise.

Am meisten spricht für die These, dass Alexander von diesem Dekret sich vor allem versprach, dass mit der Legitimierung der Rückkehr zahlloser Verbannter die griechischen Städten dauerhaft nicht zur Ruhe kommen und so keinen ernsthaften Widerstand gegen ihn würden aufbauen können. Zudem konnten sich die zurückgekehrten Verbannten, sofern sie die Oberhand behielten, als besonders loyal erweisen und bereit sein, ihre Vorbehalte gegen den Status Alexanders als Halbgott, als Heros aufzugeben. Forderten doch die promakedonischen Kräfte in den Städten entsprechende Beschlüsse: Die Dankbarkeit für ihre Rückkehr und andere von Alexander geleistete Wohltaten mussten in irgendeiner Form erwidert werden. Dies hatte einige kleinasiatische Städte bewogen, dem Makedonenkönig kultische und vor allem göttergleiche Ehren zu erweisen. Nach dem Tod Hephaistions und der Anordnung

Abb. 3: Goldmedaillon mit dem Bildnis Alexanders des Großen aus dem 3. Jahrhundert n. Chr. Charakteristisch für das Bildnis Alexanders ist die Bartlosigkeit, der leicht geöffnete Mund, die leichte Wendung des Kopfes und der wilde, über der Stirn hochgesträubte Haarwirbel (Anastolé). Mit seinem Bildnis beginnt eine neue Epoche der griechischen Porträtkunst, da das makedonische Herrscherbildnis sich nicht am traditionellen Bürgerbildnis und dessen Darstellungsvorgaben orientierte. Die in den Städten und Heiligtümern allerorts sichtbaren Herrscherstatuen führten zu neuen Darstellungsformen und -konventionen.

Alexanders, seinen engsten Gefährten heroengleich kultisch zu verehren, erhob sich zugleich auch die Frage, warum man solche Ehrungen Alexander, dem zweiten Achill, nicht bereits zu Lebzeiten zuteil werden lassen sollte. Im Blick auf die neugeschaffene riesige Herrschaft dieser einen Person konnte eine solche Verehrung für jede Stadt nur von Vorteil sein – und wer wollte angesichts der göttergleichen Kriegserfolge an der Göttlichkeit bzw. am Gottmenschentum Alexanders ernsthafte Zweifel vorbringen. Führte sich dieser doch gar selbst auf Herakles und Zeus-Ammon zurück; und außerdem waren doch auch bereits für andere – vergleichsweise ‹kleinere› – Kriegsherren wie den spartanischen General Lysandros und Philipp II. göttliche Ehren von verschiedenen griechischen Städten beschlossen worden.

So ging also die Initiative für die kultische Verehrung Alexanders (mit Tempel, Altar und Opfer) von den Städten und den darin vorherrschenden promakedonischen Kräften aus – nicht jedoch von

Alexander selbst. Es gibt kein Quellenzeugnis, das Derartiges belegen würde. Dass die Idee des Gottmenschentums und der entsprechenden Verehrung von den Bürgerschaften aufgebracht und praktiziert wurde, wird indirekt dadurch bestätigt, dass Alexander in anderen Teilen des Reiches – sei es in Ägypten, in Babylon oder in Persien – von den Einwohnern keine kultische Verehrung verlangte; die dort eingeführten Formen der Ehrbezeugung und Heraushebung der Person des Herrschers genügten ihm offenkundig.

Dabei entsprang die Vorstellung von einem Gottmenschentum einer langen kulturellen Tradition; sie lässt sich leicht mit den in der griechischen Kultur charakteristischen fließenden Grenzen des Übergangs zwischen Gott, Heros und Mensch, zwischen Mythos und Geschichte erklären. So ist die Idee etwa im Bereich der Genealogie häufig anzutreffen, wenn die eigene Abkunft von Göttern und Heroen und die Nahbeziehung zu ihnen betont, und darauf die eigene Lebensorientierung entsprechend ausgerichtet wird. Für prominente Persönlichkeiten des politischen Lebens waren Götter und Heroen stets wichtiger als die tatsächlichen Anverwandten und Vorväter. Ähnliches ist im künstlerischen Bereich zu beobachten, wenn man beispielsweise die archaischen Kuroi in den Blick nimmt, bei denen die Unterscheidbarkeit zwischen Götter- und Menschendarstellung, zwischen dem Bild des jugendlichen Apollons und dem eines jungen Mannes, absichtsvoll im Unklaren bleibt. Diese Angleichung der schönen Menschen an die Götter lebt in den Athletendarstellungen fort, die wie Heroen in mythisiert-idealischer Darstellung auftreten, wie etwa der «Speerträger» (*doryphóros*) des berühmten Bildhauers Polyklet. Sichtbar wird diese Angleichung auch bei den Alexandermünzen, welche die Züge Alexanders unverkennbar wiedergeben, zugleich aber auf die mythischen bzw. göttlichen Ahnherren Herakles oder Zeus-Ammon verweisen.

Nach Alexanders Teilnahme an einem Gastmahl zu Ehren seines Admirals Nearchos am 29. Mai hatte er sich einem Trinkgelage im Kreis seiner engsten Gefährten angeschlossen. Dabei verspürte der König, als er aus dem sechs Liter fassenden großen Becher des Herakles trank, einen starken Schmerz. Daher musste er seine

Trinkgenossen verlassen. In der Nacht stellte sich Fieber ein. Trotz ärztlichen Beistands verschlechterte sich der Zustand Alexanders in den nächsten Tagen zunehmend. Die Planung des Heeresstabs sah vor, dass eine Woche später, also am 6. Juni 323, die Flotte in Richtung Arabien auslaufen sollte.

«Am nächsten Tag sei sein Befinden schon ernst gewesen, dennoch habe er die üblichen Opfer dargebracht. Dann habe er den Strategen befohlen, sich im Palasthof, den Kommandeuren der Tausend- und Fünfhundertschaften sich vor den Toren einzufinden. Bereits in einem Zustand, der Schlimmstes erwarten ließ, sei er aus dem Park in die königliche Residenz gebracht worden. Als die Heerführer eintraten, habe er sie zwar noch erkannt, aber nicht mehr zu sprechen vermocht und stumm dagelegen. In der folgenden Nacht und am Tag darauf habe er stark gefiebert und ebenso in der anderen Nacht und am Tag nach dieser» (Arrian, *Anabasis* 7,25,5). Die Soldaten trafen Alexander zwar noch lebend im Palast von Babylon an, aber er konnte mit ihnen nur noch Blicke tauschen; still zogen sie an ihm vorüber, dem einen oder anderen schüttelte er die Hand, dann verließen ihn seine Kräfte. Alexander starb am 10. Juni 323 im Alter von 32 Jahren und 8 Monaten. Mit seinem Tod endete abrupt ein zwölfjähriger Siegeszug, der ihn zum Herrn über alles Land vom Hellespont bis zum Indus und Persischen Golf gemacht hatte.

Er starb allem Anschein nach an einer Fieberkrankheit; in der historiographischen Überlieferung wird auch eine Vergiftung in Erwägung gezogen – eine Ansicht, die einige Jahre später Olympias, die Mutter Alexanders, vehement vertrat. Mögliche Attentäter und deren Handlanger hatte man rasch bei der Hand: Kassandros, den Sohn des Antipatros, der von diesem nach Babylon entsandt worden war, um die drohende Ablösung seines alten Vaters als Reichsverweser in Makedonien durch Krateros zu verhindern. Der jüngere Bruder des Kassandros, Iollas, diente Alexander als Mundschenk. Dieser soll Alexander das mitgebrachte Gift verabreicht und Alexander so ermordet haben. Diesem Gerücht lässt sich letztlich nur entgegenhalten, dass bei einem Giftmord die Krankheit einen gänzlich anderen Verlauf genommen hätte, und der Tod dann weitaus schneller hätte eintreten müssen.

Umstritten sind schließlich die letzten Worte des Makedonenkönigs. Einigen Berichten zufolge sollen seine Gefährten ihn gefragt haben (Arrian, *Anabasis* 7,26,3), *«wem er die Königsherrschaft hinterlasse. Er aber habe geantwortet, dem Stärksten! Wieder andere notierten: Diesem Wort habe er (noch) hinzugefügt, er sehe an seinem Grab gewaltige Leichenspiele stattfinden»*.

Letzte Pläne und das Fortleben Alexanders

Die mit verhältnismäßig wenigen militärischen Unternehmungen gefüllten Monate seit der Rückkehr Alexanders in die Persis, also die Zeit ab dem Frühjahr 324 mit den Aufenthalten in Susa, Opis, Ekbatana und Babylon, täuschen darüber hinweg, dass Alexanders Handeln auch in dieser Zeit von großer Rastlosigkeit gekennzeichnet war, denn er plante noch weitaus größere Unternehmungen, die eine längere Vorbereitungszeit erforderten als der Feldzug gegen das Perserreich.

An und für sich hätte jedoch anderes auf der politischen Agenda von Alexander stehen müssen – und so ist dies bereits Teil der Gesamteinschätzung seiner Person:[7] Als Alexander nach Susa und Babylon zurückgekehrt war, hatte er zum ersten Mal vor der Aufgabe gestanden, als Staatsmann aufzutreten und dem riesigen Gebilde der eroberten Territorien eine dauerhafte politische Form und Gestalt zu verleihen. In der Forschung ist ihm häufig unterstellt worden, dass er diesbezügliche Anstrengungen unternommen hätte. Doch mit Blick auf diesen ganz vom persönlichen Ego und von mythischen Vorstellungen beherrschten Alexander lassen sich in den Quellen keine Maßnahmen entdecken, die auf solch eine umfassende politische Konzeption hinweisen könnten. Aufgrund seiner spektakulären militärischen Erfolge hatte Alexander nur eine durch ihn und sein Heer zusammengehaltene Ansammlung von Herrschaftsgebieten geschaffen. Weder war eine religiöse, ökonomische oder politische Vereinheitlichung von ihm systematisch konzipiert noch praktisch initiiert worden. In Griechenland beispielsweise gab es die von der Bürgerschaft dominierten Stadtstaaten mit einem olympischen Götterhimmel, in Phoinikien hingegen handelsstarke Küstenstädte wie Arados, Byblos mit zahlreichen Kolonien und Stützpunkten in der Mittelmeerwelt und pantheistischer Götterverehrung, während man in Ägypten ein agrarisch orientiertes, von einer starken zentralen Administration und Priesterschaft gestütztes Königtum hatte und eine Vielzahl an Göttern, deren Kulte und Tempel der Fürsorge der Pharaonen oblagen, und im iranischen Hochland und Baktrien wiederum lebten teils sesshafte, teils nomadisch organisierte iranische Völker und Stämme mit zoroastrischen und anderen Lehren. Hinzu kam in dem gewaltigen Territorium eine große Sprachvielfalt, die vom Griechischen über das Ägyptische, Aramäische und Persische reichte.

Im Blick auf diese vielfältigen, großen Unterschiede in allen Bereichen des Lebens kann man durchaus behaupten, dass es gar kein festgefügtes ‹Reich Alexanders›, sondern nur eine Herrschaft gab, die an seine Person, an seinen Willen und an seine kriegerischen Erfolge gebunden war. Mithin gab es auch keinen umfassenden Herrschaftsanspruch, wie ihn die Achaimeniden erhoben hatten, sondern nur ein Herrschaftsverhältnis zu den eroberten Städten (*póleis*) und Gebieten (*chôra*) – die militärische Überlegenheit, die souveräne Macht, die sich in den Siegen über seine Gegner manifestiert hatte, die jedoch in keine politisch erkennbare Form überführt worden war. Nicht mehr als ein Bündel von aus der Not der Situation geborenen Entscheidungen und Maßnahmen – wie etwa die Wiedereinsetzung loyaler Satrapen, die nur einer rudimentären militärischen Sicherung und Kontrolle unterlagen. Einzelentscheidungen aber ergeben keine ernsthafte politische Konzeption. Die uns nur schemenhaft fassbaren letzten Pläne Alexanders sprechen dagegen, dass er über eine solche für die Zukunft verfügt hätte.

Sicher bezeugt ist sein Vorhaben, die arabische Halbinsel zu umsegeln und sie zu unterwerfen. Zu diesem Zweck hatte er bereits Maßnahmen getroffen; Schiffsbauholz wurde in Phoinikien und Kilikien geschlagen, und in Babylon ließ er den Hafen erweitern, um dort eine gewaltige Flotte von etwa 1000 Schiffen aufnehmen zu können, die vor allem mit phoinikischen Seeleuten bemannt werden sollten. Was diesen Plan betrifft, so unterschlagen die

Autoren der ältesten Alexandergeschichten einen wichtigen Umstand. Aus propagandistischen Gründen verschweigen sie, dass der Herrscher dabei auf Pläne der persischen Könige zurückgriff. Bereits sie wollten ihre Herrschaft auf die Arabische Halbinsel ausdehnen. So hatte Dareios I. den griechischen Seefahrer Skylax beauftragt, im Zuge einer Forschungsreise einen Kanal anlegen zu lassen, der den Nil mit dem Roten Meer verband und eine freie Schifffahrt vom Mittelmeer zum Arabischen Golf und Indien ermöglichte – mithin einen Vorgängerbau des heutigen Suezkanals. Es war also ein Vorhaben der früheren persischen Herrscher, das Alexander nun endlich in die Tat umsetzen wollte: Die Vormachtstellung der Araber in diesem Handelsraum, der vom Westen Indiens bis nach Ägypten reichte, wollte er brechen und die arabische Küste an der Meerenge von Hormuz besetzen, um so die für den babylonisch-ägyptischen Handelsverkehr wichtige Durchfahrt endgültig zu sichern und das persische Herrschaftsgebiet an seiner Südwestgrenze abzurunden. Dass er dabei an eine Gesamteroberung der Arabischen Halbinsel dachte, ist wenig wahrscheinlich. Entstanden sein dürfte der Plan im Jahr 325, als ihm sein Admiral Nearchos in Karmanien von seinen Schwierigkeiten mit den Arabern im Persischen Golf berichtete.

Ein anderes Vorhaben sollte dazu dienen, die Gegend um das Kaspische Meer zu erkunden. In Hyrkanien ließ er deshalb Holz für den Bau einer eigenen kleineren Flotte schlagen, die das Kaspische Meer erkunden und insbesondere die Frage klären sollte, ob es sich beim Kaspischen Meer um einen Binnensee oder um eine Bucht des nördlichen Ozeans handelte.

Schließlich sind noch einige vermeintlich weitergehende Pläne zu erwähnen, niedergelegt in den *hypomnémata*, den letzten Plänen und Gedanken Alexanders, die allein bei Diodor überliefert sind. Sie waren auf die Eroberung des westlichen Mittelmeeres und damit des gesamten Erdkreises angelegt. Planungen gab es zudem für mehrere große Tempelbauten in Griechenland sowie für ein pyramidenähnliches Grabmal für Philipp II., Alexanders leiblichen Vater. Ferner sollte das bereits begonnene Grabmal für Hephaistion in Babylon fertiggestellt werden. Sogar einen wechselseitigen

Bevölkerungsaustausch zwischen Europa und Asien soll Alexander beabsichtigt haben. Jedes dieser Vorhaben wirft vielfältige Fragen auf; einige von ihnen muten ganz und gar phantastisch an, andere scheinen wiederum durchaus vorstellbar.

Eine Entscheidung über die Glaubwürdigkeit dieser ‹letzten Pläne› zu treffen fällt schwer: Meines Erachtens weist mehr darauf hin, dass es sich bei den Westfeldzugsplänen, welche die Unterwerfung der gesamten nordafrikanischen Küstengegend, einschließlich der Eroberung Karthagos und Siziliens vorsahen, und wohl auch bei dem Plan einer Afrikaumsegelung um historiographische Spekulationen handelt. Antike Literaten mit einer mythisch überhöhten Konzeption der Gestalt Alexanders unterstellten dem Makedonenherrscher gern einen politischen Generalstabsplan und eine Weltherrschaftsidee. Ein Ausgreifen in den westlichen Mittelmeerraum nach Abschluss des geplanten Arabienfeldzugs wäre ihm grundsätzlich zuzutrauen gewesen, nur scheint es fraglich, ob Alexander bereits vor dem Arabienfeldzug diesen Plan gefasst haben kann. Immerhin lässt sich im Hinblick auf die weitere historische Entwicklung sicher sagen, dass ein solch gewaltiges und wiederum überaus riskantes Vorhaben wie die Sicherung der Arabischen Halbinsel und eine anschließende Expansion in das westliche Mittelmeer, wenn überhaupt, dann nur von Alexander persönlich in Angriff hätte genommen werden können – einen auch nur annähernd vergleichbaren Eroberungsdrang besaß keiner seiner Generäle. Dementsprechend wurden diese Vorhaben zusammen mit Alexanders Leichnam zu Grabe getragen.

Worin Alexander fortlebte, war der bereits zu Lebzeiten etablierte ‹Mythos Alexander›, der sich schon früh gegenüber der historischen Alexandergestalt in der griechischen Literatur und Historiographie verselbständigt hatte – schon bald nach seinem Tod verklärten griechische Historiker Alexander und vereinnahmten ihn für das Griechentum. Alexander wurde zum vollgültigen Griechen, während seine makedonische Herkunft in den Hintergrund trat. So konnte er wiederum zum Vorkämpfer der Griechen gegen das militärisch übermächtige Rom werden – die Griechen des 2. Jahrhunderts v. Chr. jedenfalls waren fest davon überzeugt, dass

Alexander, sofern ihm ein längeres Leben vergönnt gewesen wäre, auch Rom und Italien erobert und unterworfen hätte. Allein die philosophische Tradition pflegte das Bild vom Tyrannen Alexander, das jedoch nie sonderlich breit rezipiert wurde.

Einen maßgeblichen Anteil an der frühen Formung des Bildes von Alexander als Helden von mythischer Größe hatte Kallisthenes. Er hatte für lange Zeit die erste zusammenhängende Darstellung des Feldzuges abgefasst, die vom Übergang über den Hellespont (334), bis zumindest zur Schlacht bei Gaugamela (331) reichte. Auf dessen Schrift griffen die frühen Alexanderhistoriker gerne zurück. Aus den von Felix Jacoby gesammelten Fragmenten (FGrHist 124) können wir zumindest einen kleinen Eindruck erhalten, in welchem Maße Kallisthenes die Person Alexanders zu erhöhen bereit war.

Zunächst einmal behauptete Kallisthenes, der Neffe des Aristoteles, in selbstbewusstem Wissen um seine Fähigkeiten und um seine besondere Rolle, die ihm als Augenzeuge des Asienfeldzugs und einzigem zeitgenössischen Historiographen zukam, dass das Schicksal Alexanders und seiner Taten letztlich in seine Hand gegeben war, denn es seien seine Schriften, die den Ruhm Alexanders begründeten und verewigten. Urteilt man nach den wenigen erhaltenen Fragmenten, so hat es den Anschein, als ob Kallisthenes tatsächlich Alexander in seinem Werk in panegyrischer Weise als einen Heros und Halbgott unter Menschen schilderte. Dies suchte er durch verschiedene Geschichten mit märchenhaften Zügen zu untermauern, so etwa durch die Erzählung verschiedener Wunder, durch die Episode der angeblichen «Verneigung des Meeres» an der lykischen Küste oder durch verschiedene günstige Vorzeichen und Prophetien, aber auch durch den wiederholten Verweis auf dessen große mythische Vorbilder. So erinnerte Kallisthenes etwa bei der Darstellung von Alexanders Besuch des Ammonorakels ausdrücklich daran, dass bereits Herakles und Perseus als seine Vorfahren diesen Ort aufgesucht hätten.

Eine weitere wichtige Grundlage für sämtliche späteren historiographischen Darstellungen waren die sogenannten Ephemeriden (FGrHist 117) – die offiziellen Kriegs- und Verwaltungstagebücher, in denen nüchtern die wichtigsten Tagesereignisse festgehalten wurden. Sie wurden von Eumenes von Kardia, dem Kanzleichef Alexanders, und seinem Assistenten Diodotos von Erythrai geführt. Diese Ephemeriden enthielten über die Tageseintragungen hinaus auch offizielle Urkunden, Briefwechsel und Protokolle. Auf diesem wertvollen Quellenmaterial beruht beispielsweise die Schrift des ägyptischen Königs Ptolemaios I. über die «Taten Alexanders» (FGrHist 138), deren Grundzüge uns aus der Alexandergeschichte des L. Flavius Arrianus aus Nikomedeia (85–145 n. Chr., Suffektkonsul 129/130) bekannt ist. Den chronikartigen Charakter dieser Aufzeichnungen zeigen besonders gut die Eintragungen der letzten Lebenswoche Alexanders, die sorgsam den sich stetig verschlechternden Gesundheitszustand des Königs vermerken.

Der König starb unvorbereitet auf seinen eigenen Tod, was angesichts des beständig hohen Risikos, das er in nahezu jedem Gefecht einging, wenig verwundert. Eine Nachfolgeregelung hatte er nicht getroffen, ein regierungsfähiger Prinz stand nicht bereit. Das Einzige, was bekannt ist und auch glaubhaft klingt, ist der gut überlieferte Wunsch, in Ägypten, in der Oase Siwa im Ammon-Heiligtum bestattet zu werden. Seinen Siegelring vertraute Alexander Perdikkas an, der seit 324 in der Nachfolge Hephaistions die Leibgarde befehligte und damit der zweite Mann im Reich geworden war. Mit der Übergabe des Rings hatte Alexander jedoch wahrscheinlich nicht mehr bedeutet, als dass er die Geschäfte weiterführen solle, dass ihm die Verwaltung Asiens sowie die Gesamtaufsicht über die Satrapien vorerst übertragen sei, nicht jedoch notwendigerweise, dass er auch sein Nachfolger werden sollte. Nach dem Ableben Alexanders berief Perdikkas eine Versammlung der makedonischen Generäle und Leibwächter ein – bereits damals waren die persischen Befehlshaber von solch wichtigen Beratungen grundsätzlich ausgeschlossen. Damit begannen die Leichenspiele – der blutige Kampf der Generäle um die Nachfolge Alexanders.

III. DIE (LANGLEBIGEN) NACHFOLGER DES JUNGEN EROBERERS UND DIE ETABLIERUNG DER HELLENISTISCHEN DYNASTIEN

«Als jener (Alexander) tot war, spalteten sich die Makedonen sogleich in zahllose Parteien und zeigten damit, dass sie nicht fähig waren, das Reich zu regieren. Sie konnten nicht einmal mehr das eigene Land behaupten, sondern gerieten so sehr ins Unglück, dass sie gezwungen wurden, ihr eigenes zu verlassen, um das fremde zu beherrschen, so dass sie eher verbannte als zur Herrschaft fähige Männer waren. Es war gleichsam ein Rätsel, warum Makedonen nicht in Makedonien regierten, sondern dort, wo ein jeder es vermochte, gewissermaßen eher Kommandanten ihrer Städte und Länder als wirkliche Herrscher, eher vertriebene Könige, die ihre Macht nicht dem Großkönig, sondern sich selbst verdankten, und wenn man es so ausdrücken darf, eher Satrapen ohne einen König. Sollen wir sagen, dass ein solcher Zustand mehr einer Räuberbande als einem Königtum ähnlich ist?» (Aelius Aristeides, *Romrede* 27)

1. Blutige Leichenspiele: Der Streit ums Erbe und der Zerfall der Herrschaft Alexanders (323–317 v. Chr.)

Beim Tod Alexanders herrschte, da von ihm keinerlei Vorkehrungen getroffen waren, wie im Falle seines Ablebens vorzugehen sei, völlige Unklarheit darüber, wie sich die Machtverhältnisse entwickeln würden. Sofern man das Leben Alexanders von seinem Ende her betrachtet, das von der starken Entfremdung Alexanders von vielen seiner langjährigen Kampfgefährten und von dessen isolierter autokratischer Stellung geprägt war, stellte das politische Erbe, das er seinen Generälen hinterließ, eher das Erbe eines Tyrannen als das eines Königs dar. Die Situation nach seinem Tode hätte nicht schwieriger sein können: Keinerlei politische Ordnungsvorstellungen, keine Handlungsleitlinien waren bekannt; die makedonischen Soldaten und ihre Kommandeure herrschten über Territorien, die ihnen vom Lebens- und Herrschaftsstil fremd waren und blieben; und schließlich war auch kein legitimer Nachfolger zu sehen, der den verstorbenen charismatischen Herrscher auch nur annähernd hätte ersetzen und die Reichseinheit bewahren können.

Die Frage der Nachfolge wurde daher, wie der Blick auf die makedonischen Herrscherwechsel lehrt – in gewohnt blutiger Manier –, im Kampf gegeneinander entschieden statt auf friedlichem Wege durch politische Verfahren und Kompromisse. Alexander hinterließ seinen makedonischen Gefährten nur das Schwert, das er zwischen sie geworfen hatte. Damit forderte er sie auf, um den Vorrang und um einen Teil des Reiches zu kämpfen. Diese ‹Leichenspiele› sollten letztlich ein halbes Jahrhundert dauern (323 bis 281 v. Chr). Aus der Sicht des Historikers lässt sich sagen, dass das Alexanderreich spätestens mit dem Friedensschluss der Diadochen von 311 zerbrach – als letzter sollte Antigonos 306 den Gedanken an eine Gesamtherrschaft über Asien einschließlich des Ostens und Ägyptens aufgeben. Diese Entwicklung fand ihre Fortsetzung und ihren Ausdruck darin, dass die miteinander konkurrierenden Generäle begannen, sich eigenmächtig zu Königen zu erheben. Mit der Annahme des Königstitels hatten sich die Diadochen endgültig von der Tradition des makedonischen Königtums emanzipiert und begannen, unabhängige Herrschaften zu etablieren. Damit setzt die eigentliche Geschichte der verschiedenen hellenistischen Reiche ein – die Geschichte der Diadochenreiche, unter denen das makedonische Königreich nur noch eines von mehreren war.

Die Erhebung des Philipp Arrhidaios zum König bildete dabei nur den Auftakt zu den nachfolgenden Ränke- und Mordspielen, zur Geschichte der sogenannten Diadochen, der, wie der griechische Begriff besagt, Nachfolger und Erben Alexanders. Diese Bezeichnung hat Eumenes von Kardia, Historiker und Zeitgenosse Alexanders, erstmals gebraucht, indem er seinem Geschichtswerk den Titel «Geschichte der Diadochen» gab. Damit ist bereits das Grundproblem dieser historischen Epoche beschrieben: Die Fortführung der dynastischen Herrschaft der makedonischen Königsfamilie, der Familie Philipps und Alexanders, war ungewiss; fortan trugen mehrere Generäle den machtpolitischen Streit um die Vorherrschaft aus. Sie betrieben ihre eigene Sache *(idiopragein)*, die Durchsetzung ihrer persönlichen Einzelinteressen im Kampf um eine Vormachtstellung gegenüber den Konkurrenten.

Beim Tod Alexanders gab es keinen Erben, der durch Herkunft und militärische Leistung bei den einfachen Soldaten wie bei den Kommandeuren gleichermaßen anerkannt und unumstritten gewesen wäre: Nach dem Tod Hephaistions hatte Alexander Perdikkas zum Kommandeur über die königliche Leibgarde bestimmt, und dieser war dadurch zu Alexanders Stellvertreter in der politischen und militärischen Führung aufgestiegen. Darüber hinaus hatte Perdikkas von Alexander auf dem Sterbebett den Siegelring erhalten, ohne dass damit unmissverständlich die Thronfolge geregelt worden wäre. Auf die Frage an den Sterbenden, wen er zu seinem Nachfolger bestimme, soll er die wenig hilfreiche Antwort gegeben haben: «der Stärkste», mithin derjenige, der über die meiste militärische Gewalt und Entschlossenheit verfügte. Selbst wenn die Antwort nicht authentisch sein mag, so belegt sie doch, dass Alexander noch keinerlei Notwendigkeit gesehen hatte, der makedonischen Führungsschicht eine Regelung für die Thronfolge mitzugeben – hatte er doch zu Lebzeiten ein gänzlich anderes Herrschaftsmodell mit einer neu geschaffenen makedonisch-persischen Elite befürwortet. Die orakelhafte Antwort bzw. das Schweigen Alexanders in dieser Frage bestätigt nur den Eindruck, dass er selbst wie auch seine Zeitgenossen überzeugt davon war, dass keiner imstande sein würde, das mit seinem Tod aufbrechende Machtvakuum alleine zu füllen.

Auch die von Perdikkas sofort nach dem Ableben Alexanders einberufene Versammlung der rund einhundert wichtigsten Generäle, Leibwächter und Offiziere führte zu keiner Klärung in der Frage der Thronfolge. Mehrere Kandidaten wurden ins Spiel gebracht: An erster Stelle stand der Halbbruder Alexanders, Philipp III. Arrhidaios (* 352, † 25.12.317). Dieser war der Sohn Philipps II. und der Philinna aus dem thessalischen Larissa, einer Nebenfrau des Herrschers. War sein Geburtsname Arrhidaios, so nahm er erst, als er nach dem Tode Alexanders die Nachfolge antrat, den Namen Philipp an. Der zweite Kandidat aus der Familie Alexanders war noch gar nicht geboren – der leibliche Sohn Alexanders und Roxanes, der erst wenige Monate nach dem Tod des Herrschers zur Welt kam: Alexander IV. Aigos (323–310/09). Ein dritter möglicher Kandidat war Herakles, ein illegitimer Sohn Alexanders und der Barsine, der in Pergamon lebte (327–309). Barsine (363–309) war die älteste Tochter von Artabazos II., dem persischen Satrapen über Phrygien, zunächst Ehefrau des Mentor, dann seines Bruders Memnon von Rhodos, Befehlshaber der persischen Flotte. Zum Beweis seiner Loyalität gegenüber dem persischen Königshaus hatte er seine Frau nach Syrien geschickt, die dann in Damaskos Beute der Makedonen geworden war.

Die makedonische Heeresversammlung sprach sich für die direkte und einfachste Erbfolge aus: Als Bruder des verstorbenen Königs sollte Philipp Arrhidaios dessen Nachfolge antreten. Angeführt von einem gewissen Meleagros, wurden Perdikkas und seine Anhänger hart bedrängt; während jene die Burg besetzten, unterbrachen diese die städtische Getreidezufuhr – letztlich setzten sich aber die schwerbewaffneten Fußtruppen durch. Sie riefen Arrhidaios am 11. Juni 323 zum König aus. Damit konnte ein offener Kampf zwischen den makedonischen Truppenteilen, zwischen Reiterei und Fußtruppen, verhindert werden. Man einigte sich darauf, dass Antipatros nach wie vor das Heer in Europa führen, Krateros die Verwaltung der Königsherrschaft des Arrhidaios, Perdikkas (in der Nachfolge des Hephaistion) das Heer in Asien übernehmen und Meleagros ihm untergeben sein sollte. Über diese neue Ordnung der militärischen Führung hinaus wurde bestimmt, dass, sofern Roxane einen Jungen zur Welt bringen sollte, der bislang noch ungeborene Thronfolger zum Mitregenten erhoben würde. Zugleich wurde Perdikkas mit der Vormundschaft über diesen noch ungeborenen Alexander IV. Aigos und mit der Interimsregentschaft betraut. Drittens wurde vereinbart, dass der neu inthronisierte König den Leichenzug zum Zeus-Ammon-Heiligtum nach Ägypten führen sollte. Schließlich wurde der so beschlossene Thronwechsel mit einem großen Opfer gebührend gefeiert.

Perdikkas nutzte freilich seine nun legitimierte herausgehobene

Stellung, um während des besagten Opferfestes zur Feier und zu Ehren des neu inthronisierten Philipps III. Arrhidaios den Aufrührer Meleagros und seine Anhänger festnehmen und hinrichten zu lassen. Danach ließ er sich von Philipp Arrhidaios die Befugnis erteilen, die einzelnen Satrapien mit neuen Befehlshabern zu besetzen oder diese in ihren Herrschaften zu bestätigen. Dabei war er gezwungen, Zugeständnisse an verschiedene Personen zu machen, was bereits darauf verweist, wie schwierig es war, die eroberten Gebiete als Einheit in irgendeiner Weise zusammenzuhalten.

Als Reichsverweser von Makedonien und ältestes Mitglied unter den Generälen, der noch unter Philipp II. gekämpft hatte, sollte Antipatros (398–319) eigentlich durch Krateros abgelöst werden. Alexander hatte diesen ja bereits mit den 10 000 altgedienten makedonischen Schwerbewaffneten nach Europa zurückgeschickt. Der Tod Alexanders machte diesen Plan jedoch zunichte. Antipatros wurde als Regent des europäischen Teils der makedonischen Herrschaft von Krateros bestätigt, da Athen und andere Städte sich erhoben. Um Makedonien als angestammte und unerlässliche Machtbasis nicht zu verlieren, musste Perdikkas in dieser Hinsicht nachgeben; auch er erkannte Antipatros als «Feldherr Europas» an (*strategòs tês Euròpes*).

Der Tod Alexanders und seine Folgen in Griechenland: Der Lamische Krieg (323–322 v. Chr.)

Zu den heftigen Kämpfen innerhalb der makedonischen Führungsschicht kamen ernsthafte äußere Schwierigkeiten hinzu: Als der Tod Alexanders als Faktum feststand, erhoben sich an verschiedenen Stellen der griechischen Welt Städte und Stämme, deren Unabhängigkeitsbestrebungen von Antipatros gewaltsam unterdrückt werden mussten. Die makedonenfeindlichen Kräfte in Athen sahen nun im Verbund mit anderen griechischen Städten die Gelegenheit zur Befreiung gekommen. Der Söldnerführer Leosthenes, der mit seinen Leuten auf Alexanders Befehl von den Satrapen entlassen worden war und seine Truppen an der südlichsten Spitze der Peloponnes, am Kap Tainaron, wieder gesammelt hatte, wurde für den

Krieg gegen die Makedonen in Dienst genommen. Die athenischen Gesandtschaften, die in den griechischen Städten vorsprachen, hatten gleichfalls Erfolge zu vermelden. Durch ihre Bemühungen stießen weitere Aufgebote peloponnesischer Städte (Argos, Epidauros, Sikyon, Troizen, Elis, Phleius, Messene), ferner von den Akarnanen, Karystos auf Euboia und das gesamte Thessalien hinzu. Athen selbst bot 5000 Hopliten, 500 Reiter und 2000 Söldner auf. Mit diesem eilig zusammengerufenen Kontingent zog der erfahrene Söldnerführer Antipatros und Krateros entgegen. Die Thermopylen fielen in die Hand der vereinigten Aufständischen, danach wurden die mit den Makedonen verbündeten Boioter geschlagen, so dass Antipatros, in der Stadt Lamia eingeschlossen, sogar persönlich in Bedrängnis geriet. Obgleich Antipatros den Griechen einen Frieden anbot, wies die griechische Koalition dies vehement zurück und verlangte die bedingungslose Kapitulation. Als Leosthenes jedoch im Kampf fiel, wendete sich das Blatt zugunsten der Makedonen. Zudem konnte Leonnatos im Frühjahr 322, aus dem hellespontischen Phrygien kommend, den eingeschlossenen Antipatros mit 20000 Fußsoldaten und 2500 Reitern unterstützen. Nachdem mehrere Bündnerkontingente wieder nach Hause zurückgekehrt waren, zog Antiphilos, der Nachfolger des Leosthenes, dem makedonischen Unterstützungsheer entgegen. Zwar fiel Leonnatos im Reiterkampf gegen die Griechen, jedoch gelang es Antipatros, den Belagerungsring zu durchbrechen, sich mit dem Heer des Leonnatos zu vereinen und gemeinsam mit dem inzwischen herbeigeeilten Krateros die Griechen bei Krannon in Thessalien zu schlagen (5. September 322). In einer großen Seeschlacht bei der Insel Amorgos (322) wurde zudem die athenische Flotte vernichtend besiegt.

Die Sieger Antipatros und Krateros ließen nur getrennte Verhandlungen zu und schlossen mit jeder griechischen Stadt einen gesonderten Friedensvertrag. Die Folgen dieser Niederlage waren vor allem für die Athener einschneidender als diejenigen nach der Schlacht bei Chaironeia sechzehn Jahre zuvor (338). Der Frieden von 322 bedeutete das Ende des seit 404/403 durchgängig demokratisch regierten Athens, das also über knapp drei Generationen hinweg seine Verfassung unverändert hatte bewahren können. Phokion und Demades, zwei führende Promakedonen unter den athenischen Rednern, die als Unterhändler bestimmt worden waren, fügten sich den Bedingungen des Antipatros: Der Hellenische Bund wurde aufgelöst, ein Zensus in Athen eingeführt, der ein bestimmtes Maß an Vermögen als Voraussetzung für den Erhalt des Bürgerrechts vorschrieb – mindestens 2000 Drachmen –, so dass der athenische Demos, die Zahl der Bürger erheblich reduziert wurde. Eine makedonische Besatzung wurde auf der Piräusfestung Munychia stationiert. Die athenischen Kleruchen mussten im Sinne des Verbanntendekrets endgültig aus Samos abziehen; sodann mussten die Redner, die zum Teil bereits unter Philipp II. und während der gesamten Lebenszeit Alexanders gegen Makedonien agitiert hatten, ausgeliefert werden, so etwa Eukrates oder Hypereides, der nach Aigina geflohen war, jedoch dort aufgegriffen, vor Antipatros gebracht und anschließend hingerichtet wurde. Demosthenes entzog sich zwar zunächst ebenfalls durch Flucht, beging aber auf der Insel Kalauria Selbstmord, als ihn seine Verfolger entdeckten.

Der erste Krieg der Generäle (323–321 v. Chr.) und die ersten Opfer

Die Konflikte der führenden Makedonen untereinander waren mit dem Sieg bei Krannon gleichwohl nicht beendet; sie waren angesichts der aktuellen Nöte nur in den Hintergrund getreten, brachen dann aber wieder offen aus. Im Anschluss an die Verhandlungen mit den Athenern und anderen griechischen Städten unternahm Antipatros einen Feldzug gegen die Aitoler, die sich jedoch als hartnäckige Gegner erwiesen. Von einer endgültigen Unterwerfung der Aitoler hielten ihn die Entwicklungen in Kleinasien ab. Dort kam es zum ersten Krieg der Diadochen untereinander (321–320), zum Konflikt zwischen Perdikkas und einer aus Antipatros, Antigonos und Ptolemaios bestehenden Koalition.

Perdikkas hatte bereits 323 Antigonos Großphrygien entzogen, da dieser sich geweigert hatte, Eumenes von Kardia bei der noch ausstehenden Eroberung von Kappadokien zu unterstützen; dieser war daraufhin nach Europa, nach Makedonien zu Antipatros und Krateros geflüchtet. Im folgenden Jahr (322) brüskierte er den Reichsverweser, als er Nikaia, die ihm versprochene Tochter des Antipatros, die von ihrem Bruder Iolaos eigens nach Babylon gebracht worden war, kurzerhand verstieß. Stattdessen ging er auf das Angebot der Olympias, der Mutter Alexanders, ein und heiratete Kleopatra, die Schwester Alexanders (355–308) in Sardeis, die eigentlich Leonnatos, den Statthalter des hellespontischen Phrygien, hätte heiraten sollen. Durch Eumenes von Kardia hatte Perdikkas von den Heiratsplänen erfahren und nach einigem Zögern – da dies ja bedeutete, sich von seiner Verlobten Nikaia zu lösen – für sich selbst die Heirat gefordert. Als Antipatros von diesen Plänen durch Antigonos unterrichtet wurde und sich mit diesem verbündete, war die Sache bereits entschieden: Über Eumenes von Kardia ließ Perdikkas Geschenke und den Heiratsantrag an Kleopatra überbringen (Anfang 321), die sich nach Kleinasien begeben hatte.

Diese Ehe hätte für Perdikkas einen legitimatorischen Vorsprung gegenüber seinen makedonischen Konkurrenten bedeutet, die Nachfolge Alexanders anzutreten. Eben dies lag auch im Interesse der Olympias, die den Reichsverweser Antipatros hasste und zumindest ihrer Tochter die makedonische Königswürde sichern wollte. Nachdem Nikaia von Perdikkas zurückgewiesen worden war, verbanden sich Antipatros und Krateros mit Antigonos und erklärten Perdikkas den Krieg. Zuvor hatten sie sich zudem mit Ptolemaios darauf verständigt, dass er den Feldzug dieser neuen Koalition stillschweigend duldete. Dann marschierten die drei vereint in Richtung Kleinasien und versuchten das Herrschaftsgebiet des Antigonos zurückzuerobern. Doch bereits am Hellespont stellte sich ihnen im Frühjahr 321 Eumenes von Kardia, der Feldherr des Perdikkas, entgegen und brachte ihnen eine verheerende Niederlage bei, die umso schwerer wog, als Krateros in dieser Schlacht fiel.

Perdikkas nahm den Sieg des Eumenes zum Anlass, nun seinerseits in die Offensive zu gehen und im Frühjahr 320 Ptolemaios in Ägypten anzugreifen. Vornehmlich aus zwei Gründen wandte sich

Perdikkas, der erkennbar bemüht war, die Reichseinheit zu bewahren, energisch gegen Ptolemaios: Dieser hatte als Satrap von Ägypten aufgrund glücklicher Umstände, nicht aufgrund einer planmäßig betriebenen Expansion, seine Herrschaft ausbauen und die Kyrenaika seinem Einflussbereich hinzufügen können. Die Erweiterung seines Reiches an der Westgrenze verdankte sich seiner Hilfe bei der Rückführung Verbannter nach Kyrene; denn dort war ein Bürgerkrieg ausgebrochen und Verbannungen waren ausgesprochen worden. Ein Teil dieser Flüchtlinge wandte sich unter der Führung des Thibron an Ptolemaios und bat ihn, ihre Rückführung zu unterstützen.[1] Doch nicht nur an dieser Intervention in Kyrene nahm Perdikkas erheblichen Anstoß, sondern noch stärker daran, dass bereits ein Jahr zuvor (321) Ptolemaios den Leichnam Alexanders ins ägyptische Memphis hatte überführen lassen – knapp zwei Jahre hatte der Bau des prunkvollen Leichenwagens in Anspruch genommen, den auf den Wunsch der Heeresversammlung hin Philipp Arrhidaios in Auftrag gegeben hatte. Die Überführung des Leichenwagens nach Ägypten legitimierte und befestigte neuerlich und nachhaltig die Herrschaft des Ptolemaios. Entsprechend begründete Perdikkas seinen Einfall nach Ägypten damit, dass sich Ptolemaios den Leichnam Alexanders widerrechtlich angeeignet und zudem den Bürgern von Kyrene ihre Freiheit genommen hätte. Das eigene Heer konnte sich dieser Auffassung freilich nicht anschließen. Als Perdikkas bei der gut befestigten ägyptischen Grenzfestung Pelusion auf großen Widerstand durch die Truppen des Ptolemaios traf und der Übergang des Heeres über den Nil durch weitere Widrigkeiten misslang, stellten sich die Soldaten offen gegen ihren Heerführer. Drei hochrangige Offiziere, darunter Peithon und Seleukos, der spätere Diadoche, ermordeten Perdikkas und dessen engste Gefolgsleute. So hatte der Kampf um das Erbe Alexanders weitere Opfer gefordert: Nach den athenischen und anderen antimakedonischen Politikern in den griechischen Städten waren nun auch die ersten drei Generäle Leonnatos, Krateros und Perdikkas umgekommen.

Unterdessen war Alexanders Leichnam auf dem prächtig geschmückten Leichenwagen auf Anordnung des Ptolemaios in die alte Königsstadt Memphis gebracht worden. Erst nach Fertigstellung eines großen Tempels zu Ehren Alexanders wurde der vergoldete Sarkophag nach Alexandreia gebracht, im Untergeschoss dieses Tempels – in der sogenannten Heiligen Gruft – beigesetzt und nicht viel später durch einen gläsernen Schrein ersetzt. Dort aber ruhte der Leichnam Alexanders nicht einmal einhundert Jahre; durch Ptolemaios IV. Philopator (221–204) wurde er in einem von ihm errichteten Grabbau an eine andere Stelle der Stadt umgebettet. Dort lebte der Mythos Alexander fort – dementsprechend wurde die Gruft von Augustus und verschiedenen römischen Kaisern besucht. Caracalla ist der letzte bezeugte Kaiser, der nachweislich im Jahre 215 n. Chr. dem Grab einen Besuch abstattete.

Die Aufteilung des Alexanderreiches im syrischen Triparadeisos (Sommer 320 v. Chr.) und der zweite Diadochenkrieg (318–316 v. Chr.)

Mit der Ermordung des Perdikkas in Ägypten war erneut eine gefährlich unklare Situation eingetreten. Nicht einmal drei Jahre hatte es gedauert, bis der erste Nachfolger Alexanders zu Tode gekommen war – und zwar ausgerechnet jener, der den Siegelring des Königs und damit die Oberaufsicht über die eroberte Herrschaft und die Satrapien geführt hatte. Erneut war der Kampf um die Nachfolge Alexanders eröffnet: Die makedonische Heeresversammlung erhob nun Philipp III. Arrhidaios und Peithon zu gleichrangingen Reichsverwesern (*epimeletai*). Antipatros und Antigonos eilten aus Kleinasien herbei und trafen im Juli 320 v. Chr. im syrischen Triparadeisos am Orontes mit Ptolemaios, Philipp Arrhidaios und Peithon zusammen. Dort einigte man sich auf eine Neuverteilung der Satrapien. Antipatros, mit 78 Jahren der älteste General, der über die größte Erfahrung und die stärksten persönlichen Verbindungen verfügte, wurde zum Reichsregenten ernannt, so dass unter seinem Vorsitz eine neue Aufteilung der militärischen Herrschaft Alexanders vorgenommen wurde. Dabei wurde das Heer Alexanders wie folgt aufgeteilt: Antigonos wurde zum eigentlichen Nachfolger des Perdikkas in dessen Funktion als Führer des königlichen Heeres bestimmt und erhielt als neuer

Stratege von Asien eine Hälfte des Heeres. Den anderen Teil führte Antipatros als Stratege von Europa nach Makedonien, mitsamt den Kriegselefanten, deren Nachkommen noch im Heer des Pyrrhos zu finden waren. Mit dieser Aufteilung in zwei Strategien über Asien und Europa war die Aufspaltung des Alexanderreiches besiegelt; denn damit verzichtete der Reichsverweser grundsätzlich darauf, persönlich die Aufsicht über das Gesamtreich zu führen.[2]

Über die neue Reichsordnung hinaus war die Abkehr von der vorhergehenden Gesamtherrschaft des Philipp III. Arrhidaios und Alexander IV. ein weiteres wichtiges Ergebnis der Verhandlungen in Triparadeisos. Der letztgenannte Alexander verlor zugunsten des Arrhidaios seinen Königstitel und stand fortan unter der Vormundschaft des Antipatros. Wie so häufig, wurde die Einigung über die Aufteilung des Reiches durch die maßgeblichen Akteure mit einem Ehebündnis bekräftigt. In diesem Fall gab Antipatros dem Ptolemaios I. seine Tochter Eurydike zur Frau.[3] Doch die neue Ordnung sollte nur kurze Zeit Bestand haben.

Kurz nach seiner Rückkehr nach Makedonien nämlich starb im Jahr 319 der dritte Diadoche, der alte Antipatros. Sein Tod verschärfte die politisch ohnehin labile Lage noch einmal erheblich, da die Gültigkeit der politischen Verfügungen rundweg bestritten wurde. So war die Einigung und Reichsteilung von Triparadeisos nach nicht einmal einem Jahr Makulatur.

Antipatros hatte zwar Vorsorge getroffen, was seine Nachfolge betraf und den nicht weniger alten Polyperchon ins Auge gefasst – einen weiteren Offizier, der bereits unter Philipp II. gedient hatte und nun seinen Platz einnehmen sollte. Doch sein leiblicher Sohn Kassandros witterte nun die Gelegenheit, sich seinerseits erfolgreich an dem machtpolitischen Kampf um das Erbe Alexanders zu beteiligen, und meldete für die beteiligten Protagonisten gänzlich unerwartet einen persönlichen Anspruch auf die Herrschaft an und wandte sich mithin gegen die von seinem Vater verfügte Nachfolgeregelung. Nachdem sich ihm Antigonos als dankbarer Bündner mit nicht minder selbstsüchtigen Interessen zur Seite stellte, war ein zweiter Krieg unter den Nachfolgern Alexanders nicht mehr zu vermeiden.

In dieser Auseinandersetzung spielte nochmals Eumenes von Kardia – ein Grieche, Stratege, dann Trierarch der Stromflotte unter Alexander – eine wichtige Rolle. 324 war er von Alexander mit Artonis, der Schwester der Barsine, verheiratet worden und hatte nach dem Tod Hephaistions die Hipparchie (Reiterführerschaft) des Perdikkas erhalten. Die Herrschaft des Perdikkas verteidigend, hatte er Paphlagonien und Kappadokien als Satrapien erlangt. Im Kampf gegen Antipatros und Krateros war er 321 von Perdikkas zum Strategos über die Heere in Armenien und Kappadokien ernannt worden und hatte das Heer von Antigonos und Krateros besiegt. Nach der Ermordung des Perdikkas gerieten dessen Anhänger ebenfalls in Gefahr, vor allem Eumenes sowie Alketas und Attalos, die Brüder des Perdikkas. Sie wurden beide zum Tode verurteilt. Alketas gelang die Flucht ins lykische Termessos, als jedoch die älteren Bürger der Bergstadt ihn ausliefern und die Stadt damit retten wollten, beging er Selbstmord und wurde dort von seinen Gefolgsleuten beigesetzt. Als sein Grab wird ein in den Ruinen der Stadt gelegenes Felsengrab mit einem Relief eines makedonischen Reiters angesehen.[4]

Eumenes wurde nun von Antigonos ebenso verfolgt, wie Antigonos zuvor von Perdikkas vertrieben worden war. Ihm hatte Antipatros seinen Sohn Kassandros an die Seite gestellt; er selbst war mit den beiden Königen Philipp III. Arrhidaios und Alexander IV. an den makedonischen Hof zurückgekehrt. Eumenes flüchtete sich auf die Nachricht von der Ermordung des Perdikkas im Sommer 320 in die kappadokische Bergfestung Nora und wurde dort ein Jahr lang vergeblich belagert, so dass Antigonos gezwungen war, sich 319 mit Eumenes zu einigen. Nach dem Tod des Antipatros wurde Eumenes vom neuen Reichsverweser Polyperchon zum neuen Feldherrn über Asien (*strategòs autokrátwr tês Asías*) bestimmt, schon um den starken Expansionsbestrebungen des Antigonos etwas entgegenzusetzen. Offizielle Legitimität erhielt der Auftrag des Eumenes, Krieg gegen Antigonos zu führen, vor allem dadurch, dass dieser in Ephesos Gelder, die für die beiden makedonischen Könige Philipp III. und Alexandros IV. bestimmt waren, beschlagnahmt hatte und dadurch nach Ansicht seiner Gegner von den Königen abgefallen war. Aus dem Feind der Könige war nunmehr ein Wächter geworden.

Mit dem Rückhalt seitens Polyperchons und der Olympias vermochte Eumenes in Kilikien das Korps der 3000 Eliteveteranen, der sogenannten «Silberschildner» (*argyraspídes*), zu beeindrucken und für sich zu gewinnen. Zu guter Letzt gelang es ihm, sich im kilikischen Kyinda, in dem offenbar die Steuern Asiens gesammelt wurden, in den Besitz eines großen Silberschatzes zu bringen und damit weitere Truppen anzuwerben. In Eumenes von Kardia war somit ein bedrohlich starker Gegner erwachsen; Antigonos war daher neuerlich gezwungen, in den Krieg gegen den letzten Anhänger des Perdikkas einzutreten. Nach einer unentschiedenen Schlacht bei Paraitakene und einer verlorenen bei Gabiene, beide in der Nähe des heutigen Isfahan im Zentraliran, wurde Eumenes schließlich im Herbst 316 von den eigenen Soldaten ausgeliefert und von Antigonos hingerichtet.[5]

Damit hatte Antigonos I. Monóphthalmos («der Einäugige») den letzten ernsthaften Anhänger des Perdikkas in Asien beseitigt und seine Herrschaft über Asien innerhalb von nur drei Jahren endgültig etabliert. Man wird sagen können, dass die knapp zwanzig Jahre vom Tod des Antipatros im Jahr 319 bis zur Schlacht von Ipsos im Jahr 301 ganz im Zeichen dieses Mannes standen. Nach dem Tod des Antipatros war Antigonos in den folgenden zwei Jahrzehnten sicherlich der mächtigste Diadoche gewesen, der im Hinblick auf seine beherrschende Stellung dem Perdikkas (323–321) und dann dem Antipatros (320/319) gefolgt war. Aus persönlicher Verbundenheit und Wertschätzung unterstützte Antigonos nun in der Folgezeit die Ambitionen des Sohnes von Antipatros, sich die Herrschaft über Makedonien und Griechenland anzueignen. Zusammen mit Kassandros, Lysimachos, der in Thrakien herrschte, und mit Ptolemaios I. schmiedete er eine große Koalition gegen Polyperchon, den neuen Reichsverweser von Europa.

Der Kampf um Griechenland zwischen Polyperchon und Kassandros

Auf den Tod seines Vaters Antipatros im Sommer 319 reagierte Kassandros umgehend: Eben noch hatte er den an und für sich promakedonisch gesinnten Demades und seinen Sohn Demeas hinrichten lassen, weil im Archiv des Perdikkas Briefe entdeckt worden waren, in denen dieser athenische Redner und Politiker Perdikkas zur Befreiung Athens von dem alten Despoten Antipatros aufgefordert hatte. Die unglücklichen athenischen Gesandten waren eigentlich mit dem Auftrag nach Makedonien gereist, dort den Abzug der makedonischen Garnison zu erbitten. Um Polyperchon zuvorzukommen, entfernte sich Kassandros heimlich vom Hof und sandte eine Nachricht an alle Kommandanten der makedonischen Besatzungsgarnisonen in den griechischen Städten, dass sie sich ihm anschließen sollten. Menyllos, der die makedonische Besatzung in der Piräusfestung Munychia befehligte, wurde 319 durch den Flottenkommandanten Nikanor abgelöst, der bereits unter Alexander als Flottenkommandant gedient und unter anderem einst den Übergang des Heeres zu Schiff über den Hellespont geleitet hatte. Dass sich Kassandros zum Herrn über Athen aufgeschwungen hatte, war nicht zuletzt auf Betreiben des athenischen Politikers Phokion geschehen.

Um diese und die weitere Entwicklung zu verstehen, muss man wissen, dass die athenische Bürgerschaft mit der von Antipatros initiierten und entsprechend militärisch unterstützten gemäßigten Oligarchie (322–318) unzufrieden war und gegen diese aufbegehrte. Die von den Makedonen bestimmte neue Ordnung in Athen nannte sich zwar gemäß der Ideologie des 4. Jahrhunderts v. Chr. «väterliche Verfassung» (*pátrios politeîa*), jedoch wurde sie von den Demokraten als Oligarchie betrachtet. Dies lag vor allem daran, dass es ein abgestuftes Bürgerrecht gab, das die Bürgerschaft in zwei Klassen aufteilte – in Bürger, die ohne Stimmrecht und nicht in Ämter wählbar waren, und in solche mit den vollen Bürgerrechten. Weder den Richtern der Geschworenengerichte noch den Besuchern der Volksversammlung wurden wie in alten Zeiten Diäten gezahlt; «Gesetzeswächter» (*nomophýlakes*) beaufsichtigten die Beschlüsse des Demos. Auch die Zahl der Epheben, die eine zweijährige Ausbildung im Alter zwischen 18 und 20 Jahren im Gymnasion durchliefen, verringerte sich erheblich (nur zwei bis drei Kandidaten je Phyle – der obersten Organisationseinheit der Bürgerschaft); zudem verlor diese Ausbildung ihren militärischen Charakter. Auch wurde die Stärke der athenischen Reiterei von 300 auf 200 Reiter pro Jahrgang reduziert.

Unzufrieden mit dieser Situation unter Nikanor, der den Piräus kontrollierte, schlossen sich die Athener Polyperchon an und versuchten so, ihre Unabhängigkeit zurückzugewinnen. Um dem von Kassandros in Gang gesetzten Putsch zu begegnen, erließ Polyperchon im Herbst 319 seinerseits eine Proklamation im Namen der beiden Könige. In diesem sogenannten Freiheitserlass (*diágramma*)[6] stellten sie den Griechen völlige Autonomie in Aussicht wie auch die Wiedererlangung der früheren Verfassung. Allen Bürgern, die seit 334 von makedonischen Kommandeuren verbannt worden waren, wurde die Rückkehr in die Heimat und die Rückgabe ihres Vermögens zugesichert. Athen wurde zudem die Insel Samos zurückgegeben, da diese ihnen bereits Philipp II. zuerkannt hätte.

Um dem Ganzen Nachdruck zu verleihen, rückte Polyperchons Sohn Alexandros mit einem Heer auf Athen vor. Auf jeden Fall zeigte die Freiheitsproklamation und die Aussicht auf die Wiedergewinnung des Piräus und der Insel Samos die gewünschte Wirkung. Schon bald kehrten viele Athener aus dem Exil zurück. Es kam zu einer Vertreibung und Hinrichtung der Anhänger des Kassandros. Statt jedoch die Piräusfestung zu belagern, verhandelte Alexandros mit Nikanor, dem Kommandanten von Munychia. Die Wut der Athener über diese Verständigung richtete sich nun gegen Phokion, der ganz offensichtlich gegen die Interessen des Volkes und im Sinne des Nikanor bzw. des Kassandros gehandelt hatte. Er war als Handlanger des Kassandros entlarvt, so dass er zu Polyperchon Zuflucht nahm und dort um Gnade bat. Dieser aber erklärte sich für nicht zuständig und ließ den 83-jährigen Verräter Phokion nach Athen zurückführen; als freie Stadt sollten sie so verfahren, wie es ihnen richtig erschien. Die aufgebrachten Demokraten, angeführt von Hagnonides, sorgten dafür, dass Phokion in einer eilends einberufenen Volksversammlung zum Tode verurteilt und hingerichtet wurde.

Der Machtkampf um die Führung in Makedonien, der seit dem Tod des Antipatros im Jahr 319 geführt wurde, stand zu Beginn des Jahres 317 auf dem Höhepunkt: Auf der einen Seite stand Polyperchon (Makedonien) mit den Königen und Olympias – der Mutter Alexanders, die den Nachfolger des Antipatros für ihre Ziele einzuspannen wusste – im Bündnis mit Eumenes (Asia) und Kleitos (Satrap von Lydien). Auf der anderen Seite befand sich Kassandros, der Sohn des Antipatros (Griechenland), Antigonos (Asien) und Lysimachos (Thrakien).

Die Freude über die vermeintliche Befreiung der Stadt währte in Athen nur kurz: Zwar war Polyperchon Herr über Stadt und Land von Athen; es gelang ihm jedoch nicht, auch den Piräus, den strategisch weitaus wichtigeren Hafen, einzunehmen. Nikanor verteidigte dort beharrlich die Machtposition des Kassandros. Dieser hatte sich in Kleinasien mit Antigonos verständigt. Beide waren nun mit Unterstützung des Lysimachos darauf aus, Makedonien und Griechenland in ihre Hand zu bekommen. Als sie Kleitos, der die Flotte Polyperchons befehligte, besiegt hatten, waren die machtpolitische Stellung und das Ansehen Polyperchons in der griechischen Welt nachhaltig erschüttert. Bald wandten sich die ersten Anhänger von ihm ab. Kassandros wusste die günstige Lage für sich zu nutzen. Mit 35 Schiffen und 4000 Mann segelte er nach Athen, besetzte die Inseln Aigina und Salamis und fuhr in den Piräus ein.

Das Blatt hatte sich radikal gewendet: Die Demokraten verloren ihre Anhängerschaft; die Mehrheit des athenischen Demos drängte auf Verhandlungen mit Nikanor und Kassandros. Polyperchon konnte nun nichts mehr gegen ihn ausrichten, so dass sich die Athener erneut unterwerfen mussten. Im Sommer 317 waren die Stadt Athen und der Piräushafen wieder vereint. Im Friedensschluss zwischen Athen und Kassandros, dem neuen Schutzherrn der Stadt, wurde die Herausgabe und Hinrichtung der am stärksten belasteten Politiker – wie etwa diejenige von Hagnonides, der

Phokion angeklagt und auf Seiten Polyperchons gestanden hatte – vereinbart; ebenso die Besetzung der Hafenfestung Munychia mit einer Garnison. Zudem wurde ein königlicher Kommissar (*epi-/prostátes*) von Kassandros eingesetzt. Formal bestand die Demokratie zwar mit ihren zentralen Gremien von Volksversammlung, Rat, Gericht und Jahresbeamten fort, jedoch wurde die Zahl der Vollbürger durch die Einführung eines Zensus von 1000 Drachmen stark reduziert. Dieser schloss tatsächlich die besitzlosen Athener von den Bürgerrechten aus, stellte aber dennoch insofern ein Zugeständnis an die Demokraten dar, als das Mindestvermögen im Jahr 322 die doppelte Höhe betragen hatte.

In der politischen Praxis dieser zehn Jahre bedeutete dies, dass jede außenpolitische Eigeninitiative der Athener unterbunden war oder nur durch den königlichen Kommissar initiiert werden konnte. Die Diskussion und Beschlussfassung der Volksversammlung war auf innere Angelegenheiten beschränkt – für uns fassbar nur in damals zahlreich verabschiedeten Dekreten zu Ehren von Beamten, Ratsmitgliedern, Epheben und ihren Ausbildern, Priesterinnen, Priestern und sonstigen Kultbeamten. Schließlich wurde nur ein Finanzverwalter (*dioiketés*) statt zweier oder mehrerer von Kassandros eingesetzt. Als Kommissar und Vertrauensmann setzte der Makedonenherrscher den älteren Demetrios von Phaleron ein. Dieser stammte aus einer reichen athenischen Familie, die mit der mehrfach geehrten Strategenfamilie des Konon und Timotheos verschwägert war. Demetrios von Phaleron war Politiker und ein weltläufiger, gebildeter Mann, der zum weiteren Zuhörerkreis des Aristoteles gezählt hatte; inwieweit er selbst Philosoph war und philosophische Prinzipien in seiner politischen und gesetzgeberischen Praxis bestimmend wurden, ist vielfach und ausführlich diskutiert worden.[7] In jedem Fall stand er dem Peripatos – der von Aristoteles gegründeten Philosophenschule – so nahe, dass er es dem mit Kassandros bekannten und daher von dem athenischen Patrioten Hagnonides gleichfalls angeklagten Theophrast ermöglichte – obgleich dieser nur den Status eines Metöken (eines landesfremden Einwohners) hatte –, ein Grundstück für die Peripatetiker zu erwerben.

Auf sein notwendigerweise auf die Innenpolitik beschränktes Wirken in Athen kann hier aus Umfangsgründen nicht näher eingegangen werden, doch sollen kurz einige Aspekte erwähnt werden, um einen Eindruck von der aristokratischen Strenge der Maßnahmen zu vermitteln: Es war Demetrios, der die Diäten für den Besuch der Volksversammlungen und Gerichtssitzungen abschaffte. Darüber hinaus setzte er sieben «Gesetzeswächter» (*nomophýlakes*) ein, welche die Beamten kontrollierten und im Rat und in der Volksversammlung ihr Veto gegen einen ihrer Ansicht nach gesetzwidrigen Antrag einlegen konnten; ferner schränkte er den luxuriösen Lebensstil zahlreicher vermögender Athener erheblich ein und ließ die Einhaltung der Luxus-Gesetzgebung im Privatleben, etwa den Aufwand bei Gastmählern, Hochzeiten, Bestattungen und Grabdenkmälern, überwachen – offenbar um die demonstrative Zurschaustellung des eigenen Reichtums zu unterbinden. Ähnliche Motive standen hinter der Abschaffung der Choregie (die Finanzierung der Chöre dramatischer Aufführungen), die sich bis dahin jeweils 28 Bürger geteilt hatten. An deren Stelle traten Agonotheten, die nun aus der Staatskasse die Chöre bezahlten. Er führte zudem eine Volkszählung durch, auf deren Grundlage die Stadt besser verwaltet werden konnte. Die Zählung ergab 21 000 Bürger, 10 000 Metöken und 40 000 Sklaven. Mithin dürften damals – die weibliche Bevölkerung eingerechnet – insgesamt etwa 150 000 bis 250 000 Menschen in Athen und Attika gelebt haben. Wie auch immer man Demetrios von Phaleron beurteilt: Für Attika waren die zehn Jahre seiner Herrschaft eine Periode der Ruhe und des Friedens.

Nachdem Kassandros im Jahr 317 die Kontrolle über Athen gewonnen hatte, erklärten sich auch Philipp III. Arrhidaios und seine Gattin Eurydike zugunsten des Kassandros, was dessen Position im innermakedonischen Machtkampf nochmals erheblich stärkte. Dieses Bekenntnis bedeutete im Umkehrschluss eine Absage an Polyperchon, die dieser mit einer Einladung an Alexanders Mutter Olympias erwiderte, die sich in Epeiros aufhielt. Sie veranlasste die Tötung Philipps III. Arrhidaios und seiner Gattin und einer großen Zahl von Anhängern des Kassandros, wurde aber kurz darauf ihrerseits durch dessen Soldaten, die nach Makedonien vorgedrungen waren, ermordet. So bestand das Geschlecht Alexanders des Großen von diesem Zeitpunkt an nur noch aus Alexander IV.

Mit dem Gewinn Athens hatte Kassandros zugleich Polyperchon in seiner Funktion als Reichsverweser abgelöst. In der Folgezeit festigte er seine Machtstellung durch die Neugründung mehrerer griechischer Städte. 316 gründete er Kassandreia auf dem Boden des alten Poteidaia, das Philipp II. 356 zerstört hatte. Im darauffolgenden Jahr (315) veranlasste er den Zusammenschluss der Bewohner von 26 kleineren Ortschaften zu einer an günstiger Stelle am Golf von Therme gelegenen Siedlung und gab dieser Neugründung den Namen seiner Ehefrau Thessalonike, einer Halbschwester Alexanders. Darüber hinaus sorgte er für die Neugründung des von Alexander zerstörten Theben, das den nach Athen geflohenen Thebanern zur neuen Heimstatt wurde. Die Neugründung stellte keinen Affront gegenüber dem verstorbenen Makedonenherrscher dar, sondern war wahrscheinlich rein strategisch begründet, da sie Kassandros in Besitz einer weiteren Festung auf dem Weg zwischen Nordgriechenland und Attika brachte.

2. Die Begründung der Königsherrschaften

Der Dritte Diadochenkrieg (315–311 v. Chr.)

Anlass und Ausgangspunkt des Dritten Diadochenkrieges[8] war der Angriff des Antigonos auf Seleukos. Nach dem Sieg über Eumenes von Kardia war Antigonos der unumstrittene Herr über Asien geworden; sein Herrschaftsbereich reichte zum damaligen Zeitpunkt von Kleinasien bis zum Iran. Nun bemühte er sich darum, auch im Südosten sein Herrschaftsgebiet zu arrondieren. Seleukos musste Babylon aufgeben und floh im Frühjahr 316 nach Alexandreia zu Ptolemaios. Bereits wenig später (Sommer 315) ersetzte Antigonos in den Datumsangaben offizieller Dokumente – nicht nur in Kleinasien, sondern auch in Syrien, Pälastina, Babylonien und Afghanistan – Alexanders IV. Namen durch den eigenen, während in den

Gebieten, die Alexander IV. kontrollierte, dessen Name beibehalten wurde.

So wie zuvor Antigonos selbst von Perdikkas vertrieben worden war und bei Antipatros um Hilfe gebeten hatte, so schmiedete der aus Babylon vertriebene Seleukos nun eine Koalition gegen den übermächtig gewordenen Antigonos: Ptolemaios, Kassandros und Lysimachos stellten Antigonos ein Ultimatum, seine Expansion zu beenden. Die Drohungen schlug Antigonos jedoch in den Wind und setzte seinen Siegeszug unbekümmert fort. Er verband sich mit dem faktisch entmachteten Polyperchon und erweiterte seinen Herrschaftsbereich um Syrien, Bithynien und Karien. Im phoinikischen Tyros ließ Antigonos 314 sogar eine Erklärung veröffentlichen, in der er Kassandros offen zum Feind erklärte und ihm seinerseits unannehmbare Bedingungen stellte (Diodor 19,61,1–3): *«Nachdem er eine allgemeine Versammlung sowohl der Krieger als auch der anwesenden Freunde einberufen hatte, […] stellte er den Antrag, Kassandros solle zum Feind erklärt werden, sofern er nicht die (erst jüngst) errichteten Städte Thessalonike und Kassandreia niederreiße und den König [Alexander IV.] und dessen Mutter Roxane aus der Haft freilasse und den Makedonen übergebe, überhaupt, sofern er nicht dem Antigonos Gehorsam leiste, der als Feldherr bestimmt worden sei und die Reichsverwaltung übernommen habe; auch sollten sämtliche Griechen frei, ohne Besatzung und autonom sein.»*

Diese letzte Bestimmung hatte Polyperchon bereits fünf Jahre zuvor (319) proklamieren lassen. Ptolemaios wusste um die große Bedeutung, welche die griechischen Städte einer solchen Erklärung beimaßen; deshalb antwortete er mit einer ähnlichen Proklamation (Diodor 19,62,1): *«Ptolemaios, der hörte, was die Makedonen mit Antigonos bezüglich der Freiheit der Griechen beschlossen hatten, verfasste eine ähnliche Erklärung; denn er wollte die Griechen wissen lassen, dass ihm ihre Unabhängigkeit nicht weniger als dem Antigonos angelegen sei.»* In den folgenden Jahren (314 bis 311) wurde der Krieg zwischen Antigonos und Kassandros vor allem um die Vormachtstellung in Griechenland und die Herrschaft über die Inseln geführt. Jede Partei schürte den Konflikt auf jeweils eigene Weise an verschiedenen Schauplätzen der griechischen Welt: Antigonos rief in der Absicht, langfristig die Unterstützung und Loyalität der griechischen Inseln zu gewinnen, den Nesiotenbund ins Leben; zumindest förderte er diesen so stark, dass ihm und seinem Sohn Demetrios zu Ehren beispielsweise auf Delos im jährlichen Wechsel Bundesfeste in ihrer beider Namen (Antigoneia und Demetreia) abgehalten wurden. Ptolemaios entsandte daraufhin eine Flotte von 50 Schiffen in griechische Gewässer. Ein greifbarer Erfolg blieb ihm allerdings versagt. Antigonos war in seiner Kriegspolitik erfolgreicher: Zwischen 314 und 312 entsandte er mehrmals Truppenkontingente nach Griechenland. Diese sollten die makedonischen Besatzungen aus den Städten vertreiben und den Städten ihre Autonomie wiedergeben. Die Machtbasen der Herrschaft des Kassandros in Griechenland sollten zerschlagen werden. Dies gelang überall – außer im Fall von Sikyon, Korinth und Athen. Als die Truppen des Antigonos in Attika erschienen, handelte Demetrios von Phaleron einen Vertrag mit Antigonos und Demetrios aus, dessen Bestimmungen jedoch nicht überliefert sind. Antigonos' Angriffe richteten sich auch gegen das thrakische Herrschaftsgebiet des Lysimachos. Wo griechische Städte wie Kallatis an der Westgrenze des Schwarzen Meeres versuchten, ihren Oberherrn abzuschütteln, unterstützte Antigonos dies bereitwillig.

Eine Wende leitete das Jahr 313 ein, als Seleukos und Menelaos, der Bruder des ägyptischen Herrschers, für Ptolemaios Zypern zurückerobern konnten. Die Schlacht bei Gaza (im Spätherbst 312) setzte dem Siegeszug des Antigonos ein Ende: Ptolemaios und Seleukos gelang es, vereint einen Sieg über Demetrios, den jungen Sohn des Antigonos, zu erringen. Dadurch geriet der Vater in starke Bedrängnis, weil er durch die Niederlage gezwungen war, seine Operationen im Westen des Schwarzen Meeres abzubrechen, um seinem Sohn in Syrien zu Hilfe zu eilen. Dies ist für die weitere Geschichte der hellenistischen Zeit insofern von Bedeutung, als sich dadurch für Seleukos im Frühjahr 311 die Gelegenheit eröffnete, seine von Antigonos geraubte Herrschaft über Babylonien, das Kerngebiet der seleukidischen Herrschaft, zurückzugewinnen. Im Anschluss daran brachte Seleukos auch die östlichen Gebiete, die Susiane und Medien, wieder unter seine Herrschaft.

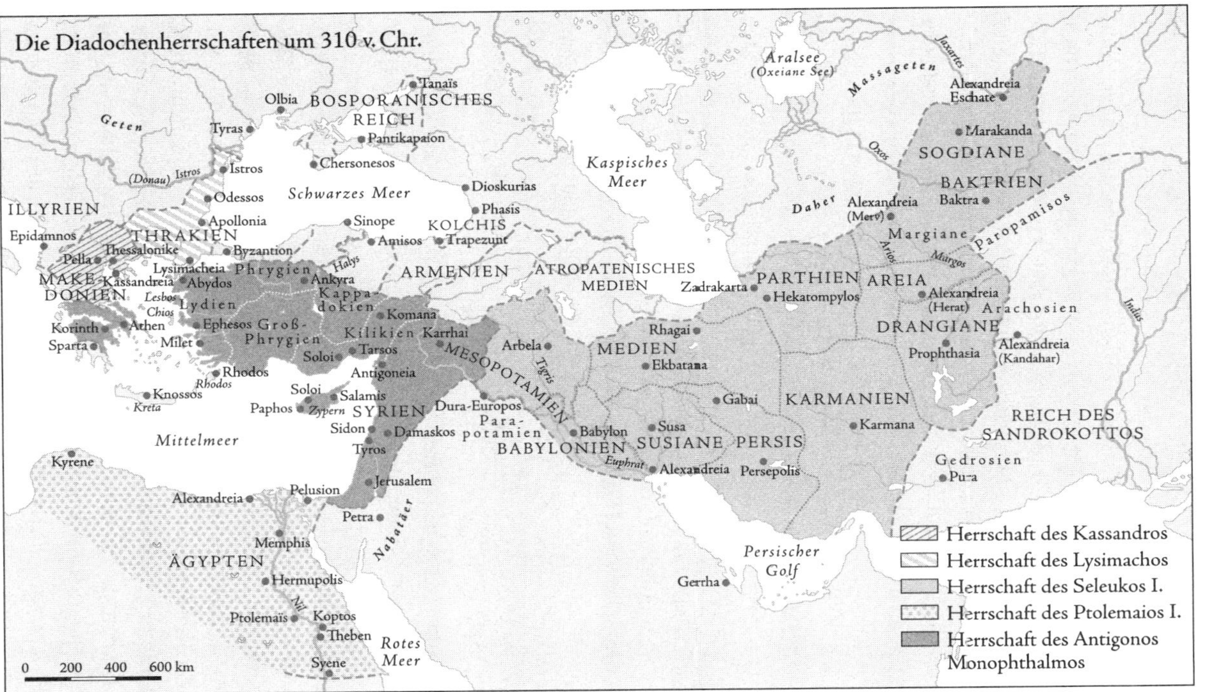

Karte 3: Die Diadochenherrschaften um 310 v. Chr.

Angesichts der schwierigen Lage in Syrien fand sich Antigonos schließlich dazu bereit, das Angebot des Ptolemaios, den sogenannten Diadochenfrieden von 311, anzunehmen. Darin wurde der Status quo festgeschrieben, was beiden Kriegsparteien Gelegenheit zu neuerlichen Rüstungen gab (Diodor 19,105): *«Kassandros, Ptolemaios und Lysimachos schlossen Frieden mit Antigonos, und in der Vertragsurkunde war bestimmt, dass Kassandros bis zur Volljährigkeit Alexanders [IV.], des Sohnes der Roxane, Feldherr in Europa, Lysimachos über Thrakien, Ptolemaios über Ägypten und die benachbarten libyschen und arabischen Städte herrschen, Antigonos aber über ganz Asien herrschen und die Griechen autonom sein sollten. Freilich hielten sie sich nicht lange an diese Bestimmungen, sondern jeder strebte nach Vergrößerung und fand dazu leicht einen passenden Vorwand.»*

Dieser Friede bedeutete einen schweren Rückschlag für Antigonos in seinem Kampf gegen Kassandros und Lysimachos, denn in seinen Expansionsbestrebungen war er stark zurückgeworfen worden. Dennoch hinderte dies den mittlerweile 71-jährigen Antigonos, der vollmundig den griechischen Städten ihre Autonomie und außenpolitische Freiheit zugesichert hatte, nicht daran, in seinen offiziellen Verlautbarungen das Ergebnis der Friedensverhandlungen als einen großen Erfolg darzustellen, der allen das Gewünschte verschafft habe.[9]

Mit dem Frieden von 311 war die bis dahin illegitime Stellung von Kassandros in eine legitime überführt worden. Allerdings war ihm die Nachfolge seines Vaters als Stratege von Europa nur unter der wichtigen Einschränkung zugestanden worden, dass er diese Strategie aufzugeben hätte, sobald der junge Alexander IV. volljährig würde. Damit war er gewissermaßen nur zu dessen offiziellem Vormund bestellt worden – ein Treuhänder, der seine Machtstellung zu gegebener Zeit wieder abzugeben hatte. Es ist kaum anzunehmen, dass die anderen Diadochen ernsthaft diesen Schritt von ihm erwarteten; eher dürfte damit zu rechnen sein, dass die Bestimmung aus Kalkül erfolgte: Kassandros würde wissen, was zu tun sei, während sie selbst nicht ihre Hände mit dem Blut des Sohnes Alexanders des Großen, Alexander IV., und der Roxane, würden beflecken müssen. Dass dieses Kalkül aufging, bezeugt

Diodor (19,105,2–4): *«Kassandros sah (310 v. Chr.), dass Alexander, der Sohn der Roxane, heranwuchs und dass von einigen in Makedonien Reden verbreitet wurden, dass es richtig sei, den Jungen aus dem Gewahrsam zu entlassen und ihm (endlich als dem leiblichen Nachkommen) das väterliche Königtum auszuhändigen. Er fürchtete (deshalb) um seine eigene Position und wies daher Glaukias, der die Wachen für den Jungen kommandierte, an, Roxane und den König zu ermorden und die Leichen zu verbergen, von dem Geschehenen aber keinem anderen etwas zu erzählen. Glaukias führte den Auftrag aus, und dies befreite Kassandros, Lysimachos, Ptolemaios und auch Antigonos von der vorgeblichen Sorge und Angst um den König.»*

Auf die Ermordung Alexanders IV. reagierte ein weiterer Bewerber im Kampf um den makedonischen Thron: Polyperchon (394–303), der Regent von Makedonien, der von Kassandros abgesetzt worden war, versuchte nun seinerseits 309 den letzten verbliebenen Sohn Alexanders, den 17-jährigen Herakles (327–309), ins Spiel zu bringen. Er ließ ihn zusammen mit seiner Mutter Barsine aus Pergamon anreisen, da er ihn zum makedonischen König erheben und dadurch Kassandros vom Thron stoßen wollte. Polyperchon war es nämlich in der Zwischenzeit gelungen, eine Armee von immerhin 20000 Mann zusammenzustellen und gegen Kassandros in Marsch zu setzen. Daraufhin verhandelte dieser mit Polyperchon und zog ihn auf seine Seite, indem er ihm die Aufsicht über die Peloponnes übertrug. Der alte General ging auf dieses Angebot ein. Im Gegenzug erhielt Kassandros das Heer des Polyperchon und die Versicherung, dass der Thronprätendent beseitigt würde. So wurden tatsächlich der unglückliche Herakles und seine Mutter Barsine Opfer dieser Einigung. Sie wurden von Polyperchon fallengelassen und ermordet, und damit war der letzte männliche Nachkomme aus der Familie Philipps II. und Alexanders III. tot. Zuvor hatte man bereits Philipp III. Arrhidaios, den geisteskranken, illegitimen Bruder Alexanders, im Dezember 317 ermordet, nachdem Polyperchon zusammen mit dem König von Epeiros kurzzeitig Makedonien in ihre Gewalt bekommen hatten.

Mit der Ermordung des letzten der drei mit Alexander verwandten Thronfolgekandidaten hatte man ein neues Kapitel aufgeschlagen, wie es bereits Diodor formulierte (19,105,4): Seitdem *«hatte jeder, der über Völker oder Städte herrschte, Hoffnung auf die Königsherrschaft und kontrollierte das Territorium unter seiner Herrschaft, als ob es ein Königreich sei, das mit dem Speer erworben war»*.

Die Befreiung Athens (307 v. Chr.) und die Selbsterhebung der Generäle zu Königen

Der Kampf um das von Alexander eroberte und wieder zerfallene Reich wurde fortan ausschließlich unter seinen Generälen ausgefochten. Im Frieden von 311 – zwölf Jahre nach Alexanders Tod – kommt deutlich zum Ausdruck, dass die Wiederherstellung der Reichseinheit nicht länger ein Ziel der Bestrebungen der Diadochen war. Sollte sie je ernsthaft beabsichtigt gewesen sein, so hatten sich entsprechende Pläne längst als undurchführbar erwiesen. An ihre Stelle waren im Laufe eines Jahrzehnts die persönlichen Regime von fünf Generälen als voneinander unabhängige Herrschaften mit den Kerngebieten in Makedonien, Thrakien, Asien, Babylonien und Ägypten getreten. Deren Existenz war ein Faktum, das damit stillschweigend akzeptiert worden war. Nicht die Herkunft zählte, sondern nur die aktuell akkumulierte Macht von jedem dieser Generäle. Auch die kommenden Konflikte betrafen keine äußeren Gegner und keine fremden Stämme und Völker. Vielmehr handelte es sich bei den nun einsetzenden Diadochenkriegen weiterhin um ein zähes, blutiges Ringen um die Behauptung und mögliche Erweiterung der eigenen persönlichen Herrschaften bzw. Statthalterschaften und um die Durchsetzung der eigenen Machtposition gegenüber den makedonischen Mitkonkurrenten. Es war ein privater Kampf mit dürftiger Legitimation, dem jeder Bezug aufs Gemeinwohl fehlte und der ohne jeden offiziellen Titel der Machthaber geführt wurde.

Dementsprechend nahmen die Kämpfe unter den Diadochen auch in der Folgezeit kein Ende: In den Jahren 310/309 brachte Ptolemaios Kilikien, Lykien und die ägäischen Inseln unter seinen Einfluss. Am Ende dieser Unternehmungen schloss er dem Anschein nach im Jahr 309 ein Defensivbündnis mit Demetrios, das wieder einmal die Freiheit der griechischen Städte zum Ziel haben sollte. Dank seiner Werbungsversuche um Kratesipolis, die Witwe von Polyperchons Sohn Alexander, gelangte Demetrios im darauffolgenden Jahr (308) in den Besitz der strategisch bedeutenden Festungen Sikyon und Korinth, ohne allerdings auf der Peloponnes weitere Bündner gewinnen zu können. Darüber hinaus brachte er dank seiner starken Flotte Zypern in seinen Besitz und schloss ein Bündnis mit den Rhodiern ab.

Abgesichert durch dieses Bündnis mit Ptolemaios, dem Herrn über die griechische Inselwelt, konnte Demetrios seine Feldzüge in Griechenland fortsetzen. Dabei gelang es ihm im Jahr 307, als Kassandros sich in Epeiros befand, mit einer starken Flotte den Piräus zu erobern und die den Hafen sichernde Festung Munychia zu zerstören. Athen «befreite» er von der Herrschaft des Kassandros bzw. von dessen Gefolgsmann Demetrios von Phaleron, der seit 317 in der Funktion eines sogenannten makedonischen *epistátes* die «Aufsicht» über die Stadt geführt hatte. Dieser erhielt freies Geleit und begab sich als Vertrauensmann des Kassandros zu dessen Verbündeten Ptolemaios I. nach Ägypten. Darüber hinaus präsentierte sich Demetrios als «wohltätiger Herrscher», welcher der Stadt Getreide und Schiffsbauholz zukommen ließ und ihr wieder die Insel Imbros zusprach. Die Athener feierten diese Wohltaten und das Ende der zehnjährigen Herrschaft des Demetrios von Phaleron überschwenglich, obwohl ihnen die Oberherrschaft des Kassandros eine zehnjährige Friedenszeit beschert hatte. Ganz im Sinne der von seinem Vater propagierten Politik wurde Demetrios als Retter und Erneuerer der demokratischen Freiheit gepriesen. Dem Antrag des Stratokles, eines Vertrauensmannes des Antigonos, folgten die Athener und beschlossen, wie Plutarch in seiner Vita des Demetrios berichtet (Plutarch, *Demetrios* 10–13), «*goldene Standbilder von Antigonos und Demetrios nahe den Standbildern ihrer Tyrannenmörder Harmodios und Aristogeiton aufzustellen, beide mit einem Kranz von Edelmetallgewicht von jeweils 200 Talenten zu ehren, einen Opferaltar zu ihren Ehren als Retter zu errichten, zu den zehn Phylen der Bürgerschaft zwei zusätzliche einzurichten, nämlich ‹Demetrias› und ‹Antigonis›, beiden zu Ehren jährliche Wettkämpfe abzuhalten mit Pro-*

zession und Opferfest und ihre Porträts in das Kultgewand ihrer Stadtgöttin Athena einzuweben. […] Als einzige legten die Athener ihnen den Titel ‹Rettende Götter› (theoì soteres) bei, beendeten die traditionelle Eponymie des Archontats und wählten jährlich einen Priester der beiden Retter, und diesen nannten sie zum Zweck der Datierung in ihren Volksbeschlüssen und Verträgen.»

Nach der ‹Befreiung› Athens und auch des nahe gelegenen Megara wurde Demetrios von seinem Vater Antigonos abberufen, um auf Zypern Krieg gegen Ptolemaios zu führen, mit dem sie zwei Jahre zuvor noch ein Defensivbündnis abgeschlossen hatten. Beim zyprischen Salamis errang Demetrios 306 tatsächlich einen glanzvollen Seesieg über Ptolemaios, der ihm die Herrschaft über die Stadt Salamis, die auf Zypern stationierte Flotte und das Landheer einbrachte. Ein anschließender Angriff zur See auf Ägypten blieb jedoch ohne Erfolg. Unter dem Eindruck des Seesieges bei Salamis entschlossen sich Antigonos und Demetrios, den ihnen beiden von den Athenern bereits angetragenen Königstitel anzunehmen und damit ihre persönliche Herrschaft erstmals auf eine legitime Grundlage jenseits des prekären Anspruchs auf die Nachfolge Alexanders zu stellen. Plutarch schildert diese Erhebung zu Königen in dramatischer Zuspitzung in seiner Biographie des Demetrios (Plutarch, *Demetrios* 16–18)[10]. Nach dem Seesieg vor Zypern *«schickte Demetrios den Milesier Aristodemos […] als Siegesboten an seinen Vater. […] Als er endlich nahe herangekommen war, streckte er die rechte Hand aus und rief mit lauter Stimme: ‹Heil dir, König Antigonos! Wir haben Ptolemaios in einer Seeschlacht besiegt, Zypern erobert und 16 800 Mann gefangen› […]. Nunmehr rief die Menge zum erstenmal Antigonos und Demetrios zu Königen aus. Dem Antigonos banden die Freunde sogleich ein Diadem um, dem Demetrios schickte der Vater eine Königsbinde und redete ihn in dem Brief, den er dazu schrieb, als ‹König› an.»*

Indem Antigonos und Demetrios sich als erste Herrscher in einem offiziellen Akt von ihren «Freunden» *(phíloi)*, von dem höchsten offiziellen Gremium (*synédrion*), ein Diadem anlegen und als «Könige» (*basileús*) anreden ließen, teilten sie den Konkurrenten unmissverständlich ihren Anspruch auf die alleinige Herrschaft

Abb. 4: Goldstater des Ptolemaios I., geprägt nach der Annahme des Königstitels (305–298 v. Chr.). Vorderseite: Kopf des Königs mit Diadem und Aegis, Rückseite: Überlebensgroße Statue Alexanders auf einer Elefantenquadriga mit Blitzbündel, das ihn als Sohn von Zeus Ammon ausweist.

über das Alexanderreich und auf die Vorrangstellung unter den Diadochen mit. Dabei ließ das erwähnte Diadem ihre Herrschaft äußerlich sichtbar und sinnfällig werden; das Diadem verwies darüber hinaus auf die absolute, unumschränkte Herrschaft über Asien. Deshalb wurde es auch nur von den Herrschern angenommen, die über Asien herrschten, jedoch nicht von Kassandros.

Die anderen Herrscher folgten alsbald dem Beispiel des Antigonos und des Demetrios und machten damit ihre gleichberechtigten Ansprüche auf die von ihnen persönlich errungenen ‹Königsherrschaften› deutlich. Die nominelle Erhebung zu Königen geschah allerdings nicht, wie Plutarch es in unzulässiger Verkürzung darstellt, als unmittelbare Reaktion auf die Selbsternennung des Antigonos und Demetrios, sondern mit einer gewissen zeitlichen Verzögerung nacheinander: Antigonos und Demetrios wurden 306 zu Königen ausgerufen, bevor im Jahr 305/304 Seleukos und Ptolemaios mit ihnen gleichzogen; Letzterer hatte die Abwehr des Antigonos von Ägypten im Jahr 305 zum Anlass genommen, sich zum König zu erheben.

Dass auch Kassandros den Königstitel («König der Makedonen») annahm, bezeugt eine inschriftlich dokumentierte Bestätigung einer Landschenkung aus Kassandreia (Syll.[3] 332), ohne dass der genaue Zeitpunkt bestimmt werden könnte. Mit der Annahme des Königstitels war freilich nicht mehr zwangsläufig verbunden, dass jeder der Könige einen Anspruch auf die Herrschaft über das ehemalige Gesamtreich Alexanders erhob; vielmehr dokumentierten und propagierten die Diadochen damit gegenüber der Öffentlichkeit die Verfestigung und Etablierung ihrer Herrschaft in einem bestimmten Territorium, das ihr Stammland sein sollte. Im Hinblick auf Kassandros und Ptolemaios ist zu betonen, dass beide unter den Diadochen die Linie traditioneller Monarchien fortsetzten, also als Könige über Makedonien oder Ägypten herrschten. Der eine, Kassandros, hatte die Nachfolge Philipps II., Alexanders und deren Stellvertreter Antipatros und Polyperchon angetreten, der andere, Ptolemaios, die der Pharaonen und Alexanders, ohne sich freilich im diplomatischen Verkehr, also nach außen hin, König zu nennen. Demgegenüber waren im Fall des Lysimachos, Seleukos und Antigonos deren Statthalterschaften bzw. Satrapien zu Königsherrschaften erhoben worden. Ihre Häupter nannten sich fortan Könige aufgrund ihrer persönlichen Herrschaft; sie verstanden sich als Inhaber höchster souveräner Gewalt, ohne dass damit die Herrschaft an ein bestimmtes Volk oder ein klar abgegrenztes Territorium verbunden sein musste.

Was Seleukos betrifft, so hat es zudem den Anschein, als ob Antigonos nochmals versucht hätte, ihm, der seit 312/311 in Babylon als Statthalter herrschte, die östlichen Satrapien zu entreißen, was jedoch misslang. Damit Antigonos fortan seine Kräfte auf den Westen konzentrieren konnte, erkannte er schließlich die Herrschaft des Seleukos im Ostteil seines Reiches endgültig an. Dieser war seinerseits auf einen Frieden mit Antigonos angewiesen, da er nach einem Einfall in das Punjab-Gebiet, in dem er Baktrien unterwerfen konnte, von dem indischen Herrscher Sandrakottos (Chandragupta) in seiner Ostflanke attackiert wurde und sich keinen Zweifrontenkrieg hätte leisten können. Kurzzeitig stand er sogar in Gefahr, alles zu verlieren, so dass er nach einer Niederlage 303 v. Chr. Teilgebiete seines Reiches, nämlich Gandhara, Ost-Arachosien und Gedrosien, an Sandrakottos abtreten musste.

Nach der erfolgreichen Seeschlacht vor Zypern (306) wollte Demetrios dem Ptolemaios einen weiteren Schlag versetzen und ihm die Kontrolle über die Handelswege in die Levante entreißen. Deshalb wandte er sich im Folgejahr, 305, gegen Rhodos und belagerte die bis dahin unabhängig agierende Stadt ein ganzes Jahr lang – unter Einsatz von so eindrucksvollen Belagerungsmaschinen, dass sie dem Demetrios den Beinamen Poliorketés («Städtebelagerer») eintrugen. Rhodos, das von einer starken Aristokratie beherrscht wurde, verdankte seine große politische und wirtschaftliche Bedeutung seiner günstigen geographischen Lage als wichtiger Knotenpunkt und Umschlagplatz für den Fernhandel vom Schwarzen Meer bis nach Ägypten wie auch vom Vorderen Orient bis nach Griechenland. Besonders profitierte die Insel vom Getreidehandel mit Ägypten.

Da es jedoch den Rhodiern mehrmals gelang, von Ptolemaios, Kassandros und Lysimachos Getreidelieferungen zu empfangen, zog sich die Belagerung der Stadt in die Länge. Der auf der Seeherrschaft und dem Seehandel beruhende Reichtum drückte sich nicht nur in der Existenz einer großen Kriegsflotte aus, sondern auch darin, dass die Stadt über einen guten Befestigungsring und über eine große Zahl an technischen Verteidigungsmitteln wie Katapultartillerie und Wurfgeschütze verfügte. So konnten die Rhodier dank ihrer eigenen technischen Aufrüstung den Kriegsmaschinen des Demetrios trotzen: den Rammböcken, den Katapulten und sogar dem über 30 Meter hohen Belagerungsturm (Helepolis), den der an technischen Kriegsmaschinen besonders interessierte Herrscher eigens hatte bauen und an die Mauer heranschieben lassen. Da die Belagerung sich immer langwieriger und schwieriger gestaltete – sie dauerte bis ins nächste Jahr 304 an –, brach Demetrios sie schließlich ab, weil sie ebenso aufwendig wie ungemein kostspielig war, und wandte sich wieder Griechenland zu. Die Rhodier errichteten dem Sonnengott Helios, der städtischen Schutzgottheit, als Dank für ihre Rettung vor dem gefürchteten ‹Städtebelagerer› eine riesige Bronzestatue, den Koloss von Rhodos. Vielbestaunt wegen seiner imposanten Höhe, zählte er zu den Weltwundern der Antike, wurde jedoch bereits 227 durch ein Erdbeben wieder zerstört.

Im Sommer 304 umfuhr Demetrios Athen, das von Kassandros belagert wurde, und landete im boiotischen Aulis. Rasch nahm er die strategisch wichtige Festung Chalkis ein, brachte den Boiotischen Bund unter seine Kontrolle und schloss einen Freundschaftsvertrag mit dem Aitolischen Bund. Diese Front im Rücken, brach Kassandros seine Belagerung Athens ab. 6000 Makedonen liefen zu Demetrios über, der abermals von den Athenern begeistert begrüßt wurde und sich den Winter über auf der Akropolis im Opisthodom des Parthenon einquartierte (304/303) – also im westlich gelegenen Teil des Tempels, den die von den Propyläen kommenden Besucher zuerst erblickten.

Im Frühjahr 303 wandte sich Demetrios Poliorketes der Peloponnes zu und führte dort unter der gewohnten Propaganda ‹die Befreiung› der griechischen Städte fort – tatsächlich ging es ihm darum, Kassandros' Strategen Prepelaos und Polyperchon zu bekämpfen. Die Stadt Sikyon, dann auch Korinth und weitere größere und kleinere Städte in Achaia und Arkadien brachte er dabei unter seine Kontrolle.

Der neu gewonnenen Herrschaft versuchte er dadurch Festigkeit und Dauer zu verleihen, dass er im Frühjahr 302 den von Philipp und Alexander begründeten Korinthischen Bund abermals ins Leben rief. Die Vertreter der ihm untergebenen griechischen Städte wurden nach Korinth gebeten, um dort einen neuen Hellenenbund zu begründen.

Die Gründungsurkunde dieses Bundes hat sich glücklicherweise in einem Exemplar aus Epidauros, wenn auch nur fragmentarisch, erhalten. Sie erlaubt uns, näheren Einblick in die innere Struktur und Machtverhältnisse des Bundes zu nehmen, insbesondere was die Kontrollmittel der beiden Könige betrifft. Demetrios und sein Vater Antigonos Monophthalmos übten im Hellenenbund eine weitaus stärkere Kontrolle als Philipp und Alexander über den Bund ihrer Tage aus. Außerordentlich rigide waren vor allem die Bestimmungen zur Heeresfolge: Solange der Krieg mit Kassandros nicht entschieden war, behielten Demetrios und die von ihm entsandten Strategen und Mitglieder (*sýnedroi*) den Vorsitz im Bund; Ort, Zeitpunkt und Dauer des jeweiligen Kriegseinsatzes legten die

Vorsitzenden (*próhedroi*) und der Feldherr (*strategós*) fest. Nicht weniger rigide waren die Bestimmungen zur Teilnahme an den Bundesversammlungen und zur Heeresfolge, die im Fall einer Verweigerung hohe Strafzahlungen nach sich zogen.

Dieses Zeugnis kann mit zwei weiteren Inschriftenfunden kombiniert und dadurch ergänzt werden, und zwar durch einen Brief des Adeimantos von Lampsakos an Demetrios und eine Ehrung des Adeimantos in Athen.[11] Die Gestalt des Adeimantos ist besonders interessant, da wir mit ihr einmal wenigstens in Umrissen eine historisch bedeutende Führungspersönlichkeit fassen können, die im zweiten Glied, im Schatten der Könige stand: In diesem Falle handelte es sich dabei um einen vermögenden Mann aus einer griechischen Hafen- und Handelsstadt, der in seiner Heimat der städtischen Honoratiorenschicht angehörte, die Geschicke von Lampsakos sicherlich wesentlich politisch mitgestaltete, dann als städtischer Gesandter erstmals mit Demetrios zusammengetroffen war und als dessen Vertrauensmann in der gesamten griechischen Welt fungierte. Somit war er ein königlicher Funktionär, ein ‹global player› der frühhellenistischen Zeit, der als Freund und Berater, Diplomat und politischer Repräsentant zu den bedeutendsten Männern seiner Zeit gezählt haben muss. Es versteht sich von selbst, dass er offenbar seine Bildung in Athen erworben hatte und dort auch zeitweilig dem Schülerkreis des Theophrast – des Schulhaupts der Peripatetiker nach Aristoteles – angehört haben muss. In der literarischen Überlieferung tritt er allein als Schmeichler des Königs Demetrios hervor und als Freund verschiedener Philosophen. In der epigraphischen Überlieferung aber wird er erkennbar als Repräsentant des Demetrios im Rat des Hellenenbundes. Auf ihn geht wohl auch die Initiative zurück, zu Ehren der beiden Könige ein eigenes Fest einzurichten.

Das Verhältnis zwischen Demetrios und den Athenern kühlte schon bald merklich ab: Die Abhängigkeit der Geschicke der Stadt von seiner Person trat stärker denn je hervor; der politischen Unterordnung entsprach der selbstgefällige Lebensstil, den Demetrios während seines Aufenthaltes in Athen auf der Akropolis an den Tag legte. Insbesondere seine Beziehungen zu verschiedenen

Hetären – Lamia, Leaina, Mania und Myrrhine –, die auf Kosten der Athener von Demetrios großzügig für ihre Dienste entlohnt wurden, waren in Athen in aller Munde und fanden Eingang in viele literarische Berichte. In jedem Fall polarisierte dieses Verhalten die Bürgerschaft: Der Dichter Philippides prägte das Wort, dass Demetrios die Akropolis und den Parthenon zum Bordell gemacht habe. Auch wenn der Vorwurf des Komödiendichters übertrieben sein mag, zumal er zu dieser Zeit am Hof des Lysimachos lebte, so erfasst er doch gut die Sichtweise derjenigen, welche der «Befreiung» der Stadt durch Demetrios kritisch gegenüberstanden. Auch der Hellenische Bund existierte nur für kurze Zeit: Eine Koalition aus Kassandros, Ptolemaios, Lysimachos und Seleukos sammelte sich und zwang Demetrios zu einem weiteren der zahllos erscheinenden Diadochenkämpfe, zum Vierten Diadochenkrieg.

Der Vierte Diadochenkrieg: Eine Allianz gegen Antigonos und Demetrios (302/301 v. Chr.)

Ausgangspunkt war der militärische Siegeszug des Demetrios, der ihm seit seiner Landung in Aulis nicht nur zur Herrschaft über Athen und die Peloponnes, sondern auch über das strategisch wichtige Chalkis und Boiotien verholfen hatte. In der Folgezeit wandte er sich weiter nach Norden, nach Thessalien. Angesichts seiner Erfolge waren 6000 makedonische Soldaten zu ihm übergelaufen. Schließlich standen Demetrios insgesamt etwa 56000 Mann zur Verfügung, denen Kassandros nur knapp 30000 entgegenstellen konnte. Die Lage war für Kassandros, der aus Griechenland herausgedrängt worden war, nun auch in Makedonien durchaus bedrohlich geworden. Es war unabweisbar, dass er auf militärische Hilfe von außen angewiesen war, wenn er nicht seine erst kürzlich erlangte Königswürde verlieren wollte. Deshalb lag es ganz in seinem Interesse, dass die anderen Könige sich zu einem gemeinsamen Kampf gegen Antigonos entschlossen. Kassandros förderte das Unternehmen dadurch maßgeblich, dass er unter der Führung seines Bruders Pleistarchos 12000 Soldaten und 500 Reiter nach Kleinasien entsandte. Lysimachos, der über Thrakien herrschte,

Abb. 5: Tetradrachme des Seleukos I. Nikator, etwa 305/4–295 v. Chr., aus Susa. Vorderseite: Büste des Seleukos I. mit einem Helm, der mit einem Pantherfell überzogen und mit Stierohren und -hörnern versehen ist, Rückseite: ΒΑΣΙΛΕΩΣ ΣΕΛΕΥΚΟΥ («[Prägung] von König Seleukos»). Die Siegesgöttin Nike bekränzt ein Tropaion (Siegeszeichen auf dem Schlachtfeld, das an der Stelle errichtet wurde, wo sich der besiegte Gegner zur Flucht gewandt hatte).

eroberte Sardeis und Ephesos. Zugleich zog Seleukos heran, der von seinem Feldzug in den «oberen Satrapien» zurückgekehrt und sich mit 500 Elefanten sogleich auf den Marsch nach Kleinasien begeben hatte. Durch diese Nachrichten sah sich Demetrios gezwungen, seinen Siegeszug in Griechenland abzubrechen, um seinem Vater zu Hilfe zu kommen. Im Frühjahr 301 kam es schließlich in Phrygien bei Ipsos zur entscheidenden Schlacht, die Vater und Sohn gegen die Koalition von Kassandros, Lysimachos und Seleukos verloren.

Während Antigonos im Kampf fiel, konnte Demetrios zusammen mit einigen wenigen Getreuen entkommen. Die in Kleinasien begründete Herrschaft war ihm genommen, der Hellenenbund nicht mehr existent, Demetrios kontrollierte nur noch wenige griechische Städte, war jedoch immerhin noch im Besitz einer stattlichen Flotte – nun aber gewissermaßen ein König ohne Land geworden.

3. Die Festigung der Diadochenherrschaften (301–276 v. Chr.)

Demetrios erringt in langen Kämpfen den makedonischen Thron

Mit der Schlacht bei Ipsos hatte sich das riesige von Antigonos zusammengehaltene Herrschaftsgebiet aufgelöst. Die Sieger teilten das Territorium des Antigonos untereinander auf.

Kassandros begnügte sich mit der «europäischen» Herrschaft über Makedonien und Griechenland. Lysimachos wurde neben dem thrakischen Kerngebiet nun auch jenseits des Hellespont das vordere Kleinasien bis zum Tauros-Gebirge zugesprochen, Seleukos erhielt zusätzlich das Gebiet in Kleinasien jenseits von Phrygien sowie Kappadokien und die gesamte Levante bis Tyros, Ptolemaios wiederum besetzte alles Land südlich von Arados und Damaskos. Zudem erhielt er Zypern. Kilikien beanspruchte Pleistarchos für sich, der kurzzeitig eine eigene Herrschaft über Kilikien und Teile Kariens mit einem Herrschersitz in der karischen Hafenstadt Herakleia am Latmos zu errichten vermochte, das er in Pleistarcheia umbenannte.[12] Diese Herrschaft aber verlor er bereits wieder 299 an Demetrios.

Trotz des Verlusts des väterlichen Reiches hatte Demetrios dennoch seine machtpolitische Bedeutung nicht völlig eingebüßt. Nach wie vor verfügte er über eine große und schlagkräftige Flotte, wurde daher von den anderen Herrschern auch nicht abgeschrieben. Dies spiegelt sich etwa in dem Umstand, dass mehrere Ehen aus entsprechenden Erwägungen geschlossen wurden. So wurde der Öffentlichkeit demonstriert, wer dem Kreis der mächtigen Könige angehörte (s. die Stammbäume am Ende des Bandes). Gleichwohl hatten sich die Kräfteverhältnisse eindeutig zu Ungunsten des Demetrios verschoben. Die ihm gegenüber bis dahin so willfährig auftretenden Athener gaben die okkupierten Schiffe des Kassandros frei und erklärten sich für neutral, weil nunmehr in der Stadt die gemäßigteren Kräfte wieder die Oberhand gewonnen hatten – eben diejenigen, die den Schmeicheleien zugunsten von Demetrios und Antigonos, der Verleihung göttergleicher Ehren an die beiden,

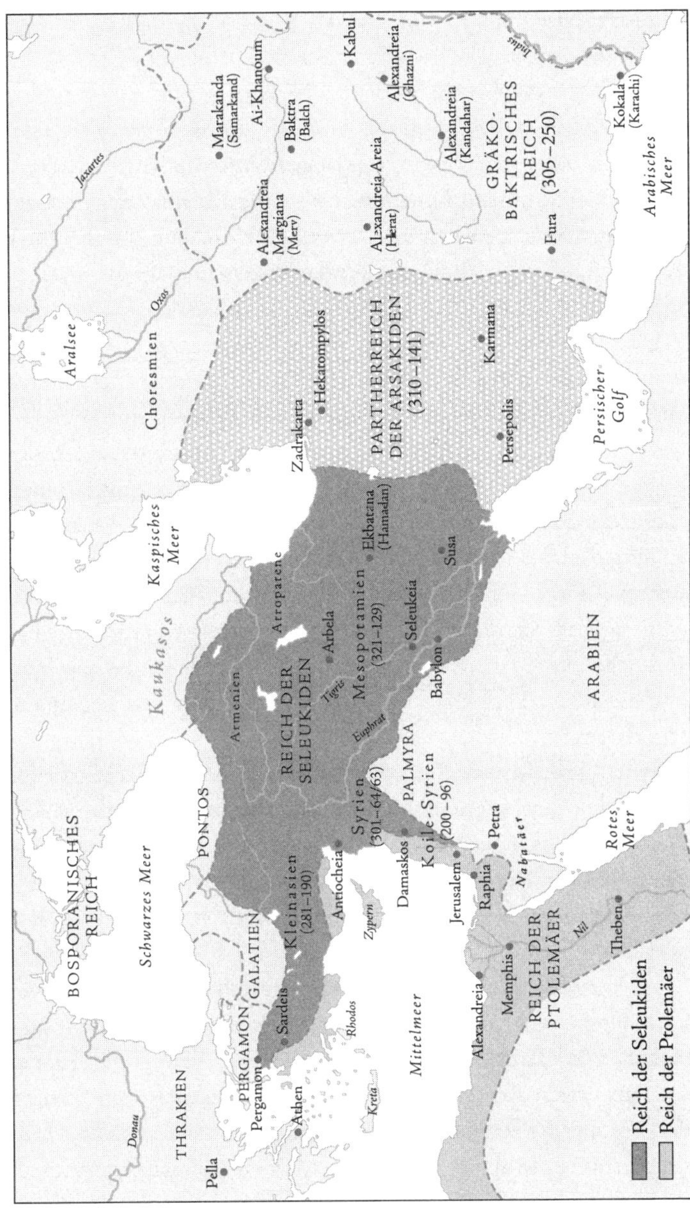

Karte 4: Nach Ipsos. Das Reich der Seleukiden und der übrigen Diadochen

an ihre Hetären und Repräsentanten, kritisch gegenübergestanden hatten. In der Folgezeit wurde Athen nunmehr von den Gegnern des Demetrios unterstützt – so im Jahr 299, um nur ein Beispiel zu nennen, als der Dichter Philippides bei Lysimachos eine Getreidelieferung zugunsten seiner Heimatstadt Athen erwirkte. Kassandros nutzte die neue Situation, um – wohl bereits im Frühjahr 300 – dem ihm ergebenen Lachares, einen Demagogen und Führer der athenischen Söldner, zur Tyrannenherrschaft in der Stadt zu verhelfen.

Dann aber kam der Zufall in zweierlei Gestalt dem Demetrios und seinen Ambitionen zu Hilfe: Zum einen erkrankte Kassandros schwer und starb mit 60 Jahren im Mai 297, zum anderen starb nur vier Monate später – nachdem Kassandros' Königsherrschaft problemlos auf seinen ältesten Sohn Philippos übergegangen war – auch der neue Herrscher bereits im Oktober 297. Damit endeten 19 Jahre stabiler Herrschaft in Makedonien (316–297). Zwar standen zwei weitere Söhne bereit, jedoch waren diese beide noch zu jung, als dass sie ohne Vormund hätten regieren können. Daher übernahm deren machtbewusste Mutter Thessalonike die Vormundschaft und teilte die Königsherrschaft unter den beiden auf. Der daraus im Jahr 296 resultierende Konflikt zwischen den minderjährigen Brüdern war der Anfang vom Ende der Herrschaft der Familie von Antipatros und Kassandros. Der knapp 16-jährige Antipatros, der sich von der Mutter zurückgesetzt fühlte, ließ seine Mutter umbringen und bekämpfte seinen jüngeren Bruder Alexandros – beide sahen sich fortan in ihrer Not nach mächtigen Bündnern um.

Im Jahr 295 hatte Demetrios seine Streitkräfte wieder soweit konsolidiert, dass er es wagte, neuerlich den Schauplatz Griechenland zu betreten. Zunächst wandte er sich gegen Athen, wo ihm wegen der Tyrannenherrschaft des Lachares und wegen der Vormacht der dem Kassandros zugeneigten Politiker jedoch der Zutritt in die Stadt verwehrt blieb. Daraufhin entschloss er sich zur Belagerung, die bis zum Frühjahr 294 andauerte. Dann erst gelang es ihm, die Stadt einzunehmen. Zur Absicherung seiner wiedergewonnenen Stellung legte er jeweils eine Besatzung in die

Munychia-Festung und eine in die Stadt auf den Musenhügel (Museion). Damit begann die Zeit der zweiten Oberherrschaft des Demetrios über Athen, die bis 287 währte.

Doch je länger die Befreiung zurücklag, umso mehr stellte sich heraus, dass es sich dabei um eine Regentschaft handelte, die unter gänzlich anderen Vorzeichen als die erste Periode stand: Rasch verblasste der Eindruck der allseits begrüßten Befreiung von der als Joch empfundenen Herrschaft des Kassandros, und schon empfand man die des Demetrios als kaum weniger belastend. Allzu unverblümt zwang der Herrscher der Stadt seinen Willen auf und drohte jenen mit Repressalien, die sich seinen Wünschen zu widersetzen wagten. So setzte Demetrios beispielsweise eigenmächtig den obersten Archonten ein, einen Mann namens Olympiodoros, und dieser behielt sein Amt dann auch noch zwei statt des üblichen einen Jahres. Von Freiheit war keine Rede mehr. Der Wille des Demetrios, nicht der des Demos, bestimmte fortan die politischen Geschicke Athens!

Im Anschluss an die Machtergreifung in Athen konnte Demetrios den größten Teil der Peloponnes und Mittelgriechenlands einschließlich Megaras unterwerfen und seine Herrschaft im übrigen Griechenland ausweiten. Dann endlich bot sich ihm im Jahr 294 wieder die Gelegenheit, sich Makedonien zuzuwenden: Alexandros, der von seiner Mutter den westlichen Teil Makedoniens erhalten hatte, ersuchte insbesondere bei Pyrrhos von Epeiros und Demetrios um militärische Hilfe im Kampf gegen seinen Bruder. Sein Bruder Antipatros, dem die östliche Hälfte Makedoniens zugesprochen worden war, hatte Kontakte zu Lysimachos geknüpft und erhielt als Resultat seiner Bemühungen gleich eine Tochter des in Thrakien ansässigen Diadochen zur Frau. Allerdings war ihm dieses Bündnis herrschaftspolitisch nicht von Nutzen, da Lysimachos selbst damals außerordentlich stark von den Geten bedrängt wurde, die jenseits der Donau wohnten und immer wieder Plünderungszüge nach Thrakien unternahmen, was die Kräfte des Schwiegervaters band.

Pyrrhos, der erst 297 dank der Unterstützung des Ptolemaios in Gestalt von Geld, Schiffen und Söldnern die Herrschaft über

Epeiros hatte an sich reißen können, nutzte den Hilferuf des Alexandros rascher als Demetrios: Für das Zugeständnis, dass ihm unter anderem der Westen Makedoniens zufallen sollte, verpflichtete sich Pyrrhos im Gegenzug, Alexandros in seinen Bemühungen um den Thron zur Seite zu stehen und seinen Bruder Antipatros zu vertreiben. Dieser Plan ging zunächst auf: Demetrios kam dabei nicht mehr vor, er sollte fernbleiben. Dieser spielte jedoch skrupellos sein eigenes Spiel. Seine wahren Absichten verschweigend lockte er den jungen und unerfahrenen König Alexandros zusammen mit seinen Gefährten ins thessalische Larissa und ließ sie dort allesamt umbringen.

Am Tag nach der Ermordung wurde der verbliebene Thronrat einbestellt; unter Androhung von Gewalt wurde den «Freunden des Alexandros» nahegelegt, Demetrios zum König der Makedonen zu bestimmen. Auch das Heer versagte dem neuen Herrscher seine Zustimmung nicht. Daraufhin war Lysimachos nicht länger bereit, sich für die Belange des anderen Sohnes von Kassandros einzusetzen; einen gesicherten Frieden und Ruhe zog er weiteren langwierigen Konflikten mit für ihn unvorhersehbarem Ausgang vor. Und so fiel auch Antipatros, der sich an seinen Hof geflüchtet und eigentlich unter dem Schutzgebot der Gastfreundschaft stand, einem Mordanschlag zum Opfer. Mit der Ermordung der beiden Brüder hatte Demetrios die Familie des Antipatros und des Kassandros beseitigt und erreicht, was sein Vater Antigonos Monophthalmos zeitlebens angestrebt hatte – die makedonische Königsherrschaft.

Ein ungeliebter König wird aus seiner Herrschaft vertrieben

Trotz der Königsherrschaft über Makedonien war gleichwohl seine Herrschaft alles andere als gesichert; denn auch wenn Demetrios in Makedonien etwa 335 geboren sein mochte, so war er doch anderenorts aufgewachsen, nachdem sein Vater Antigonos im gleichen Jahr Satrap von Phrygien geworden war. Makedonien, die dort führenden Familien, der makedonische Hof – dies alles war ihm fremd und unvertraut; er konnte sich allein auf sein Heer stützen.

Dies brachte als Folgeproblem mit sich, dass die Generäle und Offiziere des Demetrios entsprechende Kommandostellen in Makedonien übernahmen, die zuvor von Befehlshabern bekleidet wurden, die unter Kassandros gedient hatten. Dass die neue Führungsschicht des Demetrios und die alte Führungsschicht der vornehmen makedonischen Familien und Anhänger der Antipatriden nicht zusammenwuchsen, lag auch an dem Lebensstil, den Demetrios und seine Höflinge pflegten: Aufwendige, luxuriöse Häuser, Gelage und Gewänder waren für die Freunde des Demetrios selbstverständlich, wurden jedoch vom makedonischen Adel als Ausdruck orientalischer Weichlichkeit und Charakterlosigkeit gewertet.

Bereits dies belegt, dass Demetrios sich mit der Rolle eines Königs der Makedonen nicht recht anfreunden konnte, die von ihm eher bäuerliche Schlichtheit und Anspruchslosigkeit erwartet hätten. Erschwerend kam hinzu, dass der neue Herrscher nicht wie die früheren Könige gewillt war, auch den Sorgen und Nöten der ‹kleinen Leute› ostentativ Gehör zu schenken. So soll er Bittschreiben, die vonseiten einzelner Makedonen, aber auch von Dörfern und Städten an ihn gerichtet wurden, zwar gesammelt, jedoch dann kurzerhand in den Fluss Axios geworfen haben, was die makedonische Bevölkerung verständlicherweise empörte. Was auch immer an solchen sicherlich auch diffamierenden Anekdoten über Demetrios der Wahrheit entsprochen haben mag – sie zeigen jedenfalls deutlich, dass dem Demetrios nicht daran gelegen war, in Makedonien ein ‹König der Herzen› zu werden.

Seinen Einfluss in Thessalien festigte er durch die Gründung der Hafenstadt Demetrias (beim heutigen Volos im Golf von Pagasai) – ganz nach dem Vorbild des Kassandros, der durch die Gründung Kassandreias die Chalkidike kontrolliert hatte. Auch in Boiotien, Attika und auf der Peloponnes befestigte er seine Herrschaft. Im Gegensatz zu Kassandros hegte er freilich Pläne, die über die Behauptung des makedonischen Kernlandes weit hinausgingen. Den Frieden mit Lysimachos hatte er abgeschlossen, um seine Herrschaft zu etablieren: Er wartete jedoch nur auf eine günstige Gelegenheit, um auch in Thrakien einzufallen, wie ein erfolgloser Versuch im Jahr 292 nach der Gefangennahme des Lysimachos durch die Geten belegt. Zudem vergrößerte er seine Flotte auf etwa 500 Schiffe, die in den Werften des Piräus, in Korinth, Chalkis und Demetrias gezimmert wurden.

Im Jahr 289 rüstete Demetrios tatsächlich zum Feldzug gegen die Aitoler und gegen Pyrrhos, der ihm im Westen des makedonischen Königreiches erhebliche Schwierigkeiten bereitete. Dieser hatte nämlich bereits 295 von Alexandros die Gebiete von Tymphaia und Parauaia geschenkt bekommen und versuchte nunmehr, seine Herrschaft weiter nach Osten auszudehnen. Pyrrhos zog Demetrios entgegen, aber auch an dessen Heer vorbei und stellte in Aitolien den Teil des Heeres, der dort unter dem Strategen Pantauchos zur Absicherung verblieben war. Ganz im Sinne hellenistischen Herrschaftsverständnisses, demzufolge man vom König charismatisches Auftreten und persönliche Kampfkraft erwarten durfte, forderte Pyrrhos den gegnerischen Feldherrn zum Zweikampf. Beide verwundeten einander, aber schließlich errang der epeirotische König den Sieg. Weniger von Bedeutung in diesem Zusammenhang sind die 5000 Gefangenen, die Pyrrhos machte, als vielmehr sein durch die persönliche Tat gewaltig gestiegenes Ansehen. In Makedonien wurde er daraufhin sogar mit Alexander dem Großen gleichgesetzt.

Pyrrhos nutzte den frisch gewonnenen Ruhm und rückte weiter bis zum makedonischen Edessa vor. Nach Genesung von einer schweren Krankheit war zwar Demetrios imstande, den epeirotischen König aus seinem Herrschaftsbereich zu vertreiben. Dennoch blieben seine eigene Stellung und sein Ansehen in Makedonien nach wie vor umstritten, zumal er sich ganz offensichtlich nicht mit dem Status quo der Diadochenreiche begnügen wollte, sondern nach wie vor die Rückeroberung des von Lysimachos in Kleinasien beherrschten Territoriums im Sinn hatte.

Für König Lysimachos waren die Rüstungen des Demetrios für einen Asien-Feldzug Anlass genug, ähnlich wie im Jahr 301 eine Koalition gegen ihn zu schmieden. Sie kam im Jahr 288 zustande; daran beteiligten sich Ptolemaios mit einer Flotte, Lysimachos, der von Osten, und Pyrrhos, der von Norden her mit ihren Kontingenten Makedonien angriffen, während Demetrios sich in Griechen-

Abb. 6: Tetradrachme des Demetrios I. Poliorketes, nach 290 v. Chr. Vorderseite: Kopf des Demetrios mit Diadem und Stierhorn, Rückseite: ΒΑΣΙΛΕΩΣ ΔΗΜΗΤ–ΠΙΟΨ («[Prägung] von König Demetrios»), Poseidon, der Schutzherr des Demetrios und seiner Flotte, mit Dreizack und Fuß auf Felsen gesetzt.

land aufhielt, um seine Rüstungsanstrengungen für seine Asienpläne voranzutreiben. Lysimachos und Pyrrhos plünderten und verwüsteten das Land, ohne dass ihnen die Makedonen größeren Widerstand entgegensetzten. So groß war die Ohnmacht des Demetrios, so groß die Entfremdung zwischen König und Makedonen, dass die Truppen, die nicht gewillt waren, *«für den Luxus des Demetrios in den Krieg zu ziehen»* (Plutarch, *Demetrios* 18) in Beroia zu Pyrrhos überliefen oder sich einem Kampf verweigerten. Ohne Rückhalt bei den Makedonen floh Demetrios nach Kassandreia, in das ehemalige Poteidaia auf der Chalkidike, wo sich seine Frau Phila in aristokratisch pflichtgemäßem Stolz das Leben nahm; für Demetrios war jedoch der Verlust Makedoniens kein Grund, es ihr gleichzutun.[13] Er floh vielmehr mitsamt seiner Flotte von Kassandreia nach Korinth.

Der Zusammenbruch seiner Herrschaft in Makedonien rief umgehend die athenischen Patrioten und andere antimakedonische Kräfte in verschiedenen griechischen Städten auf den Plan. Im Frühjahr 287 erhoben sich die Athener gegen die Besatzungstruppen, unterstützt von der Flotte des Ptolemaios, der es damals gelang, Demetrios auch die Oberherrschaft über den 314 von dessen Vater Antigonos ins Leben gerufenen Nesiotenbund in der Ägäis zu entreißen. Über die Vorgänge erfahren wir aus zwei Dekreten zu Ehren der beiden Brüder Kallias (270) und Phaidros (um 255) von Sphettos: Die kleine Festung auf dem Musenhügel, dem Museion, wurde unter Führung des Olympiodoros gestürmt, der noch kurz zuvor als Archon von 294/292 der Vertrauensmann des Demetrios in Athen gewesen war. Die Piräusfestung und der Hafen blieben allerdings in der Hand des Demetrios, der von der Peloponnes kommend herbeigeeilt war und die Stadt eingeschlossen hatte.

Die anschließende Befreiung hatte Athen einerseits der Intervention des Ptolemaios zu verdanken, andererseits der Ungeduld des Demetrios, der, nachdem er seine Streitkräfte gesammelt hatte, gegen Asien ziehen wollte: Demetrios und Ptolemaios bzw. dessen Vertreter Sostratos von Knidos, Stifter oder Architekt des berühmten Leuchtturms (Pharos) von Alexandreia, schlossen daher einen Frieden, der den Interessen beider entgegenkam. Den Athenern wurde ihre Freiheit belassen, jedoch wurde diese erheblich eingeschränkt, da der Piräus und die attischen Festungen in Attika in der Hand des Demetrios verblieben. Noch 58 weitere Jahre, bis zum Jahr 229, sollten makedonische Besatzungen in Athen stationiert sein.

Vom Piräus aus segelte Demetrios mit seiner Flotte Richtung Kleinasien. Dort schlossen sich noch einige erfolglose Kämpfe an, bis er am Hof seines Schwiegersohnes Seleukos gastliche Aufnahme fand. Dort verfiel er – wohl unter dem Eindruck, zunächst das väterliche Reich und dann auch noch Makedonien verloren zu haben, schließlich sogar seiner Flotte verlustig gegangen zu sein – dem Alkohol und starb wenig rühmlich im Jahr 283.

Zwischenspiel (287–278 v. Chr.): Von der Aufteilung Makedoniens zwischen Pyrrhos und Lysimachos bis zu den Kelteneinfällen

Nach der Vertreibung des Demetrios aus Makedonien teilten Pyrrhos und Lysimachos das Königreich unter sich auf. Als Grenzlinie diente ihnen vermutlich der Fluss Axios, nur die Festungen waren, wie erwähnt, in der Hand des Demetrios verblieben. Sein Sohn

Antigonos Gonatas behauptete den Piräus, verschiedene Festen in Attika, vor allem aber Demetrias, Chalkis und Korinth. Pyrrhos verfolgte wohl den Plan, die gesamte südliche Hälfte der Balkanhalbinsel unter seine Herrschaft zu bringen, was auch mit den Interessen der führenden makedonischen Kreise vereinbar gewesen wäre.

Diesem Wunsch stand jedoch Lysimachos entgegen, der seinerseits die Gelegenheit sah, das benachbarte Makedonien seiner Herrschaft anzugliedern. Die makedonische Führungsschicht gewann er für sich, indem er die eigene makedonische Herkunft und die nichtmakedonische des epeirotischen Königs in der Öffentlichkeit betonte und dessen Ruf als eines zweiten Alexanders nachhaltig in Frage stellte. Dank seines überlegenen Heeres vertrieb der 77-jährige Diadoche 284 den Pyrrhos, um kurz darauf ganz Thessalien zu besetzen – mit Ausnahme von Demetrias, das weiterhin in der Hand des Demetrios verblieb. Mit diesen Gebietszugewinnen waren seine Ambitionen offenkundig befriedigt, denn Lysimachos versuchte weder in Griechenland noch in Epeiros Fuß zu fassen; seine Herrschaft im Westen (Thessalien, Makedonien, die Chalkidike und sein Kernland Thrakien) sah er vermutlich als arrondiert an. Seine weiteren Ambitionen richteten sich nach Osten, war ihm doch nach der Schlacht von Ipsos (301) Kleinasien bis zum Tauros-Gebirge zugesprochen worden. Dies erhellt auch seine Wahl der Lage für die neu gegründete Hauptstadt Lysimacheia. 309 hatte er das nahe gelegene Kardia zerstört und anschließend die Bevölkerung dieser Stadt und jene von Paktye in seiner Neugründung gewaltsam zusammengesiedelt. Mit der neuen Residenz an der engsten Stelle der langgezogenen thrakischen Chersones (der Halbinsel Gallipolli) kontrollierte er den Eingang zur Propontis und den Zugang zum Schwarzen Meer ebenso wie den Übergang nach Kleinasien. Seine Residenzstadt zum Ausgangs- und Mittelpunkt nehmend, hatte Lysimachos ein ganz neuartiges territoriales Gebilde geschaffen, das gleichermaßen nach Westen wie nach Osten blickte.

Der Dauerhaftigkeit auch dieses Reiches standen wiederum das hohe Alter ihres Schöpfers entgegen und, wie schon so oft in der

Diadochengeschichte, heftige familiäre Machtkämpfe. Sein als Nachfolger vorgesehener Sohn Agathokles, Enkel des Antipatros, fiel den Ansprüchen der Arsinoe II., seiner Stiefmutter und dritten Frau des Lysimachos, zum Opfer, welche die Herrschaft für ihre eigenen Kinder einforderte. Der Herrscher folgte ihrer Bitte. So wurde Agathokles 283 eines Anschlags auf den Vater bezichtigt und am Hof ermordet. Daraufhin floh Lysandra, die Gattin des Prinzen Agathokles, an den Hof von Seleukos I., der Rache für den Tod des Agathokles forderte und Lysimachos den Krieg erklärte. 281 trafen die beiden Diadochen mit ihren Heeren aufeinander. Beim lydischen Städtchen Kouropedion wurde der mittlerweile 80-jährige Lysimachos von dem nicht minder betagten Seleukos I., dem 77 Jahre alten Begründer des Seleukidenreiches, geschlagen und fiel in der Schlacht.

Nach einer hastigen Neuordnung Kleinasiens setzte Seleukos I. im Herbst 281 über den Hellespont. Er wollte nun seinerseits nach Europa ausgreifen und damit die von Antigonos I. Monophthalmos angestrebte riesige Herrschaft über Asien und Europa verwirklichen – mit dieser Episode begegnet uns zum allerletzten Mal ein König, der noch das alte Ziel vor Augen hatte, eine Europa und Asien gleichermaßen umfassende Herrschaft zu begründen.

All diesen Plänen setzte indes ein Attentat ein abruptes Ende: Ptolemaios Keraunos («Blitz-, Wetterstrahl»), ein Sohn Ptolemaios I. und der Eurydike, der Tochter des Antipatros, ermordete Seleukos am Hof von Lysimacheia. Das Motiv für die Tat lag in der Aussicht, die Herrschaft des Lysimachos zu gewinnen. Seine Schwester nämlich war Lysandra, die Gattin des gleichfalls ermordeten Agathokles, des Sohnes des Lysimachos. Zu dieser Zeit hatten sich ihre eigenen und auch die Hoffnungen ihres Bruders weitgehend zerschlagen: Lysandras Gatte war ermordet und damit auch ihre Stellung als Gattin des Nachfolgers ihres Schwiegervaters Lysimachos zunichte gemacht, Ptolemaios Keraunos wiederum hatte zumindest vage Hoffnungen auf die Nachfolge des 282 verstorbenen Ptolemaios I. gehegt.

Das kurze Glück des Ptolemaios Keraunos und die lange Herrschaft des Antigonos Gonatas

Mit Seleukos I. war der letzte der Diadochen, der Generäle und Hetairen Alexanders, gestorben. Perdikkas, Antipatros und Kassandros, Antigonos Monophthalmos und sein Sohn Demetrios, Ptolemaios, Lysimachos und schließlich Seleukos – mit ihrem Tod endete die Epoche der Nachfolger, die in zahllosen blutigen Schlachten sich gegenseitig Alexanders Herrschaftsbereiche abgerungen bzw. persönlich «mit dem Speer erworben» hatten. Der permanente Machtkampf in andauernd wechselnden Konstellationen und mit ununterbrochenem Kräftemessen brachte ein neuartiges Verständnis monarchischer Selbstdarstellung und der Zuerkennung neuer Ehrformate hervor, ohne dass dies allerdings eine breite oder nachhaltige philosophische Diskussion des Herrscherideals hervorgerufen und einen entsprechenden Niederschlag in Literatur und Historiographie zur Folge gehabt hätte. Die Dürftigkeit der Aussagen von philosophischer Seite zum zeitgenössischen Herrscher- und Königtum legen beredtes Zeugnis davon ab, dass den Herrschern – vermutlich vor allem aufgrund der permanenten Konkurrenz- und Bewährungssituationen und der dauerhaften Fragilität ihrer Herrschaften, die wesentlich auf dem Charisma und der Autorität der eigenen Person beruhten – schlichtweg Zeit und Gelegenheit fehlten, eine echte Herrschaftsprogrammatik auszubilden, welche die Grundlage für eine theoretische Ausformulierung hätte sein können.

Das byzantinische Lexikon *Suda* hat unter dem Stichwort ‹Königsherrschaft› eine wohl aus hellenistischer Zeit stammende Definition bewahrt. Dort heißt es (Suda, *s.v. Basileia* [2]): «*Weder Natur [d.h. die Erbfolge] noch gerechtes Verhalten [d.h. die Legitimität] geben die Königsherrschaft den Männern, sondern die Fähigkeit, ein Heer zu führen und die politischen Angelegenheiten sachgerecht zu handhaben. So war es mit Philipp und den Nachfolgern Alexanders. Denn Alexanders eigenem Sohn war die Verwandtschaft mit diesem in keiner Weise hilfreich wegen der Schwäche seines Geistes, während diejenigen, die keine Verbindung mit Alexander aufwiesen, Könige beinahe der gesamten bewohnten Welt wurden.*» Der Charakter der Diadochenherrschaften, die sich Königreiche nannten, tritt in dieser Bestimmung deutlich hervor: Den Zeitgenossen war bewusst, dass es sich bei diesen um keine auf Tradition und Kontinuität gegründete Königtümer handelte, die gleichsam ‹natürlich› an einem Ort mit mehr oder weniger festen Herrschaftsgebieten angesiedelt waren, in denen dann eine wie auch immer ethnisch definierte Bevölkerung regiert worden wäre. Das herkömmliche Königsideal in der griechischen Welt war ein Königtum, das von Adel und Volk getragen und allseits anerkannt war und dessen Protagonist seine Legitimität bezog aus der ‹gerechten› Zuteilung von Machtmitteln an die verschiedenen sozialen Gruppen und zudem aus seiner verantwortungsbewusst wahrgenommenen, auf Ausgleich der verschiedenen Interessen bedachten Rolle als väterlicher Hirte und Schutzherr seines Volkes. Von diesem Ideal findet sich wenig beim Herrschertypus der Diadochen, der auf militärischer Stärke und Gewalt gründete: Dieser König lebt von der Verabsolutierung seiner Rolle als militärischer Führer und Glücksritter, der Heere und Kriege lenkt, um seine persönlichen Machtansprüche durchzusetzen, und frei und ungebunden von Sitte und Tradition regiert. Herrschaft auszuüben bedeutete nach Auffassung der hellenistischen Herrscher – zumindest für die Generation der Diadochen –, im Spiel um die Macht alle zu Gebote stehenden diplomatischen und militärischen Mittel einzusetzen, um sich im Inneren (gegenüber dem Hof und der Familie) und im Äußeren (gegenüber den anderen Machthabern) dauerhaft zu behaupten und die eigene Herrschaft und den persönlichen Ruhm zu mehren. Einem solchen Selbstverständnis entsprachen die zahllosen Bündniswechsel, Vertragsbrüche und Ehebündnisse, jedoch auch die Mordtaten an potentiellen oder tatsächlichen Konkurrenten um die Macht.

Vor diesem Hintergrund ist auch die Ermordung Seleukos' I. durch Ptolemaios Keraunos zu sehen. Bevor jener auf seine eigenen Ansprüche gänzlich verzichtete, ergriff er die nächste sich ihm bietende Gelegenheit, um sich – auf der Basis minimaler legitimer Herrschaftsansprüche – eine Königsherrschaft anzueignen. Die Rechnung des Mörders ging allerdings nur kurzzeitig auf: Ptolemaios Keraunos ließ sich das königliche Diadem anlegen, zwang

Arsinoe II., seine Halbschwester und Witwe des Lysimachos, zur Ehe und regierte in Lysimacheia knapp anderthalb Jahre als König von Thrakien und Makedonien. Den makedonischen Thron machten ihm trotz der Ermordung zweier Söhne des Lysimachos dennoch zwei Männer streitig: Ptolemaios, der dritte und älteste, jedoch erst 17-jährige Sohn der Arsinoe II., der nach der Schlacht von Kouropedion dem familiären Morden entkommen war, und Antigonos, der Sohn des Demetrios Poliorketes (319–239), der, schon den Titel eines «Königs» (*basileús*) führend, beharrlich seit 287 die vier wichtigen Festungen («Fesseln») Griechenlands behauptete.

Ptolemaios Keraunos behielt zunächst die Oberhand; dass seine Herrschaft dennoch nur eine Episode blieb, war vor allem das Ergebnis unglücklicher Umstände: Der Einfall der Kelten aus dem mittleren Donauraum überraschte ihn. Bei der Abwehr der keltischen Stämme kam Keraunos zusammen mit vielen seiner Getreuen im Jahr 279 ums Leben, als er unter hochmütiger Ablehnung der Hilfe durch die Thraker dem Keltenfürst Bolgius unterlag, in Gefangenschaft geriet und geköpft wurde.

Zwei kurze Episoden folgten: die Herrschaft seines Bruders Meleagros, der zwei Monate regierte und dann von makedonischen Soldaten mangels militärischer Abwehrerfolge ermordet wurde, sowie diejenige Antipatros' II. Etesias, eines Neffen des Kassandros, der nach nur 40 Tagen das gleiche Schicksal wie sein Vorgänger erlitt. Makedonien war damit nahezu ungeschützt den Plünderungsabsichten der Kelten ausgeliefert. Ohne eine Zustimmung der führenden Makedonen abzuwarten, wurde in der allgemeinen Not der Söldnerführer Sosthenes vom Heer zum «König» (*basileús*) ausgerufen; er war der Mörder des Antipatros. Diesem gelang es zumindest, die Kelten nach Süden und auch nach deren Rückkehr rasch wieder nach Norden abzudrängen. Vor allem die Aitoler erwarben sich Verdienste in der Abwehr der keltischen Horden, die bis ins panhellenische Heiligtum von Delphi vorgedrungen waren. Die unmittelbar nach seinem Tod folgende Erhebung der Kelten und deren Vorstoß nach Süden lässt erahnen, mit welcher Konsequenz und mit welch großem Gewalteinsatz Lysimachos die angrenzenden Stämme jenseits seines Herrschaftsgebiets niedergehalten haben muss.

Der Kelteneinfall wurde zur großen Chance für Antigonos Gonatas, der damals lediglich Demetrias, Megara und Korinth und – bedingt durch seine Seemacht – auch einige kleinasiatische Städte, wie zum Beispiel die wichtige Hafen- und Handelsstadt Ephesos, kontrollierte: Wenn es ihm gelang, die Kelten zurückzuschlagen, konnte er umstandslos seinen Anspruch auf die Nachfolge seines Vaters bzw. des Ptolemaios Keraunos erheben. Er musste also alles auf diese Karte setzen, dabei die Peloponnes (bzw. die Festen von Megara und Korinth) mehr oder weniger ungesichert – vor dem Zugriff durch Sparta – zurücklassen, Söldner anwerben und die von seinem Vater ererbte Flotte ausbauen. Seine Bereitschaft zu dieser riskanten Unternehmung zahlte sich aus: Nach Abschluss seiner Rüstungsanstrengungen begab er sich 278 mit seiner Flotte nach Kleinasien und verbündete sich mit Nikomedes I. von Bithynien. Durch innere Unruhen in Syrien genötigt, musste Antiochos Frieden mit Antigonos und Nikomedes schließen. Zur Befestigung desselben gab er seine Schwester Phila dem Sohn des Demetrios zur Frau. Mit dieser Heirat hatte Antigonos Gonatas zwar offiziell alle Ansprüche auf das von Lysimachos geeinte thrakische Gebiet aufgegeben und die traditionelle Grenze Makedoniens am Fluss Nestos anerkannt, jedoch hatte er sich dadurch zumindest ein Bündnis mit einem der erkennbar mächtigsten Reiche seiner Zeit gesichert.

Danach setzte Antigonos über den Hellespont nach Europa über und zog mit einem großen Heer gegen Thrakien. 277 schlug er bei Lysimacheia das keltische Heer. Die Aitoler bzw. der Aitolische Bund (mit Sitz in Stratos) taten es ihm gleich in Griechenland. Nachdem sie so energisch zurückgeschlagen worden waren, wandten sich die Kelten zum Hellespont und bedrängten nun die kleinasiatischen Griechen. Davon soll später noch die Rede sein.

Im europäischen Teil der griechischen Welt gingen Gonatas und die Aitoler jedenfalls gestärkt und mit besonderem Siegesprestige ausgestattet aus diesen Abwehrkämpfen hervor; die Vertreibung der Kelten, und damit auch die Verhinderung weiterer verheerender Verwüstungen und Plünderungen, wurde in verschiedenen Städten und Heiligtümern wie Delphi mit großer Prachtentfaltung gefeiert. Waren es zunächst Rettungs- und Dankesfeiern, so wurden später daraus Erinnerungsfeiern an die siegreichen Kämpfe, welche die Griechen abermals in der Not geeint und den gemeinsamen Kampf gegen einfallende Barbaren 200 Jahre nach den Perserkriegen erneut notwendig gemacht hatte. Im Unterschied jedoch zu den Persern wurden die Kelten von der Historiographie weitaus stärker dämonisiert und zu vorzivilisatorischen Wilden stilisiert, was in Menschenfressergeschichten und Erzählungen von besonderen Greueltaten Ausdruck fand und dauerhaft das antike Keltenbild prägte. Solche Vorstellungen eigneten sich, ein topisches Feindbild zu schaffen, auf das die hellenistichen Könige in der Folgezeit immer wieder gerne zurückgriffen, um sich als Retter vor Anarchie und Chaos zu inszenieren, die man allenthalben mit den keltischen Barbaren verband.

Antigonos, der Sohn des Demetrios, diktierte den von ihm besiegten Kelten die Bedingungen und bemühte sich um eine politische Stabilisierung Makedoniens: Einen Teil der Fremden gliederte er als Söldner in seinen eigenen Heeresverband ein, einen anderen wies er seinem Verbündeten Nikomedes von Bithynien zu. Thrakien konnte er allerdings nicht unter seine Herrschaft bringen, dort etablierte sich ein eigenständiges Königreich Tylis unter dem Keltenfürsten Komontorios. Dies jedoch dürfte Antigonos kaum bekümmert haben: Mit dem Sieg über die Keltenstämme hatte Antigonos Gonatas alle Sympathien der makedonischen Bevölkerung und der griechischen Öffentlichkeit für sich gewonnen und sich einen Weg zur makedonischen Königsherrschaft gebahnt. Nach der Annahme der Königswürde bemächtigte sich Antigonos mit Hilfe der verbliebenen Schiffe seines Vaters der Häfen Makedoniens. Danach wartete nur noch ein mächtiger Gegner auf ihn: Pyrrhos.

Pyrrhos (ca. 319/318–272 v. Chr.): Ein König auf der Suche nach einem Reich im griechischen Westen

Seine Biographie belegt eindrucksvoll, wie sehr die aggressive Sieghaftigkeit konstitutiv für das hellenistische Königtum war, wie eng die damalige östliche mit der westlichen Welt verbunden war, und wie ihre Ereignisgeschichten einander durchdringen konnten.

Pyrrhos, der sich zuvor als Kriegsheld und zweiter Alexander geriert hatte, war 285 von Lysimachos propagandistisch geschickt bei den Makedonen – unter dem Verweis auf den Umstand, er sei ein Molosser und keiner von ihnen – in Misskredit gebracht und dann aus Makedonien vertrieben worden. In der Folgezeit wandte sich der epeirotische Herrscher, um sein Reich vom Kerngebiet von Illyrien aus zu vergrößern, nicht mehr nach Osten, sondern nach Westen, nach Italien. Dorthin wurde er von einem seiner starken Bündner gerufen, nämlich vom süditalischen Tarent, das ihn bei der Eroberung Korkyras (Korfus) militärisch unterstützt hatte. Seine Hilfe war deshalb gefragt, da nach dem Tod des großen syrakusanischen Herrschers Agathokles, der von 317/316 bis 289 regiert hatte, an dessen Stelle die Römer als neue Schutzmacht in dieser Region aufgetreten waren. In der Folgezeit unterstützten die Römer Thurioi (282), dann auch Lokroi und Rhegion, so dass die Interessen Tarents, das damals Hegemonialmacht über viele süditalische Gemeinden war, unmittelbar bedroht waren.

In dieser neuen Konstellation sah Pyrrhos die erhoffte Gelegenheit, sich ein illyrisch-süditalisches Großreich zu schaffen – nicht anders als Lysimachos, Seleukos und Demetrios I. es zuvor getan hatten. Dieses Mal ging es um die Freiheit der süditalischen Griechenstädte, die sich von den ‹römischen Barbaren› bedroht sahen, und die der neue Herakles zu verteidigen suchte – so die Kriegspropaganda des Molossers, der als Militärherrscher agierte. Die anderen hellenistischen Herrscher – Ptolemaios Keraunos, Antigonos Gonatas, Ptolemaios II. und Antiochos I. – bewiesen Pyrrhos ihre Verbundenheit, indem sie seine westlichen Expansionsabsichten mit Geld, Schiffen und Truppen unterstützten. So trug Pyrrhos im sogenannten Pyrrhoskrieg (280/279) die Diadochenkriege nach

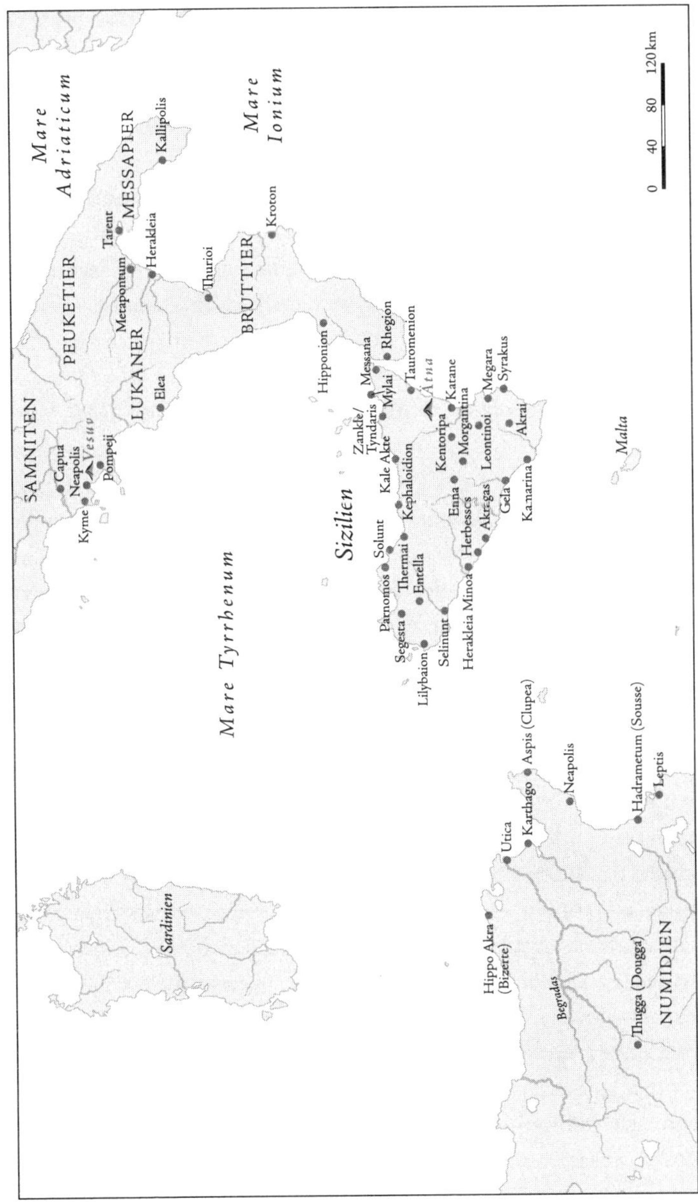

Karte 5: Der hellenistische Westen. Griechische Städte in Unteritalien und Sizilien

Italien und Sizilien und verwickelte das sogenannte Westgriechentum und Rom erstmals in diese Konflikte.

Auf Sizilien hatte die hellenistische Zeit insofern begonnen, als sich mit Agathokles ein für die Geschichte der Insel neuer Herrschertypus zeigte, der sein Handeln ganz offenkundig an Alexander und dessen Nachfolgern ausrichtete. Zudem hatte er Timoleon als Vorbild vor Augen, der mit einem kleinen, aber schlagkräftigen Söldnerheer im Auftrag der Mutterstadt Korinth die Herrschaft Dionysios II. gestürzt hatte. Bei formalem Fortbestand der demokratischen Verfassung hatte dieser am Ende seiner Mission die eigentliche Macht dem Rat der 600 zugewiesen, der von der syrakusanischen Oligarchie dominiert wurde. Dies hatte nach dem Rückzug Timoleons jedoch zur Folge, dass Parteikämpfe zwischen den Oligarchen und der Menge der einfachen Bürger wieder in alter Heftigkeit aufflammten und sich nahezu zwanzig Jahre hinzogen. Als profilierter Redner zugunsten des Demos hervorgetreten, war Agathokles als Gegner der oligarchischen Kreise gezwungen, Syrakus zu verlassen und viele Jahre als Söldnerführer in Sizilien und Unteritalien zu verbringen. Nachdem die Demokraten seine Heimkehr durchgesetzt hatten, und Agathokles anschließend einen blutigen Putsch gegen die Oligarchen unternommen hatte, wurde er zum syrakusanischen Feldherrn mit unumschränkten Vollmachten (*strategòs autokrátor*) gewählt. Solcherart vom Volk legitimiert, regierte er faktisch wie ein Tyrann, der seine Stellung durch eine große private Söldnerarmee absicherte, ohne dass die demokratischen Gremien von ihm außer Kraft gesetzt wurden. Sein Ziel, unter syrakusanischer Führung die Griechen in Sizilien und Unteritalien zu einen und damit die eigene Herrschaft im besagten Raum auszudehnen, ließ ihn einen Angriffskrieg gegen Karthago führen. In dessen über zehn Jahre andauernden, wechselvollen Verlauf landete er sogar mit einem Heer in Nordafrika und verbündete sich mit Ophellas, dem Herrscher von Kyrene, der ihm über 10000 Soldaten zuführte. Den Friedensschluss mit den Karthagern von 305, der beiden Seiten nicht mehr als den wechselseitigen Status quo vor Kriegsbeginn bestätigte, nahm er dennoch zum Anlass, sich zum König ausrufen zu lassen. Trotz der verlustreichen

Kämpfe und des geringen militärischen Gewinnes hatte sich seine Herrschaft innerlich so gefestigt, dass er fortan, in der zweiten Periode seiner Herrschaft bis zu seinem Tod im Jahr 289, auf Terror gegen die syrakusanische Oberschicht verzichten konnte. Auch wenn der Versuch, seine Einflusssphäre auf Kosten der Karthager im Süden und Westen seines Reiches zu erweitern, gescheitert war, hielt er doch an seinen weitergehenden machtpolitischen Zielsetzungen fest. Zumindest Teile von Unteritalien standen für längere Zeit unter seinem Schutz. Die Einnahme Krotons und der Inseln Leukas und Korkyra im Ionischen Meer deuten darauf hin, dass Agathokles vor allem die Kontrolle über die Handelswege nach Griechenland gewinnen wollte. Korkyra hatte er 299 durch einen Seesieg über Kassandros gewonnen, was belegt, dass er sich anschickte, in den Auseinandersetzungen der Diadochen eine aktive Rolle zu spielen. Die Verheiratung seiner Tochter Lanassa, die Korkyra als Mitgift einbrachte, mit Pyrrhos von Epeiros sowie die eigene dritte Ehe mit Theoxene, einer Stieftochter oder sogar Tochter des Ptolemaios, sind weitere Belege für seinen Anspruch, zum Kreis der Könige gezählt zu werden. Sein Königtum überdauerte jedoch seinen Tod nicht, die Nachfolge misslang. Mit den Diadochen gemein hatte er den unbedingten Herrschaftswillen, der stets die Vergrößerung und Behauptung seiner persönlichen autokratischen Machtstellung anstrebte, aber keine institutionelle Verstetigung derselben durchzusetzen vermochte.

Als die beiden griechischen Städte Rhegion und Kroton um Hilfe gegen den nach Italien übergesetzten Pyrrhos riefen, eilten die Römer, die damals bereits den größten Teil der Halbinsel beherrschten, nach Süden, verloren jedoch wider Erwarten die Schlachten bei Herakleia (280) und Asculum (279). Trotz dieser beiden Niederlagen lehnten die Römer einen Frieden mit Pyrrhos ab, da sie um dessen hohe Verluste wussten. Auf die Erfolge des Molosserkönigs hin sammelten sich Bruttier, Samniten und Lukaner um ihn, da sie ihrerseits gegen die Vorherrschaft Roms aufbegehrten. Mit 10 000 Soldaten setzte er nach Sizilien über. Allgemeine Begeisterung schlug ihm entgegen. Von den Syrakusanern wurde ihm angeblich sogar die Königswürde über Sizilien angetragen, da er die griechischen Städte einen und den Kampf gegen Karthago führen sollte. In jedem Fall war Pyrrhos unverhofft zum ersten Mann in Sizilien und Süditalien geworden. So unvermittelt Pyrrhos aufgetaucht war, so abrupt brach diese märchenhafte Herrschaft über Sizilien und Süditalien auch wieder zusammen, nachdem der Molosser viele Güter auf Sizilien hatte einziehen lassen, um diese seinen Günstlingen zu übergeben. Diese Vorgehensweise ließ den Rückhalt in Syrakus schwinden und den Widerstand in den anderen sizilischen Städten gegen seine autokratische Herrschaft rasch anwachsen, so dass er 276 seinen Traum von einem westgriechischen Großreich enttäuscht aufgeben und nach Illyrien zurückkehren musste. Den Sieg in diesem militärischen Risikospiel hatte er freilich selbst verspielt.

Sein Nachfolger wurde Hieron II., ein Anhänger des Pyrrhos, den die Bürgerschaft, wie es syrakusanischer Tradition entsprach, zum Feldherrn mit unumschränkter Vollmacht (*strategòs autokrátor*) bestimmte. Auf diese Weise legitimiert, stellte er neben seinen Söldnern ein neues Bürgerheer auf und stärkte seine herausragende Stellung in Syrakus durch die Heirat der Philistis, der Tochter eines der vornehmsten Bürger. Nach diesen Vorbereitungen gelang ihm ein großer Sieg über die Mamertiner, ehemalige Söldner des Agathokles, welche die Stadt Messana in ihren Besitz gebracht hatten und von dort aus ihre Raub- und Plünderzüge unternahmen. Sogar dem mächtigen Syrakus waren die kampanischen Söldner gefährlich geworden. Nach dem Seesieg Hierons verhinderten nur die Karthager durch ihr Eingreifen die Einnahme Messanas und die Hinrichtung der Mamertiner. Hieron aber nutzte den Sieg, um sich zum König ausrufen zu lassen und an seine – unter Umständen nur angemaßte – Abstammung vom berühmten syrakusanischen Tyrannengeschlecht der Deinomeniden (6. und 5. Jahrhundert v. Chr.) zu erinnern. Auf seinen Münzen ließ er sich mit Diadem abbilden. Noch häufiger war seine als Königin titulierte Gattin zu sehen und auch sein Sohn Gelon als Mitregent – ganz ähnlich wie auf den ptolemäischen Prägungen. Die Festung auf der Insel Ortygia in der Hafenbucht von Syrakus ließ er wiederaufbauen und zu einer prächtigen Residenz umgestalten. Rom, das mit den

Mamertinern verbündet war, begann 264 den Krieg mit dem syrakusanischen König, der rasch einen Frieden anbot. Dieser grenzte seine Königsherrschaft auf den Südosten und die Ostküste Siziliens bis nach Tauromenion ein. Neben den Gebietsverlusten musste er zwar in Kauf nehmen, den Römern hohe Entschädigungen zu leisten, dennoch kam ihm der Friedensschluss entgegen. Er wurde in die lange Reihe von «Freunden und Bündnern» Roms aufgenommen (*phíloi kaì sýmmachoi*) und konnte so, nun seinerseits den Schutz Roms genießend, ein Königreich regieren, das vor allem aufgrund seiner Getreideexporte außerordentlich wohlhabend war. Unter den hellenistischen Herrschern stellte er zudem eine Ausnahme dar, da er über mehrere Jahrzehnte hinweg die Bedingungen des Friedens von 263 respektierte und von jeglichem außenpolitischen Abenteuer Abstand nahm. Die nachfolgende Entwicklung gab ihm recht: Was Agathokles nicht gelungen war, gelang den Römern. Sie eroberten Akragas, Panormos und Selinunt, versklavten deren Bürger und vertrieben die Karthager aus ganz Sizilien. Die Römer hätten es gern gesehen, wenn das Beispiel des syrakusanischen Königs Schule gemacht hätte: Die dauerhafte Einhaltung der Vertragsbestimmungen mag den Repräsentanten des Senats als Erwartung vor Augen gestanden haben, als sie im weiteren Verlauf der Geschichte mit anderen Königen im östlichen Mittelmeerraum verhandelten und ähnliche Verträge abschlossen. Angesichts des aus ihrer Sicht vorbildlichen Verhaltens Hierons II. wird es ihnen unbegreiflich gewesen sein, warum andere Monarchen im hellenistischen Osten nicht in der Lage sein sollten, derartige Friedensschlüsse ähnlich ernst zu nehmen. Als treuer Bündner Roms widmete sich Hieron II. anstelle militärischer Expansionsvorhaben der inneren Konsolidierung seines Reiches und setzte mehrere große Bauprojekte in Syrakus in Gang, unter denen der Ausbau des Theaters und des großen, dem Zeus Olympios geweihten Altars herausragen. Als großzügiger Stifter trat er in Delphi, Olympia und auf Rhodos auf; er siegte auch mehrfach bei den Wagenrennen der panhellenischen Spiele, was die prächtigen Münzprägungen eindrucksvoll bezeugen. Seinen Reichtum demonstrierte er beispielsweise im Bau des später legendär gewordenen Prachtschiffes «Syrakosia». Das Prunkschiff war ihm später zunutze, um seine Freigiebigkeit und Hilfsbereitschaft zu beweisen. Als in Ägypten eine Hungersnot ausgebrochen war und Ptolemaios III. um Hilfe ersucht hatte, ließ er das riesige Schiff mit Getreide beladen und nach Alexandreia fahren. Im Zweiten Punischen Krieg unterstützte er Rom durch Truppenkontingente und Getreidelieferungen und half mit seiner Flotte, die sizilischen Gewässer zu sichern. An seinem Hof hielt sich neben vielen anderen auch Archimedes auf – Sohn eines Hofastronomen und Freund, vielleicht sogar Verwandter der Königsfamilie –, der nach einem längeren Studienaufenthalt in Alexandreia nach Syrakus zurückkehrte und sich seitdem neben seinen mathematischen Studien mit der Entwicklung von Wurfmaschinen und weiteren praktischen Umsetzungen mechanischer Erkenntnisse widmete.

Doch kehren wir zu Pyrrhos zurück: Mit dessen Ankunft in Griechenland war die gerade mühsam etablierte Herrschaft des Antigonos in Makedonien sofort wieder ernsthaft bedroht; die finanzielle und militärische Unterstützung hatte Antigonos dem Molosserkönig bereits entzogen – gerade deshalb begann Pyrrhos plündernd und marodierend 274 in Makedonien einzufallen und stieß erfolgreich bis nach Aigai vor, dem alten Sitz der makedonischen Könige. Nach nur zwei Schlachten kontrollierte Pyrrhos Makedonien. Ein Teil der Truppen war zu ihm übergelaufen, Thessalien wurde vom Sohn des Pyrrhos, Ptolemaios, überrannt. Unverzüglich wandte er sich auch gegen Griechenland, und zwar vor allem gegen die Peloponnes, da ein spartanischer Königssohn namens Kleonymos sich in seinem Vertrautenkreis befand. Damit hatte Pyrrhos einen offiziellen Kriegsgrund, um 273 den Onkel des Kleonymos, Spartas König Areus, zu stürzen. Daraufhin ging Sparta seinerseits ein Bündnis mit Messene und Argos ein. Dem gesellte sich Antigonos bei, der den Isthmos von Korinth sperren ließ. Vor Argos, das in schweren inneren Parteikämpfen lag, trafen die Gegner dann aufeinander. Beim Versuch, die Stadt heimlich zu erobern, fiel Pyrrhos jedoch im Straßenkampf. So unerwartet er verstarb, so rasch brach auch seine hastig eroberte Herrschaft zusammen.

Vom plötzlichen Tod des risikofreudigen Pyrrhos profitierte im Westen Rom, das seine Bündnisse erneuern konnte, im Osten Antigonos Gonatas. Mit dem Tod des Pyrrhos, des letzten Condottiere, war die Herrschaft der Antigoniden in Europa 272 endgültig gesichert, da mit ihm auch der letzte ernsthafte Gegner gefallen war. Gonatas brachte Makedonien schnell wieder unter seine Kontrolle; seine Herrschaft in Griechenland festigte er in den folgenden Jahren, indem er ihm getreue Tyrannen in den Städten förderte und sich neben Sparta mit dem Aitolischen Bund zusammenschloss – damit war die Grundlage für den Fortbestand der machtpolitischen Bedeutung Makedoniens geschaffen. Zugleich war mit dieser Befestigung der Neuordnung und Residenzbildung in Makedonien (Demetrias und Pella) die frühhellenistische persönliche Herrschaft der Diadochenherrschaften, die auf bloße Machterweiterung und -behauptung aus gewesen waren, beendet; ihren Nachfolgern, den sogenannten Epigonen, musste es nun darum gehen, zumindest dem von ihnen persönlich erkämpften Macht- und Einflussgebiet eine stabile Grundlage zu geben.

Die Herrschaft des Antigonos Gonatas und der Chremonideische Krieg

Eine Grundvoraussetzung für die Konsolidierung Makedoniens war die möglichst kontinuierliche Herrschaft über die vier ‹Fesseln› Griechenlands. Die machtpolitischen Vorteile, die den makedonischen Königen für mehr als eine Generation aus der Beherrschung dieser strategisch wichtigen Festungen erwuchsen, seien hier nochmals ausdrücklich genannt. So war mit der Herrschaft über die Piräusfestung die Kontrolle über Athens Handel und Flotte verbunden, mit der Besetzung von Akrokorinth die Kontrolle eines zweiten wichtigen Umschlagsplatzes und des Zugangs zur Peloponnes, mit dem Besitz von Chalkis der günstige Seeweg an der Halbinsel von Euboia und mit Demetrias schließlich die Kontrolle Thessaliens verbunden. Aufgrund dieser ‹Faustpfänder› vermochte Antigonos auch den sogenannten Chremonideischen Krieg (268/267–262/261) weitgehend unbeschadet zu überstehen, in dem die Athener sich mit Unterstützung der Ptolemäer gegen die Makedonen erhoben. Ein Dekret zu Ehren des Kallias von Sphettos führt uns in die Geschehnisse zu Beginn des Konflikts ein:[14] «*Das Volk erhob sich gegen diejenigen, welche die Stadt besetzt hielten, und vertrieb die Truppen aus der Stadt, während die Festung am Museion noch besetzt gehalten wurde; das freie Land befand sich im Krieg mit den (makedonischen) Truppen im Piräus, als Demetrios mit seinem Heer aus der Peloponnes vor die Stadt kam.*» Ausgangspunkt dieser neuerlichen Erhebung der Athener war das ptolemäische Interesse an einer dauerhaften Schwächung der Antigoniden. Denn die von seinem Vater Demetrios Poliorketes aufgebaute Flotte kontrollierte nun wirkungsvoller als jemals zuvor die Ägäis und stellte spätestens seit 306 eine gewichtige Gegenmacht zur Seemacht Ptolemaios II. dar. Dieser hatte daher seinem Einfluss im Nesiotenbund eine zusätzliche institutionelle Stütze gegeben. Wegen der Gefährdung der hegemonialen Stellung der ptolemäischen war die nachhaltige Schwächung der makedonischen Flotte das vorrangige Ziel der Ptolemäer. Dem Text des erhaltenen Antrags zu Ehren des athenischen Politikers Chremonides zufolge hatte Ptolemaios seinen Eingriff in die mutterländischen Verhältnisse geschickt vorbereitet und sogar erreicht, dass Sparta mit den Athenern ein Bündnis einging.[15] Ähnlich erfolgreich hatte er mit einer Reihe kleinerer griechischer Städte verhandelt und in Griechenland eine breite Allianz geschaffen, deren Zweck die Befreiung vom vorgeblichen makedonischen ‹Unterdrücker› Antigonos sein sollte.

Neben Ptolemaios war der spartanische König Areus I. einer der treibenden Kräfte in diesem Krieg. Er hatte mehrere peloponnesische und kretische Städte auf seine Seite gebracht, um – so die offizielle Rechtfertigung des Krieges – «gegen diejenigen» zu kämpfen, «die versuchen, die Gesetze und die jeweiligen Verfassungen aufzulösen». Antigonos Gonatas reagierte auf diese Allianzbildung, indem er zunächst Attika besetzte und die Stadt Athen belagerte. Demgegenüber entsandte Ptolemaios eine Flotte unter dem Admiral Patroklos, die den saronischen Golf absperrte, während zugleich Alexandros II. von Epeiros Thessalien besetzte und so Antigonos von Griechenland abschnitt. Durch Verrat fiel Korinth an

Ptolemaios; zugleich musste Antigonos im Norden Makedoniens einen erneuten Einfall der Kelten abwehren.

So hoffnungsvoll der Plan und die Anfangserfolge der Allianz gegen Antigonos auch waren, das Vorhaben, die Makedonen aus Griechenland zu vertreiben, misslang: Die Einschließung Athens durch Antigonos vermochten die mit Ptolemaios II. verbündeten Griechen nicht aufzuheben. Im Jahr 265 holte Antigonos zum Gegenschlag aus; wie sein Vater Demetrios vor Salamis auf Zypern im Jahr 306 siegte auch er nun 40 Jahre später mit seinen taktisch erfahrenen Schiffen vor Kos über eine eigentlich überlegene ptolemäische Flotte. So bedeutend erschien ihm dieser Sieg, dass er im Heiligtum von Delos zu Ehren des dort verehrten Apollon eine Schiffshalle weihte, damit diese die «Isthmia», sein Admiralsschiff, beherbergen konnte.

Dadurch dass im Kampf um Korinth der spartanische König Areus I. 265/264 fiel, konnte das makedonische Heer vor Athen nicht entscheidend gestört und geschwächt werden. Zwar misslang die Wiedereroberung Korinths, jedoch konnte Antigonos Gonatas weiterhin seine Flotte einsetzen. Die Bedrohung vom Nordwesten her beseitigte 263 sein Halbbruder Demetrios «der Schöne». Er schlug bei Derdia Alexandros II. von Epeiros. All diese militärischen Erfolge trugen schließlich zur Wende im Krieg bei: Athen musste 262 bereits wieder kapitulieren. Korinth ging abermals in den Besitz der Makedonen über: Krateros, der Halbbruder des Antigonos, herrschte über Festung und Stadt; viele Städte der Peloponnes erhielten makedonische Besatzungen oder promakedonische Tyrannenherrschaften, die von Antigonos unterstützt wurden. Nach der Niederlage des Akrotatos, des Sohnes des Areus, bei Megalopolis fand sich 260 endlich auch Sparta zum Frieden mit Antigonos bereit.

Das Ende des Chremonideischen Krieges brachte auch für die Athener einschneidende Veränderungen mit sich: Wie schon mehrmals zuvor, zogen erneut makedonische Besatzungstruppen in Athen ein, und zwar in Rhamnus, im Piräus und auf dem Musenhügel, und erneut führte ein Vertrauensmann des makedonischen Königs, der gleichnamige Enkel des Demetrios von Phaleron[16] –

nun unter dem Titel eines Thesmotheten – zwischen 262 und 255 die Aufsicht über die Politik der Stadt. Einige weitere deutliche Eingriffe sind zu verzeichnen: Ein einziger Beamter führte fortan statt eines Gremiums die Aufsicht über die Finanzen Athens, das Hoplitenstrategenamt wurde abgeschafft, statt dessen wurden die Strategen durch Antigonos bestimmt. Zudem wurde der König als «Retter des Volkes» gefeiert, mit «göttergleichen» Ehrungen bedacht und in der Grenzfestung Rhamnus zusammen mit der Rachegöttin Nemesis kultisch verehrt.

An die Niederschlagung des athenischen Aufstands unter Führung des Chremonides schloss sich in den 250er-Jahren eine Phase der Konsolidierung in Makedonien an. Dazu trug auch bei, dass zuvor die Ansprüche des Alexandros, des Sohnes des Pyrrhos, zurückgewiesen werden konnten, indem 264 Antigonos selbst und 260 der Sohn des Antigonos, Demetrios, erneut dessen Einfall nach Makedonien und darüber hinaus auch die 264 nochmals einfallenden Kelten hatte erfolgreich abwehren können. Eine überraschende Erweiterung der makedonischen Einflusssphäre trat dadurch ein, dass im Jahr 253 ein Halbbruder des Antigonos Gonatas namens Demetrios die Herrschaft des Magas in Kyrene übernahm. Damit war die makedonische Einflusssphäre ebenso weit gestreut wie unter Philipp II. – die Zeit zwischen 260 und 251 markierte den machtpolitischen Höhepunkt der Herrschaft des Gonatas.

Die Festigung der königlichen Herrschaft ist unter anderem an den Städtegründungen erkennbar, die Gonatas in den 250er-Jahren vornahm – gründete er doch ein Antigoneia im Axios-Tal, ein weiteres auf der Chalkidike und ein zweites Demetrias in Makedonien, ohne dass diese bislang lokalisiert worden wären. Möglicherweise handelte es sich um kleinere Militärsiedlungen, die keine weitere Urbanisierung erfuhren.

Zudem lässt sich feststellen, dass unter der Herrschaft des Gonatas die Eigenständigkeit der Städte offenkundig zunahm, und zwar in dem Sinne, dass sie stärker als selbständig agierende politische Einheiten, mithin als Poleis griechischer Prägung, auftraten, auch wenn, was eine makedonische Besonderheit darstellt, alle politischen Vorgänge und Maßnahmen unter königlicher Aufsicht standen und in Einklang mit herrscherlichen Anordnungen und der Haltung des Monarchen zu stehen hatten.

Antigonos bemühte sich erkennbar darum, dem makedonischen Königtum zu neuem Glanz zu verhelfen. So sorgte er für die Wiederherstellung der von Pyrrhos und seinen keltischen Söldnern geplünderten und zerstörten Gräber in Aigai (Vergina), im alten Herrschaftssitz der makedonischen Könige. Die durch die Ausgrabungen seit 1977 berühmt gewordenen ‹Königsgräber› waren glücklicherweise unversehrt geblieben. Vermutlich war es Antigonos, der die gesamte Anlage neu gestaltete und vor allem einen riesigen Grabtumulus aufschütten ließ, zum Teil bestehend aus Teilen zerstörter Grabanlagen. In ähnliche Zeit wie die Aufrichtung des gewaltigen Grabtumulus wird auch der Bau einer Palastanlage datiert – in diesen beiden Bauwerken an einem so prominenten Ort wie Aigai manifestiert sich deutlich der Anspruch des Antigonos, sich als Sohn des Demetrios Poliorketes und Enkel Antigonos I. in die lange Tradition der makedonischen Könige in angemessener Form einzureihen.

Neben der Gründung von Militärsiedlungen, der Gewährung umfänglicher Freiheiten für zumindest die größeren Städte Makedoniens, der Baupolitik in Aigai und andernorts wies sich Antigonos auch durch ein repräsentatives Hofleben in Pella, das sich offensichtlich an dem des Ptolemäerhofes orientierte, als fürsorglicher König aus. Sicherlich geprägt von den vielen Jahren, die er in Athen und Korinth verbracht hatte – also in reichen See- und Handelsstädten, in Metropolen des materiellen und intellektuellen Austauschs –, war ihm offenkundig daran gelegen, ein ähnlich großstädtisches Milieu in Makedonien zu etablieren und Pella eine größere kulturelle Reputation als zuvor zu verschaffen. Im Zusammenhang mit diesen Ambitionen sind die literarisch bezeugten Aufenthalte des Historikers Hieronymos von Kardia, des Dichters Aratos von Soloi, des Epikers Antagoras von Rhodos und der Schüler des Begründers der Stoa, Zenon (336–264), Persaios und Philonides, einzuordnen. Betrachtet man all diese Maßnahmen des Antigonos, so wird deutlich, dass er im Gegensatz zu seinen

Vorgängern erkennbar darum bemüht war, das erst jüngst gefestigte makedonische Königreich in politisch verantwortungsvollem Sinne zu lenken und zu festigen. Diesem aus seinen innenpolitischen Maßnahmen abgeleiteten Herrschaftsverständnis entspricht ein ihm zugeschriebener berühmter Ausspruch, in dem er bekannte, dass das Dasein als König eine «ehrenvolle Knechtschaft» (*éndoxos douleía*) sei.

So gut die Konsolidierung Makedoniens und seines Königtums auf vielen Ebenen, in politischer, wirtschaftlicher und kultureller Hinsicht auch gelang – der einmal gewonnene glückliche Zustand und Machtstatus sollte dennoch nur eine Episode bleiben, was für viele Phänomene der hellenistischen Zeit gilt. Denn bereits wenige Jahre später verlor das makedonische Königtum wieder die machtpolitische Kontrolle über Griechenland. Dies deutete sich bereits mit dem Verzicht auf Einflussnahme auf die politischen Gremien Athens und dem Abzug der makedonischen Besatzung aus der Festung vom Museionhügel an. Offen zutage trat dies aber erst, als sich im Jahr 252 Alexandros, der makedonische Kommandeur der wichtigen Festungen von Chalkis und Akrokorinth, auf Initiative von Ptolemaios II. und Antiochos I. von Antigonos lossagte, und Gonatas sich damit schlagartig seines Einflusses auf Mittelgriechenland, Attika und die Peloponnes beraubt sah. Der durch den Beitritt der Phoker und Lokrer, dann auch der Boioter – nach einem Sieg über dieselben – mächtig gewordene Aitolische Bund nutzte diese Gelegenheit, um den Zugang nach Griechenland auf dem Landweg, wie schon oft zuvor, durch die Besetzung des Thermopylenpasses zu sperren. Ptolemaios II., der die Aitoler finanziell unterstützt hatte, nutzte die Rebellion des Alexandros, um die Kykladen unter seine Kontrolle zu bringen und Teile Thrakiens zu besetzen.

Im Folgejahr 251 fand dieser Abfall von Makedonien seine Fortführung: Argos, Megalopolis und Sikyon entledigten sich ihrer promakedonischen Tyrannen; Arat von Sikyon tat sich bei der Befreiung von Nikokles von Sikyon hervor. In der Folge davon schloss sich Sikyon dem Achäischen Bund an, und Arat wurde 245 zu dessen Strategen gewählt. Eine weitere Konsequenz dieser allgemeinen Erhebung und Aufspaltung der machtpolitischen Kräfte zugunsten sich neu formierender regionaler Verbünde war der Abfall der Arkader von Sparta, der im berühmten Sieg bei Mantineia (249) und in der Gründung des Arkadischen Bundes gipfelte. Megalopolis, der Ort, an dem der Bund zusammentrat, wurde als Bundessitz am südlichen Eingang zu Arkadien neu gegründet, da kein Mitglied den Bund dominieren sollte – nicht nur darin war der Arkadische Bund, der später in den Achäischen Bund integriert wurde, ein Vorbild für die amerikanische Verfassung mit dem gleichfalls neu gegründeten Bundessitz Washington D. C. im Jahr 1792.

Darüber hinaus musste die makedonische Königsdynastie die Ermordung Demetrios «des Schönen» in Kyrene hinnehmen (247), so dass die Ptolemäer wieder ihren traditionell starken Einfluss über diese Stadt zurückgewannen. Durch eine schwere Niederlage der makedonischen Flotte bei Andros (245) verschlechterte sich die Lage des Gonatas noch weiter. Dem achäischen Feldherrn Arat von Sikyon gelang es 243/242, Akrokorinth für den Bund zurückzugewinnen – nicht zuletzt aufgrund der neuerlichen Hilfeleistungen von Ptolemaios II. Fortan war diese bis dahin immer wieder wichtige Festung und Stütze der außenpolitischen Macht- und Einflusssphäre für das makedonische Reich verloren. Korinth, der bedeutende Warenumschlagplatz, und kurz darauf auch Megara traten dem Achäischen Bund bei. Gleichzeitig jedoch stellte sich der Aitolische Bund auf die Seite von Elis, das sich gegen den Arkadischen Bund wandte. Daraus entwickelte sich eine ernsthafte Konfrontation zwischen dem Achäischen und Aitolischen Bund. Im Friedensschluss von 241 wurden die Eroberungen des Achäischen Bundes zwar anerkannt, jedoch gesellte sich nach dem Sturz von Agis IV. auch Sparta zu den Gegnern des Achäischen Bundes. Kurz darauf 240/239 starb Antigonos Gonatas, ohne dass es ihm noch gelungen wäre, ein Bündnis mit den Aitolern gegen den Achäischen Bund zu schmieden.

4. Die weitere Aufsplitterung der Herrschaft Alexanders und die Etablierung der übrigen hellenistischen Dynastien

Kleinere Dynastien und eine neue Macht im Osten (Pergamon, Bithynien, Pontos, Kappadokien, Armenien, Parther)

Mit dem Tod der Generation der Diadochen war, wie bereits dargelegt, auch die Idee der Gesamtherrschaft über Europa und Asien, der Einheit des Alexanderreiches, untergegangen. Mehrere Diadochendynastien hatten sich nebeneinander etabliert und besaßen von nun an zumindest teilweise unabhängig voneinander verlaufende Geschichten und Entwicklungen, die gesondert zu erzählen sind. Denn nicht nur den Antigoniden, den Ptolemäerrn und Seleukiden, sondern auch verschiedenen regionalen Fürsten war es gelungen, sich gegenüber ihren Konkurrenten oder Oberherren zu behaupten, ihre räumlich zumeist begrenzten Machtansprüche durchzusetzen und eigenständige Herrschaften auszubilden. Dies waren die Königreiche von Pergamon, Bithynien, Pontos und Kappadokien. Weitere monarchische Herrschaften und Fürstentümer folgten ihrem Beispiel – zu nennen wäre beispielsweise Armenien. Allerdings erlangten die meisten von ihnen kaum einmal überregionale Bedeutung.

Die Entstehung des Köngreichs von Pergamon gründete auf einem Verrat: Nach der Schlacht von Ipsos (301) war Lysimachos aus der Kriegsbeute ein Schatz von 9000 Talenten Silber, also von rund 180 000 kg, zugefallen. Ebenso war Seleukos mit der Einnahme von Sardeis an einen großen Schatz gekommen. Philetairos, der Schatzmeister des Lysimachos, dem das Geld von seinem Oberherrn anvertraut worden war, kündigte zusammen mit weiteren Generälen 282 seinem Oberherrn die Treue auf, nachdem auf Veranlassung von Arsinoe II., der dritten Herrschergattin, der designierte Thronfolger Agathokles ermordet worden war. Als Seleukos dem Lysimachos daraufhin den Krieg erklärte, nutzte Philetairos die Situation, um eine eigene Herrschaft zu begründen, welche die Stadt samt der Kaikos-Ebene und der wichtigen Heerstraße nach Smyrna umfasste. Den Schatz setzte er in der Folgezeit klug ein: Er baute die Residenz aus, erweiterte die Stadt Pergamon, ließ das 21 Hektar umfassende Stadtgebiet ummauern, tätigte reiche Stiftungen in den benachbarten griechischen Städten und hatte eine ansehliche Söldnertruppe um sich geschart, die über den Schatz des Lysimachos wachte. Die außerordentliche politische Klugheit des erfahrenen Philetairos zeigte sich auch darin, dass er nach der Ermordung Seleukos I. durch Ptolemaios Keraunos dessen Leichnam freikaufte, um die Asche dem Sohn des Toten, Antiochos I., zu übersenden und so zumindest anfänglich das für seine Herrschaft wichtige Wohlwollen der Seleukiden zu gewinnen.

In Bithynien bestand eine dynastische Herrschaft bereits seit 430. Das Land konnte gegen die persischen Satrapen und auch gegen Kalas, den von Alexander eingesetzten Satrapen, erstaunlich hartnäckig seine Unabhängigkeit bewahren. Allerdings war es den bithynischen Königen nicht möglich, die griechischen Städte dieses Gebietes zu unterwerfen. Zipoites ordnete sich dem Antigonos Monophthalmos unter und erhielt von diesem militärische Unterstützung. Dies ermöglichte ihm, sich gegen zwei Generäle des Lysimachos zu behaupten. Im Herbst 297 nahm er einen Sieg über dessen Streitkräfte zum Anlass, sich erstmals ‹König› zu nennen. Kurz nach der Schlacht von Kurupedion (281) starb Zipoites. Auf den von ihm begründeten bithynischen Herrscherthron folgte ihm sein Sohn Nikomedes I., der gegen Antiochos I. kämpfte. Ihm glückte es, sein Königreich um den nordöstlichen Teil Phrygiens zu erweitern, nicht zuletzt deshalb, weil er sich 277 mit den über den Hellespont eingewanderten Galatern – den gelegentlich so verteufelten Kelten – verbündete. Wie die großen Könige, so befestigte auch er in der Folgezeit seine Herrschaft durch eine spektakuläre Neugründung, und zwar der Residenz- und Hauptstadt Nikomedeia im Jahr 264.

Weiter östlich am Südrand des Schwarzen Meeres schloss sich das Territorium des Königreiches Pontos an. Mithradates Ktistes, dessen Begründer (um 349–266), war zunächst ein Lokalherrscher über die Berglandschaft Kimiatene mit seinem befestigten Burg- und Herrschersitz Kimiata. Von dort aus war er in das Küstengebiet vorgedrungen und hatte die griechische Stadt Amaseia erobert. Danach erweiterte er beständig sein Territorium. Den Königstitel nahm er womöglich 297 an – zur gleichen Zeit wie Zipoites –, spätestens aber mit dem Tod des Lysimachos. Auch er hatte ein Bündnis mit den Galatern geschlossen, von dem alle drei Parteien gleichermaßen profitierten. Wie die anderen Diadochen erreichte auch er ein hohes Alter und starb 266 mit 84 Jahren. Beigesetzt wurde er in Amaseia, so wie alle weiteren pontischen Herrscher bis zum Jahr 183.

Als viertes Reich wurde auch in Kappadokien ein selbständiges Königreich begründet. Hier war nach dem Tod Alexanders der persische Satrap Ariarathes I. zunächst mit seinem Versuch gescheitert, eine unabhängige Lokalherrschaft zu etablieren. Perdikkas besiegte ihn 323, ließ Ariarathes hinrichten und setzte Eumenes von Kardia zum neuen Satrapen ein. Danach ging die Oberherrschaft auf Antigonos Monophthalmos über. Dessen Stratege Amyntas konnte jedoch nicht verhindern, dass Ariarathes II., der Sohn des Dynastiegründers, der nach Armenien geflohen war, zurückkehrte und die väterliche Lokalherrschaft zurückgewann. Weder Lysimachos noch Seleukos I. vermochten daran etwas zu ändern; spätestens seit 260 emanzipierten sich die kappadokischen Lokalherrscher von ihren seleukidischen Oberherren und etablierten ein eigenes, unabhängiges Königreich.

Beim Vordringen zum Indus hatte Seleukos I. auch die Kontrolle über Armenien gewonnen, das unter vier selbständig agierenden Königsdynastien aufgeteilt war. Das sogenannte Großarmenien erstreckte sich östlich des oberen Euphrat vom Vansee bis hin zum Gebiet um den Sewansee, durchflossen vom Fluss Araxas (Aras), und wurde von der Familie der Orontiden beherrscht. Westlich davon, mit dem größten Teil seines Territoriums jenseits des Oberlaufs des Euphrat gelegen, schlossen sich das Königreich von Sophene und – noch weiter westlich an Kilikien angrenzend – jenes von Kommagene an; beide waren kleiner als Großarmenien. Deren Könige waren mit denen Großarmeniens familiär eng verbunden und teilten sich die Bewirtschaftung des fruchtbaren Gebietes um Melitene. Arsamosata, die Hauptstadt von Sophene, wurde von König Arsames (260–228) gegründet. Die einzelnen Fürsten Armeniens leisteten den seleukidischen Königen Tributzahlungen und erhielten den Strategen-Titel.

In der Abspaltung der aufgeführten Regionalherrschaften wiederholte sich, wenn auch im verkleinerten Maßstab und auf ein weitaus engeres Gebiet begrenzt, gleichsam noch einmal die Etablierung der Diadochenreiche – das Reich des Antigonos oder des Lysimachos gab es nicht mehr. Die Seleukiden waren zwar nominell deren Nachfolger, dennoch gelang es ihnen faktisch nicht mehr, die autonom gewordenen Köngreiche erneut unter eine einheitliche Herrschaft zu zwingen. Überhaupt war der riesige Herrschaftsbereich, über den Seleukos I. noch geboten hatte, nicht länger der Maßstab: Makedonien und Thrakien waren Ptolemaios Keraunos zugefallen, Kleinasien durch den Machtwillen der verschiedenen kleineren und größeren Dynasten zumindest in Teilen entglitten. Auf das fruchtbare Koile-Syrien erhoben die Nachfolger des Seleukos I. zwar immer wieder einen Herrschaftsanspruch, doch vermochte keiner seiner Nachfolger – trotz vier sogenannter Syrischer Kriege – den ptolemäischen Herrschern die heftig umkämpfte Landschaft einmal über einen längeren Zeitraum zu entreißen. So war die Lage im Westen des seleukidischen Reiches.

Ähnlich sah es auch im Osten aus. Auch dort gingen große Territorien verloren: Der skythische Stamm der Parther, bis dahin südöstlich des Kaspischen Meeres beheimatet, besetzte unter Führung Arsakes I. zwischen 250 und 238 Teile der Satrapie Parthia im heutigen Iran. Und nach dem Dritten Syrischen Krieg sagte sich Diodotos, bis dahin Satrap von Baktrien, von Antiochos II. los. Die vordringenden Parther abwehrend begründete auch er ein eigenes griechisch-baktrisches Königreich, das sich vom Kaspischen Meer bis zum Indus erstreckte, und das er bis 239 regierte.

Die Seleukiden im Vorderen Orient

Das Seleukidenreich, obgleich das territorial größte Überbleibsel des ebenso schnell eroberten wie rasch zerfallenen Alexanderreiches, das zur Zeit seiner größten Ausdehnung von den Dardanellen bis nach Indien reichte, war ein künstliches Gebilde, dessen Könige über eine Vielzahl verschiedener Stämme und Kulturen herrschten. Hervorgegangen war es aus der in Triparadeisos (320) beschlossenen Neuverteilung: Seleukos hatte die Satrapie Babylon erhalten, die ihm jedoch durch Antigonos I. Monophthalmos streitig gemacht wurde. Dies ging so weit, dass Seleukos 315 sogar an den Ptolemäerhof hatte flüchten müssen; erst im Jahr 312 vermochte er zurückzukehren und – dank der militärischen Hilfe des Ptolemaios I. von Ägypten – sich wieder in den Besitz Babylons zu bringen. Entsprechend beginnt die seleukidische Ära, die offizielle seleukidische Jahreszählung, erst mit dem Herbst des Jahres 312 – so zu sehen beispielsweise als Beizeichen auf seleukidischen Münzen. Mehrere Kriegsjahre folgten, in denen sich Seleukos zu behaupten wusste. Ganz in der Tradition Alexanders ging er danach in die Offensive, trat somit als ‹Eroberer› auf und unterwarf in einem Feldzug noch einmal den östlichen Teil des Alexanderreiches mit Medien, Persien, Susa, Karmanien, Parthien und Baktrien. Auf Gedrosien und Arachosien verzichtete er im Tausch gegen 500 Kriegselefanten; für solch ein Abenteuer schien ihm der indische Maurya-Fürst Chandragupta zu mächtig. Nach der geglückten Osterweiterung und Rückkehr vom Feldzug nahm er den Königstitel an und wählte Seleukeia am Tigris zu seiner ersten Residenzstadt. Diese war durch den Fluss in die Route der Seidenstraße eingebunden und deshalb ein bedeutender Handelsplatz, an dem exotische Güter wie beispielsweise Gewürze aus Arabien, Indien und China umgeschlagen wurden.

Eine zweite Residenzstadt kam 301 mit Antiocheia am Orontes hinzu, nachdem eine Koalition der übrigen Diadochen Antigonos bei Ipsos vernichtend geschlagen hatte. Aus der Kriegsbeute fiel Seleukos I. Syrien zu, freilich ohne das südliche «Hohle» (Koile-) Syrien, das in der Hand von Ptolemaios verblieb. Mit Antiocheia, diesem zweiten Zentrum im Westen seines Reiches, behielt er den Zugang zur griechisch geprägten Mittelmeerwelt und vermochte immer wieder griechische und makedonische Soldaten, städtische Funktionäre, Dichter, Gelehrte und Künstler an seinen Hof zu locken. Die Herrschaft des ermordeten Seleukos I. Nikator übernahm sein Sohn Antiochos I. Soter (281–261). Seine Regierungszeit stand ganz im Zeichen des Kampfes gegen die ins nördliche Kleinasien eingefallenen Galater und um die Vorherrschaft gegenüber aufstrebenden Dynasten in Kleinasien. Trotz des Sieges in der sogenannten Elefantenschlacht (275) war er nicht imstande, die Galater dauerhaft zu befrieden. Am Ende seiner Regierungszeit musste er zudem die Unabhängigkeit Pergamons unter der Herr schaft des Königs Eumenes I. endgültig anerkennen (262), nachdem dieser es sogar risikiert hatte, Syrien anzugreifen. Ein Jahr später fiel Antiochos I. im Kampf gegen die Galater.

Die Ptolemäer in Ägypten

Weitaus einheitlicher und stabiler strukturiert als das multiethnische Seleukidenreich war das ägyptische Teilreich, das Ptolemaios begründete. Dank der bereits damals nahezu drei Jahrtausende alten Tradition der Pharaonendynastien, in die sich immer wieder Fremdherrscher hatten einreihen können, vermochte er sein Königtum in eine uralte Herrschertradition zu integrieren, die den Griechen zwar kulturell fremd war, ihm aber als gesicherte Grundlage einer solcherart legitimierten Herrschaftsausübung diente.

Nach Alexanders Tod in Babylon waren Ptolemaios, wie bereits dargelegt, Ägypten, Libyen und die angrenzenden arabischen Länder zugesprochen worden. Der bisherige Statthalter Kleomenes wurde ihm unterstellt; und auch am Beginn der ptolemäischen Dynastiegeschichte steht ein handfester Mord: Anhänglichkeit und Treue des Kleomenes zu Perdikkas gaben Ptolemaios hinreichend Anlass, diesem zu misstrauen und ihn schon nach kurzer Zeit zu beseitigen. Weltreichspläne oder die Wiederherstellung des Alexanderreiches lagen jenseits der Herrschaftsvorstellungen des Ptolemaios und auch jenseits der Zielsetzungen seiner Nachfolger. Das wiederholte Ausgreifen der Ptolemäer in den östlichen Mittelmeerraum hatte vornehmlich den Zweck, einerseits die See- und Handelswege für die eigenen Schiffe und Verbündeten zu sichern, andererseits einen «Gürtel von Befestigungen im Vorfeld» (Polybios 5,34,2–9), also eine Art militärische Sicherheits- und Pufferzone zu schaffen, die Ägypten nach Möglichkeit von jedem auswärtigen Konflikt unbeschadet halten sollte. Tatsächlich sollte die Ptolemäer-Dynastie niemals um ihr Stammland fürchten müssen.

Ihr Kernland umfasste das Gebiet vom Nildelta, von Alexandreia bis nach Pelusion reichend, bis Syene, dem heutigen Assuan, im Süden sowie nach Osten hin die Gebiete bis zum Persischen Golf und im Westen bis zu den großen Oasen. Darüber hinaus zählte auch die Kyrenaika mehr oder weniger ununterbrochen zum festen Einfluss- und Herrschaftsbereich der Ptolemäer.

Auf der Konferenz von Triparadeisos im Jahr 320 hatte Ptolemaios Koile-Syrien erhalten; 301 nach der Schlacht von Ipsos und nach dem Zusammenbruch des Reiches des Antigonos Monophthalmos wurde dieses Gebiet Seleukos zugesprochen, Ptolemaios jedoch weigerte sich, den Süden Syriens preiszugeben. Auch in der Folgezeit blieb Syrien ein steter Zankapfel zwischen Seleukiden und Ptolemäern – um dessen Besitz stritten sich die beiden Dynastien in insgesamt fünf Kriegen.

Ein konstant zum Ptolemäerreich gehöriger Bestandteil ihrer überseeischen Besitzungen war hingegen Zypern, das ebenfalls 301 dem König von Ägpyten zugefallen war. Von einer kurzen anfänglichen Unterbrechung durch Demetrios Poliorketes abgesehen, gehörte es seitdem dauerhaft zum Herrschaftsgebiet der Ptolemäer.

Der Handelsverbindungen wegen pflegte man jedoch nicht nur beste Beziehungen zur Levanteküste und Zypern, sondern auch zu den nächsten Seefahrtstationen, nämlich zu Rhodos, dem benachbarten Lykien und Kreta. Bei dieser starken Kontrolle der Seerouten im südöstlichen Mittelmeerraum half zudem der Nesiotenbund, in dem der ptolemäische König seit 286 die Führung von Demetrios Poliorketes übernommen hatte.

Das außenpolitische Vorgehen der Ptolemäer war weitgehend von der Maxime bestimmt, die machtpolitischen Spielräume der Konkurrenten zu beschneiden, vor allem die der Antigoniden. Eine grundlegende territoriale Erweiterung des Herrschaftsgebiets im griechischen und makedonischen Raum wurde jedoch offenbar nicht angestrebt. So hatten die ptolemäischen Interventionen letztlich immer einen episodenhaften Charakter. Die Seeherrschaft zu

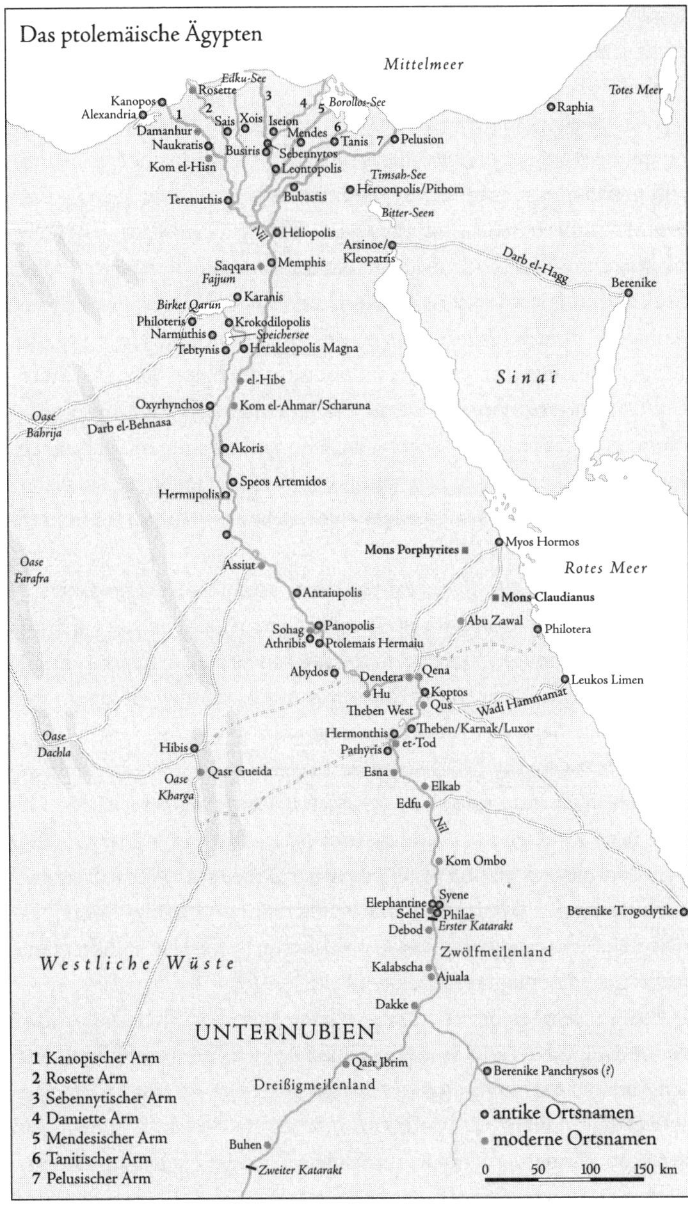

Karte 6: Das ptolemäische Ägypten

behaupten und langfristig abzusichern hatte vorrangige Bedeutung – womöglich auch unter dem Eindruck der eindrucksvollen Seesiege des Demetrios Poliorketes.

Die meisten materiellen und personellen Voraussetzungen für einen weiterreichenden machtpolitischen Anspruch fehlten in Ägypten – denn es gab kein Bauholz, kein Pech und keine ausgebildeten militärischen Landheer- und Flottenkontingente. «Geeignete Mannschaften» wurden aus makedonischen und griechischen Söldnern zusammengestellt, die freilich bezahlt werden mussten. Rohstoffe und Kulturgüter, die das makedonische Heer und der Königshof gewohnt waren, mussten importiert werden. Die Sicherung der permanenten Einfuhr der genannten Güter, um die Ansprüche der Makedonen und Griechen zu befriedigen, war gleichfalls ein wichtiger Beweggrund, sich immer wieder im syrischen, kleinasiatischen und mutterländischen Raum der Oikumene militärisch zu engagieren.

Die Tributzahlungen der von den Ptolemäern kontrollierten Gebiete waren freilich bei weitem nicht hoch genug, um den außerordentlichen Reichtum des ptolemäischen Ägypten zu begründen. Quell des Reichtums war vielmehr die effiziente Bewirtschaftung und Besteuerung Ägyptens sowie die zentralistisch organisierte staatliche Monopolwirtschaft, die in ihrer Art in der antiken Welt einzig war und das starke soziale und rechtliche Gefälle der ägyptischen Gesellschaft nutzte, um einen maximalen Gewinn zu erwirtschaften. Ein genau strukturiertes Abgabensystem sicherte den Ptolemäern dauerhaft und regelmäßig hohe Einnahmen, die wiederum die Grundlage für politische Stabilität und militärische Schlagkraft bildeten.

Die Ptolemäer hatten dieses System von den Pharaonen übernommen und es um weitere Elemente wie die Ansiedlung von Kleruchen, einheimischen Reservesoldaten, ergänzt. Allem Anschein nach geht die Einrichtung dieses Bewirtschaftungssystems auf Apollonios, den Finanzminister (*dioiketés*) Ptolemaios II., zurück, der dieses während seiner Amtszeit zwischen 260 und 246 in seiner ausdifferenzierten Form geschaffen hatte.

Dieses Wirtschaftssystem zeichneten zwei Grundprinzipien aus:

Zum einen unterstanden die Händler einer starken Kontrolle und Reglementierung, die dem Ziel diente, wertvolle Metalle wie Gold und Silber im ptolemäischen Staatsschatz anzuhäufen, zum anderen ist charakteristisch, dass jegliche wirtschaftliche Aktivität unter Aufsicht der Staates stand. In einem Papyrustext tritt diese Eigenart der ptolemäischen Wirtschaft besonders klar zutage: Dabei handelt es sich um ein Verwaltungsschreiben, einen Brief, den Demetrios, der Münzmeister in Alexandreia, an seinen obersten Vorgesetzten, den bereits erwähnten Apollonios, im Jahr 258 schrieb.[17]

Das Schreiben bezieht sich auf die Neuordnung des ägyptischen Steuerwesens, die Ptolemaios II. als Mitregent bereits 285 in Gang gesetzt hatte. Die einzelnen Maßnahmen waren vor allem zu dem Zweck getroffen worden, nach Möglichkeit fremde Währungen – etwa griechischer Städte oder anderer Herrscher – aus Ägypten auszuschließen. Dies bedeutete für sämtliche Kaufleute, die in Alexandria Handel trieben, dass sie gezwungen waren, bei ihrer Ankunft am Hafen ihr Geld in Wechselstuben gegen neue ptolemäische Münzen zu tauschen. Diese hatten einen leichteren Münzfuß, der dem phoinikischen ähnelte. Dadurch war der Umlauf fremder Währungen ausgeschlossen und ein monetäres Binnensystem in Ägypten geschaffen. Aufgrund des Erfolgs wurde einhundert Jahre später dieses in sich geschlossene Geldsystem von den pergamenischen Königen mit der Prägung der sogenannten Kistophoren (Münzen mit Darstellung der *kisté*, eines heiligen Schreins) nachgeahmt. Der exklusiven Währungspolitik entsprach eine auch im Übrigen ausgeprägt merkantilistische Wirtschaftspolitik, welche die Optimierung der königlichen Einkünfte aus Pachtzahlungen für ausgegebene Ländereien bezweckte.

Als speererworbenes Land gehörte das ägyptische Territorium in seiner Gesamtheit dem König, war es doch nach dem Herrschaftsverständnis der hellenistischen Könige sein persönliches Eigentum. Bestellt wurde es von weitgehend rechtlosen ägyptischen Kleruchen, denen eine Landparzelle gegen Pachtzahlung überlassen wurde. Etwa ein Drittel von ihnen stammte aus Gebieten, die nicht unter ptolemäischer Aufsicht standen. In Übernahme des Systems der Pharaonen war das Land in insgesamt 40 Gaue (*nómoi*) aufgeteilt; diese waren wiederum untergliedert, und zwar in Gebiete (*tópoi*) und in Dörfer (*kómai*). Jede dieser Gebietseinheiten hatte ihren eigenen Vorsteher (Nomarchen, Toparchen, Komarchen). Als Neuerung kam unter der makedonisch-ptolemäischen Herrschaft hinzu, dass zusätzlich Truppen in jedem Gau (*nómos*) stationiert wurden, die unter dem Befehl jeweils eines Feldherrn (*strategós*) standen, sowie lokale Finanzbeamte (*oikonómoi*), die in die Gaue, Gebiete und Dörfer abgeordnet wurden. Da sich die *strategoí* mit der Zeit immer stärker mit sonstigen Aufgaben zu beschäftigen hatten, wurde ihre ursprüngliche militärische Aufgabe im 2. Jahrhundert v. Chr. sogenannten *epistrátegoi* zugewiesen, die für mehrere Gaue zuständig waren. Die den *strategoí* unterstellten Beamten, also die *oikonómoi*, wachten sorgsam über die königlichen Ländereien und deren Bewirtschaftung durch die sogenannten Königsbauern. Diesen Pächtern wurden ihre Parzellen von zumeist bescheidener Größe häufig nur für eine recht kurze Zeitspanne überlassen. Zwar wurde das Saatgut vom König gestellt, jedoch mussten sie es in entsprechender Höhe zurückerstatten, sobald die Ernte eingebracht war; auch wurde ihnen genauestens vorgeschrieben, was sie auszusäen und anzubauen hatten.

Innerhalb der ptolemäischen Verwaltungshierarchie waren die *oikonómoi* die ranghöchsten lokalen Beamten; als solche unterstanden sie nur dem König und seinen Stellvertretern in Wirtschaftsfragen, dem *dioiketés* sowie den Strategen. Sie verkörperten das königliche Gewalt- und Machtmonopol auf dem Land, in den Gauen und Dörfern. Als Gehilfen standen den *oikonómoi* der Dorfvorsteher und der Dorfschreiber zur Verfügung. Erst diese untere administrative Ebene wurde mit Ägyptern besetzt, welche Sprache und Gewohnheiten der einheimischen Bevölkerung kannten und dafür zu sorgen hatten, dass die Bauern ihre Abgaben und Steuern pünktlich zahlten. Dabei sollten sie sich darum bemühen, darauf zu achten, dass diese nicht so stark belastet waren, dass sie das Existenzminimum unterschritten und Gefahr liefen, ihre Landstellen aufzugeben. Dennoch kam dies häufig vor.

In einem Papyrus hat sich eine Art Dienstanweisung an die *oikonómoi* erhalten, die diesen offenbar bei Amtsantritt zur allgemeinen Beachtung eingeschärft wurde. In dieser um 210 entstandenen Vorschrift heißt es unter anderem (P. Tebt. 703 Z. 40–49. 57–63 = Austin [2006] Nr. 319): *«Bemühe Dich bei Deinen Inspektionsreisen an jedem Ort, an den Du hingelangst, darum, alle Leute aufzumuntern und sie in bessere Stimmung zu versetzen. Dein Bemühen sollte aber nicht nur darin bestehen, mit ihnen zu sprechen; wenn sie sich über die Dorfschreiber oder die Dorfvorsteher beklagen wegen irgend etwas, das mit der Landwirtschaft zu tun hat, dann solltest Du es nachprüfen und soweit als möglich in Ordnung bringen […] Du hast es als eine von Deinen dringlichsten Pflichten anzusehen, darauf zu achten, dass im Gau jene Getreidesorte ausgesät wird, die laut Anweisung vorgeschrieben ist. Sollten irgendwelche Leute wegen ihrer Abgaben unter starken Druck gesetzt oder völlig ausgesaugt werden, dann darfst Du dies nicht ohne eine Untersuchung durchgehen lassen.»*

Dieser Anordnung zufolge sollte jeder *oikonómos* stets Sorge dafür tragen, dass die vorhandenen Einkommensquellen bestmöglich genutzt wurden; er musste das Vieh zählen, den Getreideanbau überwachen und für die termingerechte Ablieferung der Abgaben sorgen. Das Land selbst bestand keineswegs nur aus Königsland, auch wenn es in seiner Gesamtheit königliches Eigentum war. Ein großer Teil des Landes war Tempelland, das man den Priesterschaften der großen Heiligtümer als Schenkung überlassen hatte und das von diesen bewirtschaftet wurde. Obgleich auch dort die makedonischstämmigen Könige versuchten, deren Ländereien zu begrenzen, den Anbau zu bestimmen und die Ernteerträge zu optimieren, gelang ihnen dies nur zum Teil. Langfristig vermochten die Priesterschaften der Tempel ihre Territorien zu bewahren und, als die machtpolitische Bedeutung der Ptolemäer im 2. Jahrhundert nachließ, sogar ihre Stellung deutlich auszubauen.

Eine dritte Kategorie von Land neben Tempelland und Königsland bildete das geschenkte Land, das der König seinen Günstlingen – verdienten Beamten oder auch Priestern – zuteilte. So besaß der oben erwähnte *dioiketés*, der Leiter der zivilen Verwaltung unter Ptolemaios II., Apollonios, beispielsweise 2800 Hektar in der Oasenlandschaft Faijum, rund 250 Kilometer südlich von Alexandria. Landschenkungen seitens des Königs konnten jedoch auch ganzen Gruppen zuteil werden, so den Reservesoldaten, den *klerûchoi* oder *kátoikoi*. Diese waren gerade in den ersten fünfzig Jahren der Ptolemäerherrschaft massenhaft auf die einzelnen *nómoi* im Land verteilt worden. Häufig waren es Kriegsgefangene – so beispielsweise 8000 nach der Schlacht von Gaza verschleppte Soldaten –, die zwangsweise in Ägypten auf kleinen Landparzellen von 1,5 bis 30 Hektar angesiedelt wurden. Die Aufgabe der Kleruchen bestand darin, einerseits das Land selbst zu bewirtschaften und sich andererseits regelmäßig militärisch zu üben, um für eventuelle Kampfeinsätze zur Verfügung zu stehen. Daran zeigt sich, mit welch klugem Kalkül die ptolemäischen Herrscher ihre Ansiedlungspolitik betrieben. Statt die Soldaten als kostspielige Söldner zu unterhalten, wurden ihnen von den Königen Landlose zur Eigenversorgung zur Verfügung gestellt. Auch Weiterverpachtung der Grundstücke war möglich; ein Soldat musste also nicht notwendigerweise selbst das Land fruchtbar machen und kultivieren.

Über die Pachteinnahmen hinaus gab es eine Vielzahl von Steuern, die den Königen weitere regelmäßige Einkünfte sicherten. Diese bezogen sich auf verschiedene Lebensbereiche und waren überaus differenziert ausgestaltet. So wissen wir von Abgaben auf Wolle und Leinen, eine Erbschaftssteuer, eine fünfprozentige Steuer auf Hausmieten, eine zehnprozentige Steuer auf Gewinne aus Verkäufen, ein zweiprozentige Marktsteuer, eine 33-prozentige Steuer auf Gewinne aus dem Taubenverkauf, eine Steuer des gleichen Prozentsatzes auf alle Gewinne aus dem Verkauf von Produkten aus dem Obst-, Wein- und Gartenanbau, eine Steuer auf Vieh und Sklaven, eine Kopfsteuer, lokale Zollabgaben, Steuern, die fällig wurden bei der Vergabe von Lizenzen und Pachten verschiedener Erwerbszweige (Imker, Schweinezüchter, Fischer und Händler waren davon betroffen) usw. Den verbleibenden Rest an Erträgen nutzten die Pachtbauern in der Regel zum Erwerb lebenswichtiger Dinge für das Alltagsleben; die Kleruchen waren immerhin von der Last der Pachtzahlung befreit und daher ökonomisch besser gestellt als die gewöhnlichen Bauern.

Eine weitere Einnahmequelle der ptolemäischen Könige bestand darin, dass sie verschiedene staatliche Monopole eingerichtet hatten. Bestimmte Produkte durften nämlich nur sie anbieten, allen anderen war der Verkauf entsprechender Produkte in Ägypten untersagt. So gab es staatliche Monopole für alle ölhaltigen Sämereien und Früchte (Sesam, Rizinusöl, Leinsamen, Safran und Rundkürbis);[18] deren Anbau, Kultivierung, Weiterverarbeitung fand in staatlichen Manufakturen statt, ihr Verkauf erfolgte nach einer festen Preisordnung. Weiterhin besaßen die Könige das Monopol auf die ägyptischen Bergwerke, in denen Gold, Silber und Kupfer gewonnen wurden, ferner auf den Betrieb von Steinbrüchen, die Salzgewinnung oder die Gewinnung von Salpeter und Alaun, die zum Walken von Stoffen unentbehrlich waren. Davon sind faktische Monopole zu unterscheiden, die durch überbordende Reglementierungen zustande kamen, so etwa bei der Herstellung von Leinen, Papyrus oder Bier. Kaum ein Wirtschaftsbereich blieb ausgespart; jeder Bereich wurde mithin ökonomisch erfasst und genutzt, um den Gewinn für die königlichen Schatzkammern möglichst hoch zu halten. Der König und Pharao war gleichsam der ‹erste und oberste› Geschäftsmann. Eine ebenso strenge wie starre Wirtschaftsordnung prägte das Alltagsleben der Mehrheit der Ägypter. Eine Leitmaxime aus der bereits angeführten Dienstanordnung besagte (P. Tebt. 703 Z. 230–232 = Austin [2006] Nr. 319): «*Niemand hat das Recht zu tun, was er will, doch alles ist zum Besten geordnet.*»

Im ptolemäischen Ägypten stand einer zahlenmäßig verschwindend kleinen makedonisch-griechischen Führungsschicht die große Masse der ägyptischen Bevölkerung gegenüber Ägypten besaß mithin keineswegs eine homogene, sprachlich und kulturell ‹amalgamierte› Bevölkerung. Griechen-Makedonen und Ägypter lebten in sozialer wie auch kultureller Hinsicht nebeneinander her und besaßen, von wenigen Ausnahmen abgesehen, kaum ein erkennbares Interesse füreinander. Die streng hierarchisch gegliederte Beamtenschaft war ein Apparat, den die Makedonen vorfanden, als sie die Herrschaft übernahmen. Deren effizientes Wirken und die damit verbundene große Stabilität bildeten ein wertvolles Erbe und eine wichtige Voraussetzung für die politischen und militärischen Leistungen der makedonischen Ptolemäer. Die führen-

Abb. 7: Das Basaltfragment einer Statue von Ptolemaios I. zeigt den König im Stil eines ägyptischen Pharaos (3. Jahrhundert v. Chr.)

den Posten in der Verwaltung bekleideten jedoch fast ausschließlich Makedonen und Griechen, einheimische Ägypter waren zumeist nur in untergeordneten Positionen anzutreffen.

Der Fülle an Finanz- und Machtmitteln entsprach die religiöse Überhöhung der Herrscher. Als Nachfolger der Pharaonen wurden sie von der einheimischen Bevölkerung als Götter verehrt. Die ägyptischen Priester standen durchaus nicht in Opposition zu den makedonischen Herrschern, sondern kooperierten mit ihnen, integrierten sie in die Tradition der Pharaonenherrschaft durch Übergabe von Titulatur und Insignien und führten sie in die ägyptischen Opferrituale ein.

Allein der Besitz militärischer Gewalt begründete die exklusive Vorrangstellung der Makedonen, die Kriegsherren blieben und faktisch mit dem religiösen und sonstigen Leben der Ägypter nur in bestimmten Zusammenhängen verbunden waren. Politisches Leben kann somit nur als das höfische Leben der makedonischen Herren begriffen werden.

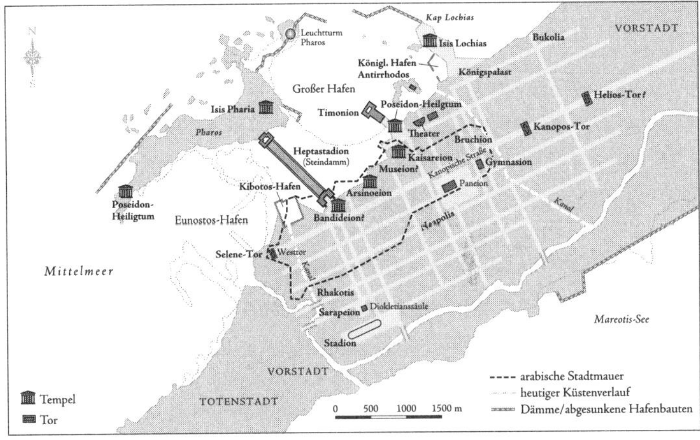

Abb. 8: Das hellenistische Alexandreia

Alexandreia

Ausgangs- und Mittelpunkt des politischen und wirtschaftlichen Lebens war von Beginn an nicht Memphis, die alte Hauptsadt der Pharaonen, sondern die von Alexander begründete griechische Stadt Alexandreia, die dank des doppelten Hafens einen ebenso bequemen Waren- und Güteraustausch mit dem rohstoffreichen Oberägypten erlaubte wie mit Herrschern, Städten und Völkern des östlichen Mittelmeerraums.

Für die Metropole waren die zahlreichen Importe aus Oberägypten von großer Bedeutung. Alexandreia wurde zur Residenz der Ptolemäer und zum Sitz der Administration ausgebaut, von der aus Ägypten zentralistisch regiert und verwaltet wurde. Der Leichnam Alexanders, des Stadtgründers, war, wie bereits gehört, von Ptolemaios I. ebenso eigenmächtig wie pompös von Memphis in die neue Hauptstadt überführt worden. So entwickelte sich Alexandreia, von Alexander westlich des Nildeltas am Mareotis-See gegründet, schnell zu einer mit prachtvollen Gebäuden ausgestatteten Metropole, in der Ägypter, Griechen, Makedonen, Afrikaner und Juden lebten. Die Stadt besaß einen eingeschränkten autonomen Status wie Naukratis und Ptolemaïs; das übrige Land, die sogenannte *chóra*, war in einzelne Bezirke (Gaue) eingeteilt.

Neben den großen, allein den Ptolemäern möglichen Aufwendungen für Heer und Hofpersonal übertrafen sie auch auf dem Feld der Repräsentation ihre Konkurrenten: Architektonisch beschränkte sich dies weitgehend auf die Hauptstadt. Am Hafen wurden ausgedehnte Palastanlagen errichtet, die unter anderem ein Musenheiligtum, das sogenannte Museion mitsamt einer riesigen Bibliothek von 500000 bis 700000 Buchrollen, beherbergten, das Gelehrten und Dichtern zur Verfügung gestellt und von herausragenden Vertretern ihrer Profession geleitet wurde. Der erste Vorsteher der Bibliothek war der gelehrte Dichter Kallimachos von Kyrene, der zwischen 270 und 260 die Institution leitete und den auf Pinakes (Tafeln) aufgezeichneten Bibliothekskatalog schuf; auf ihn folgte Apollonios von Rhodos (260–245), ein Dichter, der in einem damals weithin bekannten Epos den Zug der Argonauten besang, und schließlich der große hellenistische Universalgelehrte, Mathematiker und Geograph Eratosthenes von Kyrene (245–204). Ganz bewusst wurde offenkundig ein Schwerpunkt gesucht, durch den sich Alexandreia von Athen als Zentrum der Philosophenschulen abheben sollte. Man verstand sich als Wahrerin der griechischen Kultur, da in dieser Bibliothek alle verfügbaren Schriften gesammelt wurden: eine von hellenisierten Makedonen begründete Nationalbibliothek der griechischen Literatur. Nicht philosophische Theorie, sondern philologische Gelehrsamkeit, Sammeleifer und Akribie standen im Vordergrund der Tätigkeit der in Alexandreia wirkenden Gelehrten. Dementsprechend wurde dort auch die ägyptische Pharaonen-Geschichte des Manetho in griechischer Sprache abgefasst und für die in Alexandreia lebenden Juden, die des Hebräischen nicht mehr mächtig waren, eine griechische Übersetzung des Alten Testaments angefertigt, die sogenannte Septuaginta. Die Gelehrten machten das besondere Gepräge der Kultur Alexandreias aus, das auf die damaligen Zeitgenossen und nachfolgenden Dichter und Gelehrten gleichermaßen ausstrahlte und zahllose Fachwissenschaftler und Literaten aus der ganzen «bewohnten griechischen Welt» (*oikuméne*) anzog.

Die Stadt war nach einem rechtwinkligen Straßensystem angelegt worden. Durch einen Damm war sie mit der vorgelagerten Insel Pharos verbunden, auf der in der Mitte des 3. Jahrhunderts v. Chr. der Leuchtturm von Alexandreia, eines der sieben antiken Weltwunder, erbaut wurde. Auf der Ostseite dieses Dammes befand sich der Seehafen, der durch die künstlich geschaffene Halbinsel problemlos mit einer Kette verschlossen und so militärisch gesichert werden konnte.

Um die Reputation der neuen Metropole zu heben, wurde von Ptolemaios I. nicht nur der Leichnam Alexanders nach Alexandreia überführt, sondern auch ein Kult für eine neue Gottheit mit einem ägyptisierenden Namen etabliert. Die in der ägyptischen Hauptstadt Memphis verehrte ägyptische Gottheit Ososarapis erhielt nun, in Sarapis umbenannt, einen Kult. Wie beim Herrscherkult ist auch in diesem Fall ein deutliches Bemühen um eine Koexistenz von traditioneller und innovativer Kultpraxis festzustellen, ohne dass damit religiöse Inhalte verbunden gewesen wären.

Ptolemäische Machtpolitik: Der Kampf um das «Hohle» Syrien gegen die Seleukiden (bis 238 v. Chr.)

Ptolemaios I. hatte still und beharrlich seine Machtposition in Ägypten aufgebaut und unangreifbar gemacht. Allerdings war jeder der hellenistischen Könige auch zugleich ein Gefangener des eigenen dauerhaften machtpolitischen Schaukelspiels. Ptolemaios II. geriet in große Schwierigkeiten, als der seleukidische König Antiochos I. seine Tochter mit Magas verheiratete, dem Statthalter in der Kyrenaika, der sich nicht zuletzt durch diese Heirat unabhängig von der ptolemäischen Oberherrschaft zu machen und ein selbständiges Köngreich zu gründen suchte. Aufgrund dieser Heirat kam es zum Ersten Syrischen Krieg zwischen Ptolemaios und Antiochos, der freilich nur die Festschreibung des Status quo ante zum Ergebnis hatte: Koile-Syrien und die übrigen überseeischen Besitzungen blieben unter der Kontrolle der Ptolemäer, der Nesiotenbund unter ihrer Vorherrschaft. Ptolemaios II. feierte diesen ‹Sieg› in Alexandreia – entsprechend der Ideologie der hellenistischen Herrscher. Die Dichter wurden gebeten, gleichfalls ihren Beitrag zur Verherrlichung des Herrschers zu leisten. Ein Überbleibsel dieser verordneten panegyrischen Bemühungen ist das 17. Idyll des Dichters Theokrit von Syrakus, das anlässlich der Siegesfeierlichkeiten im Jahr 273/272 verfasst wurde. Wie Alexander wurde nun auch Ptolemaios II. als Krieger und Held homerischer Prägung gepriesen. Das Lobgedicht, das in seinem Aufbau ganz den rhetorischen Konventionen eines Prosaenkomions folgt, hebt mit der fruchtbaren Erde Ägyptens und des Glücks der Nilflut an (Theokrit 17, 77–105. 121–130): *«Zahllose Länder der Erde und zahllose Menschengeschlechter bringen, vom Regen des Zeus begünstigt, die Saat zum Gedeihen. Keines bringt jedoch so viel hervor wie die Niederung Ägyptens, wenn der schwellende Nil den Boden durchfeuchtet und lockert, keines auch hat so viele Städte mit Menschen, die Arbeit erlernten.»* Anschließend wird die Größe seiner Herrschaft geschildert, beginnend bei den Dörfern und Städten: *«Denn es sind drei Mal 100 Städte erbaut in dem Lande, drei Mal 1000 und drei Mal 10 000 kommen noch dazu, außerdem zwei mal drei sowie drei mal neun noch als letztes (= 33 333). Über sie alle ist König der tapfere Held Ptolemaios. […] sind es die tüchtigsten Schiffe, die für ihn fahren zur See; und das ganze Meer und das Festland mit seinen rauschenden Strömen sind untertan seinem Zepter. Ferner scharen um ihn sich zahlreiche Reiter und viele Krieger, mit Schilden bewehrt und mit funkelndem Erz gewappnet. Mit seinem Reichtum wohl wird er die Könige all übertreffen; so viel kommt an jeglichem Tag zu dem reichen Palaste überallher. Und das Volk verrichtet in Frieden die Arbeit, da kein Feind je zu Fuß den tierreichen Nil überschreitet, um Kampfgeschrei zu erheben in Dörfern, die anderen gehören. […] Auch springt keiner von seinem schnellen Schiff aus ans Ufer, um mit Waffengewalt ägyptische Rinder zu rauben. Solch ein Mann thront über dem weithin sich dehnenden Land, Held Ptolemaios im Blondhaar, kundig, Speere zu werfen. Ihm ist gar sehr – wie tüchtigen Königen stets – daran gelegen, all sein Erbe zu wahren, und anderes erwirbt er sich selbst. […] Nur Ptolemaios […] hat für Mutter und Vater duftende Tempel gegründet. Dort hinein, wo in Gold und Elfenbein sie erstrahlen, hat er sie beide gestellt als Helfer für sämtliche Menschen. Und im Umlauf der Monde verbrennt er zahlreiche fette Schenkel von*

Stieren auf blutgeröteten Opferaltären, er und die treffliche Gattin; und nie hat je eine bessere Frau den Vermählten im Brautgemach in die Arme geschlossen, liebt sie von Herzen ja den, der ihr Bruder und Gatte zugleich ist.»

Ebenso spektakulär wie die große Siegesfeier war die Heirat Ptolemaios II. mit seiner Schwester Arsinoe II., die zuvor mit Lysimachos und ihrem Halbbruder Ptolemaios Keraunos verheiratet gewesen war. Diese Ehe diente vor allem dazu, die Nachfolge für seine aus erster Ehe stammenden Kinder abzusichern. Eine Usurpation des Thrones durch eine familiäre Seitenlinie war damit ausgeschlossen. Mit der Geschwisterehe war die Einheit der Familie für die nächste Generation bewahrt. Nach ihrem Tod errichtete der Brudergemahl zu Ehren seiner Schwester und Ehefrau einen Tempel, das sogenannte Arsinoeion im Hafen von Alexandreia, in dem Arsinoe II. als Isis verehrt wurde.

Auch der Zweite Syrische Krieg (260–253) endete ohne größere Veränderung der machtpolitischen Gesamtkonstellation. Diesen Frieden musste sich Ptolemaios II. jedoch durch Zahlung einer großen Geldsumme erkaufen, die er durch die Verheiratung seiner Tochter Berenike mit Antiochos II. (261–246) als Mitgift zu verschleiern vermochte. Damit der seleukidische Herrscher das großzügige Angebot der Ehe mit der ägyptischen Prinzessin Berenike annehmen und so den Friedensschluss bekräftigen konnte, musste er allerdings seine erste Frau Laodike verstoßen. Als Antiochos II. jedoch zu seiner ersten Frau Laodike zurückkehrte, hatte dies verhängnisvolle Folgen.

Diese nämlich sah für ihren ältesten Sohn Seleukos II. Kallinikos nur eine Chance auf die Nachfolge auf den väterlichen Thron, wenn Berenike, deren Sohn und auch der dem zweiten Sohn enger verbundene Vater und Ehemann selbst tot wären. Nach dem Giftmord an Antiochos II. kam es innerhalb des seleukidischen Königshauses zum Konflikt zwischen Antiochos Hierax, dem minderjährigen Sohn der Berenike, und Seleukos II., dem Sohn der Laodike aus der ersten Ehe des Antiochos II. Die Thronwirren forderten erbarmungslos ihre Opfer. Auch Berenike und ihr Sohn wurden ermordet, so dass die ptolemäische Linie nicht mehr zum

Zuge kommen konnte. Doch auch Ptolemaios III. schaute dem familiären Morden am seleukidischen Hof nicht tatenlos zu: Mit Verweis auf die Ermordung seiner Schwester Berenike fiel der ägyptische König in Syrien ein und eröffnete damit den Dritten Syrischen (Laodike-)Krieg (246–241). Diesen hätte Ptolemaios III. wohl auch für sich entschieden, wenn er nicht den anfänglich mit großem Erfolg geführten Krieg – er drang immerhin bis Babylon vor – unverzüglich wegen eines wohl auf eine Hungersnot zurückgehenden Aufstands in der Heimat hätte abbrechen müssen. Immerhin konnte er weitere Stützpunkte für Flotte und Handel in Lykien, Kilikien und Syrien – dort vor allem Seleukeia Pieria – für sich gewinnen.

Für das Seleukidenreich war die Zeit nach dem Laodike-Krieg weitaus weniger erfreulich: Auch wenn der arg in Bedrängnis geratene Seleukos II. die Ptolemäer dank glücklicher Umstände zurückzuwerfen vermochte, so hatte er doch erneut weitere Herrschaftsbereiche, vor allem die wichtige seleukidische Hafenstadt Seleukeia Pieria, und infolge von Plünderungen auch noch die gewaltige Summe von 40 000 Talenten Silber verloren. Die innenpolitische Schwäche zog zudem nach sich, dass die bereits erwähnten östlichen Gebiete, Parthien und Baktrien, sich von der seleukidischen Oberherrschaft lossagten und fortan unabhängig agierten. Ein Feldzug gegen die aufständischen Gebiete scheiterte. Mit dem Abfall seines Bruders Antiochos Hierax musste Seleukos II. schließlich den dritten Gebiets- und Machtverlust hinnehmen, der sich 240 mit Hilfe der Galater und Ptolemäer ein eigenes Reich in Kleinasien aufzubauen versuchte: Dieses hatte nur insgesamt zwölf Jahre Bestand. 228 wurde er von Attalos I. von Pergamon aus Kleinasien vertrieben, was wiederum zur Folge hatte, dass dieser sich mit Gewalt die Herrschaft über Syrien aneignen wollte. Seleukos II. konnte jedoch dieses Vorhaben zunichte machen. Sein ältester Sohn Seleukos III. Keraunos (225–223) gab die Herrschaft über Kleinasien nicht verloren, unternahm einen Feldzug, der von Erfolg gekrönt war, jedoch mit seiner Ermordung im Zuge eines Söldneraufstands abrupt endete.

In Ägypten sorgte die machtpolitische Stabilisierung nach Abschluss des Dritten Syrischen Krieges sowie die Niederschlagung sozialer Unruhen durch Ankauf und Ausgabe großer Getreidemengen zu subventionierten Preisen für die weitere Festigung der ptolemäischen Dynastie. Unter Ptolemaios III. wurde zudem in der Nachkriegszeit auch erstmals eine gewisse Annäherung der ägyptischen und griechisch-makedonischen Kultur betrieben, die im Kanopos-Dekret dokumentiert ist. Dieses Dekret wurde 238 von den Priesterschaften aller großen Heiligtümer verabschiedet. Erstmals äußerten sich die Priester der ägyptischen Tempel gemeinsam mit denen der griechischen Kulte und des Alexander-Kultes in Ägypten. Erstmals durfte die alte ägyptische Religion gegenüber der Kultur der eingewanderten Oberherren die Führungsrolle spielen. Der makedonische wurde an den traditionellen ägyptischen Kalender angepasst. Auch die früh verstorbene Tochter der Geschwisterkönige wurde zur Göttin erhoben und zudem ein gemeinsames Dankesfest eingeführt, das sich an alle griechischen und ägyptischen Götter richtete. In demotischer und griechischer Sprache wurde der betreffende Beschluss abgefasst, damit er einen möglichst großen Teil der Bevölkerung erreichte. Darin spiegelt sich zumindest der königliche Wunsch nach wechselseitiger Anerkennung der griechischen und ägyptischen religiösen Traditionen und deren Zusammenwachsen. Die Instandhaltung und Renovierung ägyptischer Tempel wie auch die Zusammenkünfte, sogenannte Synoden sämtlicher Priester der im ptolemäischen Reich praktizierten Kulte einschließlich des Herrscherkults, sind weitere eindrucksvolle Indizien für den unter Ptolemaios III. hervortretenden Integrationswillen. Mit der Einführung der Synodalverfassung tritt aber auch das königliche Bedürfnis nach stärkerer Kontrolle der ägyptischen Priesterschaft in den verschiedenen Landesteilen zutage. Unter Ptolemaios V. jedoch – mit wachsender Abhängigkeit der Ptolemäer von den Priesterschaften – wurden die Synoden der Priester wieder aufgelöst.

Makedonien nach dem Tod des Antigonos Gonatas

Die Thronfolge in Makedonien gelang zwar ohne Schwierigkeiten, jedoch häuften sich rasch die Probleme nach dem Herrschaftsantritt Demetrios' II., (239–229), der immerhin zehn Jahre regieren sollte: Besonders bedrohlich war für ihn das Bündnis, das der Aitolische Bund mit dem Achäischen Bund eingegangen war. In dieser Notlage nutzte Demetrios II. das bewährte Mittel einer Heirat zwischen den Herrscherdynastien. Er schloss ein Bündnis mit dem Molosserkönig Alexander und der Königin Olympias von Epeiros und bekräftigte dieses durch die Ehe mit deren Tochter Phthia (oder Chryseis). In der Folgezeit gelang es dem makedonischen Herrscher, einen Einfall der Aitoler in Thessalien abzuwenden und durch Einbindung der Boioter und Lokrer die aitolische Stadt Pleuron 234 zu zerstören – stolz nannte er sich seitdem Aitolikos. Darüber hinaus verband er sich 232 gegen die Aitoler und Achäer mit dem mächtigen illyrischen König Agron, der in etwa über das heutige Albanien, Bosnien und Herzegowina, Kosovo, Montenegro und das südliche Dalmatien sowie auch über Teile von Epeiros und die Insel Korfu gebot. Nach dem Sieg über die Aitoler verstarb Agron allerdings 230 – angeblich nach übermäßigem Alkoholkonsum – nach zwanzigjähriger Herrschaft. Seitdem führte seine Frau Teuta die Königsherrschaft anstelle ihres noch unmündigen Sohnes Pinnes. Von diesem Reich wird noch die Rede sein, denn Agron bedrohte die griechischen Städte an der dalmatischen Küste; diese hatten die Römer um Hilfe gerufen. Dies führte 230/229 dazu, dass die Römer Korkyra, Apollonia und Dyrrachion von den Illyrern eroberten und unter ihren Schutz stellten.

Als das epeirotische Königshaus 231 gestürzt wurde, verschlimmerte sich die Lage für den makedonischen König dramatisch, da der neu entstandene Bund der Epeiroten sich nicht nur mit dem Aitolischen und Achäischen, sondern nun auch mit dem Thessalischen Bund zusammenschloss. In diesen Bestrebungen wurden alle vier Bundesstaaten insgeheim von den anderen Dynasten unterstützt. Demetrios II. war seinerseits nicht einmal in der Lage, den epeirotischen König militärisch zu unterstützen, denn die Dardaner waren zu dieser Zeit in Makedonien eingefallen und banden seine Kräfte. Im Kampf gegen diese fiel Demetrios im Alter von 49 Jahren im Jahr 229 v. Chr.

Nach dem Tod des Gonatas erbte sein Nachfolger Antigonos Doson diese Auseinandersetzungen: Er hatte die Vormundschaft über den damals noch unmündigen späteren König Philipp V. übernommen. Sein Regierungsantritt führte zu noch größeren Problemen, da die Athener erneut den Herrscherwechsel zum Anlass nahmen, sich 229 gegen die makedonische Oberherrschaft zu erheben. Die Brüder Eurykleides und Mikion organisierten den Widerstand und sammelten das Geld für die Abfindung der zu ihnen übergelaufenen makedonischen Soldaten. Vor allem Ptolemaios kam ihrer Aufforderung nach und spendete reichlich – als Gewinn winkte ihm die dadurch begründete Neutralität Athens. Angesichts des massiven Widerstands, den Diogenes, der Kommandeur der makedonischen Besatzung der Piräusfestung, seitens der Athener zu erwarten hatte, gab er sich zufrieden mit der ihm angebotenen Summe von 150 Talenten und überließ der athenischen Bürgerschaft bereitwillig Munychia und den Piräus sowie die übrigen Festungen in Attika.

In dem fragmentarisch erhaltenen Dekret zu Ehren des Eurykleides wird ausführlich die gesamte öffentliche Tätigkeit des Befreiers gewürdigt: Zur Erwähnung kommen nicht nur seine politischen Verdienste und seine Rolle bei der abermaligen Befreiung der Stadt, sondern auch seine persönlichen Aufwendungen für die Allgemeinheit, seine Sorge um die Sicherheit Attikas, die durch den Ausbau von Festungen und Häfen gestärkt wurde, sodann seine Initiativen zur Bestellung von Land in Attika, seine großzügigen Stiftungen profaner und sakraler Bauten und schließlich seine diplomatischen Aktivitäten bei Königen und Städten zugunsten Athens.[19] Neben dem makedonischen Kommandanten Diogenes waren Eurykleides und Mikion von Kephisia die großen Helden der Befreiung Athens; denn Stadt, Hafen und Umland waren seit dem Jahr 262 erstmals wieder frei von jeglicher Besatzung. Die Euphorie über diese Befreiung ist durch vielfältige Zeugnisse belegt: Aus öffentlichen Gebeten, Dekreten und dem Ablauf der traditionellen Opferzeremonien wurden die makedonischen Könige ausgenommen; königliche Bronzemünzen wurden mit athenischen Symbolen überprägt; vor allem aber wurden außerordentliche Ehren für Diogenes, den Wohltäter, beschlossen: Nicht genug, dass er und der jeweils älteste seiner Nachkommen mit den Privilegien eines Ehrensitzes im Dionysostheater sowie lebenslanger Speisung im Prytaneion, im Amtslokal der regierenden Magistrate, der Prytanen, bedacht wurden; auch wurden der Bau eines neuen Gymnasions, des Diogeneions, in Angriff genommen und schließlich ein jährliches Fest der Epheben mitsamt einem Stieropfer zu Ehren des Diogenes eingerichtet – so wurde das Gedenken an ihn noch lange über seinen Tod hinaus gewahrt.

Die Politik der Brüder Eurykleides und Mikion war von dem Grundsatz bestimmt, dass die Selbstbehauptung der Stadt nur möglich war, wenn Athen sich künftig aus allen internationalen Auseinandersetzungen heraushielt; denn alle machtpolitischen riskanten Unternehmungen in der Vergangenheit, etwa jene des Alkibiades (Syrakus), des Leosthenes (Chaironeia) oder des Chremonides, waren gescheitert. Tatsächlich war Athen in die nachfolgenden Kriege, etwa in den Kleomenischen Krieg oder in den Ersten Makedonischen Krieg, nicht verwickelt. Diese neutrale Haltung Athens wurde beispielsweise von dem Historiker Polybios, der die Sichtweise des Achäischen Bundes übernahm, heftig kritisiert.

Nach dem Verlust Athens gelang es Antigonos Doson (sein Beiname verweist auf den transitorischen Charakter seiner Herrschaft: «derjenige, der die Herrschaft wieder abgeben wird») immerhin, den Abfall Thessaliens zu verhindern, so dass Makedonien das ihm wichtige Vorland als Sicherheitspuffer behielt. Doch neben Athen musste Antigonos zunächst eine andere Macht gewähren lassen. Die Ptolemäer unterstützten nämlich nicht nur Athen, sondern auch Sparta, das von Kleomenes III. geführt wurde. Dieser baute skrupellos seine Herrschaft aus: Er ließ die spartanischen Ephoren ermorden, die Großgrundbesitzer vertreiben und erhöhte die Zahl der Spartiaten, um ein schlagkräftigeres Heeresaufgebot zusammenzubringen. Tatsächlich wurde er zur zentralen Macht auf der Peloponnes, der sich auch der Achäische Bund nicht entziehen konnte. Sparta wurde nun sogar Hegemon des Bundes.

Aratos von Sikyon reagierte darauf, indem er eine politische Neuausrichtung des Bundes durchsetzte – eine Kooperation mit dem makedonischen König, dem er im Gegenzug die Festung von Korinth anbot. Arat ging aber noch einen Schritt weiter. Er brachte Argos zum Abfall von Sparta und ließ Antigonos Doson 225/224 in Aigion von der achäischen Bundesversammlung sogar zum Heerführer aller Bundestruppen wählen. Nachdem weitere Bündnisse mit den Phokern, Boiotern und Lokrern in Mittelgriechenland sowie mit den Städten auf der Halbinsel Euboia geschlossen waren, hatte der makedonische König seine Hegemonialstellung und Einflusssphäre auf die Gebiete von Thessalien bis zur Peloponnes ausgeweitet. Damit waren alle Expansionspläne des Kleomenes von Sparta mehr oder weniger zunichte gemacht. Dessen Treiben bereitete Antigonos durch einen Feldzug gegen Sparta ein Ende. In der Schlacht von Sellasia, nordöstlich von Sparta gelegen, schlug er die Spartiaten und machte die Reformen des Kleomenes allesamt rückgängig. Kleomenes selbst ging nach Ägypten ins Exil. Antigonos Doson hatte unvermutet eine neue Vormachtstellung in Mittel- und Südgriechenland gewonnen. Diese vermochte er jedoch nicht weiter politisch zu nutzen, da wieder einmal Illyrer in Makedonien eingefallen waren und er in sein Stammland zurückeilen musste. Auf diesem Feldzug kam er ums Leben (221).

Mehr oder weniger gleichzeitig mit ihm hatten auch die Herrschaften über Ägypten und das Seleukidenreich gewechselt (Ptolemaios II. Euergetes 225, Seleukos II. und Seleukos III. 225 und 223), also im Zeitraum 225 bis 220. Sie bildeten die dritte Generation nach der Alexanderherrschaft und die zweite Generation nach den Diadochen (Lysimachos, Ptolemaios I. und Seleukos), die ihrerseits allesamt zwischen 284 und 280 verstorben waren. An dieser Stelle, nach der Schlacht von Sellasia eine Epochengrenze zu setzen, erscheint aus einem doppelten Grund gerechtfertigt; denn einerseits verstarb die mittlerweile dritte Herrschergeneration innerhalb von wenigen Jahren, andererseits stellte sich eine grundsätzlich neuartige Mächtekonstellation ein, indem ein weiterer mächtiger Akteur auf der Bühne der großen Auseinandersetzungen im hellenistischen Osten auftrat.

IV. ÜBERGREIFENDE ASPEKTE DER HELLENISTISCHEN ZEIT I

1. Legitimation und Repräsentation der Herrscher

Mit den Prägungen Alexanders und der Diadochen wurden erstmals regional übergreifende Münztypen geschaffen; in der ganzen griechischen Welt waren die in großen Mengen ausgegebenen Münzen der Herrscher verbreitet. Mit der kulturellen und sprachlichen «Vergemeinschaftung» (*koiné*) ging auch eine visuelle Vereinheitlichung und Standardisierung auf dem Gebiet der Münzprägungen einher. In weitgehend einheitlicher Bildgestaltung waren auf den Münzen, vor allem auf den «Vierdrachmenstücken» (Tetradrachmen) Bilder der Dynastiegründer, lebender Herrscher und der von den Herrscherdynastien besonders verehrten Hauptgottheiten und deren Attribute zu sehen. Die makedonischen Könige hatten den Anstoß zur Schaffung dieser neuen Motive gegeben. Sie hatten auf der Vorderseite Apollon oder Zeus und auf der Rückseite, im Verbund mit ihren Namen als verantwortlichen Prägeherren, einen Reiter oder ein Zweigespann abbilden lassen, womit sie stolz auf ihre Siege im Wagenrennen in Olympia hinwiesen. Alexanders Goldprägung wählte solch deutlich erkennbare politischen Bezüge, wenn er Athena auf die Vorderseite und die Siegesgöttin Nike auf die Rückseite setzte. Das Gleiche gilt für die Silberprägung, die den Kopf seines heroischen Ahnherrn, des jugendlichen Herakles, das Fell des nemeischen Löwen tragend, andererseits Zeus auf dem Thron mit Szepter und Adler präsentierte. Die Nachfolger Alexanders übernahmen diesen Bildtypus auf ihren Tetradrachmen; so zeigten diejenigen des Lysimachos Alexander als Herakles mit Ammonshörnern oder diejenigen des Ptolemaios Alexander mit der Elefantenhaut. Ihr eigenes Porträt wagten die Generäle Alexanders erst seit der Zeit um 300 auf ihre Prägungen zu setzen, die Ptolemäer und Attaliden auch das ihrer Dynastiegründer (Ptolemaios und Philetairos). In den übrigen hellenistischen Königreichen wurde es üblich, den amtierenden König mit Königsbinde auf der Vorderseite darzustellen; besonders prachtvolle Herrscherbildnisse wurden von den griechisch-baktrischen und griechisch-indischen Königen geprägt.

Doch nicht nur die jeweils gewählten Bildmotive der Münzprägungen spiegelten das Selbstverständnis und verschiedene Aspekte der Herrschaftsideologie wider, sondern insbesondere die Beinamen der Herrscher waren Träger zentraler Botschaften, die in die gesamte griechische Welt hineinwirken sollten.[1] Sofern man die charakterisierenden Beinamen in der historischen Rückschau zusammenführt, geben sie besonders authentisch Aufschluss über die Grundzüge hellenistischer Königs- und Herrscherideologie. Da die Herrscher weder politische Herrschaftsprogramme entwarfen noch bei den Philosophen und Intellektuellen um ausführliche Herrschaftsberatung nachsuchten – denn allzu gering und kümmerlich sind die Aussagen zur Königsherrschaft –, sind wir zu dem Versuch gezwungen, aus den wenigen offiziellen Dokumenten und mit diesen in Zusammenhang stehenden schriftlichen Hinterlassenschaften ein theoretisches Substrat hellenistischer Königspolitik herzuleiten. Es ist meines Erachtens vielsagend und ein charakteristisches Merkmal hellenistischer Königsherrschaft, wie an anderer Stelle bereits erwähnt, dass diese – und keineswegs allein aus Mangel an Zeit und Gelegenheit – es nicht für erforderlich hielten, ihre Herrschaft theoretisch zu rechtfertigen und zu legitimieren. Den Titel eines Königs (zwischen 306 und 304) nahmen sie kraft ihres Rechts als Eroberer an. Dies kommt in jenen Münzlegenden besonders gut zum Ausdruck, in denen sie sich als Könige in der Nachfolge Alexanders («Vom König Alexandros») im umfassenden Sinne und frei von jeglicher räumlich-geographischen Eingrenzung bezeichneten.

Die Beinamen dienten vor allem der besseren Identifizierbarkeit der eigenen Person im Rahmen eines recht gleichförmigen onomastischen (die Namensgebung betreffenden) Prinzips, das in den meisten Dynastien zur Anwendung kam: Die Herrscherdynastien griffen nämlich nur auf eine kleine Anzahl von Vornamen zurück und gebrauchten nur diese Hauptnamen für die Benennung der

Nachkommen. Durch den Beinamen hoben sie sich von den Vorgängern und Nachfolgern ab und nutzten dieses Medium zur herrschaftlichen Selbstdarstellung gegenüber den Beherrschten und Konkurrenten. Anhand der Beinamen sollen im Folgenden einige zentrale Aspekte hellenistischer Königsherrschaft erläutert werden.

Der erste und bei weitem wichtigste Aspekt der hellenistischen Königsherrschaft ist die Hervorhebung herausragender militärischer Fähigkeiten. Darauf weist der überwiegende Teil der Beinamen hin wie Nikátor (der Sieger), Aníketos (der Unbesiegte), Kallínikos (der Schönsiegende/Triumphierende), Sotér (der Retter) oder auch Epiphanés (der Glänzende, der mit der Leichtigkeit eines Gottes erscheint und durch Siege glänzend hervortritt). Ebenso sind dieser Kategorie der kriegerischen Qualitäten des Herrschers kreative Neuschöpfungen zuzuordnen wie Keraunós (Blitz), Eúkairos (der rechte Augenblick) oder Philorhómaios (der treue Römerfreund).

Die Ideologie des speergewonnenen Landes wurde bereits dargelegt; mit eigener Hand und kraft eigener körperlicher Geschicklichkeit, Macht und Gewalt unterwarf man sich fremdes Land und brachte es unter seine persönliche Herrschaft, die sich im Erfolgsfall als Königtum zu etablieren verstand. Die Sieghaftigkeit eines Königs wurde in verschiedenen Medien propagiert und spiegelte sich auch in den Beinamen (Nikátor, Aníketos) oder in der Präferenz für bestimmte Gottheiten. Nicht Athena, sondern Athena Nikephóros (die «Siegbringende») oder Athena Alkídemos (die «Volksverteidigerin») wurde verehrt. Auch wenn keiner der Diadochen auch nur annähernd das Schlachtenglück oder den unmäßigen Wagemut Alexanders an den Tag legte, so musste sich jeder Herrscher gleichwohl persönlich militärisch bewähren und zumindest über überaus loyale wie fähige Offiziere und Feldherren verfügen. Nur wer vom Heer bzw. von den Offizieren anerkannt war, wer bereit war, deren Bedürfnis nach Kriegsbeute und geldwerten Formen der Anerkennung, Ruhm und Ehre zu befriedigen, hatte Aussicht, sich längerfristig zu behaupten.

Mit fortschreitender Verfestigung der höfischen Strukturen entstanden weitere Beinamen, die auch den demonstrativen Konsum der Könige thematisierten. So wurde onomastisch unter anderem der kostspielige, luxuriöse Lebensstil aufgegriffen, den die hellenistischen Hofgesellschaften pflegten, um sich damit demonstrativ von den Gepflogenheiten, Verhältnissen und Maßstäben der Bürgerschaften griechischer Städte abzusetzen (Tryphaína, Tryphon – «die/der Schwelger/in»). Dazu zählten auch die verschwenderisch kostspieligen Feste der hellenistischen Könige, so etwa das in Alexandreia alle vier Jahre stattfindende griechische Fest zu Ehren der Ptolemäerdynastie (Ptolemaia), zu dem neben Opfern und Spielen im Stadion der Residenzstadt eine überaus lange und prächtige Festprozession gehörte.[2] Der Umzug sollte die hauptstädtische Bevölkerung beeindrucken, ja überwältigen – durch seine gewaltige Länge und in seiner außergewöhnlichen Pracht mit Hunderten von Knaben, Mädchen, Frauen und Männern in kostbar bunter, festlicher Kleidung und mit Tausenden von mitgeführten exotischen Tieren, aber auch durch mechanische Spielereien wie die Statue der Nysa, die sich automatisch erhob, selbständig ein Trankopfer darbrachte und anschließenden wieder setzte. Zudem wurden die makedonisch-griechischen Festbesucher durch auf Wagen gesetzte Personifikationen an die Befreiung der Städte in Ionien und im übrigen Asien von der persischen Herrschaft erinnert. In diesen Festen und in der Pracht der Baulichkeiten der Königsresidenzen wurde dem traditionellen Wertegefüge der Kultur der griechischen Städte, die einen maßvollen, besonnenen und egalitären Lebensstil propagierten, eine demonstrativ luxuriöse, mit gewöhnlichen Maßstäben kaum fassbare, weil eben schlichtweg «unnachahmliche» Lebensführung gegenübergestellt und damit die Machtfülle und Überlegenheit der hellenistischen Könige für jedermann sicht- und spürbar gemacht.

2. Die Könige, ihre ‹Freunde› und die griechischen Städte

Ein weiteres wesentliches Merkmal hellenistischer Politik war das Verhältnis der Herrscher zu den Städten bzw. zur griechischen Öffentlichkeit. Da die hellenistischen Könige nicht wie die griechischen Tyrannen des 6. und 5. Jahrhunderts v. Chr. aus der Usurpation einer städtischen Herrschaft hervorgegangen waren, sondern sich von Beginn an als Herrscher verstanden, die eine Machtfülle besaßen, die weit über eine einzelne Stadtherrschaft hinausging, unterließen sie es verständlicherweise, in ihrem ideologischen Programm die Bindung an städtisches Recht und Gesetz zu betonen. Keiner der Herrscher titulierte sich beispielsweise als *eúnomos* (gesetzestreu) oder *nómimos* (rechtschaffen). Solch langfristige Bindungen an Eide, Verträge oder sogar städtische Gesetze lag ihnen strukturell fern; die persönliche Herrschaft stellte ja die höchste und absolute – zumindest in dieser Weise gedacht – Form der Freiheit und Bindungslosigkeit dar. Die Könige standen über den Städten und damit über jedem Gesetz: partikulare Gesetzesordnungen, deren Geltungskraft auf das jeweilige Territorium begrenzt blieb, die Vielzahl städtischer Gesetze (*nómoi*) – sie alle überragte ein König, er musste sie nicht anerkennen. Seine persönlichen Anordnungen und Weisungen kamen Gesetzen gleich. Deshalb kam seinen Entschlüssen, die in Briefform mitgeteilt wurden, faktisch Gesetzeskraft zu; sie waren der von einem König gesetzte Maßstab; mit ihnen lagen Anordnungen vor, an denen sich Konkurrenten oder nachfolgende Herrscher zu orientieren hatten, sie modifizierten oder verwarfen. Der Wille zur langfristigen Konservierung dieser Anordnungen waren der Grund dafür, dass ein Teil der königlichen Briefe von den Städten so außerordentlich sorgsam und dauerhaft auf Stein aufgezeichnet wurden und so zahlreich auf uns gekommen sind. So stark waren die Städte von den Entscheidungen der Könige abhängig.

Die einzige Möglichkeit, sich bei diesen Entscheidungen zumindest einen kleinen Einfluss zu erhalten, bestand darin, dem königlichen Willen unterstützende Maßnahmen vorzuschlagen und auf diese Weise das politische Entscheidungsfeld vorzubereiten. Daraus erklärt sich die Vielzahl der Gesandtschaften an die Höfe hellenistischer Herrscher. Aus diesem Grund war jede königliche Politik unweigerlich mit der städtischen Politik verwoben. Dabei waren die Herrscher durchaus nicht die Agierenden und Politik Gestaltenden. Wie die römischen Kaiser reagierten sie auf konkrete Anfragen und Bitten der Städte und wurden so selbst in manch unüberschaubare lokale Auseinandersetzung hineingezogen, wie beispielsweise im Fall von Streitigkeiten zwischen zwei Gemeinden um die Nutzung fruchtbarer Gebiete.

Die vielfältigen Anfragen der Städte betrafen sämtliche Bereiche des städtischen Lebens: die gesamte Bürgerschaft als Bürger-, Kult-, Fest- und Wehrgemeinschaft. War der König bereit, den Wünschen einer Stadt, einem Heiligtum oder einer sozialen Gruppe zu entsprechen, so tat er sich als Stifter hervor, als Euerget, der Wohltaten verteilte. Die Bindung zwischen Euergeten und Beschenktem war weitaus unverbindlicher, als wenn in Rom ein Patron einem Klienten aushalf. Der machtpolitisch überlegene König betrieb damit Politik: Er vermochte durch Schenkungen sein Wohlwollen und seine Sympathien öffentlich zu demonstrieren. Je bedeutender eine Stadt oder ein Heiligtum war, umso größer fiel sein euergetisches Engagement aus.

Im Gegenzug erhielt er von den städtischen Gemeinschaften und Heiligtümern Ehren, die nicht nur der lokalen, sondern auch der überregionalen Öffentlichkeit die Bedeutung des geehrten Herrschers anzeigte. Die Städte und Heiligtümer waren es vornehmlich, die seinen Ruhm in der Gegenwart und in der Nachwelt begründeten, sie waren es, die aus Dankbarkeit sich bereit zeigten, einen Herrscher gebührend zu ehren: im großen Maßstab etwa als Sotér (Retter), Euergétes (Wohltäter) oder als Ktístes (Gründer).

Auf der Sieghaftigkeit im militärischen Bereich gründete nicht nur die Herrschaft der Diadochen, sondern auch die der Gruppe der *hetaîroi*, der Altersgenossen und Kampfgefährten Alexanders, die sich seit der frühen Jugend durch Pagendienst am Hof kannten und zu einer starken Erfahrungsgemeinschaft zusammengewachsen waren – erst recht nach dem erfolgreichen Bestehen einer besonders schwierigen Bewährung in einer entscheidenden Schlacht. Ebenso zählten zu diesem Kreis der Kampfgefährten auch ältere Offiziere und Generäle. Aufgrund ihrer gemeinsamen Kampferfahrungen und der daraus erwachsenen besonders großen Loyalität wurden sie von den Königen häufig zu Besatzungskommandanten (*phroúrarchoi*) ernannt, die Festungen an strategisch wichtigen

Orten wie Akrokorinth oder die Munychia-Burg im Piräus zu behaupten hatten.

Als zweite, dem Kreis der «Freunde» (*phíloi*) zugehörige Gruppe sind Männer aus der städtischen Honoratiorenschicht der griechischen Welt zu nennen, die der eben angeführten verschworenen Kampfgenossenschaft fernstanden, doch auch nur zeitweilig der Hofgemeinschaft angehörten. Sie stellten wichtige Bindeglieder zwischen Königen und Städten dar, da sie zum beiderseitigen Vorteil die diplomatischen Beziehungen zu griechischen Städten, Heiligtümern und Bundesstaaten knüpften und pflegten. Aus finanziellen oder aus politischen Gründen – nicht zuletzt wegen zahlreicher Verbannungsfälle – an die Königshöfe gekommen, hatten sie persönliche Kontakte zu dem betreffenden Herrscher geknüpft und verwirklichten nun eine erfolgreiche Lebensform jenseits der politischen Lebensform; allerdings waren sie von der Gunst der Herrscher und von deren politischem Schicksal abhängig. Dies hatten städtische Politiker mit vielen Gelehrten, Künstlern und Dichtern gemein, die gleichfalls an den Höfen zu finden waren.

Als dritte Gruppe (neben der militärischen Führung und dem Kreis der Verbindungsmänner zu den Städten) ist der Kreis der höfischen Funktionäre zu nennen, die dauerhaft administrativen Tätigkeiten an der Residenz nachgingen. In frühhellenistischer Zeit war die Beziehung zwischen dem Herrscher und den im höfischen Umfeld lebenden «Freunden» naturgemäß persönlicher, enger und weniger formalisiert als etwa im 2. Jahrhundert v. Chr., als sich feste Aufgaben und entsprechende Spezialisten für das Hofzeremoniell, die Korrespondenz oder die Finanzen herausgebildet hatten. Aus diesen drei Gruppen, aus den Generälen, den gleichaltrigen Kampfgefährten und städtischen Funktionären, setzte sich im offiziellen Sprachgebrauch der königlichen Höfe der Kronrat, das *synédrion* eines Königs, oder in etwas freierem Sprachgebrauch auch der «Freundeskreis» eines Königs, die sogenannten *phíloi*, zusammen.

3. Die Führungsschicht in den Städten und deren ‹Aristokratisierung›

Am Ende des 4. Jahrhunderts v. Chr. hatten sich die Voraussetzungen für eine politische Betätigung erheblich verändert: Die politischen und militärischen Entscheidungen der hellenistischen Könige hatten unmittelbare Auswirkungen auf die griechischen Städte; denn die Nachfolger Alexanders betrachteten das von ihnen neu hinzugewonnene, behauptete oder ererbte Territorium als ihren persönlichen Besitz. Sie waren es, die bestimmten, wo und wie sie ihre Feldzüge führten und wem und in welchem Umfang sie Privilegien, Geschenke und andere Vergünstigungen gewährten. Steuerbelastungen, Aushebungen und Einquartierungen von Soldaten prägten das politische wie das alltägliche Leben vieler kleinerer und größerer Städte in Griechenland und Kleinasien.

Welche Schwierigkeiten die gewöhnliche Bevölkerung durch unerwartete Einquartierungen von Soldaten, die auch immer wieder mit gewaltsamen Auseinandersetzungen verbunden waren, zu bewältigen hatte, bezeugt beispielsweise ein ägyptischer Papyrus, der einen Brief von Ptolemaios II. über die Einquartierung von Truppen, etwa aus der Mitte des 3. Jahrhunderts, enthält (P. Hal. 1,166–185 = Austin [2006] Nr. 311 = Sel. Pap. II 207): *«König Ptolemaios an Antiochos, Grüße. Was die Einquartierung von Soldaten anbelangt, so hören wir, dass es zunehmend mehr Gewalt gibt, weil diese von den oikonómoi keine Quartiere erhalten, sondern selbst in die Häuser einbrechen, die Bewohner vertreiben und mit Gewalt dort wohnen. Erteile die Anordnung, dass sich dies in Zukunft nicht mehr wiederholt, sondern dass die Soldaten sich möglichst selbst mit Quartieren versorgen (= Baracken bauen). Wenn es aber erforderlich ist, dass ihnen von den oikonómoi Quartiere gegeben werden, sollen sie ihnen die notwendigen geben. Und wenn sie aus ihren Quartieren abrücken, sollen sie die Quartiere aufgeben und ordentlich zurücklassen, nicht dagegen sie einbehalten, bis sie wiederkommen, wie wir hören, dass es momentan geschieht: Wenn sie abrücken, vermieten sie die Räume und versiegeln sie. Sei besonders wachsam in Arsinoe bei Apollonopolis (= Edfu in Oberägypten), damit, wenn Soldaten kommen sollten, keiner dort einquartiert wird, sondern eher in Apollonopolis. Wenn aber die Notwendigkeit bestehen sollte, in Arsinoe zu bleiben, sollen sie sich selbst Baracken bauen, wie auch ihre Vorgänger es machten. Lebe wohl.»*

Zwangsläufig gewannen durch solche außerordentlichen Belastungen für Städte und Dörfer, hervorgerufen durch die Vielzahl großer und kleiner militärischer Konflikte in hellenistischer Zeit, diejenigen innerhalb der städtischen Führungsschicht an Macht und Einfluss, die über Kontakte oder gar freundschaftliche Beziehungen zu den Königshöfen verfügten. Ein mehr oder weniger enges Freundschaftsverhältnis (*philía*) erlaubte es einem städtischen Politiker, zum beiderseitigen Vorteil von Stadt und König, oder später zwischen römischen Magistraten oder dem Senat und der Heimatpolis zu vermitteln und Entlastungen zu erwirken. Durch diese diplomatischen Dienste trugen viele «Freunde der Könige» ganz erheblich zum Wohl ihrer Heimatstädte bei. Zugleich stärkten sie ihre Stellung innerhalb der jeweiligen lokalen Führungsschicht und ihr Ansehen in der Bürgerschaft nachhaltig. Als besonders prominente Beispiele lassen sich Kallias von Sphettos am Hof der ersten Ptolemäer, Eirenias von Milet bei Eumenes, Menippos und Ptolemaios von Kolophon und ihre Verhandlungen mit römischen Magistraten und dem Senat, schließlich Theophanes von Mytilene und sein Beraterverhältnis zu Pompeius oder Theopompos von Knidos und seines zu Caesar anführen.

Solche Vermittlerdienste leisteten die städtischen Gesandten im Regelfall als Träger hoher städtischer Ämter und Priestertümer. Dass sie gelegentlich auch ohne Amt bei Königen und später bei römischen Magistraten vorstellig wurden, liegt auf der Hand. Damit vergrößerte sich allerdings auch unweigerlich der Abstand zur Menge der Bürger (*dêmos*). Dies gilt sowohl im räumlichen Sinne, da sich diese Honoratioren, wenn sie im Auftrag ihrer Heimat agierten, häufig nicht in der Stadt befanden, sondern am Hof oder im Gefolge des Königs (beispielsweise Gorgos und Minnion von Iasos bei Alexander), als auch in ideeller Hinsicht, gerade weil diese städtischen Unterhändler durch die Gunstbeweise verschiedener Könige weitaus stärker als jemals zuvor eine weitaus größere Anerkennung in Form öffentlicher Ehrungen erfuhren.

Dennoch hat es den Anschein, als ob sich das Verhältnis zwischen städtischen Eliten und dem Demos seit klassischer Zeit nicht grundlegend verändert hatte. Nichts deutet darauf hin, dass vom 5. bis zum 1. Jahrhundert v. Chr. der Anteil politisch aktiver Bürger zurückgegangen wäre oder die Verbundenheit des einzelnen Bürgers mit der eigenen Polis an Intensität verloren hätte. Die meisten Bürger kamen nach wie vor ihren Pflichten nach, wenn sie bei der Verteidigung der Stadt ihren Militärdienst ableisteten, an den Volksversammlungen und deren Abstimmungen teilnahmen, ein Jahr lang dem Rat angehörten, als Richter fungierten, das eine oder andere Amt versahen und für die damit verbundenen Kosten uneigennützig persönlich aufkamen oder ihren Heimatstädten in Not- und Krisensituationen durch Stiftungen und mit Sonderzahlungen aushalfen. Während die hellenistischen Könige in großem Stil als Wohltäter aufzutreten bemüht waren, ahmten die städtischen Führungsschichten die königliche Praxis des euergetischen Handelns intensiv nach, allerdings gleichsam im verkleinerten Maßstab und auch nicht auf panhellenischer, sondern auf lokaler Ebene.

So sahen sich etwa die vermögenden Bürger Milets im Jahr 211/210 gezwungen, die durch kriegerische Ereignisse oder klimatisch verursachten Ernteausfälle auszugleichen, Getreide aufzukaufen und zu importieren. Landbesitz in der Chora (dem Umland) – dies galt für Milet wie auch grundsätzlich für alle griechischen Städte – stellte die unverzichtbare Nahrungs- und Wirtschaftsgrundlage dar und bildete in agrarischer, kultischer und militärischer Hinsicht eine feste, zusammenhängende Struktur. «Stadt und Land» (*pólis kai chóra*) begegnet uns als feststehender Ausdruck vor allem in der inschriftlichen Überlieferung. Daher wurden Fragen der Bewirtschaftung oder Aufteilung des ländlichen Territoriums einer Stadt immer wieder in den Debatten der Volksversammlungen verhandelt. Da die Böden im Umland Milets keine Erträge mehr erbrachten und so auch die Polis nicht mehr in der Lage war, Einkünfte aus der Verpachtung öffentlichen Ackerlands und aus Abgaben auf Grundbesitz und landwirtschaftliche Erträge zu erzielen, fehlte sowohl den privaten Haushalten wie auch den öffentlichen die nötige Liquidität. In dieser Notlage bezuschussten

39 trotz dieser Krise immer noch vermögende milesische Bürger den Haushalt der Stadt mit einem Anteil von je 3600 Drachmen:[3] «*Damit der in dem laufenden Jahr bestehende Fehlbetrag in wirksamer und für die Bürgerschaft vorteilhafter Weise aufgebracht wird, ohne dass deswegen eine Sondersteuer von irgendjemandem zu entrichten ist und ohne dass bei den Söldnern eine Kürzung vorgenommen wird, auf Grund der Schmälerung der öffentlichen und privaten Einkünfte eines jeden wegen der mehrere Jahre hindurch auf dem Lande eingetretenen Ernteausfälle, mögen die Milesier folgendes beschließen: […].*»

Die soziale Macht der vermögenden ‹Wenigen› war allerdings selten so groß, dass sie in den griechischen Städten imstande gewesen wären, die politischen Entscheidungen der Gesamtbürgerschaft regelmäßig in ihrem Sinne zu lenken.[4] Die politischen Wortführer und sonstigen herausgehobenen Bürger besaßen niemals eine feste, institutionalisierte Vorrangstellung in den Städten; sie agierten vielmehr im Vertrauen auf spätere Anerkennung ihrer Leistungen um das Gemeinwesen in Form öffentlicher Ehrungen. Gleichwohl konnte es auch in hellenistischer Zeit durchaus geschehen, dass zumindest in Notsituationen die Anträge der bis dahin führenden Männer in den Volksversammlungen nicht angenommen wurden, die ‹Vielen› ihnen die Gefolgschaft aufkündigten oder sie sogar in Verbannung schickten.

Die gegenüber der klassischen Zeit wesentliche Neuerung im Verhältnis zwischen Demos und städtischer Elite bestand darin, dass seit dem Beginn des 3. Jahrhunderts v. Chr. erstmals einzelne Bürger und ihre Leistungen demonstrativ in ehrenden Beschlüssen herausgehoben wurden. Erstmals und auf breiter Basis fanden die Führungsqualitäten und Vorrangstellung dieser Klasse der Honoratioren, Oligarchen oder Notabeln eine öffentlich propagierte Anerkennung – freilich manifestierte sich darin auch die wachsende soziale Kluft zwischen Demos und Führungsschicht. Trotz aller Kontinuität in der Art der Gestaltung und Lenkung einer Polis stellte die Herausbildung einer Schicht weniger Notabeln eine wichtige Veränderung im sozialen Gefüge der Städte dar, wie vor allem Philippe Gauthier in seinen Untersuchungen immer wieder herausgestellt hat: Gemessen an den Maßnahmen, die der athenische Demos im 5. und 4. Jahrhundert v. Chr. zur Disziplinierung der führenden Politiker in Anwendung gebracht hatte, verkamen die öffentlichen Kontrollen der Magistrate durch die Bürgerschaften nun im Laufe des 2. Jahrhunderts v. Chr. zu einer bloßen Formalität. Die politische Beteiligung der breiten Masse wurde schwächer und das euergetische Engagement löste sich immer stärker von der Übernahme städtischer Ämter.

Daher ist seit dem 2. Jahrhundert v. Chr. auch ein deutlicher sozialer Wandel auf der Ebene der städtischen Eliten festzustellen. Seitdem erweiterten sich die Formen der Ehrungen offensichtlich. Statt einer Statue wurden oft mehrere an verschiedenen Stellen der Stadt aufgestellt und Kranzverleihungen in periodischen Abständen wiederholt. Die bis dahin üblichen höchsten Ehrungen, nämlich Statuenverleihung, Speisung am Staatsherd und Ehrensitze im Theater (Prohedrie) an den städtischen Festen, wurden im Vergleich zu den beiden vorangehenden Jahrhunderten häufiger – und oft aufgrund geringfügigerer Verdienste – verliehen. Manche prominenten Bürger wie beispielsweise Diodoros Pasparos in Pergamon oder C. Iulius Artemidorus in Knidos wurden bei außergewöhnlichen Verdiensten sogar mit kultischen Ehren bedacht – und das bereits zu Lebzeiten. Beide bieten gut dokumentierte Beispiele für außergewöhnlich engagierte städtische Euergeten im späten Hellenismus, die im lokalen Rahmen gleichsam wie Könige verehrt wurden.

Im ersten vorchristlichen Jahrhundert schließlich wurden die Formen der Ehrungen nochmals gesteigert. Nun erhielten die Wohltäter auch nach ihrem Tod außerordentliche Ehren. Es wurde erlaubt, für sie private Heroenkulte zu pflegen, oder man richtete sogar öffentliche Kulte eigens für sie ein; bisweilen wurden die Leichname bekränzt und von den örtlichen Epheben, von jungen Männern und städtischen Magistraten zum Grab geleitet und feierlich auf Kosten der Gemeinde beigesetzt, gelegentlich sogar innerhalb der Ummauerung der Stadt, auf der Agora oder in einem Gymnasion. Vertreter dieser wenigen reichen Familien einer Stadt waren zu anerkannten und geschätzten Führern des Volkes oder, wie es in der Begrifflichkeit der Ehrendekrete seit etwa 100 v. Chr.

erstmals heißt, zu den «Ersten» (*prôtoi*) in der Stadt geworden. Dies belegt auch der Umstand, dass im späten Hellenismus sogar erstmals Frauen wie Archippe in Kyme oder Epie in Thasos als Repräsentanten ihrer Familie und großzügige Stifterinnen in Erscheinung traten.[5] So finanzierte, um weitere gut dokumentierte Fallbeispiele anzuführen, etwa Megakleia, eine Enkelin des berühmten achäischen Bundesstrategen Philopoimen und Priesterin der Aphrodite, in der zweiten Hälfte des 2. Jahrhunderts v. Chr. den Bau einer Umfassungsmauer und der Speiseräume des Heiligtums in Megalopolis; oder Phile von Priene, die als erste Frau das Stephanephorat in ihrer Heimatstadt bekleidete, stiftete ihren Mitbürgern eine Wasserleitung mitsamt einem Wasserreservoir. Möglicherweise bedankten sich die vornehmen und vermögenden Damen mit diesen Schenkungen für das außergewöhnliche Privileg, als Frauen solch herausgehobene städtische Ämter bekleiden zu dürfen.

War schon auf dem Feld der Politik und Diplomatie die Abhängigkeit der Bürgerschaften von den wenigen führenden Familien in den Städten groß, so war sie mindestens ebenso groß durch deren wirtschaftliche Macht. Selbst wenn dies in manchen Ehrendekreten überzeichnet dargestellt sein mag: Von diesen auf lokaler Ebene übermächtigen Männern empfing die Gesamtheit der Bürger (*dêmos*) ebenso Wohltaten (*philánthtropa*) wie von den noch stärker an Macht und Mitteln überlegenen Königen. Die Bezahlung der mit Ämtern und weiten Gesandtschaftsreisen verbundenen Kosten aus eigenem Vermögen, die Finanzierung des öffentlichen Lebens – von der Getreideversorgung über den laufenden Betrieb der Gymnasien, die kostspielige Ausrichtung städtischer Feste, den Neubau oder die Instandsetzung öffentlicher Bauten bis hin zur Gewährung von Schuldenerlässen, Krediten und Bürgschaften, all diese ‹Wohltaten› zugunsten der Heimatstadt verstärkten die schleichende Distinktion der politischen Führungsschicht bis hin zur Exklusion breiterer Bürgerkreise, wie es die neuartig in offiziellen Dokumenten verwendeten Bezeichnungen wie «die Ersten der Stadt» widerspiegelt. So umfassend war der Anspruch mancher Euergeten im 1. Jahrhundert v. Chr., dass etwa

Abb. 9: Bronzestatue eines jungen Mannes im Bürgermantel, Ierapetra/Kreta, späthellenistische Periode (1. Jahrhundert v. Chr.)

in einem Dekret aus Priene die Rede davon ist, Moschion habe der Stadt Getreide zukommen lassen, weil er damit beabsichtigte, dass die Bürger in jeder Hinsicht sorglos und glücklich (*eudaimonía*) sein sollten (Inschriften von Priene 108, Z. 99 f.).[6]

So stark konnte eine Polis mit einem Einzelnen verbunden, ein Bürgerverband dem Haushalt (*oîkos*) eines Honoratioren zugerechnet werden, dass beispielsweise ein Ephebarch und Honoratiorensohn wie Melanion in Iasos dafür ausdrücklich belobigt wurde, dass er *«sich liebevoll, aber auch in einer Weise gegenüber den Eltern und den Verwandten benommen hat, wie es sich für einen besonnenen und gebildeten jungen Mann gehört, und sich gegenüber allen Bürgern wohlwollend und generell so verhalten hat, dass es ihm zur Ehre gereichte»* (Inschriften von Iasos Nr. 98, Z. 6–10). Sein öffentliches Auftreten wurde an seinem innerfamiliären Betragen gemessen. Bereits seine freundliche und umgängliche Art im Haus diente als Beleg seiner politischen Tugend. Wie sehr sich die führenden Familien von der übrigen Bürgerschaft entfernt hatten, ist auch dem Umstand zu entnehmen, dass die Bürgerschaften im Laufe des 1. Jahrhunderts v. Chr. immer stärker zu ‹Gästen der Euergeten› wurden. Öffentliche Bankette und Empfänge aus Anlass von Amtsantritten wurden nun häufig in Privathäusern der Honoratioren abgehalten, oder die gesamte Bürgerschaft wurde zur Hochzeitsgesellschaft gezählt.[7] Einladungen dieser Art wurden bisweilen mit so großer ‹Sympathie› erwidert, dass manche Bürgerschaft nicht davor zurückschreckte, sogar öffentliche Gebete und Opfer zur Genesung eines erkrankten Honoratioren anzuordnen.

Vor allem kleinere Städte waren darauf angewiesen, dass mit verschiedenen Aufgaben und hohen Kosten verbundene Ehrenämter besetzt wurden. Um so dankbarer waren sie, wenn sich reiche Bürger – häufig jedoch erst nach ausdrücklicher Aufforderung der Gemeinde – bereitfanden, ein solches zu bekleiden. Trotz aller Anstrengungen seitens der Bürgerschaften blieben gleichwohl manche Priester- und andere Ämter offenkundig unbesetzt, weil sie, wie ein Dekret in eindrucksvoller Offenheit verkündete, *«nicht einträglich waren und hohe Aufwendungen mit sich brachten»*; und sogar für manche eponyme Ämter (nach deren Träger das betreffende

Jahr benannt wurde) war es häufig schwierig, Kandidaten zu finden, *«da»*, wie eine andere Inschrift nicht weniger freimütig verrät, *«niemand sich dazu hergab»*.[8] Die Stilisierung engagierter reicher Bürger zu Musterbürgern und ihre bei manchen Ehrungen erkennbare übertriebene Glorifizierung lässt also gerade ein allenthalben um sich greifendes Desinteresse reicher Bürger an der Übernahme öffentlicher Pflichten sichtbar werden.[9] Ganz unverhohlen entzogen sich manche den ihnen angetragenen Wünschen der Bürgerschaften. Da diese gerade in kleinen Städten über keinerlei Sanktions- und Kontrollmöglichkeiten verfügten, um die wenigen Reichen und Mächtigen an sich zu binden, blieb ihnen zumeist nur der Weg der Steigerung der Ehren in jeder erdenklichen Weise.

Das übertriebene Lob, das städtischen Wohltätern gezollt wurde, muss manchem Bürger allerdings auch schmerzlich die eigene Ohnmacht und Begrenztheit seines Denkens und Handelns vor Augen geführt haben. Denn die Rolle, welche die Ehrendekrete für gewöhnlich dem Demos zuwiesen, war damit auf das Geschäft des Ehrens beschränkt: Das Volk erkannte den Eifer des Honoratioren an und ‹verewigte› ihn in Form öffentlicher Lobesworte, ehrender Beschlüsse, Statuen- und Kranzverleihungen.[10] Diese Grundkonstellation, das wechselseitige Abhängigkeitsverhältnis zwischen dem aktiv gebenden Stifter und der passiv empfangenden Bürgerschaft, wurde gelegentlich auch sinnfällig ins Bild gesetzt. So wurde in Kyme ein Kolossalbild der personifizierten Bürgerschaft, also des Demos, aufgestellt, der eine Statue der städtischen Wohltäterin Archippe einen Kranz aufsetzte.[11]

V. ROM – DER NEUE AKTEUR IM HELLENISTISCHEN MÄCHTESPIEL

Dass die Kräfteverhältnisse sich seit der Zäsur von 221 Jahr für Jahr verschoben hatten, lag am neuen Akteur im Mächtespiel, den die Herrscher des hellenistischen Ostens bei ihrem Vorgehen berücksichtigen mussten – Rom. Die Stadt am Tiber bestimmte die machtpolitische Lage in der Mittelmeerwelt inzwischen wesentlich mit, doch wurde ihre Politik von ganz anderen Prinzipien und Traditionen geleitet, als dies bei den persönlichen Königsherrschaften der hellenistischen Reiche der Fall gewesen war.

Durch den Troja-Mythos war Rom eng mit der griechischen Welt verbunden. Den Trojaner Aeneas sahen sie als ihren Stammvater an, der, nach Italien gelangt, die Tochter des Latinus geheiratet und Alba Longa, die Mutterstadt Roms, gegründet hatte. Gestärkt wurden diese Bande auch durch die Überführung verschiedener Kulte wie jenen des Asklepios, der auf der Tiberinsel von auf Heilung hoffenden und für Genesung dankenden Römern verehrt wurde, oder des Kults der Magna Mater, aber auch durch offizielle Anfragen beim Orakel von Delphi oder durch die Teilnahme von Römern an den Olympischen Spielen.

In politischer und militärischer Hinsicht hatte Rom durch sein Vordringen nach Kampanien, Unteritalien und Sizilien seit dem Ende des 4. Jahrhunderts v. Chr. erste Kontakte mit der hellenistischen Welt geknüpft. Seitdem war Rom völkerrechtlich mit einer großen Zahl auswärtiger Städte und Herrscher verbunden. Dabei war der Umstand, dass Rom diese Verträge grundsätzlich mit jedem Partner gesondert abschloss und sich dabei nicht minder grundsätzlich als überlegener und übergeordneter Vertragspartner im Sinne eines Patron-und-Klienten-Verhältnisses verstand, ebenso eigentümlich wie charakteristisch für die römische Bündnispolitik. Eine derartige asymmetrische Beziehung verlangte die «bedingungslose Unterwerfung» (*deditio*) unter die Gewalt des Patrons, die überhaupt erst den Eintritt in die wechselseitige

«Freundschaft» (*amicitia*) und ein «Treueverhältnis» (*fides*) ermöglichte. Davon sind die reinen Freundschaftsverträge zu unterscheiden, die eher als Waffenstillstands- und Neutralitätszusicherungen zu werten sind. Einen solchen Freundschaftsvertrag mit Rom schloss etwa der epeirotische König Alexandros, der Bruder der Olympias, der Mutter Alexanders, als er um 300, von Tarent um Hilfe gebeten, gegen die Bruttier, dann auch gegen die Samniten und die Lukanier bei Paestum kämpfte. In diesen historischen Zusammenhang gehört auch der 273 abgeschlossene Freundschaftsvertrag mit Ptolemaios II. Philadelphos.

Seit dieser Zeit erschienen zunehmend häufiger Gesandte griechischer Städte in Rom. So ist etwa 265 eine Gesandtschaft Apollonias belegt. Mit Ausbruch des Ersten Punischen Krieges (264–241) und nach den ersten Erfolgen der Römer ging der syrakusanische König Hieron II., der zuvor mit den Karthagern verbündet gewesen war, 263 notgedrungen ein Bündnis mit Rom ein. Der Frieden begrenzte das syrakusanische Herrschaftsgebiet auf den Südosten Siziliens und zwang den Herrscher zur Herausgabe der römischen Gefangenen und zur Zahlung von 100 Talenten.[1] Zu den ersten Griechen, die einen Freundschaftsvertrag mit Rom schlossen, gehörten die zu einem Bund zusammengeschlossenen Aitoler.[2]

Das bis dahin unbekannte, zumindest aber uninteressante italische Rom wurde erst seit dem letzten Drittel des 4. Jahrhunderts v. Chr. von Seiten der Griechen wahrgenommen: Aristoteles und sein Schüler Theophrast sammelten Verfassungen aus der gesamten Mittelmeerwelt; die Historiker Hieronymos von Kardia (ca. 360–260) und Timaios von Tauromenion (ca. 350–250) berücksichtigten in ihren historischen Darstellungen, wenn man den Angaben des Dionysios von Halikarnass (1,6,1) vertrauen darf, die Frühgeschichte Roms; der Alexanderhistoriker Kleitarchos erwähnt eine Gesandtschaft der Römer an Alexander, die freilich apokryph sein dürfte, denn in der hellenistischen Geschichtsschreibung wurde nur allzu gern ein Zusammenhang zwischen der mythischen Gestalt Alexanders und der späteren Größe Roms hergestellt.

Militärisch musste sich Rom im adriatischen Bereich erstmals im Jahr 229 engagieren, und zwar im Ersten Illyrischen Krieg gegen

Teuta (229–228), die Witwe des Königs Agron; in diesem Konflikt verbanden sich erstmals die griechische und römische Sphäre zu einer ‹mittelmeerischen Weltpolitik› – deshalb ist die Auseinandersetzung bedeutsam. Als Anlass für diese Intervention im Adriaraum (im sogenannten Ionischen Meer) werden von Polybios, der in dieser Frage unser einziger Gewährsmann ist, die häufigen Übergriffe illyrischer Seeräuber auf italische Kaufleute genannt – ein Phänomen, das bereits im 4. Jahrhundert dem römischen Senat bekannt war, aber bis dahin nicht als schwerwiegend genug eingeschätzt wurde, um ein militärisches Eingreifen zu rechtfertigen. Dadurch dass seit etwa 260/250 unter Pleuratos, dem Vorgänger Agrons, eine Herrschaft um Skodra und Rhizon etabliert worden war, die mehrere illyrische Stämme unter Führung der Ardiaier einschloss, war die Situation insbesondere für die reichen griechischen Handelsstädte an der dalmatinischen Küste bedrohlich geworden. Immer wieder wurden sie von den Illyrern, die übers Meer kamen, heimgesucht und geplündert; 230 wurde sogar die epeirotische Stadt Phoinike eingenommen. Im darauffolgenden Jahr (229) waren abermals italische Kaufleute angegriffen, gefangen genommen und manche auch getötet worden. Dass Teuta die Herrschaft ihres verstorbenen Mannes übernommen hatte, solange ihr Sohn Pinnes noch minderjährig war, stieß in der illyrischen Führungsschicht auf starken Widerstand. Teuta freilich gelang es, die Opposition niederzuringen. Dass Rom in den Krieg eintrat, war, so die historiographische Rechtfertigung, nach Ermordung römischer Gesandter in Issa unumgänglich. Den Vorhaltungen der Gesandten, eine Königin wie sie hätte eine Aufsichtspflicht gegenüber ihren Untertanen, soll Teuta mit «Geringschätzung und Hochnäsigkeit» begegnet sein, sie könne nicht sämtliche Illyrer an der Piraterie hindern. Mit gebräuchlichen literarischen Topoi wird die illyrische Herrscherin als böse, weil beutegierige und unzivilisierte Barbarin beschrieben. *«In weiblicher Unbeherrschtheit und Unvernunft»* sei sie in solche Wut geraten, dass sie in Missachtung der unter Menschen geltenden universalen Rechtsprinzipien die Gesandten hätte töten lassen. *«Aus Empörung über diesen Rechtsfrevel»* erklärte man Teuta und den Illyrern den Krieg.[3]

Als die Angriffe trotz aitolischer und achäischer Unterstützung zur See gegen die griechischen Küstenstädte andauerten und sogar Kerkyra, Epidamnos und Pharos von dem illyrischen Strategen Demetrios von Pharos besetzt und mit Garnisonen belegt wurden, entschloss sich der Senat zur Entsendung von 2000 Reitern und 20000 Fußsoldaten. Dies veranlasste Demetrios, die Seiten zu wechseln; die Städte Pharos, Epidamnos und Issa wurden befreit, Kerkyra und Apollonia begaben sich als freie Städte in ein «Treue- und Freundschaftsverhältnis» (*fides, amicitia*) zu Rom. Damit begnügte sich Rom jedoch nicht. Nicht nur die illyrischen Küstengebiete wurden unterworfen, sondern man fiel auch in das Hinterland ein. Während die Stämme der Ardiaier, Parthiner und Atintaner sich den Römern freiwillig anschlossen, wurden Nutria und weitere illyrische Städte erst nach heftigen Kämpfen eingenommen. Angesichts dessen willigte Königin Teuta in einen Frieden ein. Neben der Verpflichtung zu hohen Tributzahlungen und der Räumung Illyriens wurden ihr nur noch zwei unbewaffnete Schiffe zugestanden, denen es nur bis Lissos, bis zum heutigen Lesch in Albanien, hinauszufahren gestattet war. Ihr Herrschaftsgebiet wurde auf die Gegend um Rhizon begrenzt, wohin sie sich zurückgezogen hatte. Schließlich wurde Demetrios die Aufsicht über den Großteil des illyrischen Gebiets und die Vormundschaft über den Thronfolger Pinnes, den Sohn Agrons und Teutas, übertragen. Zum Schutz der neuen Bündner und zur Sicherung der Adria verblieb allerdings der eine der beiden römischen Feldherren mit einer Flotte von 40 Schiffen in Illyrien. Über die erfolgreiche Befreiung der griechischen Städte und die Beschneidung der machtpolitischen Stellung des illyrischen Königtums unterrichtete der römische Feldherr Postumius den Aitolischen und Achäischen Bund. Die Bundesversammlungen lobten die Römer, sie hätten *«die Griechen durch diesen Frieden von großer Furcht befreit»*. Auch nach Korinth und Athen wurden Gesandte geschickt. Daraufhin ließen die Korinther erstmals auch Römer an den Isthmischen Spielen teilnehmen, während in Athen den römischen Gesandten das Bürgerrecht und der Zugang zu den Eleusinischen Mysterien gewährt wurde.

1. Philipps V. Neuaufbau des makedonischen Königreiches und der Erste Römisch-Makedonische Krieg (215–205)

Nach dem plötzlichen Tod des Antigonos Doson auf dem Feldzug gegen die Illyrer übernahm nicht einer seiner Söhne, die bemerkenswerterweise auf herrscherlichen Ruhm und Ehre verzichteten, sondern der erst 17 Jahre alte, aber bereits militärisch erprobte Philipp V., sein Großneffe und adoptierter Stiefsohn, die Herrschaft. Durch die jüngsten Erfolge seines Großonkels auf der Peloponnes verstand sich Philipp V. seit Beginn seiner Herrschaft als legitimer Hegemon Griechenlands und führte den Kampf gegen Sparta, Elis, vor allem aber gegen den Aitolischen Bund fort. Allerdings begrenzte er die Macht des makedonischen Thronrats bei der Gestaltung der königlichen Politik erheblich. An den Beratungen ließ er den Kreis um seinen Vormund Apelles kaum einmal teilnehmen und zog es vor, sein Vorgehen stattdessen mit Arat von Sikyon abzustimmen, dem Führer des Achäischen Bundes.

Als im Frühjahr 220 die Messenier sich über die Einfälle der Aitoler beklagten, beschloss der im Herbst desselben Jahres in Korinth zusammengetretene Hellenenbund den Krieg gegen die Aitoler – mit der Begründung, die Aitoler hätten das Gebiet der Bundesgenossen unrechtmäßig besetzt. Der Hellenenbund verlangte die Restitution der bisherigen Verfassungen und Besitzrechte jener aitolischen Bündner, die gezwungen worden seien, dem Bund beizutreten. Polybios, selbst ein achäischer Militär und Politiker, schrieb die damalige Propaganda in seinem Geschichtswerk fort. Die Aitoler charakterisierte er als unzivilisierte Barbaren und diffamierte sie mit weiteren Stereotypen: Sie führten ein Räuberleben wie wilde Tiere, behandelten Freunde wie Feinde und unternähmen fortgesetzt Beutezüge in die Peloponnes.[4] Die Kriegserfolge, die sich einstellten, gaben der offensiven Ausrichtung des Bundes recht: 219 nahmen die Achäer Elis und im folgenden Jahr Thermos, das aitolische Bundesheiligtum, ein; und auch im Norden errang der Makedonenkönig einen Sieg über die Dardaner. Philipp wandte sich nun jedoch dem Westen zu, denn Demetrios von Pharos hatte sich in der Zwischenzeit von Rom ab- und dem Makedonenherrscher zugewandt. Den Friedensvertrag von 228 hatte er durch mehrere Plünderungszüge verletzt, die ihn gemeinsam mit dem epeirotischen Prinzen Skerdilaidas bis zu den Kykladen geführt hatten, also weit jenseits der den Illyrern bezeichneten Grenze von Lissos. Dies führte unweigerlich zum Konflikt mit Rom, zum sogenannten Zweiten Römisch-Illyrischen Krieg (219), und zur Vertreibung des Demetrios. An den Hof von Pella geflüchtet, erhoffte sich jener von Philipp V. seine Rückführung. Der makedonische Herrscher versprach sich seinerseits von der Wiedereinsetzung des Demetrios, dass er mit dessen Hilfe dauerhaft seine Einflusssphäre auf den illyrischen Raum bis zur Adriaküste ausweiten und so gemeinsam mit Hannibal gegen Rom kämpfen könne. Nach Erhalt der Nachricht vom Sieg Hannibals über die Römer am Trasimenischen See schloss Philipp V. deshalb im Sommer 217 mit den Aitolern einen Frieden in Naupaktos,[5] um nicht länger die aitolische Front im Rücken zu haben und sich der propagandistisch überhöhten Gefahr von der «Wolke aus dem Westen» zuzuwenden. Zwar musste Philipps Flotte 216 im illyrischen Raum vor der römischen zurückweichen, jedoch gab der karthagische Sieg bei Cannae Anlass zu den kühnsten Hoffnungen. Im Frühjahr oder Sommer 215 schlossen Karthago und Philipp V. einen Friedens-, Freundschafts- und Beistandsvertrag.[6] Als Gegenleistung für seine militärische Unterstützung im Krieg Hannibals gegen Rom erwartete der Makedone eine deutliche Stärkung seiner hegemonialen Stellung im griechischen Raum. Im Vertragstext wurde auch die Rückführung des Demetrios ausdrücklich festgehalten. Der Bündnisvertrag war Anlass und hauptsächlicher Grund für den Ausbruch des darauf einsetzenden zehn Jahre währenden Ersten Römisch-Makedonischen Krieges (215–205).

Dass Philipp V. bei der Umsetzung seiner Expansionspläne skrupellos vorging, zeigt die Ermordung des Arat von Sikyon, der vorher noch zu den engsten Beratern des Königs gezählt hatte. In den nächsten Jahren unternahm Philipp V. mit seiner Flotte mehrere Vorstöße im illyrischen Raum. Rom benötigte lange Zeit, um eine

Gegenallianz zu schmieden. So wurde erst im Jahr 211 M. Valerius Laevinus damit beauftragt, griechische Bündner für den Kampf gegen die karthagisch-makedonische Koalition zu gewinnen. Den Aitolern versprach er die Rückgabe der Städte und ihrer Territorien – von der aitolischen Küste bis hinauf nach Korkyra –, die ihnen von den Makedonen genommen worden waren, sowie die Wiedereingliederung des Akarnanenbundes in den Aitolischen. Neben den Aitolern wurden Sparta, Elis und Messene gewonnen. Rom vermied es, mit Blick auf den Krieg gegen Hannibal einen Krieg zu Land mit den Makedonen zu führen. Die griechischen Bündner sollten den König bekämpfen, zumindest solange Roms Kräfte durch den Krieg gegen Hannibal in Italien noch gebunden waren. So führten die Aitoler den Landkrieg gegen Philipp V. – mit Unterstützung von 25 römischen Fünfruderern. Tatsächlich gelang es Laevinus, Zakynthos sowie Oiniadai in Akarnanien und Nassos, dann Antikyra und Aigina zu erobern. Danach zog er sich nach Korkyra zurück. 209 traten dieser Allianz auch Attalos I. von Pergamon, der Thrakerkönig Pleuratos und der Illyrerkönig Skerdilaidas bei. Im Fall eines Sieges sollte Philipp V. jegliche weitere Kampfhandlung gegen die Römer, ihre Bundesgenossen und alle, die von Rom abhängig waren, unterlassen. Nach den existenzbedrohenden Siegen der Karthager wurden jedoch nahezu alle römischen Truppen aus dem östlichen Mittelmeerraum abgezogen, so dass die griechischen Bündner unvermittelt wieder auf sich allein gestellt waren. Diese Situation nutzten die Rhodier und Ptolemaios sowie Byzantion, Chios und Mytilene, um 207 die Aitoler aufzufordern, nicht länger Philipp V. zu bekämpfen. Im Kampf für die Freiheit der Griechen, so argumentierten sie, würden sie gerade deren Unterwerfung betreiben, sie sollten sich nur die Beispiele von Oreos und Aigina vor Augen führen, die von Rom und Pergamon erobert worden seien. In den Reden der promakedonischen Propagandisten wurden die Römer als beutegierige Brandschatzer diffamiert. Geschickt griffen die makedonischen Gesandten in der Bundesversammlung die Vorlage der Rhodier auf: Der König sei zum Frieden bereit, die Aitoler müssten die Folgen tragen, wenn sie einen solchen ablehnten. Erneut wurde der Krieg zum heroischen

Abwehrkampf der vereinigten Griechen gegen einfallende Barbaren stilisiert: Wie einst Perser und Kelten sollten nun auch die römischen Barbaren aus dem griechischen Raum zurückgedrängt werden – so die erkennbar antirömische Propaganda, die freilich den makedonischen Hegemonieanspruch und den Erhalt des von Antigonos Doson gewonnenen Machtbereichs camouflierte. Die antirömische Agitation trug jedoch Früchte. Die Aitoler entschlossen sich 206 – ohne weitere Rücksprache mit dem Senat – zum erneuten Friedensschluss mit Philipp V., da sie keine militärische Unterstützung von Rom erhalten hatten.

Dass der Konflikt längst weitere Kreise gezogen hatte, zeigt auch die Einführung des Magna-Mater-Kults in Rom. Mit der Überführung des heiligen Steins, der aus dem phrygischen Pessinus stammte, nach Rom wurde die kurz zuvor begründete Freundschaft zwischen Rom und Attalos I. von Pergamon symbolträchtig bekräftigt. Nun war Pergamon nicht nur ein politischer Bündner Roms im Kampf gegen Philipp V., sondern auch kultisch mit der Stadt verbunden.

Nach dem überraschenden Sonderfrieden der Aitoler mit Philipp V. und auf Drängen der Epeiroten hin zeigte sich auch der römische Feldherr P. Sempronius Tuditanus zum Friedensschluss bereit, um dem Wunsch seiner Bündner zu folgen. Philipp V. kam bereitwillig der Einladung zu einer Konferenz ins epeirotische Phoinike nach, wo im Sommer 205 der Frieden zwischen Rom und Philipp V. ausgehandelt wurde: Das Gebiet der Parthiner sowie Dimallon, Bargyllon und Eugenion wurde den Römern zuerkannt, das der Atintaner hingegen dem König.

2. Rom besiegt Philipp V. und proklamiert die Freiheit für die griechischen Städte

Nach dem Friedensschluss von Phoinike wandte sich Philipp V. verstärkt dem Osten zu und bedrohte mit seiner Flotte fortan die Handelsschifffahrt in der Ägäis. Als 204 Ptolemaios IV. verstarb, verständigte sich der Makedonenkönig mit Antiochos III. über einen Geheimvertrag, besser gesagt einen Pakt, in dem die ptolemäischen Außenbesitzungen unter den Vertragspartnern aufgeteilt wurden: Zypern, Koile-Syrien und die kleinasiatischen Flottenstützpunkte der Ptolemäer sollten dem Antiochos zufallen, die Kykladen, Karien und Thrakien dem makedonischen Herrscher. Am Beispiel dieser Absprache entwickelte Polybios seine Kritik an dem raubtierähnlichen Verhalten der hellenistischen Könige (Polyb. 15,20,1–2.4).

Mit dem Ausgreifen in die Ägäis und nach Kleinasien hatte sich Philipp V. auf ein riskantes Spiel eingelassen, da er damit die wirtschaftlichen und machtpolitischen Interessen Athens, der Mittelmacht Rhodos mit ihrer starken Flotte und der pergamenischen Könige bedrohte. Bildete der Pakt den Grund für den Fünften Syrischen Krieg, so zog er zudem nach sich, dass Rom endgültig in das hellenistische Mächtespiel hineingezogen wurde. Die Rhodier, die noch vier Jahre zuvor gegenüber den Aitolern vehement die Meinung vertreten hatten, durch Rom sei die Freiheit der griechischen Städte bedroht, und offenbar einen politischen Kurswechsel vollzogen hatten, sprachen im Herbst 201 im Senat vor und baten um Hilfe gegen makedonische Übergriffe. Der hauptsächliche Zweck des Bündnisses zwischen Philipp V. und Antiochos III. bestand allerdings nicht in der Eroberung Ägyptens, sondern vielmehr in dem Versuch, den Einflussbereich einer dritten Macht dauerhaft zu beschneiden und die östliche Mittelmeerwelt unter ihrer Führung neu aufzuteilen.

Philipp V. operierte mit seiner Flotte in der nördlichen Ägäis und eroberte 202 Lysimacheia, danach Perinthos, Kalchedon, Chios und Thasos; schließlich zerstörte er vor den Augen rhodischer und anderer griechischer Gesandter die Stadt Kios und verkaufte deren überlebende Bürger in die Sklaverei. Auch die Bürger von Thasos erlitten das gleiche Schicksal, obwohl die Insel an und für sich mit Philipp V. verbündet war. Aufgrund der offensichtlichen brutalen Machtpolitik Philipps V. von Makedonien drehte sich die Stimmung in der griechischen Öffentlichkeit. Rhodos erklärte Philipp zum Feind, ebenso Attalos I., dessen Nikephorion, ein Monument vor den Toren Pergamons, das an dessen Siege über

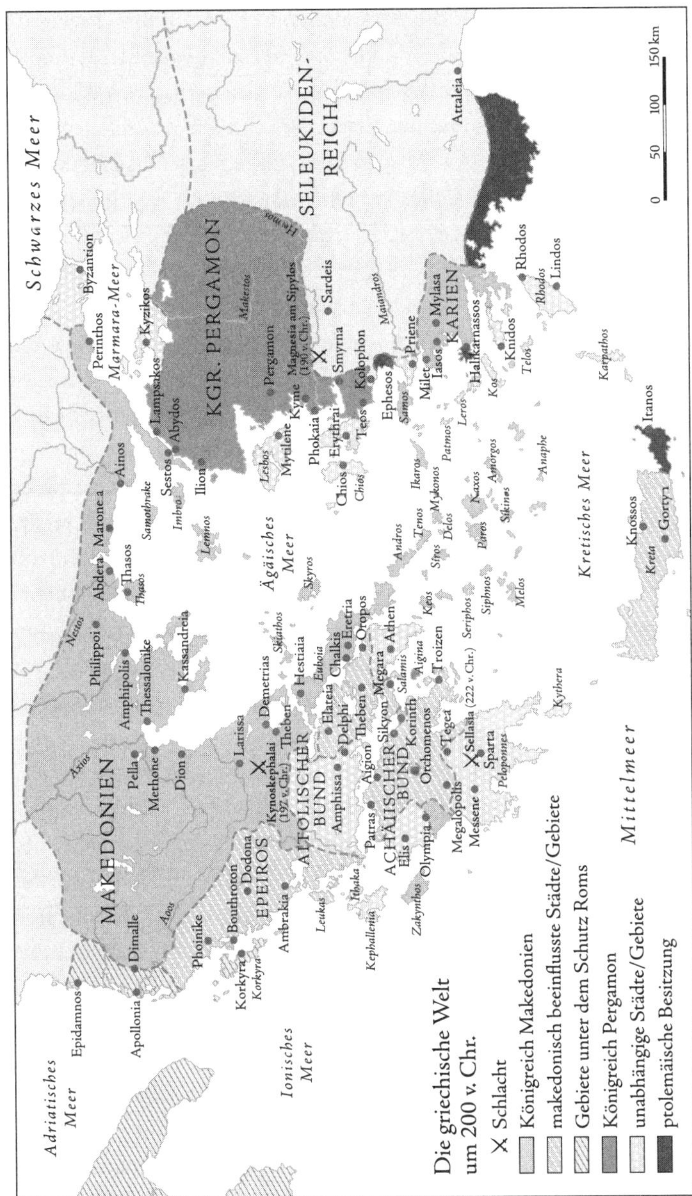

Karte 7: Griechenland und die kleinasiatische Küste um 200 v. Chr.

die Galater erinnerte, die Makedonen 201 zerstörten. Es wurde kolportiert, Philipps Admiral Dikaiarchos soll bei seinen Landungen den Gottheiten «Respektlosigkeit» (*asébeia*) und «Widergesetzlichkeit» (*paranomía*) auf eigens errichteten Altären geopfert haben. Die Klagen der Aitoler und anderer griechischer Städte über die militärische Offensive der makedonischen Truppen und die Wiedergutmachungsforderungen blieben gleichwohl ungehört, da der makedonische König sich weigerte, die Gesandten der betroffenen Bürgerschaften zu empfangen.

In Rom waren die Würfel bereits 202 gefallen, nachdem im Kampf gegen Hannibal eine 4000 Mann starke, von einem gewissen Sopatros angeführte makedonische Söldnertruppe in römische Gefangenschaft geraten und bekannt geworden war, dass der Makedonenkönig den Karthagern eine große Geldsumme für ihren Krieg gegen die Römer zur Verfügung gestellt hatte. Der Senat stellte eine doppelte Verletzung des Vertrags fest, die im weiteren Verlauf des Konflikts mit Makedonien immer wieder als maßgeblicher Kriegsgrund genannt wurde: zum einen die fortgesetzten Übergriffe auf römische Bündner, zum anderen die Unterstützung der Feinde Roms mit Truppenkontingenten und Subsidien. Das Ende des Zweiten Punischen Krieges, mit dem Rom zur führenden Macht im westlichen Mittelmeer aufgestiegen war, und der Friedensschluss mit Karthago eröffnete den Römern größeren Spielraum, sich für die Interessen der gewachsenen Schar griechischer Bündner einzusetzen. Der karthagische Feldherr Hannibal, der große Gegner Roms, war, nachdem er in seiner Heimat mit Hilfe des Volkes vergeblich einen Putschversuch gegen die heimische Aristokratie unternommen hatte, indes zu Antiochos III. geflüchtet.

Nach anfänglicher Ablehnung im Senat gelang es schließlich dem Konsul P. Sulpicius Galba, seine Standesgenossen von der Notwendigkeit einer militärischen Intervention zu überzeugen. Er wies auf die gefährliche Veränderung der Mächtekonstellation im östlichen Mittelmeerraum hin, die durch die Allianz der beiden Könige entstanden sei. Nach dem Tod des Ptolemaios IV. drohe seinem Nachfolger sogar die Zerschlagung seines Reiches. Antiochos III. wolle ganz im Stil der Diadochen vor allem Koile-Syrien, den heutigen Libanon und Palästina, Philipp V. die kleinasiatische Küste, die Ägäis-Inseln und die Meerengen vom Hellespont bis zum Bosporos für sich gewinnen. Rom müsse seine Bündner im Kampf gegen die makedonischen Expansionsambitionen unterstützen, insbesondere aber Ptolemaios V. Wenn Rom nicht bereit sei, in Makedonien Krieg zu führen, müsse es diesen in Italien führen. Der römische Kriegseintritt war vor allem dadurch motiviert, dass Philipp V. durch seine militärische und finanzielle Unterstützung Hannibals und durch seine aggressive Expansionspolitik die Römer nachhaltig verärgert hatte. Ihm sollten klare und enge Grenzen gesetzt werden. Dieser römisch-makedonische Konflikt hatte somit eine gänzlich andere Ausgangslage als jener von 212/211. Damals ging es Rom darum, sich vornehmlich den Rücken freizuhalten und zu verhindern, dass neben Hannibal Philipp V. als weiterer Kriegsakteur in Italien auftrat. Nun bestand das vorrangige Kriegsziel darin, den makedonischen König zum Rückzug aus Griechenland und der Ägäis zu zwingen.

Nach dem Beschluss zum Kriegseintritt wurden die verbündeten Herrscher – Attalos I., Ptolemaios V. und Massinissa von Numidien – davon umgehend unterrichtet. Im April/Mai 200 empfingen die Athener nicht nur Attalos I. von Pergamon, der mit der Einrichtung der Phyle Attalis geehrt wurde, sondern auch die Rhodier, denen sie die Isopolitie, also das doppelte Bürgerrecht verliehen. Danach erklärte auch die athenische Bürgerschaft Philipp V. den Krieg, obgleich diese nicht einmal imstande war, das attische Umland zu schützen; besetzten und verwüsteten doch die Generäle Philipps attisches Gebiet bis zur Akademie. Zugleich wurden die über einhundert Jahre bestehenden Phylen Antigonis und Demetrias aufgelöst, alle Bildnisse und Denkmäler zu Ehren der makedonischen Könige und ihrer Mitglieder zerstört und alle Makedonen mit einem Bann belegt.

Auch wenn das Werben um die Aitoler und Achäer als Bündner erfolglos geblieben war, so hielt Philipp V. dennoch an seinen Expansionsplänen unbeirrt fest und setzte im Sommer 200, unbeeindruckt von verschiedenen militärischen Rückschlägen, seinen Feldzug gegen die kleinasiatische Küste und Pergamon fort. In

Abydos, im August desselben Jahres, stellte eine römische Gesandtschaft dem König nochmals ein letztes Ultimatum. Im Interesse der Bundesgenossen Athen, Pergamon und Rhodos verlangten sie die sofortige Einstellung jeglicher Übergriffe und die Herausgabe der von ihm eroberten Gebiete. Nicht länger solle er Krieg gegen die griechischen Städte führen und sich auch nicht in die Angelegenheiten des ptolemäischen Königshauses einmischen. Nach der Zurückweisung dieser Forderungen durch Philipp, welche die Aufgabe seiner politischen Handlungssouveränität bedeutet hätten, blieb Rom keine andere Wahl, als ein weiteres Mal in einen Krieg gegen den makedonischen König einzutreten (200–197). Der erfahrene P. Sulpicius Galba, der Konsul des Jahres 199, überquerte im Spätsommer 200 mit 50 Schiffen und zwei Legionen die Adria.

Während das Landheer seinen Hauptstützpunkt in Illyrien bezog, stationierte der Konsul einen Teil seiner Truppen, 20 Kriegsschiffe und 2000 Soldaten, im Piräus. Damit unterband er zunächst weitere Angriffe auf Attika, welche die Makedonen zuvor zu Land und zu Wasser von Korinth und Chalkis her unternommen hatten. Auch die übrige römische Flotte, unterstützt von pergamenischen und rhodischen Verbänden, beschränkte sich darauf, Hafenstädte und Inseln, die der makedonischen Herrschaft unterstanden, zu bedrohen. Erst mit der Ankunft des neuen Konsuls Titus Quinctius Flamininus im Mai 198 wurde der Krieg intensiver geführt. Die hauptsächliche Forderung des Flamininus, sich umgehend aus Thessalien zurückzuziehen, wies Philipp V. als Diktatfrieden schroff zurück. Daraufhin wurde die militärische Auseinandersetzung unvermeidlich. Dem Konsul glückte es, Philipp V. aus seiner günstigen Stellung im oberen Aoos-Tal zu vertreiben und über den Pindos nach Thessalien vorzudringen. Gleichzeitig gelang es der römischen Flotte, auf der Halbinsel Euboia die Festungen in Eretria und Karystos zu erobern. Mit großem diplomatischen Geschick erreichte es Flamininus im Spätherbst 198, den Achäischen Bund auf die Seite Roms zu ziehen, auch wenn diese Entscheidung des neuen Strategen Aristainos heftige Dispute innerhalb der achäischen Führung um deren Kurswechsel nach sich zog.

Die Achäer waren durch den Kurswechsel ihres Strategen Aristainos von einer neutralen Mittelmacht zum Bündner Roms geworden und waren die großen Profiteure dieser Entwicklung, in dessen Folge ihnen der Gewinn des spartanischen Territoriums und die Rückgewinnung von Korinth gelang, während der Aitolische Bund sich weiterhin zurückgesetzt fühlte. Nochmals wurden Friedensverhandlungen im November 198 in Nikaia geführt, doch auch diese blieben erfolglos. Sie belegen allerdings erneut den grundsätzlich defensiven Charakter des außenpolitischen Vorgehens Roms; denn die Forderungen Roms beschränkten sich auf die Wiederherstellung der früheren machtpolitischen Ausgangslage – also im Wesentlichen die Räumung von ganz Griechenland sowie der rhodischen Peraia, die Rückgabe von Korinth und Argos an den Achäischen Bund sowie der zum Aitolerbund gehörigen Städte. Zu all dem wäre Philipp V. auch bereit gewesen – allerdings nicht zur Freigabe der drei strategisch wichtigen Festungen von Demetrias, Chalkis und Korinth. An dieser Forderung scheiterten die Verhandlungen. So kam es schließlich im Juni 197 zur entscheidenden Schlacht bei den «Hundsköpfen» (Kynoskephalai, in Thessalien, westlich von Pherai), in der die römische Allianz über Philipp V. siegte. Maßgeblichen Anteil daran hatte die aitolische Reiterei. Der König hatte bis zuletzt beharrlich seinen Glauben an die Unbesiegbarkeit der makedonischen Phalanx aufrechterhalten. Nun hatte er 8000 Gefallene und 5000 Gefangene zu beklagen. Die im folgenden Jahr von einer römischen Zehn-Männer-Kommission ausgearbeiteten Friedensbedingungen sahen vor allem Freiheit und Autonomie für alle griechischen Städte in Europa und Asia vor.[7] Dem makedonischen König wurde zudem die Machtgrundlage für eine eigenständige Außenpolitik entzogen: Er musste hohe Kriegsentschädigungen zahlen, die gesamte Flotte – bis auf fünf Schiffe und ein repräsentatives Flaggschiff – und alle Kriegsgefangenen ausliefern, alle Besatzungen aus den griechischen Städten bis zum Beginn der Isthmischen Spiele im Jahr 196 abziehen und sämtliche Kriegselefanten an Attalos abtreten. Das Heer wurde auf eine Größe von maximal 5000 Soldaten reduziert, die gerade genügten, um die Grenzen des makedonischen Kernlandes zu verteidigen. Um Feldzüge außerhalb Makedoniens zu unternehmen, bedurfte er zwingend der Zustimmung des römischen Senats. Zudem wurden dem pergamenischen Herrscher die Insel Aigina, den Rhodiern Stratonikeia sowie weitere karische Städte, und Athen schließlich die ägäischen Inseln Lemnos, Skyros, Imbros und Delos zugesprochen. Für Philipp V. bedeutete dieser Frieden das Ende aller machtpolitischen Ambitionen.

So zufrieden die anderen Bündner mit diesem Friedensvertrag sein mochten, so unzureichend fühlten sich die Aitoler in ihren Leistungen und Ansprüchen gewürdigt, auch wenn ihnen die Landschaften des hypoknemidischen Lokris und Phokis wieder zugesprochen worden waren. In ihren Erwartungen aber, die Römer würden das makedonische Königtum zerschlagen und sie in besonders hohem Maße davon profitieren, sahen sie sich getäuscht. Tatsächlich wurden dem Aitolischen Bund nicht einmal die ihm 202/201 bereits zugestandenen makedonischen Städte wieder zugewiesen. Darüber empört, unterstellten sie den Römern, dass diese bloß die Stelle des Makedonenkönigs einnehmen und den Freiheitswunsch der griechischen Städte ähnlich missbrauchen wollten wie die hellenistischen Herrscher. Doch auch wenn Rom tatsächlich daran interessiert gewesen wäre, die Hegemonie Philipps V. zu übernehmen – tatsächlich wollten sie nur diese beenden und Makedonien als Pufferstaat gegen einfallende Barbarenstämme erhalten –, so gab es keine erkennbare weitergehende Strategie zur Erlangung der Hegemonie im östlichen Mittelmeerraum. In jedem Fall sah sich Flamininus genötigt, der fortgesetzten gehässigen aitolischen Propaganda in der Öffentlichkeit nachdrücklich zu widersprechen.

Eine günstige Gelegenheit dafür bot sich bei den Isthmischen Spielen im Sommer 196. Dort, wo sich 481 einst der Hellenenbund zur Bewahrung der griechischen Freiheit im Kampf gegen die Perser konstituiert hatte, trat T. Quinctius Flamininus auf und verkündete, alle Griechen sollten frei, frei von fremden Besatzungen und frei von Tributen sein. Die Freiheitserklärung wurde zwar begeistert und unter lautem Jubel des griechischen Publikums aufgenommen, jedoch sollte es sich als schwer und langwierig erweisen, diese Ankündigung auch politische Wirklichkeit werden zu lassen.

Noch in den beiden folgenden Jahren blieben römische Truppen in Griechenland, um die Neuordnung der Verhältnissse durch Flamininus und eine Kommission von zehn Senatsmitgliedern in jenen Gebieten, die Makedonien entzogen worden waren, durchzusetzen. Spuren der praktischen Auswirkungen der Freiheitsproklamation haben sich in der inschriftlichen Überlieferung erhalten, so die Restitution von Grund- und Immobilienbesitz, die etwa ein auf Stein aufgezeichneter Brief des Flamininus den Bürgern der thessalischen Stadt Chyretiai zusicherte.[8] Dass zahlreiche Städte Griechenlands aufgrund derartiger Restitutionen und anderer Maßnahmen den römischen Magistraten ihre Dankbarkeit und Loyalität bekundeten, belegen eine ganze Reihe von Bronzestatuen, mit denen T. Quinctius Flamininus an herausgehobenen öffentlichen Plätzen in Städten und Heiligtümern geehrt wurde.

Unterdessen wollte in Sparta Nabis gewaltsam Reformen, die Kleomenes III. angestoßen hatte, wie etwa die Befreiung der Heloten, fortführen, und übte seit 207 eine auf Söldner gestützte Tyrannenherrschaft der spartanischen Königsfamilie der Eurypontiden aus. Was die Außenpolitik betraf, so strebte er danach, die Hegemonie über die Peloponnes wiederzugewinnen. Da die Achäer gewissermaßen als ‹natürlicher› Gegner Spartas ein Bündnis mit Rom eingegangen waren, ging Nabis seinerseits mit Philipp V. ein Bündnis ein; als Pfand der neuen Freundschaft trat der makedonische Herrscher die Stadt Argos an Nabis ab. Da Rom sich durch die Freiheitserklärung von Korinth dazu gezwungen sah, auch Argos zu befreien, unternahm Flamininus 195 einen Feldzug gegen den spartanischen Tyrannen und zwang ihn zur Abgabe der Flotte und der Periökenstädte, was dem Verlust von Spartas außenpolitischer Souveränität gleichkam. Aufgrund seiner zwischen den Aitolern und Rom schwankenden Haltung wurde Nabis kurz darauf durch einen aitolischen Offizier ermordet und Sparta in den Achäischen Bund eingegliedert, was an und für sich bereits 222 nach der Schlacht von Sellasia so entschieden worden war. So unrühmlich endete das 30-jährige Nachspiel der ruhmreichen Geschichte Spartas.

Um der griechischen Öffentlichkeit die Ernsthaftigkeit ihrer Befreiungsabsichten zu beweisen, räumten die Römer die drei großen Festungen Akrokorinth, Chalkis und Demetrias. Dies war ein Schritt, den keiner der hellenistischen Herrscher jemals zu vollziehen bereit gewesen wäre. Erst 194 kehrte Flamininus nach Rom zurück und feierte dort einen glanzvollen Triumph, bei dem er zahlreiche griechische Statuen als Beutestücke präsentierte.

3. Vor und nach dem Frieden von Apameia: Der Aufstieg Antiochos' III. – Ptolemäisches Chaos und Neuordnung unter Ptolemaios V.

In einer außerordentlich schwierigen Situation übernahm der jüngere Bruder des Seleukos III. die Königsherrschaft und sollte sich als Glücksfall für die Herrscherdynastie erweisen. Trotz verschiedener Rückschläge und Misserfolge festigte Antiochos III. (223–187) die seleukidische Herrschaft und erweiterte das Territorium erheblich, so dass er aufgrund dieser Leistung den Beinamen «der Große» erhielt.

Bei Beginn seiner Herrschaft war indes nichts dergleichen zu erwarten, drohte damals doch das Seleukidenreich auseinanderzufallen. Mehrere Satrapien (Parthien, Baktrien, Atropatene, Armenien) hatten sich allmählich von der seleukidischen Oberherrschaft gelöst, und das westliche Kleinasien war unter das Regiment Pergamons geraten. Beim Versuch, diese Gebiete zurückzuerobern, war der ältere Bruder des Antiochos, Seleukos III., vergiftet und anschließend Achaios, der Vetter des Antiochos und wie bereits sein Großvater und Vater ein General, vom Heer zum König bestimmt worden. Dieser aber hatte auf die Königswürde zugunsten Antiochos' III. verzichtet. Daraufhin war er aufgrund seiner Treue zu Antiochos III. zum Vizekönig über Kleinasien erhoben worden und hatte seitdem die Aufgabe, den Kampf in Kleinasien gegen Pergamon fortzuführen. Die weiteren Jahre standen ganz im Zeichen des Abfalls Molons, der als Satrap von Medien in Babylon die Aufsicht über die östlichen Satrapien führte. Von dessen Satrapenherrschaft, die in ihrer Machtfülle der eines Vizekönigs gleichkam, hatte sich der Seleukide an und für sich Rückhalt und Sicherheit für einen Krieg gegen Ptolemaios IV. Philopator um das südliche Syrien und Phoinikien versprochen. Am ägyptischen Hof nämlich war, als Ptolemaios III. 222 starb, ein heftiger Kampf um die Nachfolge entbrannt. Nicht anders als am Seleukidenhof wurde auch in Alexandreia die im familiären Machtkampf unterlegene Partei unbarmherzig beseitigt. Der ältere Bruder Ptolemaios IV. ließ seinen jüngeren Bruder Magas sowie seine Mutter Berenike umbringen. Diese Auseinandersetzung um die ptolemäische Nachfolge bot Antiochos die willkommene Gelegenheit, in das von den Ptolemäern beherrschte Koile-Syrien einzufallen. Molon jedoch nutzte wiederum die Abwesenheit des Antiochos, um sich gemeinsam mit seinem Bruder Alexandros, der Satrap über die Persis war, gegen den neuen Seleukidenherrscher zu erheben. Zugleich hofften sie, dass sich auch Achaios, der Vetter des Antiochos III., der sich anschickte, in Kleinasien eine selbständige Herrschaft zu begründen, ihrem Aufstand anschließen würde. Tatsächlich gelang es Molon auch, im Laufe des Jahres 221 die Gebiete vom Euphrat bis zum Tigris zu erobern, sich als König über Mesopotamien ausrufen und eigene Münzen prägen zu lassen.[9] Nachdem seine Generäle vergeblich versucht hatten, den Aufstand des Molon niederzuschlagen, trat Antiochos III. dem abtrünnigen Satrapen energisch entgegen und besiegte im Jahr 220 Molon in der Schlacht. Daraufhin begingen der Verschwörer und sein Bruder Alexandros Selbstmord. Damit endeten die Schwierigkeiten jedoch nicht: Hermeias, der mächtige *dioiketés* (Chef der Finanzverwaltung) des Antiochos, hatte im Verlauf des Molon-Aufstands den jungen Herrscher hintergangen, so dass sich dieser, gewarnt von anderen Vertrauten, dazu gezwungen sah, dessen Illoyalität zu bestrafen. Eine eindrückliche Schilderung dieser höfischen Intrige, die mit der Ermordung des Hermeias endete, gibt Polybios in seinen Historien.[10] Nach wechselvollen Kämpfen fand der Vierte Syrische Krieg (219–217) seinen Abschluss in der Schlacht von Raphia in Ägypten (217). Mit der dort erlittenen Niederlage war den Expansionsbestrebungen des Seleukidenherrschers vorerst ein Ende gesetzt; es begann eine immerhin fast 15 Jahre währende Kriegspause zwischen den um Syrien ringenden Seleukiden und Ptolemäern. In diesem Konflikt hatte Antiochos III. 219 zumindest wieder das für seine Herrschaft außerordentlich wichtige Seleukeia Pieria, den Hafen seiner Residenzstadt Antiocheia am Orontes, zurückgewonnen, die seit 246 unter ptolemäischer Kontrolle gestanden hatte.

Nach dem misslungenen Angriff auf das Ptolemäerreich musste sich Antiochos III. nach Kleinasien begeben, da sich dort auch Achaios gegen ihn erhoben hatte. Dieser hatte in der Zwischenzeit sehr erfolgreich gegen Attalos I. gekämpft, die an diesen zwischenzeitlich verlorenen Gebiete in Kleinasien zurückerobert und den pergamenischen Herrscher sogar in seiner Residenz eingeschlossen. Nicht zuletzt aufgrund der Ermunterung durch Ptolemaios III. hatte Achaios, dessen Vater als Faustpfand in Ägypten gefangen gehalten wurde, während der langen Abwesenheit des Antiochos II. in den östlichen Satrapien und in Syrien den Königstitel usurpiert und den ehemaligen Satrapensitz Sardeis zu seiner Residenz erhoben. Aber auch diesen innerseleukidischen Machtkampf (216–213) – nach jenem mit Molon und Hermeias – überstand Antiochos. Nachdem er Achaios zwei Jahre in dessen Residenz belagert hatte, nahm er ihn gefangen und ließ ihn 213 hinrichten. So verblieb der Großteil Kleinasiens weiterhin in seleukidischer Hand.

Die nachfolgende Regierungszeit Antiochos III. war ganz davon bestimmt, weitere Separierungsbewegungen, die das Auseinanderfallen des Reiches bedeutet hätten, zu unterdrücken. Nach der Konsolidierung seiner Herrschaft in Kleinasien und Syrien wandte sich Antiochos der Rückgewinnung der östlichen Gebiete seines Reiches zu und unternahm einen langwierigen Feldzug, die sogenannte Anabasis von 212 bis 205. Zunächst zwang er dem armenischen König die seleukidische Oberherrschaft auf; mit den Parthern erreichte er einen Friedensschluss und wandte sich dann, im Jahr 206, gegen das griechisch-baktrische Reich des Euthydemos I. (235–200), der seinen Amtsvorgänger gewaltsam beseitigt hatte. Antiochos versuchte zwar mit aller Macht, die verlorene baktrische Provinz wieder in sein Reich einzugliedern, doch blieb der dreijährige Krieg letztlich ohne Erfolg, auch wenn er bis zur Hauptstadt

Abb. 10: Marmorkopf des Antiochos III. des Großen

Baktra vorgedrungen und diese belagert hatte. So blieb ihm nur der Friedensschluss, in dem zwar die nominelle Oberherrschaft Antiochos' III., jedoch zugleich die Herrschaft des Demetrios I., des Sohnes von Euthydemos I., anerkannt und durch den das Ehebündnis mit einer Tochter des Antiochos besiegelt wurde. Ebenso schloss der Seleukide Frieden mit dem indischen Fürsten Subhagasena (Sophagasenos) und beendete seinen Ostfeldzug am Indus.

Nach seiner Rückkehr aus dem Osten, von wo er zwar nicht die erhofften großen Siege nach Hause gebracht, wo er aber doch immerhin das Reich in seinen Grenzen gesichert hatte, stellte sich durch den Tod Ptolemaios' IV. im Jahre 204 in Ägypten eine günstige Gelegenheit ein, sich einen Teil der ptolemäischen Außenbesitzungen einzuverleiben. Zu diesem Zweck schloss Antiochos III. einen Geheimvertrag mit Philipp V. von Makedonien, der eine genaue Aufteilung der ptolemäischen Außenbesitzungen vorsah und bereits im Zusammenhang mit der Vorgeschichte zum Zweiten

Makedonischen Krieg zur Sprache gekommen ist. Von diesem Abkommen profitierte insbesondere Antiochos.

Im Zusammenhang mit dem folgenden Herrscherwechsel am ptolemäischen Hof tritt deutlich die immens gewachsene politische Bedeutung der höfischen Administration zutage, wie das Beispiel des Sosibios, des ersten Ministers des Ptolemaios, belegt. Dieser Grieche aus Alexandreia hatte als Offizier in der Ägäis gedient und bekleidete 235/234 das Amt des Priesters Alexanders des Großen. Zusammen mit Agathokles hatte er nach dem Tod Ptolemaios' III. den Herrrschaftsanspruch von dessen Sohn Ptolemaios IV. durchgesetzt und skrupellos die Tötung von Berenike, Magas, Lysimachos und Kleomenes veranlasst. Diese Mordtaten sicherten ihm seine hochrangige Stellung am Hof, solange Ptolemaios die Herrschaft innehatte. Sosibios war zudem für die Unterstützung des Achaios und die Planung des Krieges gegen Antiochos III. verantwortlich. In der Schlacht von Raphia hatte er die ägyptische Phalanx befehligt. Der Tod des Herrschers, mit dessen Schicksal sein eigenes eng verbunden war, stellte ihn vor eine besondere Herausforderung. Zwar war die Herrschaft der Dynastie als solche abgesichert, jedoch zeigt sich an seiner Person deutlich, dass im Rahmen institutionalisierter Hofgesellschaften – im Unterschied zu den Herrschaftsverhältnissen unter den Vorgängergenerationen – nun auch einzelne Hoffunktionäre neben den hochrangigen Militärs zu maßgeblichen Trägern der ptolemäischen Herrschaft geworden waren. Es ist wiederum Polybios, der sich, wenn er die Übertragung der Königswürde an Ptolemaios V. im Jahr 204 durch Verleihung des Diadems an einen noch unmündigen Nachfolger schildert, über die Rolle des verschlagenen, vermeintlich bloß «zivilen» Höflings entrüstet, dessen offensichtlich große militärische Erfahrung und Kompetenz jedoch mit keinem Wort erwähnt. Gerade in der überaus negativen Schilderung seiner Rolle am Ptolemäerhof tritt die besondere politische Bedeutsamkeit dieses hochrangigen Funktionärs am Ptolemäerhof zutage (Polybios 15,25):

«Sosibios, der sich die Vormundschaft des Ptolemaios angemaßt hatte, war, wie man sieht, eine so schlaue Kreatur, dass er sich lange in seiner Machtstellung zu behaupten wusste, ein Mann, der in seiner Regentschaft

eine Schandtat an die andere reihte. [...] Nach drei oder vier Tagen errichteten sie (Agathokles und Sosibios) auf dem größten Säulenhof des Palastes ein Podium und riefen die Leibgarde und die Palastwache, dazu die Offiziere der Infanterie und Kavallerie zusammen. Dann traten Agathokles und Sosibios auf das Podium, verkündeten zunächst den Tod des Königs und der Königin und ordneten für das ganze Reich die übliche Landestrauer an. Darauf setzten sie dem Kind das Diadem auf, riefen es zum König aus und verlasen ein fingiertes Testament, in dem geschrieben stand, dass der König Agathokles und Sosibios zu Vormündern des Knaben bestimmt habe. Sie forderten die Offiziere auf, dem Kind die Herrschaft zu sichern und die Treue zu halten».

Die kurze Passage macht eines deutlich: Der im Hintergrund der höfischen Administration wirkende Sosibios war für die Stabilität der Herrschaft von weitaus größerer Bedeutung als der Herrscher selbst, dessen Legitimation durch persönliche Kampfkraft und Charisma öffentlich erwiesen werden musste. Mit Einrichtung und Verfestigung eines Hofstaats hatte ein Herrscher faktisch das Kommando über das Heer abgegeben. Die institutionelle Fundierung des ptolemäischen Königtums sorgte für die notwendige Kontinuität und populäre Absicherung der Herrschaft. Für die Struktur dieses Königtums war es weitgehend bedeutungslos geworden, wer die Rolle des Königs einnahm.

Zwar ermöglichte es der außerordentliche Reichtum der ptolemäischen Herrscher den Königen, in großem Stil griechische Söldner anzuwerben und beachtliche Flottenkontingente zu stellen, Höflinge und städtische Honoratioren für ihre Dienste reichlich zu entlohnen – weitaus reichlicher jedenfalls als alle anderen hellenistischen Herrscher. Dementsprechend waren die militärischen Kommandostellen ausschließlich mit Makedonen und griechischen Söldnerführern besetzt, wie etwa eine Schilderung des ägyptischen Heeres bei der Schlacht von Raphia belegt. Dennoch garantierte der Einsatz griechischer Offiziere und Söldner keineswegs militärische Erfolge. Ausschlaggebend für die Schlagkraft des ägyptischen Heeres war vielmehr der Umstand, dass den Ptolemäern auch eine große Zahl gut ausgebildeter einheimischer Soldaten zur Verfügung stand. So unverzichtbar die Dienste der Söldner im Kampf waren, so wichtig war ihre Ausbildungsarbeit und das regelmäßige Training mit den ägyptischen schwerbewaffneten Phalangiten, um sie erfolgreich in das ptolemäische Heeresaufgebot zu integrieren. In der Schlacht von Raphia hatten sich zum ersten Mal die Früchte der Integration ägyptischer Bauernsoldaten in das Heer gezeigt.

Mit dem Ende dieses Fünften Syrischen Krieges (195) war das «Hohle Syrien» (Koile-Syrien) endgültig den Ptolemäern entglitten, die kleinasiatische Küste geriet ebenfalls unter Kontrolle des Seleukiden, der nun sogar wie sein Urgroßvater Seleukos I. über den Hellespont setzen und Thrakien unter seine Herrschaft bringen konnte. Dass ein Seleukide wieder in Europa Fuß gefasst hatte, brachte ihn gleichwohl unweigerlich in Konflikt mit Rom, das in der Zwischenzeit Philipp V. besiegt hatte und zum neuen und beliebten Schutzherrn der griechischen Städte aufgestiegen war.

Dem noch minderjährigen ägyptischen Thronfolger Ptolemaios V. Epiphanes blieb keine andere Wahl, als mit dem seleukidischen Widersacher einen Friedensvertrag zu schließen, der von einer Seite diktiert wurde. Der Frieden von 194 und die neue, zugunsten Antiochos' III. zustande gekommene Mächtekonstellation wurde durch die Ehe der Kleopatra, Tochter des Antiochos, mit Ptolemaios bestätigt. Antiochos war durchaus auf einen Ausgleich bedacht, da in seiner Lage nicht an eine Eroberung Ägyptens zu denken war.

Ein Zeugnis der innenpolitischen Konsolidierungsbemühungen des jungen Ptolemaios V. hat sich auf dem dreisprachigen Stein von Rosette erhalten, aufgezeichnet am 27. März 196 Ptolemaios regelte darin das Verhältnis zu Tempeln und Priestern, denen er anlässlich einer Zusammenkunft (Synode) in Memphis Geld, Land und Lebensmittel in großem Stil zusprach. Im Gegenzug befürworteten die Priester die kultische Verehrung des volljährig gewordenen, neuen Pharao, sichtbar gemacht durch die Aufstellung von Statuen (OGIS 90 = Austin [2006] Nr. 283).

Ptolemaios reagierte auf die massiven außenpolitischen Gebiets- und Machtverluste mit weiteren Maßnahmen zur inneren Neuordnung: War vorher allein die persönliche Verbundenheit mit dem Herrscher das entscheidende Kriterium für die Zugehörigkeit zum königlichen Hof, so wurde das Verhältnis nun stärker versachlicht. Ptolemaios V. leitete eine umfassende Rationalisierung der ägyptischen Verwaltung ein, die unter anderem zu der bereits erwähnten Aufgabenteilung zwischen Strategen und Epistrategen führte. Darüber hinaus erließ er im Jahr 186 eine Generalamnestie. Beide Maßnahmen dienten dem Zweck, die militärische Schlagkraft zu erhöhen und die Unruhen im Kernland Ägypten zu beenden; denn dass dort die soziale Not groß war, bezeugen immer wieder aufflammende lokale Aufstände, die sogar zur Erhebung von Gegenpharaonen führten. Von einer solchen Rebellion und deren blutiger Niederschlagung, irgendwann zwischen 197 und 185, berichtet Polybios (Polybios 22,7).[11]

Die Entwicklung der pergamenischen Herrschaft bis zu Eumenes II.

Die Geschichte der pergamenischen Könige ist eng mit jener der seleukidischen Herrscher verknüpft: Philetairos hatte, im Besitz eines großen Teils des Geldes, das ihm Lysimachos anvertraut hatte, zwar die Seiten gewechselt und zunächst die Oberherrschaft des Seleukos anerkannt, sich dann aber recht bald als unabhängiger Herrscher verstanden. Offensichtlich wurde dies mit der Tetradrachmenprägung Pergamons, die spätestens unter der Herrschaft Eumenes' I. das des Philetairos anstelle des Bildnisses Seleukos' I. präsentierte.

Diese Ablösung von der seleukidischen Oberherrschaft war in mehreren Etappen erfolgt: Der erste wichtige Schritt zu einem eigenständigen Königreich im Nordwesten Kleinasiens verdankte sich einerseits dem diplomatischen Geschick Eumenes' I. (263–241), der es verstand, mit Ptolemaios ein Bündnis auszuhandeln, das ihm freie Hand ließ, und andererseits seinem militärischen Talent, mit dessen Hilfe es ihm 262 gelang, Antiochos I. bei Sardeis zu bezwingen. Er erweiterte die pergamenische Herrschaft um den Küstenstrich zwischen Adramytteion und Elaia sowie um die Gebiete jenseits des Kaikostales. Die Letzteren sicherte er gegen mögliche Angriffe seitens der Galater und seleukidischer Truppen durch die Anlage zweier Festungen an der nördlichen und östli-

Abb. 11: Tetradrachme des Attalos I. von Pergamon (241–197 v.Chr). Vorderseite: Kopf des Philhetairos mit Lorbeerkranz und Diadem, Rückseite: Athena, auf einem Thron ruhend, bekränzt den Namen des Dynastiegründers

chen Grenze seines Territoriums, die er nach seinem Vorgänger und dessen Bruder Philetaireia und Attaleia benannte und mit Söldnern bemannte. Der zweite wichtige Schritt war das entschiedene Vorgehen Attalos' I. (241–197), des nachfolgenden pergamenischen Königs, die von Thrakien aus nach Kleinasien eingefallenen Galater auf ein klar umgrenztes Kerngebiet zurückzuwerfen und damit aus Sicht der griechischen Städte eine mögliche Gefahrenquelle für den Westen einzuhegen. In mehreren Schlachten siegte Attalos I. über die Galater, zuletzt 228 in Karien. Diese waren mit Antiochos Hierax verbündet, dem Bruder Seleukos' II., der eine eigene Herrschaft in Kleinasien hatte errichten wollen. Nach dessen Tod übernahm Attalos I. die Herrschaft über jene Gebiete, welche die Seleukiden nördlich des Taurosgebirges besessen hatten, und nahm diese Erfolge zum Anlass, den Königstitel anzunehmen *(basileús)*. Allerdings konnte Achaios, der General des Antiochos III., nur wenige Jahre später die besagten kleinasiatischen Gebiete zurückerobern und grenzte das pergamenische Herrschaftsgebiet wieder auf das frühere Kerngebiet ein. Der Nachfolger Attalos' I. auf dem pergamenischen Königsthron wurde Eumenes II. (197–159).

Der Römisch-Syrische Krieg (192–188 v. Chr.)

Nach dem Friedensschluss der Römer mit Philipp V. waren bereits 196 erste Gesandte des Antiochos zu Flamininus gekommen. In gut hellenistischer Tradition ignorierten die seleukidischen Gesandten den Umstand, dass die Römer sich durch die Proklamation des Flamininus dazu öffentlich verpflichtet hatten, die Freiheit der Griechen zu schützen; die Missachtung hatte eine ebenso scharfe wie unverblümte Antwort der Römer zur Folge (Livius 33,34): *«Antiochos müsse die Städte Asiens räumen, die sich unter der Herrschaft des König Philipp oder Ptolemaios befunden hätten, er dürfe die freien Städte nicht behelligen und nicht mit Waffengewalt bedrohen, alle griechischen Städte müssten überall in Freiheit und Frieden leben. Vor allem wurde ihm angekündigt, dass er nicht nach Europa übergehen oder Kriegsvolk übersetzen solle.»*

Antiochos ging darauf nicht ein, und so war der Krieg unvermeidlich geworden, der hier in seinen wesentlichen Stationen geschildert werden soll: 193 entschlossen sich die unzufriedenen Aitoler zum Krieg gegen Rom. Dazu forderten sie Antiochos III. auf, sie von der Tyrannei der Römer zu befreien und militärisch in Griechenland zu unterstützen, und gingen mit ihm ein Bündnis ein. Nach seiner Landung in Thessalien (im Oktober 192), die den Syrischen Krieg (*bellum Antiochicum*) oder Aitolisch-Römischen Krieg (192–189) eröffnete, inszenierte sich der seleukidische Herrscher, offiziell tituliert als Hegemon dieser Koalitionstruppen, als Befreier der griechischen Städte. Jedoch vermochten sich letztlich allein die Boioter, Euboier und Eleer dazu entschließen, sich der aus den Aitolern, Nabis und Antiochos III. bestehenden Allianz anzuschließen. Zwar konnte der Seleukide zunächst einige Gebiete in Mittelgriechenland für sich gewinnen; als Antiochos III. sich jedoch gegen die Akarnanen wandte (191), wurde er vom Konsul Manius Acilius Glabrio bei den Thermopylen vernichtend geschlagen. Nur 500 der seleukidischen Soldaten überlebten das Gemetzel. Daraufhin flüchtete der König nach Chalkis, um von dort aus nach Ephesos zu segeln. Die Aitoler, deren Flottenstützpunkte Naupaktos und Ambrakia am Korinthischen Golf Glabrio bereits begonnen hatte zu belagern, konnte Flamininus zu einem Friedensschluss bewegen. Ebenso wurde Philipp V. von einem Bündnis mit dem seleukidischen König abgehalten, da ihm die Römer seine restliche Kriegsschuld erließen und die von ihm gestellten Geiseln zurückgaben, darunter seinen Sohn Demetrios. Anschließend setzten auch die Römer zunächst mit ihrer Flotte nach Asien über. Unterstützt von der rhodischen Flotte, folgten mehrere Seesiege vor der ionischen Küste, so bei Korykos, dem Hafen und Vorgebirge von Teos, und bei Myonnesos. Diese Niederlagen verleiteten den König dazu, die Besatzung aus Lysimacheia abzuziehen, worauf sich diese ohne Gegenwehr ergab. So konnte das römische Landheer ungehindert seinen Weg über den Hellespont nach Kleinasien fortsetzen, zumal das Werben des Antiochos um den bithynischen König Prusias erfolglos geblieben war.

In der Zwischenzeit nämlich hatte der Konsul L. Cornelius Scipio Nasica (zusammen mit seinem Bruder P. Cornelius Scipio Africanus als Legaten) ein Landheer von etwa 30 000 Soldaten, das auch ein großes achäisches Kontingent einschloss, über Makedonien und Thrakien zum Hellespont geführt und war als erster Römer überhaupt mit einem Heer in der Nähe der thrakischen Residenzstadt übergesetzt (Livius 37,33).

Nachdem die römische Flotte im Weiteren auch vor der kilikischen Küste erfolgreich operiert hatte, gelang es den Römern schließlich, bei Side die seleukidische Flotte, die von dem zu Antiochos III. übergelaufenen Hannibal geführt wurde, entscheidend zu schlagen. Das römische Heer wandte sich (190) zunächst nach Pergamon, das von Antiochos belagert wurde. Nach der Aufhebung der Belagerung schloss sich Eumenes II. dem alliierten Heer an, das nun rund 50 000 Soldaten umfasste. Wahrscheinlich auf dem Weg nach Süden empfingen die Scipionenbrüder, wohl noch im Jahr 190, Gesandtschaften aus dem ionischen Kolophon und Herakleia am Latmos und sicherten ihnen die Asylie des Heiligtums von Klaros bei Kolophon sowie die Unabhängigkeit der Stadt unter ihrem Schutz zu (Sherk, RDGE 35 = Syll.[3] 618).

Möglicherweise stellten die Herakleier dem Heer bereitwillig zur Verfügung, was die römischen Schutzherren zur Proviantierung und logistischen Vorbereitung ihres Heerzuges zu einer Entscheidungsschlacht benötigten. Nur wenige Kilometer von Herakleia entfernt, errangen jedenfalls die Römer 190/189 bei Magnesia am Sipylos-Gebirge, beim heutigen Manisa, nordöstlich von Izmir (nicht bei Magnesia am Mäander), den entscheidenden Sieg über Antiochos III. Damals fügte der Konsul Lucius Cornelius Scipio seinem Namen den Beinamen Asiaticus hinzu.

Auch in dieser Schlacht hatte sich abermals deutlich die Überlegenheit der damaligen römischen gegenüber der Kampfweise der hellenistischen Herrscher gezeigt. Den 50000 Soldaten der verbündeten Römer und Pergamener hatten etwa 60000 Fußsoldaten und 12000 Reiter auf der Seite des Antiochos gegenübergestanden; die Verluste des seleukidischen Heeres waren immens. Nur 10000 Fußsoldaten und 9000 Reiter überlebten die Schlacht, während die Römer nur 349 Gefallene, darunter 24 Reiter, zu beklagen hatten.[12] Nach der Schlacht von Kynoskephalai (197) war jene von Magnesia bereits die zweite von drei großen Schlachten, welche die Untauglichkeit der damaligen griechischen bzw. hellenistischen Kriegführung gegenüber der römischen Kampfweise mit erschreckender Deutlichkeit offenbart hatte. Das Ende der Phalanx als schlachtentscheidender taktischer Formation wurde schließlich mit der vernichtenden makedonischen Niederlage in der Schlacht bei Pydna (168) besiegelt: Eine römische Legion bestand ursprünglich aus 4200 Fußsoldaten und 300 Reitern, später zumeist aus insgesamt 4500 bzw. 5000 Soldaten. Von dieser Mannschaftsstärke entfielen etwa ein Drittel auf Leichtbewaffnete (*velites*), die übrigen zwei Drittel auf Schwerbewaffnete, die in drei geschlossenen Schlachtreihen (*triarii*, *principes*, *hastati*) antraten. Diese waren zu jeweils 10 Abteilungen – also 3 x 10 Abteilungen oder Manipeln – aufgestellt, die wiederum jeweils 80 bis 100 Soldaten umfassten. Erst Publius Cornelius Scipio Africanus hatte die althergebrachte Grundordnung des römischen Heeres mit einer starren Phalanx durch die sogenannte Manipulartaktik aufgelockert und fortentwickelt: Africanus hatte den Manipeln größere Freiheiten gegeben, ließ sie selbständig agieren, nahm entweder einzelne oder mehrere Manipel aus der Reihe heraus und setzte sie e nach Bedarf an verschiedenen Stellen oder als Reserve ein.

Dank dieser Manipulartaktik war es Scipio gelungen, Hannibal 202 bei Zama zu besiegen, und in den folgenden knapp einhundert Jahren wurde sie von verschiedenen römischen Feldherren so erfolgreich angewandt, dass sie im östlichen Mittelmeerraum eine hellenistische Großmacht nach der anderen niederrangen. Zudem verzichteten die Römer nahezu vollständig auf die immer länger werdenden Lanzen im Stile der makedonischen Phalanx und setzten stattdessen auf den Nahkampf mit Kurzschwertern (*gladii*). So wurde der Nahkampf nicht nur nicht vermieden, sondern vielmehr zum Prinzip erhoben. Die strukturelle Schwäche der Phalanx behoben die Römer dadurch, dass sie vom taktischen Dogma abrückten, dass die Phalanx grundsätzlich eine geschlossene Front bleiben müsse. Zwar kämpften auch die Römer in Phalanxformation, aber sie stellten sich so auf, dass die Formation auch dann noch eine Formation blieb, wenn sie durchstoßen wurde.

In der Schlacht von Magnesia 190 hatte Eumenes II. sich als treuer Bündner Roms erwiesen und war dafür vom Senat reich belohnt worden: Nachdem Antiochos III. Kleinasien bis zum Tauros-Gebirge vollständig hatte aufgeben müssen, wurde dem kleinen Königreich das ehemalige seleukidische Territorium zugesprochen. Damit war Pergamon mehr oder weniger im Besitz nahezu des gesamten westlichen Kleinasiens – die Herrschaft des Eumenes II. markierte den Höhepunkt und die Blütezeit der Attalidendynastie. Der glanzvolle Sieg spiegelt sich in verschiedenen Ehrungen römischer Magistrate und des «römischen Volkes» (*populus Romanus*); so weihten etwa die Samier wohl nach dem Sieg der Römer ein acht Meter hohes Pfeilermonument mit einer Bronzestatue der Roma und bekundeten damit ihre Treue und Loyalität gegenüber Rom. Zudem gibt es aus der Zeit vor und nach der Schlacht von Magnesia mehrere Inschriften, welche zahlreiche Gesandtschaftsreisen aus griechischen Städten und Heiligtümern zu römischen Magistraten/Feldherren belegen. Das Resultat einer solchen Gesandtschaft bestand beispielsweise in der Bestätigung der noch von den Seleukiden gewährten Privilegien zugunsten des Dionysosheiligtums und der Stadt Teos durch den römischen Prätor M. Valerius Messala im Jahr 193 (Syll.³, 601 = IGRR IV 1557): *«Stadt und Territorium sollen heilig sein, wie schon jetzt, und unverletzlich und tributfrei seitens des römischen Volkes, und die Ehren für den Gott und die Privilegien für euch werden wir zu mehren versuchen».* Von ähnlichen Zugeständnissen kündet ein Brief des römischen Consuls C. Livius Salinator an die Stadt der Delpher (189/188). Im Gegenzug wurde beispielsweise von der Bürgerschaft von Chios beschlossen, wie es in einer Ehrung eines unbekannten Wohltäters vermerkt ist, *«der Roma nach den Theophánia [= Fest zu Ehren der erschienenen Götter] einen Festzug, ein Opfer und Agone, sowohl musische als auch gymnische, zu veranstalten [...] weil es (das Volk der Chier) damit dem Volk der Römer einen Dank abstatten möchte, der ihrer selbst (des Volks von Chios) und der übrigen Hellenen würdig ist».* Dieser Agonothet ließ neben der Übernahme der Kosten für die Ausrichtung des Festes *«auf eigene Kosten ein Weihgeschenk für die Roma im Wert von 1000 Alexanderdrachmen anfertigen, das die bildliche Darstellung der Herkunft des Gründers von Rom, des Romulus und seines Bruders Remus, zeigt, derzufolge sie beide von Ares selbst gezeugt (oder: von einer Wölfin aufgezogen) wurden, was man mit Blick auf die Tapferkeit der Römer mit Recht für wahr halten kann»*[13].

Auch ein Jahr nach der Schlacht von Apameia (189) zeigten sich die Aitoler immer noch uneinsichtig und führten den Krieg mit Rom fort. Unter anderem setzten sie den zuvor entmachteten König der Athamanen wieder in seine Herrschaft ein, was den Interessen Philipps V. zuwiderlief und zum Krieg auch gegen die Makedonen führte. Mehrere Friedensverhandlungen mit den Römern scheiterten an den verhärteten Positionen auf beiden Seiten. Als jedoch der Konsul M. Fulvius Nobilior die südlich von Kerkyra (Korfu) gelegene Hafenstadt Ambrakia erobern konnte, war der Aitolische Bund gezwungen, den ihnen von den Römern diktierten Frieden anzunehmen. Der Friedensschluss war der Anfang vom Ende der historischen Bedeutung des Aitolischen Bundes. Aus Sicht Roms war der aitolische Unruheherd beseitigt, da sich die Aitoler neben der Zahlung von jährlich 50 Talenten, verteilt auf sechs Jahre (im Rahmen eines *foedus iniquum* – ein Bündnis zwischen ungleichen Partnern), vor allem zur Waffenhilfe verpflichtet und damit faktisch jegliche außenpolitische Handlungsfreiheit eingebüßt hatten. Darüber hinaus hatten sie große Gebietsverluste hinzunehmen (Oiniadai, Ambrakia, Malis und Phokis sowie die in Besitz genommenen Teile Thessaliens und der Achaia Phthiotis).

Auch wenn damit Griechenland als befriedet gelten konnte, war Kleinasien noch nicht zur Ruhe gekommen. Während M. Fulvius Nobilior das Oberkommando für den griechischen Raum übernommen hatte, agierte Cn. Manlius Vulso in Kleinasien. Letzterer begab sich zu Schiff im März 189 nach Ephesos, wo er Scipio Asiaticus als obersten Truppenbefehlshaber ablöste. Danach marschierte er, wiederum begleitet von pergamenischen Truppen, zunächst ins südwestliche Kleinasien, um sich in einem blutigen Feldzug gegen die Galaterstämme der Tolistobogier, Trokmer und Tektosagen zu wenden, da diese immer wieder griechische Städte angegriffen und zudem in der Schlacht von Magnesia Antiochos III. mit 5500 Soldaten unterstützt hatten.

Nach dem erfolgreichen Kampf gegen die Galater empfing der Konsul Manlius Vulso im Winterquartier in Ephesos zahlreiche Gesandtschaften kleinasiatischer Städte, die unter den häufigen Plünderungszügen der Galater besonders gelitten hatten, ihm gratulierten und Geschenke – beispielsweise goldene Kränze – überreichten. Zugleich trafen auch Gesandte Antiochos' III., des kappadokischen Königs Ariarathes IV. und der Galater in Ephesos ein, um die ihnen gestellten Bedingungen für einen Frieden zu erfahren. Die Friedensangebote der Könige schlugen die Römer jedoch aus. Erst zu Beginn des Frühjahres 188 fanden sich dann der pergamenische König Eumenes II. und eine Zehn-Männer-Kommission des römischen Senats in Ephesos ein. Gemeinsam mit ihnen zog Manlius Vulso von dort nach Apameia im Norden Syriens, wo sich die seleukidische Gesandtschaft eingefunden hatte, der die Zehn-Männer-Kommission die Bedingungen mitteilte, unter denen Rom zum Friedensschluss bereit war.

Der Frieden von Apameia – eine wichtige Zäsur

Der 188 geschlossene Frieden von Apameia zwischen Rom und Antiochos III. stellte das Ende des seleukidischen Großmachtstatus dar. Das Seleukidenreich schrumpfte zu einer Mittelsmacht, deren Niedergang sich, wie die nächsten rund 60 Jahre zeigen sollten, unaufhaltsam fortsetzte.

Der Vertrag, dessen ungefähren Wortlaut Polybios (Polybios 21,43,1–27) überliefert hat, sah Folgendes vor: Nach Zusicherung der Vertragsgültigkeit gestatteten die Römer dem Seleukidenkönig weder eine passive noch eine aktive Unterstützung ihrer Feinde. Er sollte auf jegliche kriegerischen Aktivitäten, Plünderungs- und Raubzüge gegen griechische Städte verzichten. Was die territorialen Einbußen betraf, so sollte er *«alle Städte, Länder, Dörfer und Festungen nördlich des Tauros und westlich des Halys und von dem Tal an, das den Tauros durchschneidet, bis zu dem Kamm dort, wo er gegen Lykaonien abfällt,»* mithin alle Gebiete in Thrakien und Kleinasien bis zum Tauros – außer Kilikien – an römische Bundesgenossen ‹abtreten›. Nutznießer waren die mit Rom verbündeten Attaliden und Rhodier: Die Letzteren erhielten die rhodische Peraia, Lykien und Karien; das übrige Territorium wurde der pergamenischen Königsdynastie zugesprochen, allerdings sollte Eumenes ausdrücklich die Unabhängigkeit der Städte achten und keinerlei eigene Einheiten in den kleinasiatischen Städten einquartieren. Den Bürgern und Soldaten der betroffenen Städte gewährte Rom uneingeschränkte Mobilität. Ausgeliefert werden sollten alle Sklaven von Römern und römischen Bündnern, die übergelaufen waren, jedoch auch hochrangige Einzelpersönlichkeiten wie Hannibal – der allerdings längst zu Prusias I. an den bithynischen Hof entwichen war – und andere Strategen, darunter der Akarnane Mnasilochos, der Aitoler Thoas, die Chalkidier Eubulides und Philon und alle Aitoler, die öffentliche Ämter bekleidet hatten. Wie bereits Philipp V. sollte auch Antiochos alle Kriegselefanten sowie die gesamte Flotte samt voller Ausrüstung bis auf zehn Schiffe ausliefern. Die Möglichkeiten des militärischen Bewegungsspielraums wurden jedoch nicht nur durch die extreme Reduktion der Kriegsmittel, sondern auch räumlich und sachlich stark eingegrenzt. Flotte und Heer sollte

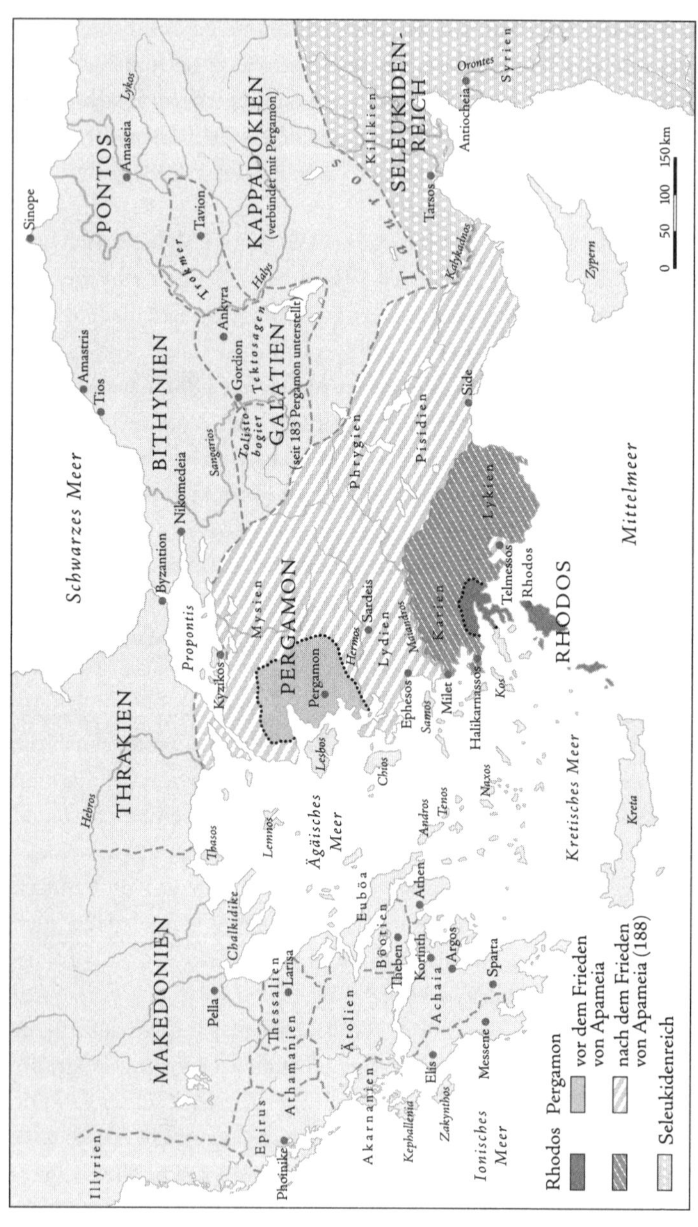

Karte 8: Das hellenistische Kleinasien nach dem Friedensschluss von Apameia (188 v. Chr.)

Antiochos III. künftig ausschließlich im Verteidigungsfall einsetzen dürfen. Mit den verbliebenen Schiffen war es ihm nicht erlaubt, *«über den [Fluss] Kalykadnos und das Sarpedonische Vorgebirge [Kap Sarpedon] hinauszufahren, außer wenn sie Tribute, Gesandte oder Geiseln brächten.»*

Schließlich musste er innerhalb von 12 Jahren neben 90 000 Medimnen Getreide (52,8 l = 1 Medimne) eine Kriegsentschädigung in Höhe von insgesamt 15 000 Talenten Silber leisten. Dies entsprach mehr als der Hälfte dessen, was Karthago nach dem Zweiten Punischen Krieg in 48 Jahren aufzubringen hatte, war aber im Vergleich zu den 40 000 Talenten Silber, die Ptolemaios III. durch Plünderungen aus Syrien im Verlauf des Dritten Syrischen Krieges herauspresste, durchaus maßvoll und angemessen bestimmt worden. Antiochos und seine Söhne konnten diese Summe zwar aufbringen, doch waren sie angesichts dieser großen finanziellen Belastung gezwungen, im ganzen Land hohe und entsprechend unbeliebte Steuern zu erheben. Antiochos wurde die Geldnot letztlich zum Verhängnis, als er 187 bei der Plünderung eines Bêltempels in der Nähe von Susa in der Elymais erschlagen wurde. Am Ende seiner Herrschaft hatte er der Dynastie immerhin noch Kilikien als Besitz erhalten und Koilesyrien und Palästina hinzugewinnen können, die ihr allerdings bald schon wieder – 165 durch den Makkabäeraufstand – verloren gehen sollten. Auch die Provinzen im Osten des Seleukidenreiches (Babylonien, Elam, Medien, Persis) unternahmen nach seinem Tod mehrere Anläufe, sich von der seleukidischen Oberherrschaft zu lösen, bevor sie schließlich zwischen 141 und 138 von der aufstrebenden neuen Macht, dem Partherreich, annektiert wurden.

Demgegenüber war Eumenes II. durch die Übereignung des seleukidischen Territoriums zum mächtigsten Herrscher in Kleinasien aufgestiegen. Durch den Vertrag von Apameia war er mehr oder weniger in den Besitz des gesamten westlichen Kleinasiens gekommen – seine Herrschaft markiert den Höhepunkt und die Blütezeit der Attaliden. Auch die Galatergefahr war vorerst gebannt, da diese als ehemalige Verbündete des Antiochos ihre Wohnsitze nicht mehr verlassen durften, um Raub- und Plünde-

Abb. 12: Der Burgberg von Pergamon mit der Altarterrasse im Vordergrund

rungszüge zu unternehmen. Gleichwohl ging Rom mit den besiegten Galatern ein Bündnis ein. Drei Jahre später wollte sich Ortiagon zum alleinigen Herrscher der Galater aufwerfen, wurde aber daran vom pergamenischen König gehindert. Die Ausweitung des pergamenischen Herrschaftsgebiets durch die römischen Hegemonialherren legitimierte die nächste und zugleich letzte außenpolitische Expansion der pergamenischen Könige – die Eroberung Galatiens im Jahr 183, die Eumenes II. im Folgejahr erstmals mit einem Fest zu Ehren der «siegbringenden» Athena (Nikephoros) alljährlich feierte und danach deren Andenken für die Nachwelt durch die Errichtung eines monumentalen Zeusaltars (mit einer Bauzeit von 180 bis 159) auf dem königlichen Burgberg verewigte.

Um gute Beziehungen zu diesem von Rom unterstützten mächtigen Nachbarn bemühte sich auch das Herrscherhaus von Kappadokien. Obgleich er selbst mit Antiochis, einer Tochter des Antiochos III., verheiratet war, bot Ariarathes IV. (220–163) dem Sieger die Hand seiner Tochter Stratonike. Der politische und finanzielle Nutzen war für den Herrscher beträchtlich: Da diese Verbindung ganz offensichtlich zur Konsolidierung der machtpolitischen Lage in Kleinasien beitrug, konnte Eumenes II. beim römischen Prokonsul durchsetzen, dass Ariarathes IV. statt der früher geforderten 600 Talente nur die Hälfte zu zahlen hatte.

Der Vertrag von Apameia von 188 hat insofern besonders große historische Bedeutung, als er die außenpolitische Handlungsfähigkeit und Souveränität einer weiteren hellenistischen Königsdynastie erheblich einschränkte. Der Vertrag stellt eine historische Zäsur dar, da nach dieser Zeit das Seleukidenreich nie mehr auch nur annähernd die vormalige Größe erlangen sollte. Das Diadochenreich Seleukos' I. existierte nur mehr als Mittelsmacht weiter. Seitdem waren, wie Polybios in der Vorrede zu seinem historischen Werk schreibt, die Ereignisse in Italien und Afrika mit denen in Asien und Griechenland unauflöslich verflochten. Rom war ein fester, allen anderen Beteiligten hoch überlegener Akteur geworden, der freilich weitaus verbindlichere Vorstellungen von Freundschaft und politischen Allianzen besaß als die hellenistischen Bündner.

4. Der Dritte Makedonische Krieg und Perseus

Philipp V. hatte zwar dem Werben Antiochos' III. widerstanden und sich nicht auf dessen Seite gestellt, jedoch trieb er in der Folgezeit insgeheim die Aufrüstung voran. Rom duldete die Arrondierung von dessen Einflusssphäre, so die Eroberung von Athamanien, der Landschaft im Bergland des Pindos, die im Osten an Thessalien und im Süden an das aitolische Gebiet angrenzt, und auch die Einnahme von Demetrias sowie mehrerer thrakischer Städte. Zu den kriegsvorbereitenden Maßnahmen des Makedonen gehörten die Erhöhung der Einnahmen durch eine Bodenertragssteuer, die Wiedereröffnung und Ausbeutung der makedonischen Bergwerke sowie der von ihm unterstützte Zuzug thrakischer Einwanderer nach Makedonien. 183 beklagten sich schließlich in Rom mehrere Bündner, darunter Eumenes II. und die Thessaler, über mehrfache Übergriffe Philipps und die nach wie vor bloß in Aussicht gestellte, jedoch nicht erfolgte Räumung der makedonischen Besatzungen in Thrakien. Der pergamenische König sah seine Besitzungen am Hellespont bedroht, zumal der bithynische König Prusias den Makedonenkönig, dessen Tochter er geehelicht hatte, in seinen Ambitionen bestärkte und unterstützte. Auf diese Vorwürfe hin entsandte Philipp seinen jüngeren Sohn Demetrios, der zuvor als Geisel viele Jahre in Italien zugebracht hatte, nach Rom, um dort die Vorwürfe zu entkräften. Vor dem Senat versicherte dieser, alles werde grundsätzlich nach dem Willen Roms geschehen, und gewann die Sympathien des Senats. Darüber hinaus fand er bei Titus Quinctius Flamininus gastliche Aufnahme. Zudem sollen Demetrios damals von vielen Seiten Hoffnungen gemacht worden sein, dass der Senat ihn nach dem Ableben Philipps beim Kampf um die makedonische Königswürde unterstützen wolle. Als diese Gerüchte bis zum makedonischen Hof vordrangen, bedeutete dies jedoch eine schwere Belastung für das Verhältnis des Demetrios zu seinem Vater und seinem älteren Bruder. Philipp V. und Perseus fühlten sich zutiefst gekränkt, *«da es so aussah, als hätten sie die freundliche Behandlung durch die Römer nicht sich, sondern nur dem Demetrios zuzuschreiben»* (Polybios 23,3,4–9). Darüber hinaus zwang der Senat Philipp V. noch im Jahr 183, die Städte Ainos und Maroneia wieder zu räumen, was der greise König mit den Worten kommentiert haben soll, *«es sei noch nicht aller Tage Abend»* (Livius 39,26).

Ob Perseus tatsächlich die Gerüchte gestreut und die Intrige initiiert hatte oder nicht, lässt sich nicht sicher ermitteln. Auf jeden Fall war Demetrios durch diesen Vorfall am makedonischen Hof so in Verruf geraten, dass Perseus seinen Vater von der Notwendigkeit zu überzeugen wusste, seinen jüngeren Bruder Demetrios zu töten.

Fünf Jahre nach der Ermordung seines Sohnes (179) starb Philipp V. Perseus, der älteste Sohn, trat seine Nachfolge an und wurde im darauffolgenden Jahr durch die Erneuerung des Vertrags mit Rom auch von den Römern anerkannt. Dennoch lief die weitere Entwicklung unvermeidlich auf einen neuerlichen Konflikt zu, auf den Dritten Makedonischen Krieg; denn wie schon sein Vater konnte sich auch Perseus (* 212, 179–168) mit dem von Rom auf das Kernland reduzierten Machtbereich, mit der Degradierung des makedonischen Königreichs zum bloßen römischen Klientel- und Pufferstaat nicht abfinden. Geschickt nutzte er das Instrument der

Heiratspolitik, um weitere Bündnispartner zu gewinnen. Durch die Ehe mit Laodike, der Tochter des Seleukos IV., verband er sich mit dem Seleukidenreich; an den bereits von seinem Vater geknüpften guten Beziehungen zum bithynischen Königshof hielt er fest und verstärkte diese durch die Ehe seiner Schwester mit Prusias II. Darüber hinaus erließ er in dem ihm verbliebenen Territorium eine Amnestie für alle Verbannten, erwarb sich Sympathien beim Aitolischen und Achäischen Bund, schloss mit den Boiotern ein Bündnis und kam auch mit Rhodos zu einer Verständigung. Die sich immer stärker abzeichnende Einigung zahlreicher griechischer Mittelmächte und Städte unter der Führung des Perseus, die tatsächlich wohl eher ein panhellenischer Wunschtraum war, als dass sie der Wirklichkeit entsprochen hätte, führte schließlich dazu, dass sich Pergamon zunehmend isoliert und in seiner Handlungsfreiheit bedroht sah und in diesem Sinne gegen Perseus agitierte. Wegen der Dringlichkeit und des Ernstes der Lage reiste der pergamenische Herrscher persönlich nach Rom, um dem Senat eine Anklageschrift gegen Perseus vorzulegen, in der die Gefährdung der Freiheit aller Griechen und die Kriegsabsicht des makedonischen Königs dargelegt wurde. Letztlich war es dieser persönliche Auftritt, der die Römer zur militärischen Intervention veranlasste. Athen und der Achäische Bund, auch unter der neuen Führung des Kallikrates, blieben gleichwohl treue Bündner Roms. In dieser Zeit wurden von verschiedener Seite Klagen gegen die Rhodier erhoben, sie hätten gegen den Frieden von 196 verstoßen. Durch die zahllosen Eigeninteressen der vielfältigen Akteure in diesem machtpolitischen Spiel drohte die von Flamininus propagierte Friedensordnung sich aufzulösen. Gemessen an den hohen Erwartungen der griechischen Bürgerschaften, fasste Rom seine Rolle als Hegemon allzu zurückhaltend auf. Die den Römern angetragene Rolle als Schiedsrichter und Ordnungsmacht nahmen sie, wenn überhaupt, nur erkennbar widerwillig an. Allzu oft herrschte Ungewissheit darüber, ob Rom eingriff oder nicht, ob der Senat ein Anliegen energisch verfolgte oder verschleppte. Dies war einer der maßgebliche Gründe dafür, dass sich viele enttäuschte Griechen dem Makedonenkönig zuwandten.

Ein interessanter Inschriftenfund, unter Umständen von einem Monument zu Ehren des späteren Perseusbezwingers Aemilius Paullus stammend, listet rückschauend die Punkte auf, die bereits in der Anklage des pergamenischen Königs im Jahr 171 gegen den makedonischen König vorgebracht, von römischen Gesandten in Griechenland verbreitet und als offizielle Kriegsgründe angeführt wurden. Das einzigartige Dokument vermittelt einen guten Einblick in die sorgsame propagandistische Vorbereitung und ‹Nachlese› des Krieges: «*Perseus ist in unziemlicher Weise mit seinem Heer nach Delphi während des heiligen Friedens der Pythischen Spiele gezogen; überhaupt war es nicht rechtmäßig, jenen das Heiligtum betreten, das Orakel befragen und an Opfern, Spielen und am Amphiktyonenrat [...] teilnehmen zu lassen. Denn er hatte die jenseits der Donau wohnenden Barbaren ins Land gebracht, die sich schon früher zu nichts Gutem, sondern zur Unterjochung aller Hellenen zusammengerottet hatten, dann nach Hellas eingefallen und gegen das Heiligtum des Pythischen Apollon in Delphi mit der Absicht zu Felde gezogen waren, es zu plündern und zu vernichten; vom Gott jedoch hatten sie die verdiente Strafe erhalten, und die meisten waren umgekommen. [...] Von den Gesandten, die von den Hellenen und von den Königen nach Rom mit der Bitte um Waffenhilfe geschickt wurden, hat er diejenigen von den Thebanern auf dem Meer versenken lassen, und andere versuchte er auf andere Weise zu beseitigen. Ja, er ging so weit in seinem Irrsinn, dass er sogar beabsichtigte, unseren Senat mit Gift zu beseitigen. Durch seine Einfälle verloren die Doloper ihre Freiheit. In Aitolien stiftete er Krieg und Mordtaten an und versetzte den ganzen Bund in Unruhen und Bürgerkrieg. Und zum Schaden von ganz Hellas richtete er ohne Unterlass das Schlimmste an, indem er noch weitere schlimme Pläne verfolgte, besonders aber die Verbannten aus den Städten bei sich aufnahm. Und indem er die Vornehmen zugrunde richtete und so die Massen hinter sich brachte, verkündete er die Niederschlagung der Schulden und Umsturz und machte so deutlich, welche Absichten er gegenüber Hellenen und Römern verfolgte. Als Folge davon widerfuhr es den Perrhaibern und den Thessalern und den Aitolern, dass sie in unheilbares Unglück stürzten und die Barbaren noch schrecklicher die Hellenen bedrohten. Da er gegen uns seit langem Krieg plante, wollte er uns isolieren, um widerstandslos alle griechischen Städte unterjochen zu können. Zu diesem Zweck lockte er den Illyrer Genthios mit Geld und hetzte ihn gegen uns; den König Eumenes, unseren Freund und Bundesgenossen, plante er durch Euandros zu ermorden, als dieser nach Delphi zur Einlösung seines Gelübdes reiste»*[14].

Rom schenkte der gegen Perseus gerichteten Propaganda Pergamons Glauben und trat 171 in den sogenannten Dritten Römisch-Makedonischen Krieg ein. Ab diesem Zeitpunkt wurden dem König keine Verhandlungen mehr gewährt. Nach Ansicht Roms sollten die wiederholten Verstöße gegen die Proklamation des Flamininus von 196 und damit die Missachtung der Autorität Roms als Schutz- und Ordnungsmacht im hellenistischen Osten geahndet und der Friedensordnung wieder Geltung verschafft werden. Da Perseus sich diesem Plan Roms mehrmals widersetzt hatte, wurde die Vernichtung des makedonischen Königtums billigend in Kauf genommen.

Der Krieg gegen Perseus gestaltete sich jedoch weitaus schwieriger als erwartet: Nach anfänglichen Erfolgen des Perseus in Illyrien entschloss sich 170 Epeiros zum Abfall von Rom; die militärischen Aktionen des Quintus Marcius Philippus in Makedonien waren nur in geringem Maße erfolgreich, da Perseus sich klug zurückzog. 168 gelang es Perseus überdies, nach mehreren vergeblichen Anläufen den Illyrerkönig Genthios, den Sohn des Pleuratos II., zu Angriffen auf die römische Flotte zu bewegen. Darüber hinaus schlossen sich zeitweilig verschiedene griechische Städte dem Makedonenkönig an. Rhodos und Eumenes II. traten zumindest zeitweise mit jenem in Kontakt und bemühten sich um eine friedliche Lösung des zähen militärischen Ringens zwischen den römischen und makedonischen Streitkräften, was allerdings dazu führte, dass das Vertrauen Roms in diese beiden Bündner nachhaltigen Schaden nahm.

Als der Illyrerkönig Genthios nach nur einem Monat kapitulieren musste, hatte Perseus seinen wichtigsten Kampfgefährten verloren. Unterstützt von Eumenes von Pergamon in Thrakien und von Rhodos in der Ägäis, siegte Lucius Aemilius Paullus, der Sohn des bei Cannae gefallenen römischen Feldherren, in der Schlacht bei Pydna, an der Grenze zwischen Thessalien und Makedonien gelegen, über das makedonische Heer des Perseus; an dessen Seite hatten auch Verbände des Achäischen Bundes, der Aitoler und der Epeiroten gekämpft. Perseus vermochte zwar zunächst zu fliehen, doch wurde er bei Samothrake aufgegriffen, nach Italien gebracht und im Triumphzug von 167 dem hauptstädtischen Publikum vorgeführt. In dem Bergstädtchen Alba an der Grenze zu den Marsern, oberhalb des Fuciner Sees, an der Via Tiburtina, wohin in republikanischer Zeit weitere unglückliche Kriegsgefangene wie auch der numidische König Syphax verbracht wurden, endete wenige Jahre später das Leben des letzten makedonischen Königs und seiner Kinder (entweder im Jahr 165 oder 162).

Dieser Sieg des Aemilius Paullus bei Pydna bedeutete das Ende des makedonischen Königtums. Erst nach dem Tribunal des Siegers über die Besiegten, zunächst über die Aitoler, dann über die Akarnanen und schließlich über die Makedonen, wurde einige Wochen später eine Siegesfeier abgehalten, die zusammen mit den Verbündeten und Festgesandtschaften in Amphipolis vor griechischem Publikum begangen wurde. Vor den Augen der dort versammelten Griechen wurde die römische Beute auf Schiffe verladen und nach Rom transportiert. Mehr oder weniger die gesamte makedonische Führungsschicht wurde ausgelöscht; 20000 Soldaten waren in der Schlacht umgekommen, 11000 waren in Gefangenschaft geraten, wurden in die Sklaverei verkauft oder nach Italien verschleppt. Wem es noch möglich war, der verließ die Heimat: Zahllose makedonische Familien flüchteten in verschiedene Teile der griechischsprachigen Welt, etwa nach Unteritalien, Ägypten, Arkadien oder auch in das pergamenische Reich, in dem nicht zufällig in den 160er Jahren mehrere makedonische Kolonien gegründet wurden und viele Makedonen ein Auskommen als Militärkolonisten und Söldner in Diensten der pergamenischen Könige fanden. Nicht genug mit diesem Blutzoll – der Aderlass wurde durch weitere Maßnahmen der Römer noch weiter vergrößert: Territorium und Bodenschätze (Gold- und Silberbergwerke) kamen in den Besitz der Römer. Die Einheit des Landes wurde jedoch in den Jahren nach 167 nicht, wie lange Zeit in der Forschung angenommen wurde und es in allen gängigen Handbüchern zu lesen ist, gewaltsam zerstückelt. Die vier Regionen sind identisch mit den königszeitlichen, sogar in ihrer Numerierung (Obermakedonien, Bottiaia/Altmakedonien, Amphaxatis, Parastrymonia). Die alten Stammesverbände wurden durch Polisstrukturen ersetzt; die Regionen wiederum bildeten übergeordnete Instanzen, die, angeführt von je einem Strategen, zwischen dem Hof und den einzelnen Gemeinden oder den obermakedonischen Verbünden (*koinà*) standen und über einen gewissen, wenn auch begrenzten Handlungsspielraum verfügten, ohne dass sie in irgendeiner Form als eigenständige Einheit agierten. So waren sie beispielsweise nicht in der Lage, eigene militärische Verbände zum Schutz gegen Barbareneinfälle aufzustellen. Umfangreiche territoriale Neuordnungen nach Art moderner Kolonialherren wurden seitens der Römer nicht vorgenommen. Allem Anschein nach wurden auch keine größeren Gebiete von Epeiros dem makedonischen Territorium zugeschlagen. Ebenso vermied Paullus Eingriffe in die innere Verfassung der Städte; so ist die Einführung des Politarchenamtes (städtische Oberbeamte) wohl nicht auf Aemilius Paullus zurückzuführen, sondern geht bereits auf die Königszeit zurück. Zudem wurde diesen vier Teilrepubliken jeglicher Abbau von Gold und Silber untersagt, ebenso das Schlagen und der Verkauf von Schiffsbauholz; Soldaten durften nur an den Grenzen ihren Wachdienst verrichten. Schließlich wurde der Bevölkerung eine Steuer auferlegt, die jedoch nur noch die Hälfte der ehemals vom König erhobenen Steuern betrug.

Nach dem Tod des großen Antiochos: Eine Mittelmacht im Niedergang (187–165 v. Chr.)

Unter Antiochos III. dem Großen war das Seleukidenreich zu einer letzten Blüte gelangt. Durch geschickte Friedensschlüsse hatte er zumindest formal die Territorien östlich des Tigris nochmals unter seleukidische Herrschaft bringen können. Nach seinem Tod fielen jedoch rasch und endgültig Parthien, Baktrien und Armenien vom Seleukidenreich ab. Ferner erhoben sich in Palästina die jüdischen Makkabäer gegen die Oberherrschaft der Seleukiden. Zudem wurde das Reich nachhaltig durch mehrere dynastische

Streitigkeiten geschwächt. Schließlich führten sie zum Verlust aller Gebiete außerhalb Syriens. Das Reich der Erben des Antiochos des Großen blieb seitdem auf die Stammländer Syrien, Palästina, Kilikien, das Zweistromland und den westlichen Iran beschränkt.

Noch weitgehend stabil blieb das Seleukidenreich unter den beiden Söhnen des großen Antiochos: Die Herrschaft des Seleukos IV. Philopator (187–175), der seinem Vater nach dessen Ermordung auf den Thron folgte, war vor allem von der Begleichung der Reparationsforderungen an Rom bestimmt. Ein Versuch, den Tempelschatz in Jerusalem zu plündern, misslang. Drei Jahre später wurde er durch seinen Minister Heliodoros ermordet. Dank der Einflussnahme des pergamenischen Königs Eumenes II. gelangte der jüngere Bruder des Seleukos zur Herrschaft, Antiochos IV. Epiphanes, der bis 178 als Geisel in Rom gelebt hatte, bis er gegen seinen Vetter Demetrios ausgetauscht worden war. In einem athenischen Dekret zu Ehren der pergamenischen Herrscherfamilie – König Eumenes II, seine Gattin Apollonis und seine Brüder Attalos, Philetairos und Athenaios, die jeweils einen goldenen Kranz erhielten – wird ausdrücklich die Rückführung Antiochos' IV. in das Seleukidenreich im Jahr 175 als hauptsächlicher Beweggrund für die Ehrung genannt.[15]

Die Verdienste der pergamenischen Herrscherfamilie, wegen derer man ihnen die goldenen Kränze verliehen hatte, wurden nicht nur bei den Panathenäischen Spielen in Athen, sondern auch bei den Spielen in Pergamon und im Heiligtum von Daphne bei Antiocheia ausgerufen. Antiochos zeigte sich seinerseits erkenntlich und brachte seine Dankbarkeit über seine gelungene Rückführung dadurch zum Ausdruck, dass er in Athen den Weiterbau des riesigen Tempels des Zeus Olympios finanzierte.

Im Jahr 170 erwiderte Antiochos IV. die Rüstungen der Ptolemäer für einen neuerlichen Versuch, Koilesyrien für sich zu gewinnen, mit einem überraschenden Gegenangriff auf das Ptolemäerreich (im Sechsten Syrischen Krieg). Dabei eroberte er einen Großteil Unterägyptens und machte Ptolemaios VI. zu einem Spielball der seleukidischen Interessen. Dass die Kräfteverhältnisse sich allerdings mittlerweile kräftig verschoben hatten und nun die

Großmacht Rom die Rollen bestimmte, welche die Mittelmächte zu spielen hatten, zeigt jene berühmte Episode, die sich anschließend abspielte.

Da die Senatoren einen Einmarsch Antiochos' IV. nach Alexandreia nicht zulassen wollten, drohten sie ihm einen Krieg zu beginnen, wenn dies geschähe. Diese Botschaft sollte der Gesandte Gaius Popilius Laenas dem seleukidischen König überbringen. Auf Delos wartete er eigens die Nachricht vom Ausgang der Schlacht bei Pydna ab, dann segelte er umgehend nach Ägypten. Bei Eleusis, kurz vor Alexandreia, traf er endlich auf Antiochos, mit dem er durch dessen mehrjährigen Aufenthalt in Rom (als Geisel des Friedens von 188) persönlich bestens bekannt war. Auf das übliche diplomatische Begrüßungs- und Verhandlungszeremoniell verzichtete er zugunsten seiner unmissverständlichen Botschaft an den Herrscher (Polybios 29,27,1–7): *«Als Antiochos [IV.] gegen Ptolemaios [VI.] heranzog, um Pelusion zu besetzen, [trat ihm] der römische Gesandte [Gaius] Popilius [Laenas in den Weg]. Der König begrüßte ihn schon von weitem durch lauten Zuruf und streckte ihm die Hand entgegen. Popilius aber reichte ihm die Schreibtafel, die er bereit hielt und auf der der Senatsbeschluss geschrieben stand, und hieß ihn zuerst das Schriftstück lesen, wie mir scheint, weil er ihm den Gruß als Zeichen der Freundschaft nicht eher zu bieten wünschte, als er sich von der Gesinnung des anderen überzeugt hatte, ob er Freund oder Feind sei. Als der König gelesen hatte, erklärte er, seinen Freunden das Schreiben mitteilen und sich mit ihnen über die neue Lage beraten zu wollen. Darauf tat Popilius etwas, was man nicht anders als hart und in höchstem Maße demütigend bezeichnen kann: Er zog mit einem Weinrebenstab, der ihm gerade zur Hand war, einen Kreis um Antiochos und hieß ihn in diesem Kreis seine Antwort auf den Senatsbeschluss erteilen. Der König, obwohl befremdet über dieses Ansinnen und die Anmaßung des römischen Gesandten, zögerte doch nur kurze Zeit und erwiderte dann, er werde alles tun, was die Römer von ihm verlangten. Jetzt ergriff Popilius seine Hand, und er und seine Mitgesandten begrüßten Antiochos auf das herzlichste. In dem Schreiben hatte gestanden, er solle auf der Stelle den Feldzug gegen Ptolemaios abbrechen und den Krieg beenden.»*

Die Seleukiden blieben zwar weiterhin die stärkste militärische

Kraft im Nahen Osten, jedoch hatte bereits Antiochos III. den Verlust der außenpolitischen Souveranität hinnehmen müssen. Fortan diktierte Rom die Bedingungen und gab den Handlungsspielraum vor, den der Senat den einzelnen Königreichen zugestand. Sprach der Vertrag von 188, der dem Seleukiden nicht mehr als sein Territorium und ihm allein darin das Recht zu militärischen Maßnahmen zugestanden hatte, bereits eine eindeutige Sprache, so wurde diese Haltung durch den entschlossenen Auftritt des Popilius Laenas vor Antiochos IV. nur bestätigt. Die Episode, die man den Tag von Eleusis nennt, versinnbildlicht eindrucksvoll die dominante ordnungspolitische Rolle, die Rom nunmehr einnahm, ebenso wie auch die gleichzeitige Ohnmacht der einzelnen hellenistischen Königreiche nach dem Sieg der Römer über Antiochos III. und den makedonischen König Perseus: Rom war vor allem daran interessiert, dass kein neuer großer Seleukide wiedererstand. Ohne dass man eine direkte Kontrolle anstrebte, wollte der Senat vor allem ein machtpolitisches Gleichgewicht zwischen den beiden ehemaligen Großmächten herstellen, die nunmehr auf ihr Kernland beschränkt waren. Antiochos IV., der die kompromisslose Konsequenz der Senatsaristokratie aus eigener Erfahrung während seines Aufenthalts in Rom als Geisel kennengelernt hatte, entschied sich für den Frieden mit Rom und verließ Ägypten umgehend, nachdem er dem unter Ptolemaios VI. zerstrittenen Hof von Alexandreia größere Einträchtigkeit gewünscht hatte. Gleichwohl wollte der Sohn Antiochos' III. nicht mit leeren Händen, nicht ohne Kriegsbeute zurückkehren – gerade angesichts der Last der an Rom zu leistenden Reparationszahlungen. Was sein älterer Bruder noch vergeblich versucht hatte, vollzog nun Antiochos IV.

Auf dem Rückweg vom Ägypten-Feldzug geriet er 167 in Konflikt mit den Makkabäern. Die Auseinandersetzung gründete darin, dass Antiochos IV. sich darauf einließ, die Hohepriesterwürde an hellenisierte Juden gegen die Zusicherung der jährlichen Tributeinnahmen aus Judäa zu verkaufen – zunächst an Iason, dann an Menelaos, der sogar die mehrfache Plünderung des Jerusalemer Tempels duldete. Iason hatte in seiner Amtszeit sogar den Plan verfolgt, Jerusalem in eine griechische Polis umzuwandeln. Als dieser seine Herrschaft zurückerobern wollte, da er dem Gerücht Glauben schenkte, dass Antiochos IV. gefallen sei, wertete der Seleukide dies als Aufstand gegen seine Oberherrschaft. Er eroberte die Stadt, verbot die Ausübung des jüdischen Kults und weihte den Tempel dem Zeus.

Durch diese Unruhen ließ sich Antiochos IV. jedoch nicht von weiteren Feldzügen abhalten, 165 brachte er erneut Armenien unter die Oberherrschaft der Seleukiden. Dies nahm er zum Anlass, die Erfolge seines Vaters wiederholen zu wollen. Jedoch starb er überraschend während des Feldzuges, durch den er die verloren gegangenen Ostgebiete zurückzugewinnen gehofft hatte.

Pergamon nach 168 v. Chr.

Das selbstbewusste und allzu eigenmächtige Auftreten der Pergamener im Verlauf des Dritten Makedonischen Krieges (171–168) führte dazu, dass die Römer 165 den Galatern ihren unabhängigen Status bestätigten. Dieses Zugeständnis weckte wiederum bei den Attaliden einen starken Affekt gegen die Galater. Fortan wurden sie unter Attalos II. (159–138) als die Hauptfeinde Pergamons betrachtet. Ein regelrechter Antigalatismus setzte ein; entsprechend stark wurde bei jeder passenden Gelegenheit die pergamenische Sieghaftigkeit gegenüber dem Chaos und der Wildheit der galatischen Barbaren betont. Eine ebenso monumentale wie ästhetisch eindrucksvolle Manifestation dieses Anspruchs ist der Altar von Pergamon, mit dem man die militärischen Erfolge über die Galater feierte und sie zu Siegen des Guten über das Böse stilisierte. Attalos II. war der jüngere Bruder Eumenes' II.; er war bereits seit 192 in die Regierungsgeschäfte miteingebunden, musste jedoch über dreißig Jahre warten, bis er die Herrschaft übernehmen konnte. Seine Geduld und Treue gegenüber dem Bruder spiegelt sich auch in seinem Beinamen «Philadelphós». Er ist zugleich jener Attalos, der den Athenern die Attalos-Stoa schenkte, die noch heute auf der Agora in der Rekonstruktion der amerikanischen Ausgräber zu bewundern ist, und unter Umständen auch Stifter des sogenannten Kleinen Attalidischen Weihegeschenks – vier bronzene Statuengruppen von Giganten, Amazonen, Persern und Galliern in ihrem Kampf gegen überlegene mythische und historische Gegner. Diese hatte man an der Südmauer der Athener Akropolis zwischen 200 und 133 aufgestellt, und sie wurden vor allem auf Wunsch römischer Auftraggeber vielfach in der Antike kopiert.

Wie stark Pergamon freilich schon von Rom abhängig geworden war und sich gezwungen sah, jegliches außenpolitische Vorgehen mit Rom abzusprechen, verdeutlicht ein Brief Attalos' II. an den mit ihm befreundeten Priester Attis. Dieser gewährt glücklicherweise einen kleinen Einblick in die Beratungen des Kronrats der Königsbrüder Eumenes II. und Attalos II. Insbesondere wird die Diskussion über die Frage wiedergegeben, ob man im Jahr 156 eigenständig und ohne Rücksprache mit dem römischen Senat gegen die Galater vorgehen solle oder sich zuvor die Zustimmung der Römer einholen müsse (Welles [1934] Nr. 61 = OGIS 351 VI):

«König Attalos an den Priester Attis, Grüße: Wenn es Dir gut geht, dann verhält es sich so, wie ich es wünsche. Auch ich selbst erfreue mich bester Gesundheit. Als wir nach Pergamon kamen, und ich nicht nur Athenaios, Sosandros und Menogenes versammelte, sondern auch viele andere meiner Verwandten, und als ich darlegte, was wir in Apameia beraten hatten, und ihnen unsere Entscheidung mitteilte, da ergab sich eine lange Diskussion, und anfangs neigten alle derselben Meinung mit uns zu, Chloros aber neigte massiv der römischen Seite zu und riet uns, keinesfalls etwas ohne sie zu tun. Dem stimmten anfangs nur wenige zu, aber später, als wir Tag um Tag die Angelegenheit erörterten, setzte sich die Ansicht immer mehr durch, und etwas ohne sie zu unternehmen schien eine große Gefahr zu sein. Bei einem Misserfolg gäbe es Neid, Abspaltung und üblen Verdacht, was sie auch meinem Bruder gegenüber so empfanden, bei einem Scheitern sichere Zerstörung. […] Ich entschied also, stets Gesandte nach Rom zu schicken, um dort konstant über die zweifelhaften Dinge zu berichten, während wir selbst sorgfältig ans Werk gingen, wie wir uns selbst helfen könnten.»

Die letzte königliche Episode in Makedonien (151–148 v. Chr.)

Die Geschichte des makedonischen Königtums hatte auch nach der Zerschlagung seiner sozialen und machtpolitischen Grundlagen noch ein kurzes Nachspiel: 151 trat Andriskos, ein Walker aus Adramytteion, in Makedonien auf. Er sah Perseus sehr ähnlich und gab sich als dessen Sohn aus. Mit Hilfe einiger thrakischer Söldner gelang es ihm, sich die antirömische Stimmung gerade unter den noch verbliebenen Resten der königlichen Elite nutzbar zu machen, Makedonien unter seine Kontrolle zu bringen und sogar ein römisches Heer zu schlagen. Erst im Jahr 148 wurde Rom wieder Herr der Lage, nachdem Quintus Caecilius Metellus Macedonicus auch diesen Usurpator – und auch diesmal wieder bei Pydna – vernichtend geschlagen hatte. Bis dahin war Rom nicht bereit gewesen, direkte Verwaltung und Aufsicht auszuüben, was nun aber nach dieser neuerlichen Erhebung in Makedonien unausweichlich geworden war. Mit dem Sieg des Metellus wurde zugleich eine neue Jahreszählung eingeführt, alle politischen Handlungen waren fortan Maßnahmen Roms, Makedonien war ein Teil des Römischen Reiches geworden.

Das weitere Schicksal des Seleukidenreiches vom Tag von Eleusis (168 v. Chr.) bis zum Tod des Antiochos VII. (129 v. Chr.)

Nach dem unerwarteten Tod des Antiochos IV. wurde sein noch unmündiger Sohn Antiochos V. Eupator (164–162) zum Nachfolger ernannt. Daraufhin kehrte auch Demetrios I. Soter, ein überlebender Sohn Seleukos' IV., aus dem römischen Exil zurück und erhob Anspruch auf den Thron. Seinen Cousin ließ er ermorden, da dieser ihm im Erwachsenenalter die Herrschaft hätte streitig machen können. Den skrupellosen Mord an dem Kleinkind und den damit verbundenen Herrschaftswechsel (162–150) hatte Rom nicht vorhersehen können. Demetrios hatte sich vielmehr eigenmächtig die Herrschaft mit Waffengewalt erkämpft. Auch den von Rom anerkannten Usurpator Timarchos, der sich die iranischen Satrapien angeeignet hatte, schlug er (160), ohne jedoch das Seleukidenreich im Osten gegen die Parther abzusichern, die unter

Arsakes VI. Mithradates I. (171–138) Medien und Mesopotamien eroberten. Aus den Erfahrungen mit den Makkabäern in Judäa hatten Demetrios I. und seine Nachfolger offenkundig gelernt. Die Münzbilder lassen zumindest auf eine größere Rücksichtnahme auf die Bedürfnisse und Erwartungen der einheimischen Bevölkerung schließen, denn seit etwa der Mitte des 2. Jahrhunderts zeigen die seleukidischen Prägungen bei aller Betonung ihrer dynastischen Legitimität zunehmend häufiger indigene Gottheiten.

158 ergriff Demetrios I. – wiederum gegen den ausdrücklichen Willen Roms – Partei für den kappadokischen König Orophernes, der den von Rom gestützten Ariarathes V. vertrieben und an dessen Stelle die Herrschaft an sich gerissen hatte. Rom sah zwar dieser Machtausweitung des Demetrios nicht tatenlos zu, entschloss sich jedoch, nur mittelbar einzugreifen. Um der Expansion des Demetrios I. etwas entgegenzusetzen und womöglich ein Ende zu bereiten, unterstützte es zusammen mit Pergamon, Ptolemaios VI. und Ariarathes V. von Kappadokien den Alexander I. Balas (150–145), der 158 auf der politischen Bühne erschienen war. Er gab vor, ein unehelicher Sohn des Antiochos IV. zu sein, und beanspruchte seinerseits den seleukidischen Thron für sich. Vor allem Pergamon war an einem Herrscherwechsel gelegen. Mit einem in Ephesos ausgehobenen Söldnerheer landete Alexander Balas im Frühjahr 152 in Ptolemais (Akko) und erwählte die Stadt zur Residenz seines Gegenkönigtums. Dies wurde von den Makkabäern unter Führung des Jonathan anerkannt, dem Alexander Balas als Gegenleistung die Hohepriesterwürde verlieh. Diese Amtsübernahme markiert den Beginn der Hasmonäer-Herrschaft in Judäa. 150 kam es zur Schlacht, in der Demetrios I. den Tod fand, so dass Alexander Balas dessen Nachfolge antreten konnte.

Kampflos wollte die Familie des Demetrios jedoch nicht auf den Thron verzichten. Der Sohn des Demetrios I., Demetrios II. Nikator (145–139 erste Regierung), schloss ein Nichtangriffsabkommen mit Ptolemaios VI. und den Makkabäern ab und vermochte so Alexander Balas zu besiegen, ohne allerdings Rückhalt in der Bevölkerung von Antiocheia am Orontes zu besitzen. Die negative Stimmung nutzte ein General Demetrios' II., Diodotos Tryphon

(142–138), und erhob sich gegen den König, vertrieb ihn aus Syrien und ließ den noch unmündigen Sohn von Alexander Balas, Antiochos VI. Dionysos (145–142), zum neuen Herrscher ausrufen. Doch diente ihm diese Thronbesteigung nur als Mittel zum Zweck: Nach der Ermordung dieses unglücklichen Knaben erklärte sich Diodotos 142 selbst zum Herrscher. Um seine Herrschaft außenpolitisch abzusichern, bemühte er sich um einen Ausgleich mit den Makkabäern und gestand deshalb Judäa Autonomie und Steuerbefreiung zu.

Die Vertreibung Demetrios' II. und die ungewisse Nachfolgesituation machten sich weitere Mächte zunutze: Um 141 eroberten die Parther den westlichen Iran, so dass das Herrschaftsgebiet Demetrios' II. sich seitdem nur noch auf das Zweistromland beschränkte, wohin sich jener geflüchtet hatte. 138 geriet er während eines Feldzuges gegen die Parther in Gefangenschaft. Damit ging den Seleukiden auch Babylon verloren. Der Sohn oder auch jüngere Bruder Demetrios' II., Antiochos VII. Sidetes (138–129), trat die Nachfolge seines Vaters an und versuchte das Stammland Syrien wieder dem Usurpator Diodotos Tryphon zu entreißen.

Ein wichtiges Zeugnis für die Politik Antiochos' VII. und seines Kampfes gegen Diodotos findet sich im 1. Makkabäerbuch. In einem auf Rhodos geschriebenen Brief bestätigte Antiochos VII. im Jahr 139 den Juden ihre Unabhängigkeit, die ihnen bereits der Usurpator Diodotos gewährt hatte. Letzterer wird in dem Brief des jungen Königs nicht direkt erwähnt, sondern nur unter die Schar von «Verbrechern» subsumiert (1. Makkabäerbuch 15,1–9).

134 stand allerdings Antiochos mit seinen Truppen vor Jerusalem und erzwang – entgegen der Erklärung des erhaltenen Briefes – erneut Tribute und Heeresfolge von den Juden. 130 zog er mit dem letzten bedeutenden Seleukidenheer der Geschichte gegen die Parther und eroberte Babylonien zurück. Damit konnte Antiochos VII. immerhin noch einmal kurzzeitig Syrien und das gesamte Zweistromland in seiner Hand vereinen. Als er jedoch 129 über den Tigris hinaus bis in das Gebiet des heutigen Iran vordrang, wurde er in der Schlacht getötet und sein Heer vernichtet. Mit seinem Tod verloren die Seleukiden endgültig die Herrschaft über das

Zweistromland und den Iran. Fortan war das ehemalige riesige Reich Seleukos' I., das zum Zeitpunkt seiner größten Ausdehnung Europa und Asien vereint hatte, auf das Niveau einer Regionalmacht herabgesunken, die ihre Herrschaft nur mit der militärischen Unterstützung Ägyptens und der politischen Duldung Roms zu behaupten vermochte.

Beim Tod des Antiochos VII. umfasste das Seleukidenreich nur noch das nördliche Syrien sowie Teile Koilesyriens und Kilikiens. Auch im Inneren herrschten weder Kontinuität noch Stabilität, weder Ordnung noch Ruhe. In den nachfolgenden Jahrzehnten übernahmen immer wieder verschiedene Prätendenten phasenweise den seleukidischen Thron; da unterschiedliche Mächte mal diese, mal jene Konkurrenten stützten, musste die Herrschaft über das nunmehr klein gewordene Syrien häufig geteilt werden. Schon das Schicksal Demetrios' II. ist für die weitere Entwicklung des Seleukidenreiches vielsagend und typisch für die internen Kämpfe am Hof. Nach zehnjähriger Gefangenschaft bei den Parthern übernahm er von 129 bis 125 ein zweites Mal die Regierungsgeschäfte (sogenannte Zweite Regierung). Als Demetrios II. sich jedoch 125 Ägypten zuwandte, baute Ptolemaios VIII. einen angeblichen Nachkommen Alexanders I. Balas, Alexander II. Zabinas (125–123), als Usurpator auf, der einen Teil Syriens unter seine Kontrolle zu bringen vermochte. Seinen Tod fand Demetrios II. durch die eigene, überaus machtbewusste Ehefrau Kleopatra Thea (125–121). Diese war zunächst die Gattin des Alexander Balas, dann Demetrios' II., anschließend Antiochos' VII. und danach erneut die Demetrios' II. gewesen. Die nachfolgenden 40 Jahre waren von ähnlichen innerfamiliären Machtkämpfen und Morden beherrscht, geschürt von den ptolemäischen Herrschern, die so zur weiteren Schwächung des seleukidischen Königtums beitrugen.

Den Todesstoß versetzte der Seleukidendynastie schließlich der armenische König Tigranes der Große (95–55). Er nutzte 83 die offensichtliche Instabilität der politischen Führung und besetzte das Stammland Syrien, was der Region wieder politische Stabilität verlieh – herbeigeführt freilich durch eine neue äußere Führungsmacht. Als Verbündeter und Schwiegersohn des Mithridates VI.

von Pontos geriet Tigranes jedoch in Konflikt mit Rom und wurde 69 in der Schlacht bei Tigranokerta vom römischen Feldherrn Lucullus geschlagen.

Nachdem in Syrien die Herrschaft gewissermaßen verwaist war, wurde mit Antiochos XIII. Asiatikos (69–64), dem Sohn Antiochos' X., ein Seleukide als römischer Klientelkönig in Syrien eingesetzt. Nach einem gescheiterten Feldzug gegen die Araber wurde jedoch Philipp II. Philorhomaios (65–63), der Sohn Philipps I., zum Gegenkönig erhoben – die Einsetzung, Bestätigung oder Absetzung abhängiger Klientelfürsten wurde ein bevorzugtes Mittel römischer Herrschaftsausübung im hellenistischen Osten, dessen sich Feldherren wie Pompeius, Caesar oder Antonius bedienten und das erst gegen Ende des ersten nachchristlichen Jahrhunderts an Bedeutung verlor.

Das Ptolemäerreich vom Tod des Ptolemaios V. (180 v. Chr.) bis zum Tode Kleopatras III. (101 v. Chr.)

Der plötzliche Tod Ptolemaios' V. im Jahr 180 – wahrscheinlich ein Giftmord, betrieben von hochgestellten Persönlichkeiten seines Hofes, die einen Krieg mit den Seleukiden um Syrien unbedingt vermeiden wollten – ließ das Ptolemäerreich auf dem Status quo verharren. Seine Gattin Kleopatra I. führte die Vormundschaftsregierung für ihre drei noch minderjährigen Kinder bis 176. Sie scheute einen weiteren Konflikt mit den Seleukiden. Der Tod der Königin ließ die Königsfamilie endgültig zum Spielball der höfischen Funktionäre werden, des syrischen Freigelassenen und Finanzsekretärs Lenaios und des Hofeunuchen Eulaios. Sie verheirateten das unmündige Geschwisterpaar Ptolemaios VI. und Kleopatra II. miteinander. Die Herrschaft der göttergleichen Geschwisterkönige (*theoì philomêtores*) war so tatsächlich eine Herrschaft der beiden ersten Funktionäre geworden. An diesem Beispiel wird deutlich, wie eine Herrscherfamilie durch Zufälle wie den unerwarteten Tod Ptolemaios' V. leicht die Macht über die Verhältnisse verlieren und selbst zum Instrument mächtiger Höflinge werden konnte. Der jüngere Bruder, der spätere Ptolemaios VIII., wurde 170 in die Gesamtherrschaft integriert, so dass die drei als gleichberechtigte Königstrias regierten. Im Januar 169 wurde Ptolemaios VI. zwar volljährig und damit rechtlich vollgültiger Herrscher, ohne dass jedoch sein Erzieher und Vormund Eulaios hätte abtreten müssen. Die Einbindung des jüngeren Bruders und die neuartige Konstruktion einer Dreier-Herrschaft lässt sich letztlich nur erklären, wenn man miteinbezieht, dass durch erneute Thronwirren nicht die Rüstungen für einen weiteren Syrienkrieg gefährdet werden sollten. Diese Feldzugsabsicht wurde auch wahrgemacht, jedoch führte sie nicht zu dem erhofften Erfolg über den Seleukidenkönig Antiochos IV. – ganz im Gegenteil: Der Gegner drang bis nach Pelusion vor, das schließlich durch Verrat erobert wurde; es drohte der Einfall nach Ägypten selbst. Die Niederlage besiegelte wiederum das Schicksal der beiden Berater der Herrschertrias. Sie wurden ermordet und an ihre Stelle traten zwei neue Berater, diesmal hochrangige Offiziere, die eine Einigung mit dem Seleukiden durchsetzten. Antiochos IV. schloss mit Ptolemaios VI. Frieden, so dass der Erstere faktisch nun auch über Ägypten gebot, was allerdings zur Empörung bei den Bewohnern von Alexandreia führte. Das Volk war so aufgebracht über den Friedensschluss, den Verzicht auf den Kriegszug und damit auf die Preisgabe des von den Vorgängern so heftig umkämpften syrischen Territoriums, dass das versammelte alexandrinische Volk den gerade erst 12 oder 13 Jahre alten Ptolemaios VIII. Euergetes II. Physkon (der Dickwanst, nach 182–116), den zweitältesten Sohn Ptolemaios' V. Epiphanes und der Kleopatra I., zum Mitregenten und König ausrief. Auch andere einflussreiche Männer bemühten sich darum, die schwache königliche Führung zu ihren Gunsten auszunutzen. Die Revolte des militärisch bewährten, außerordentlich einflussreichen Funktionärs Dionysios Petosarapis (in den frühen 160er Jahren), die vom Hof in Alexandreia ihren Ausgang nahm, führte zu schweren Unruhen in ganz Oberägypten mit Theben als Zentrum, dem ältesten Sitz der ägyptischen Könige.

Die beiden Brüder vermochten zwar diese Schwierigkeiten zu bewältigen, indem sie die Aufstände blutig niederschlugen, doch entbrannte fünf Jahre später ein schwerer Streit zwischen ihnen, der damit endete, dass es dem jüngeren Bruder (Ptolemaios VIII.) im Jahr 164 gelang, seinen älteren Bruder Ptolemaios VI. Philometor aus Ägypten zu vertreiben. Kurze Zeit danach einigte er sich jedoch mit diesem darauf, die Herrschaft untereinander aufzuteilen. Physkon übernahm 163 die Herrschaft über die Kyrenaika. Obwohl diese Vereinbarung bis zu Ptolemaios VI. Philometors Tod 145 Bestand hatte, setzten sich die Konflikte zwischen den Brüdern fort, vergeblich versuchte Physkon, sich auch Zypern anzueignen. Wegen dieses Streitobjekts wandten sich beide an Rom. Um 156/155 versuchte Philometor, Physkon ermorden zu lassen. Daraufhin begab sich dieser nach Rom und verwies auf Narben, die er angeblich bei dem Mordanschlag erhalten haben sollte. Obgleich der alte Marcus Porcius Cato sich dagegen aussprach, erhielt Physkon die Unterstützung des Senats, um einen weiteren Angriff auf Zypern zu unternehmen. Durch eine Inschrift, aufgefunden im Apollontempel von Kyrene (SEG 9,7) – bemerkenswerterweise berichtet keine literarische oder historiographische Quelle darüber –, wissen wir, dass Physkon in einer Teilveröffentlichung seines Testaments 155 Rom in der Kyrenaika zum Erben eingesetzt hatte, falls er kinderlos sterben sollte (SEG 9,7):

«Im 15. (Regierungs)jahr im Monat Loos. Zu gutem Glück! Dies hat testamentarisch verfügt König Ptolemaios, Sohn des Königs Ptolemaios und der Königin Kleopatra, der erschienenen Götter, der Jüngere; hiervon ist auch eine Abschrift nach Rom gesandt worden. Möge es mir mit der Gnade der Götter (beschieden) sein, jene gebührend zu bestrafen, die gegen mich das schändliche Attentat vorbereitet und geplant haben, mich nicht nur meiner Königsherrschaft, sondern auch des Lebens zu berauben. Wenn mir aber etwas zustößt nach Menschenlos, bevor ich den Römern die mir zukommende Königsherrschaft, denen ich von Beginn an die Freundschaft und Bundesgenossenschaft unverfälscht bewahrt habe. Den genannten (Römern) vertraue ich meine Herrschaft (prágmata) zum Schutz an, indem ich sie beschwöre bei allen Göttern und ihrer eigenen Ehre, falls jemand die Städte oder das Territorium angreift, zu Hilfe zu kommen gemäß der Freundschaft und Bundesgenossenschaft, die zwischen uns begründet ist, und entsprechend der Gerechtigkeit, mit aller Kraft. Zu Zeugen hiervon mache ich Zeus Kapetolios (Jupiter Capitoli-

nus) und die Großen Götter und Helios und Apollon Archagetes (die Schutzgottheit der Gründer von Kyrene), in dessen Schutz der Text dieser Verfügung geweiht ist. Zu gutem Glück!».

Durch diese Erbschaftsbestimmung hatte sich Physkon geschickt eine finanzielle und diplomatische Unterstützung Roms erhandelt. Die Veröffentlichung dieser testamentarischen Bestimmung stellte einen unwiderlegbaren Beweis seiner Treue und Loyalität zu Rom dar und garantierte dem Senat, dass er die Geschicke Ägyptens dauerhaft mitbestimmen konnte.

Nach dem Tod seines Bruders, der auf einem Feldzug starb, heiratete Physkon Kleopatra II., die eigene Schwester und Gattin seines 145 verstorbenen Bruders Ptolemaios VI., König des Gesamtreiches. Die Ehe brachte es wiederum mit sich, dass er den eigenen Sohn Ptolemaios VII. Neos Philopator (162–145) ermordete und dessen gelehrte Freunde aus Ägypten verbannte, in deren Kreis Ptolemaios VII. in seiner Jugend aufgewachsen war.

142 erfolgte eine weitere Heirat mit seiner Nichte und Stieftochter Kleopatra III., der Tochter Ptolemaios' VI. und Kleopatras II. Diese Doppelehe rief einen Bürgerkrieg hervor: Ptolemaios VIII. vermochte sich nicht gegen Kleopatra II. und gegen die alexandrinische Bürgerschaft durchzusetzen. Daher begab er sich 131 für mehrere Jahre nach Zypern ins Exil, bis ihm endlich 129 die Rückeroberung Alexandreias, wiederum mit Unterstützung seines Schwiegersohnes Antiochos VIII., gelang. Daraufhin musste Kleopatra II. nun ihrerseits den Weg in die Verbannung, und zwar nach Syrien, antreten. 124 kam es zur Aussöhnung mit der Schwester Kleopatra II. und zugleich wurde die Dreierherrschaft erneuert (Kleopatra II. + III. + Ptolemaios VIII.). Danach setzte im Ptolemäerreich eine kurze Periode des Friedens ein. Besonders bekannt ist aus dieser Zeit ein Maßnahmenbündel aus dem Jahr 119/118, die Ausrufung eines allgemeinen Friedens, verbunden mit einer umfassenden Amnestie und der Neuordnung des Kultwesens zugunsten der Tempel.

Am 28. Juni 116 starb Ptolemaios VIII. Euergetes Physkon (145–116). Als einer der wenigen Herrscher der Antike verfasste er Memoiren, in denen er ausführlich auf seine wechselvolle Lebensgeschichte zurückblickte, die Grundsätze seiner Regierung darlegte, aber auch von fremden Völkern und anderen Höfen erzählte.[16] Eine bloße Tendenzschrift kann es wegen des stattlichen Umfangs (24 Bücher) – den gleichen Umfang hatte der Lebensbericht Arats von Sikyon – und der zahlreichen detaillierten Schilderungen schwerlich gewesen sein, eher wohl ein Mittel, um aus seiner Sicht seine Taten zu preisen und Untaten mit Sachzwängen zu rechtfertigen und auf außergewöhnlich gebildete Weise sein Leben und Lebenswerk ‹sinnvoll› abzuschließen.[17]

Nach dem Tod des langlebigen Ptolemaios, dem es als erstem ptolemäischen Herrscher nach dem Begründer der Dynastie vergönnt gewesen war, eines natürlichen Todes zu sterben, übernahm Kleopatra III. die Regentschaft, da sie von ihrem verstorbenen Gatten zur Erbin eingesetzt worden war. Ihren drei Söhnen wurden unterschiedliche Territorien zugeteilt: dem illegitimen Sohn des Ptolemaios Apion wurde die Kyrenaika, Ptolemaios X. Zypern zugesprochen und Ptolemaios IX. hatte das ‹Vergnügen›, eine weitere Dreier-Herrschaft zusammen mit seiner Mutter und seiner Großmutter (Kleopatra II. und III.) einzugehen, die 114 nach dem Tod der Großmutter zur Doppelherrschaft von Sohn und Mutter wurde. Die beherrschende Figur blieb die Mutter: Sie verordnete dem jungen Ptolemaios IX. zunächst die Heirat mit Kleopatra IV., dann mit der jüngeren Schwester Kleopatra V., schließlich sorgte sie mit Hilfe der aufgehetzten Volksmenge in der Hauptstadt für die Vertreibung ihres Sohnes im Jahr 107.

Mit dem Exil des Ptolemaios IX. beginnt das letzte Kapitel der Geschichte der Ptolemäer – die fortschreitende Auflösung und der Untergang des Reiches, die ihre Ursache vor allem in den erbarmungslosen Machtkämpfen innerhalb der Herrscherfamilie hatten. Der vertriebene Ptolemaios IX. begründete eine eigene unabhängige Herrschaft in Zypern, die er von 106/105 bis 88 innehatte. Damit war zunächst einmal die Einheit des Reiches zerbrochen: Zypern war aus dem auswärtigen Besitz der Ptolemäer herausgelöst, ebenso die Kyrenaika, über die Ptolemaios Apion gebot. Kyrene war mit dem Tod des Ptolemaios Apion bereits 96 an die Römer gefallen, doch erst 74 trat man das Erbe an, zog die Einnahmen aus den königlichen Ländereien ein und sicherte den dortigen Städten den Status von für ‹frei erklärten› Gemeinden (*civitates liberae*) zu. Das ptolemäische Reich war faktisch auf das Kernland zusammengeschrumpft; und auch dort setzten weitere destabilisierende Entwicklungen ein: Die Macht wurde weiter diversifiziert, wurde unter einer immer größeren Zahl selbständiger Instanzen aufgeteilt, und zwar unter die königliche Familie, deren Beraterkreis, die höfische Gesellschaft, die hohen Militärs und separatistische Usurpatoren in verschiedenen Teilen des Landes. Kleopatra III. überwarf sich 105 zwar gleichfalls mit ihrem eigenen Sohn, Ptolemaios X.; jedoch machten außenpolitische Schwierigkeiten – die Abwehr der expansiven Bestrebungen des jüdischen Hasmonäerstaates und eines Einfalls Ptolemaios' IX., der seine Rückkehr vergeblich militärisch durchzusetzen versuchte (103) – es erforderlich, dass sie beide zumindest den äußeren Schein einer einvernehmlichen Herrschaft wahrten. Kleopatra III. verstarb schließlich 101, höchstwahrscheinlich vergiftet von ihrem Sohn, der ihr in der Herrschaft über das Kernland nachfolgte.

Das Attalidenreich wird an Rom vererbt (133 v. Chr.)
Bereits im Jahr 155 hatte Ptolemaios VIII. nicht nur den Gedanken gefasst, sondern sogar offen angekündigt, das Reich an Rom zu vererben, sofern er kinderlos bleiben sollte. Rom konnte, da es dem ägyptischen Herrscher nachweislich zur Inthronisation verholfen hatte, ja auch tatsächlich als «Vater» des Ptolemäerreiches gelten. Im Fall von Pergamon blieb es allerdings nicht mehr bei der bloßen Proklamation: Attalos III., der letzte pergamenische Herrscher, setzte als erster hellenistischer König in Ermangelung eigener legitimer Kinder Rom zum Erben ein. Die Sachlage, die durch das Testament entstanden war, war eindeutig: Sowohl Pergamon als auch den griechischen Städten wurden Freiheit und Autonomie zugesichert – ganz so wie es die pergamenischen Könige bestimmt hatten. Das Königsland und sämtliche Territorien unterworfener Herrscher und Völker jedoch, also der mobile wie immobile Besitz der Könige, ging unmittelbar in den Besitz, besser gesagt: in die

Verfügungsgewalt der Römer über. Für die griechischen Städte gab es demzufolge keinen Anlass, sich an einer Erhebung zu beteiligen; vor allem die Küstenstädte konnten sich vielmehr erhoffen, von dem neuen römischen Oberherrn sogar wirtschaftlich zu profitieren.

Ihre Loyalität bekundeten die Städte nun nicht mehr einem König und seiner Familie, sondern ehrten gemäß dem Wechsel des Oberherrn das römische Volk, den *populus Romanus*, den man als Gottheit, als Instanz göttergleicher Macht, ansah und ihm im Sinne der hellenistischen Königstradition Kulte einrichtete und an Festtagen dieser neuen Gottheit auch Opfer darbrachte. Ein solcher Kult für Roma ist für Milet aus den Jahren um 130 belegt, und zwar durch eine Inschrift, in der die Aufgaben des Priesters der Roma genau bestimmt wurden. Diese Inschrift zeigt eindrucksvoll, wie frei von jeglicher theologischen Dimension ein solcher Kult in der Antike war.

Neben diesen Kulten für den *populus Romanus* und *Roma* sind für mehrere Städte auch *Rhomaia* in der 2. Hälfte des 2. Jahrhunderts v. Chr. bezeugt (Magnesia am Maiandros und Koinon der Lykier in Xanthos); dabei handelte es sich um städtische Feste mit verschiedenen musischen und sportlichen Wettbewerben, die zu Ehren Roms abgehalten wurden. So sehr die Städte im Allgemeinen die neuen Herren aus dem Westen begrüßt haben dürften, so gab es doch auch viele Gegner einer solchen Erbfolge. Die Gegner setzten sich vor allem aus ehemaligen Mitgliedern des königlichen Hofs, des Heeres, der Flotte und der Militärsiedlungen zusammen. Die Schrecken der Zerschlagung der makedonischen Königsherrschaft, die jeden zu einem Flüchtling gemacht hatte, der in irgendeiner Weise in enger Verbindung zum Adel und Hof gestanden hatte – deren Entmachtung, Enteignung und Verbannung war den Mitgliedern des pergamenischen Hofes und Heeres sicherlich bekannt. Ein Empfehlungsschreiben des Königs Attalos III. zugunsten des Priesteramtes eines Freundes (Zeus Sabazaios in Kyzikos) vom 8. Oktober 135 (RC 66 = OGIS 331 III) vermag anschaulich zu belegen, wie sehr die Führungsschicht an einem hellenistischen Hof familiär oder freundschaftlich verbunden und das eigene

Schicksal an dasjenige der königlichen Familie und insbesondere das des Herrschers selbst geknüpft war. Der innerste Zirkel um die Könige bestand aus den *phíloi*, den aktuellen Vertrauensmännern, sodann aus der aus Kinder- und Jugendzeiten gleich- oder ähnlichaltrigen zusammen aufgewachsenen Alterskohorte, aus den *sýntrophoi*, die durch die lange persönliche Bekanntschaft als «Verwandte» (*syggeneîs*) bezeichnet wurden.

Erst durch die Krise erfahren wir einiges über die Struktur des pergamenischen Reiches, das sich freilich nicht wesentlich von der Herrschaft anderer Dynastien unterschied. Die Herrschaft der pergamenischen Könige beruhte einerseits auf den griechischen Städten, denen zwar Autonomie in inneren Angelegenheiten zugestanden wurde, die jedoch außenpolitisch in Abhängigkeit ihres Oberherrn agierten, und ein Heereskontingent zu stellen sowie Steuern zu zahlen hatten. Zu den wichtigsten Städten unter pergamenischer Herrschaft zählten Ephesos, Tralleis und Telmessos. Andererseits waren von den Königen über das eigene Herrschaftsgebiet verstreut Militärkolonien (*katoikíai*) begründet worden, die der militärischen Sicherung dienten und zugleich die Veteranen mit Landlosen versorgten; ihre Zahl hatte sich nach dem Frieden von Apameia 188 verzehnfacht.

Als sich in Rom die Nachricht vom Tod Attalos' II. und seiner testamentarischen Verfügung verbreitete, kam es dort zum Streit darüber, wie mit dem Erbe, wie mit dem unerwarteten Neubesitz eines großen und reichen Land verfahren werden sollte. Der Volkstribun Tiberius Gracchus hatte diesbezüglich andere Vorstellungen als der Senat: Das Testament des Königs sah vor, dass sein persönliches Eigentum und die königlichen Ländereien den Römern gehören sollten; den griechischen Städten, die Attalos tributpflichtig waren, verhalf es zur Freiheit. Tiberius Gracchus wollte jedoch die Einkünfte aus den reichen Städten für sein Agrarprogramm nutzen und brachte diesen Vorschlag vor die Volksversammlung. Für außenpolitische Angelegenheiten war jedoch der Senat zuständig, der gewillt war, die testamentarisch verfügte Freiheit der Städte anzuerkennen. Wie Frank Daubner im *Bellum Asiaticum* gezeigt hat, war der Senat nach der Ermordung des Tiberius Gracchus im August 133 weder untätig, noch ging die Angelegenheit in den Wirren des Herbstes unter. Rom schickte fünf Gesandte nach Pergamon. Mit der Führung dieser Gesandtschaft wurde ganz bewusst Publius Cornelius Scipio Nasica Serapio, der Konsul des Jahres 138, betraut, der Hauptgegner der Gracchen und maßgeblich für die Ermordung des Tiberius Gracchus verantwortlich, um im Sinne des Senats die Einrichtung einer römischen Provinz voranzutreiben. Für den Senat war es kaum möglich, schneller zu handeln; denn verlässliche Angaben aus Asien fehlten und einsatzbereite Legionen standen wegen gleichzeitig in Spanien und auf Sizilien geführter Kriege nicht zur Verfügung, und ein drohender Bürgerkrieg musste zunächst abgewendet werden. Erst als diese Schwierigkeiten bewältigt waren, bot sich den römischen Senatoren die Möglichkeit, das Erbe anzutreten und gegebenenfalls mit Waffengewalt zu verteidigen.

Diesen Plänen Roms stellte sich jedoch Aristonikos energisch entgegen, ein unehelicher Sohn Attalos' II. und einer hochgestellten Ephesierin, der überraschend Anspruch auf den pergamenischen Thron erhob. Offenkundig fand sein Ansinnen, die pergamenische Herrschertradition fortzuführen, positiven Widerhall bei den Höflingen. Aus den Militärkolonien stammte ein Großteil des Heeres, das Aristonikos bei seinem Aufstand aufbieten konnte, während griechische Städte wie Metropolis auf die Seite Roms traten. Diese Militärkolonisten wurden häufig allgemein als «Makedonen» bezeichnet. Vor allem aus Siedlern aus Lydien und Mysien rekrutierte sich das pergamenische Heer. Hinzu kamen sicherlich viele einfache Soldaten aus Makedonien, die nach der Niederlage bei Pydna und nach der Provinzialisierung Makedoniens nach Asien gewandert waren – diese sicherlich nicht romfreundlichen ‹Makedonen› und Militärsiedler erhofften sich von Aristonikos bzw. Eumenes III., wie er sich auf seinen Münzprägungen nannte, einen neuen König, der ihnen ihre Stellung und ihre Besoldung sichern würde. Jedenfalls gelang es dem neuen Herrscher, Kleinasien in kurzer Zeit aufzuwiegeln. Sein Ziel war es, die Unabhängigkeit des pergamenischen Königreiches zu erhalten.

Was folgte, war ein Krieg, der sich erstaunlich lange hinzog: Erst nach vier Jahren gelang es den Römern (129), den unehelichen Sohn Attalos' II. zu besiegen und die Provinz Asia einzurichten. Rom war darum bemüht, grundsätzlich alle Anordnungen der pergamenischen Könige anzuerkennen, wie uns das ein auf Marmor aufgezeichneter Senatsbeschluss über die Stadt Pergamon wissen lässt.[18]

Aristonikos war mit seiner Flotte zunächst recht erfolgreich und genoss Unterstützung seitens der Bürgerschaft Pergamons und auch der Küstenstädte, freilich mit Ausnahme von Ephesos. So gelang ihm die Besetzung von Samos, Kolophon und Myndos. Doch verlor er die entscheidende Seeschlacht gegen die ephesische Flotte bei Kyme, was die Zahl seiner Verbündeten schnell schrumpfen ließ. Daraufhin verlegte sich Aristonikos auf einen Landkrieg und besetzte die Gegend von Thyateira, ferner des lydischen Apollonis und des karischen Stratonikeia. Da die Attaliden auf dem Gebiet des thrakischen Lysimacheia über Landbesitz verfügten, hatten die Könige dort immer wieder gerne auf thrakische Verbände zurückgegriffen. Thraker brachten auch die Stadt Sestos in große Bedrängnis, wie uns eine Inschrift zu Ehren des Menas berichtet. 130 erlitt das vom Konsul Crassus Dives Mucianus geführte Heer eine schwere Niederlage gegen die Aufständischen. In dieser Schlacht kam der kappadokische König Ariarathes V. (163–130) ums Leben; zudem geriet der Konsul in Gefangenschaft und starb.

In der zweiten Phase des Krieges, als sich der Kern des Aufstandsgebiets nach Stratonikeia verschob, da sich Aristonikos ins Landesinnere zurückgezogen hatte, kamen die ‹Makedonen› stärker zum Tragen, zumal sie Unterstützung von zahlreichen makedonischen Soldaten erhielten, die, wie schon erwähnt, nach der Schlacht von Pydna vor der Besetzung Makedoniens nach Asien geflohen waren.

Diese Makedonen waren entweder pergamenische Militärsiedler oder aus ihrer Heimat durch die Römer vertriebene Makedonen. Erst Marcus Perperna gelang es 129, Aristonikos einzuschließen, zur Kapitulation zu zwingen und gefangen zu nehmen. Nach seiner Gefangennahme und Hinrichtung in Rom kämpften Rebellen in seinem Namen noch bis 126 gegen die römische Herrschaft.

Die Königreiche von Pontos und Armenien – Die beiden letzten Versuche der Etablierung neuer hellenistischer Großreiche

Zum Verständnis der nachfolgenden Konflikte zwischen Mithradates und Rom ist es notwendig, kurz Entstehung und Entwicklung des pontischen Königshauses zu erläutern. Das Königreich Pontos im nordwestlichen Kleinasien war eine iranische Dynastie, die sich auf ihren Vorfahren Dareios III. berief. Kernland war das pontische Kappadokien, weitaus fruchtbarer und wasserreicher als das kleinasiatische Binnenland, mit der Residenz Amaseia und den griechischen Handelsstädten Sinope, Amisos und Amastris. Im Süden wurde das Königtum von den Landschaften Phrygien und Galatien begrenzt. (S. Karte 10 und Herrschertafel S. 322)

Der Begründer der Dynastie Mithradates I. Ktistes (281–266), sein Sohn Ariobarzanes (266–250), Mithradates II. (250–220) und Pharnakes (189–155) bedienten sich keltischer Söldner, um Amastris, Amisos und Sinope unter ihre Herrschaft zu bringen. Diese vergrößerte sich stetig: Durch die Ehe Mithradates' II. mit Laodike, der Schwester Seleukos' II., kam auch Großphrygien in den Besitz des pontischen Königshauses. Kriege mit den Attaliden und mit den kappadokischen Herrschern ergaben sich zwangsläufig. Da Rom das bithynische Königshaus schützte, war die weitere Expansion nach Osten gerichtet. Pharnakes eroberte Trapezunt und Kleinarmenien, knüpfte Verbindungen im gesamten Schwarzmeergebiet und befestigte das gute Verhältnis zu den Seleukiden durch eine weitere Ehe mit Nysa, der Tochter oder Enkelin Antiochos' III. des Großen.

Zudem gelang es Mithradates IV., den Zweig der eigenen Familie gegen die Herrschaftsansprüche anderer Zweige abzuschotten, so dass in der Folgezeit, ähnlich wie im Fall der Ptolemäer, die weiteren Könige den Namen Mithradates (Philopator, Euergetes und Eupator) trugen. Die wichtigsten, gleichsam natürlichen Gegner der pontischen Könige waren die benachbarten bithynischen und kappadokischen Herrscher – nicht aber Rom, mit dem Mithradates IV. und auch Mithradates V. verbündet waren. Daher unterstützten die pontischen Herrscher Rom auch im Kampf gegen Aristonikos. Nach der Ermordung Mithradates' V. in Sinope

(121/120) übte zunächst die Mutter, dann Mithradates Chrestos die Herrschaft aus, bevor der ehrgeizige und in seinen Mitteln nicht wählerische Mithradates VI. seinen älteren Bruder und seine Mutter vertrieb. König seit etwa 113, brachte er in seiner Regierungszeit nahezu die gesamte Küste des Schwarzmeergebiets bis einschließlich Kolchis und der Krimhalbinsel mit Pantikapaion unter die Herrschaft des pontischen Königshauses. Durch diese Expansion nach Osten und Nordosten, die nicht gestört oder unterbrochen wurde, verfügte Mithradates VI. über den Zugang zu den rohstoffreichen Gebieten der heutigen Ukraine mit ihren großen Holz-, Eisen-, Kupfer- und Silbervorkommen.[19] Mithradates war zunächst vor allem darauf aus, eine stabile Seeherrschaft im Bereich des Schwarzen Meeres zu gewinnen, die durch die Inbesitznahme der Meerenge am Bosporos und durch die Vorherrschaft in Griechenland und Kleinasien gestützt werden sollte. Für dieses langfristige Kriegsziel hatte er schrittweise ein zumindest zahlenmäßig riesiges Heer von 250 000 Fußsoldaten und 40 000 Reitern aufgebaut.

Dass Mithradates gewillt war, seine Herrschaft auch energisch nach Westen auszudehnen, wurde offenbar, als er sich mit Nikomedes III. von Bithynien zusammentat und die beiden im Jahr 109/108 Paphlagonien und Gebiete Galatiens untereinander aufteilten. Rom schritt zwar gegen die letztgenannte Annexion ein, doch ohne dass die beiden Herrscher sich zum Verzicht auf dieselbe bereit erklärten. Dessen ungeachtet setzte Mithradates VI. seine Expansion fort: Im Jahr 101 eignete er sich das kappadokische Königreich an, indem er den dortigen Herrscher ermorden ließ und seinem eigenen Sohn Ariarathes IX. die Königswürde übertrug. Erneut musste Rom den Usurpator zur Rückgabe der Gebiete zwingen. Doch gelang es Mithradates 91/90 durch ein Bündnis mit Tigranes I. von Armenien, dem er seine Tochter Kleopatra zur Frau gab, das Königreich Kappadokien wiederzugewinnen. Dann unternahm Mithradates den nächsten Schritt zur systematischen Erweiterung seiner Herrschaft: Im Stil Alexanders, des Ahnherrn und Vorbilds der hellenistischen Herrscher, der sich an keinerlei äußere Beschränkungen und Vereinbarungen gebunden gefühlt hatte, fiel er

Abb. 13: Kopf einer Marmorstatue des pontischen Königs Mithradates VI. als Herakles und Neos Alexander aus dem 1. Jahrhundert n. Chr.

in Bithynien ein und vermochte Nikomedes III., mit dem er kurz zuvor noch paktiert hatte, zu vertreiben.

Abermals musste Rom eingreifen und Nikomedes III. wieder in seine Herrschaft einsetzen. Dieses Mal jedoch wurde der bithynische König von Rom aufgefordert, für die Kosten der römischen Intervention und Re-Inthronisation aufzukommen, was zur Folge hatte, dass jener die Meerengen für die pontischen Schiffe sperrte und einen erneuten Konflikt mit Mithradates heraufbeschwor. Abermals fiel der pontische König nach Bithynien und Phrygien ein – und beließ es nicht dabei. Nachdem er die beiden Gebiete besetzt hatte, wandte er sich im Jahr 88 weiter nach Süden und richtete nun seine Aufmerksamkeit auf das von Rom kontrollierte Provinzgebiet von Asia.

Rom hatte nach der Niederschlagung des Aristonikos-Aufstands keinesfalls, wie die griechischen Städte es erwartet hätten, in der Tradition der von hellenistischen Königen geübten Euergesie eine auf Vergabe von Schutz, Wohltaten und Privilegien begründete

Herrschaft fortgeführt, sondern sich vielmehr als ein ferner, uninteressierter Patron erwiesen, der seine Statthalter ebenso frei gewähren ließ wie die Steuerpächter. Die Unzufriedenheit und Empörung über das offenkundige Desinteresse und die Ohnmacht gegenüber der Willkür vieler Statthalter und Steuereintreiber bedurfte nur eines rechten Katalysators, um sie machtpolitisch nutzbar zu machen: Diese antirömische Stimmungslage befeuerte Mithradates, um seine Pläne eines pontischen Großreichs zu verwirklichen. Geschickt verstand er es, sich als zweiter Alexander zu stilisieren, die Befreiertradition zu aktualisieren und den Mob dazu aufzurufen, alle Italiker und Römer, die vielen in die Provinz eingewanderten Händler, Kaufleute, Gewerbetreibende und Steuerpächter (*publicani*) zu ermorden. Geschürt von Mithradates, kam es zur offenen Rebellion gegen die römische Oberherrschaft. Im Verlauf dieser sogenannten Vesper von Ephesos wurden innerhalb weniger Tage etwa 80000 Römer und Italiker in den kleinasiatischen Städten umgebracht; die Vermögen der Ermordeten zog der neue Herrscher zur Hälfte ein, während die andere Hälfte den Mördern, Denunzianten oder Städten zufiel.[20]

Dieses Massaker war das erhoffte Signal zur Tat, der Ausgangspunkt für weitere Erhebungen gegen Rom in der griechischen Welt: Athen und andere Städte schlossen sich Mithradates aus freien Stücken an, zumeist setzten sich die Demagogen gegen die Rom gewogenen städtischen Führungsschichten durch. So hatte beispielsweise in Athen die große Menge der einfachen Bürger dem Strategen Aristion zur Tyrannenmacht verholfen.

Obgleich ein schnelles Eingreifen Roms nun dringend geboten gewesen wäre, verhinderten die innenpolitischen Auseinandersetzungen zwischen den beiden römischen Spitzenpolitikern und Militärs Marius und Sulla ein solches: An und für sich war Sulla als amtierendem Konsul der Oberbefehl für den Krieg gegen Mithradates übertragen worden, doch war dieser ihm durch Marius und seinen willfährigen Volkstribun Sulpicius Rufus per tribunizischem Gesetz wieder entzogen worden. Da Sulla sich seinerseits geweigert hatte, diesen Beschluss anzuerkennen, hatte er mit seinem Heer, das er für den Krieg im Osten bereits in Kampanien gesammelt hatte, den berühmten «Ersten Marsch auf Rom» unternommen und sich so gewaltsam Zugang zur Hauptstadt verschafft. Bevor Sulla mit sechs Legionen Italien verließ, um endlich in den Krieg gegen den pontischen König einzutreten, hatte er die innenpolitische Ordnung zwar wiederhergestellt, jedoch konnte er die wiedergewonnene optimatische – d. h. im Interesse des Senats etablierte – Vorherrschaft bis zum Frühjahr 87 durch verschiedene gesetzgeberische Maßnahmen nur rudimentär absichern. Nach seiner Abreise war der Bürgerkrieg dann erneut ausgebrochen. Bereits Ende des Jahres 87 hatte Cinna – ein Gegenspieler der Optimaten – zusammen mit den Anhängern des Marius ein populares Regime in Rom etablieren können, das nach der Ermordung zahlreicher prominenter Redner und Politiker die von Sulla geschaffene Neuordnung wieder beseitigte.

Mit diesem Umsturz in Rom war der nunmehr geächtete Sulla jeder administrativen und finanziellen Unterstützung in Griechenland beraubt und auf sich allein gestellt. In dieser außergewöhnlichen Notlage blieb Sulla nur der sicherlich unliebsame, von der griechischen Öffentlichkeit und späteren Historiographen jedenfalls mit Empörung aufgenommene Ausweg, auf die Geld- und Edelmetallbestände der großen griechischen Heiligtümer von Delphi, Olympia und Epidauros zurückzugreifen und diese auszumünzen. Erst danach war es ihm möglich, den Feldzug überhaupt fortzuführen. Die Lage hatte sich für Sulla noch dadurch verschärft, dass Archelaos, der Feldherr des Mithradates, mit einer großen Flotte die Ägäis fest im Griff hatte. So fielen auch auf Delos, das die Römer 166 zum Freihandelshafen erklärt hatten und das seitdem als Umschlagplatz eine ungeheure Bedeutung für den Handelsverkehr im Mittelmeer erlangt hatte, dem Morden der pontischen Truppen weitere 20 000 Italiker zum Opfer.

Sulla konzentrierte seine militärischen Aktivitäten zunächst darauf, Stadt und Hafen von Athen wiederzugewinnen. Die reichen Baumbestände des Akademie-Gymnasions vor den Toren der Stadt wurden gefällt und für das Belagerungswerk verwendet. Nach mehreren Monaten der Belagerung gelang es Sulla endlich, die Stadt am 1. März 86 einzunehmen. Die Bewohner Athens wurden in keiner Weise geschont. In Verkennung der Mittel und Möglichkeiten der römischen Militär- und Belagerungstechniken hatten sie sich anfänglich über das römische Heer lustig gemacht. Nun büßten sie fürchterlich für ihre Parteinahme für den Tyrannen Mithradates. So grausam und verstörend die Strafaktion Sullas bei der Eroberung Athens auch war, wird man darin realpolitisch einen Racheakt für die in Kleinasien und auf Delos ermordeten 100 000 Römer und Italiker erkennen müssen. Nach der Einnahme wurde die Stadt mehrere Tage lang geplündert, dann die Hafenanlagen des Piräus zerstört, um dem Gegner jede Möglichkeit zu nehmen, Athen nochmals als Flottenstützpunkt zu gebrauchen, wie dies Archelaos, der überaus geschickte griechische Feldherr des pontischen Königs, getan hatte.

Im Mai 86 traf Sulla in zwei Schlachten auf das große pontische Landheer, das über Thrakien und Makedonien nach Boiotien gekommen war. Es war zwar an Zahl viermal den römischen Truppen überlegen, jedoch taktisch und individuell nur unzureichend ausgebildet. Sulla siegte beide Male über Archelaos, den von ihm persönlich wertgeschätzten griechischen Feldherrn des Mithradates: zunächst im boiotischen Chaironeia, an dem Ort, wo 338 Philipp II. die vereinten Griechen geschlagen hatte, dann im Herbst beim boiotischen Orchomenos, nachdem sich das nach Chalkis geflohene übrige Heer mit einem neuen, 80 000 Mann starken Kontingent vereinigt hatte. Im Anschluss daran entsandte der siegreiche Feldherr seinen engsten Vertrauten nach Ägypten und Syrien mit dem Auftrag, einen schlagkräftigen Flottenverband zusammenzubringen, der die Vorherrschaft des Mithradates in der Ägäis spürbar schwächen sollte. Auf seiner Mission durch das Mittelmeer wurde der Proquästor Lucullus von dem Dichter Archias und dem Philosophen Antiochos von Askalon in seinem Gefolge begleitet.

86 entsandte das populare Regime unter Cinna Valerius Flaccus mit zwei Legionen in den Osten, um das Herr des in Rom geächteten Sulla zu übernehmen. Sein Legat Gaius Flavius Fimbria allerdings zettelte eine Meuterei an, in deren Verlauf der Suffektkonsul (der nachgewählte Konsul) ermordet wurde. Daraufhin übernahm

Fimbria das Kommando und führte nun eigenständig Krieg gegen den pontischen Herrscher in Kleinasien. Dabei gelang es ihm, nicht nur mehrere Verbände des Gegners zu schlagen, sondern sogar Mithradates selbst in große Bedrängnis zu bringen. Bei Pitane schloss er den Herrscher ein und erwartete, dass Lucullus ihn von der See her unterstützen würde. Diesem nämlich war es unterdessen gelungen, die Rhodier, die Bewohner von Kos und Knidos und einige pamphylische Städte zur Stellung von Flottenkontingenten zu bewegen und pontische Besatzungen aus den Städten Samos, Chios und Kolophon zu vertreiben. Lucullus verweigerte sich allerdings strikt der Aufforderung Fimbrias nach militärischer Hilfe, da jener zu den maßgeblichen Mördern verschiedener hochrangiger optimatisch gesinnter Senatoren während des Marianischen Terrors gehört hatte. Nur dieser tiefen Feindschaft der beiden römischen Feldherren hatte es letztlich Mithradates zu verdanken, dass er nach Mytilene auf Lesbos zu entkommen vermochte. Danach segelte Lucullus nach Alexandreia, jedoch gelang es ihm dort nicht, Ptolemaios X. zur Aufgabe seiner neutralen Haltung und zur Stellung eines Flottenverbands zu bewegen. Dennoch war Lucullus vor allem dank der Hilfe der rhodischen Flotte in der Lage, anschließend den Übergang des sullanischen Landheeres über den Hellespont bei Abydos zu sichern und die pontische Flotte in einer Seeschlacht bei der Insel Tenedos zu schlagen.

Im Herbst 85 kam es schließlich zum Friedensschluss zwischen Sulla und Mithradates beim südlich des Übergangs von Sestos nach Abydos gelegenen Dardanos in der Troas. Der Herrscher von Pontos musste zwar auf sämtliche eroberten Gebiete verzichten, die Besatzungen aus den Städten abziehen, Kriegsentschädigung zahlen und 70 Kriegsschiffe ausliefern, jedoch wurde er in seiner Herrschaft bestätigt. Von den Bürgerschaften in der Provinz Asia, die sich Mithradates angeschlossen hatten, verlangte Sulla 20000 Talente, also 120 Mio. Drachmen, welche zur Erstattung der in den fünf Kriegsjahren angewachsenen Steuerschuld und der Kriegskosten dienen sollten. Von diesem Geld profitierte Sullas Heer enorm. Das Jahr 84 nutzte Sulla noch, um seine Streitkräfte in Griechenland zu sammeln und auf die militärische Auseinandersetzung mit den Gefolgsleuten seines inzwischen verstorbenen Gegenspielers Marius (158–86) vorzubereiten. Erst danach kehrte Sulla nach Rom zurück, um Rache an den Marianern zu nehmen und die Senatsherrschaft wiederherzustellen. Im Osten ließ er Lucullus zurück, in dessen Fähigkeiten und Loyalität er vollstes Vertrauen bedaß, um die Reparationszahlungen zu überwachen. Dass der Licinier dies in den folgenden Jahren (bis 80) mit großem Verständnis für die überaus schwierige Lage vieler griechischer Städte tat, bezeugen neben Plutarch auch mehrere Ehrungen in Städten Kleinasiens (Thyateira, Synnada, Ephesos, Magnesia).

Die Zeit nach dem Friedensschluss von Dardanos hatte Mithradates dazu genutzt, seine Herrschaft über das Bosporianische Reich und über Kolchis durch umfangreiche Rüstungen zu befestigen. Kappadokien hatte er zudem nur zum Teil geräumt. Dies nahm Lucius Licinius Murena, der Legat Sullas und Proprätor der Provinz Asia, zum Vorwand, um im Jahr 83 eigenmächtig in das pontische Königreich einzufallen und dort Plünderungszüge zu unternehmen. Mithradates jedoch wehrte den römischen Feldherrn ab und führte beim mittlerweile zum Dictator erhobenen Sulla erfolgreich Beschwerde, der dem auf persönlichen Ruhm und Vorteil bedachten Murena schließlich im Jahr 81 Einhalt gebot. Damit endete der sogenannte Zweite Mithradatische Krieg.

Den Tod Nikomedes' III. von Bithynien im Jahr 74, der wie der letzte pergamenische König Attalos III. den Römern sein Reich hinterließ, nahm Mithradates zum Anlass, Rom zum dritten Mal den Krieg zu erklären und die Authentizität des Testaments grundsätzlich zu bestreiten. Als zudem Lucius Octavius, der damalige Proconsul in Kilikien verstarb, wurde Lucullus, der damals wohl beste Kenner der griechischen Welt unter den Senatoren, zu dessen Nachfolger bestimmt – zunächst als Befehlshaber nur einer Legion, mit der er die Provinzen *Asia* und *Cilicia* befrieden sollte. Nach Verleihung eines außerordentlichen Imperiums wurde sein Heer auf fünf Legionen, insgesamt 30000 Fußsoldaten und 2500 Reiter, aufgestockt. Mit diesem Heer marschierte Lucullus bis zum Sangarios, dem Grenzfluss zu Bithynien. Der gleichfalls zum Schutz der neu einzurichtenden Provinz Bithynia entsandte

Konsulkollege Marcus Aurelius Cotta unternahm mit seiner Flotte jedoch unvorsichtigerweise einen Alleingang und wurde vom pontischen Heer zu Land und zur See geschlagen. Daraufhin wurde er zusammen mit dem Truppenkontingent der Stadt Kyzikos in Chalkedon von Mithradates eingeschlossen, so dass ihm Lucullus zu Hilfe eilte und nun seinerseits das pontische Heer von aller weiteren Versorgung abschnitt. Nach der Befreiung der Stadt, welche die Kyzikener für so bedeutsam hielten, dass sie im Gedenken an die Befreiung der Stadt dem Lucullus zu Ehren ein alljährlich abzuhaltendes Fest (sogenannte Lukulleia) stifteten, zog Mithradates ein neues Heer von etwa 40 000 Fußsoldaten und 4000 Reitern zusammen. Bei Kabeira wurde er jedoch abermals vom römischen Feldherrn besiegt und sah sich genötigt, zu seinem Schwiegersohn Tigranes II., dem König von Armenien, zu fliehen. Lucullus verfolgte ihn bis nach Talaura in Kleinarmenien und kehrte danach ins Pontosgebiet zurück, das er nun gänzlich unterwarf. Durch die skrupellose Terrorherrschaft des Mithradates, vornehmlich aber durch die militärischen Misserfolge waren dem pontischen König in der Zwischenzeit zahlreiche innenpolitische Gegner erwachsen. Daher waren viele führende Männer am pontischen Königshof bereit, die Seiten zu wechseln. So übergab nach der Flucht des Herrschers etwa der Onkel des augusteischen Geographen und Historikers Strabon von Amaseia, der die Ermordung eines Neffen und eines Sohnes zu beklagen hatte, dem römischen Feldherrn Lucullus bereitwillig fünfzehn Kastelle mitsamt den dort thesaurierten Schätzen.

Tigranes II. (95–55), König von Armenien, trug, wie bereits dargelegt, mit seinem Einfall nach Syrien maßgeblich zum Ende der Seleukidenherrschaft bei.

Die durch den Bruderzwist von Antiochos XII. Dionysos (87/86–83/82) und Philipp I. hervorgerufene faktische Zweiteilung des seleukidischen Syrien nutzte Tigranes II. und besetzte 83 das Stammland Syrien, was der Herrschaft zumindest wieder politische Stabilität verlieh – herbeigeführt jedoch durch eine neue äußere Führungsmacht. Mithradates floh zwar im Spätherbst 71 an den Hof des Tigranes, jedoch ließ dieser ihn lange warten, bevor er ihm

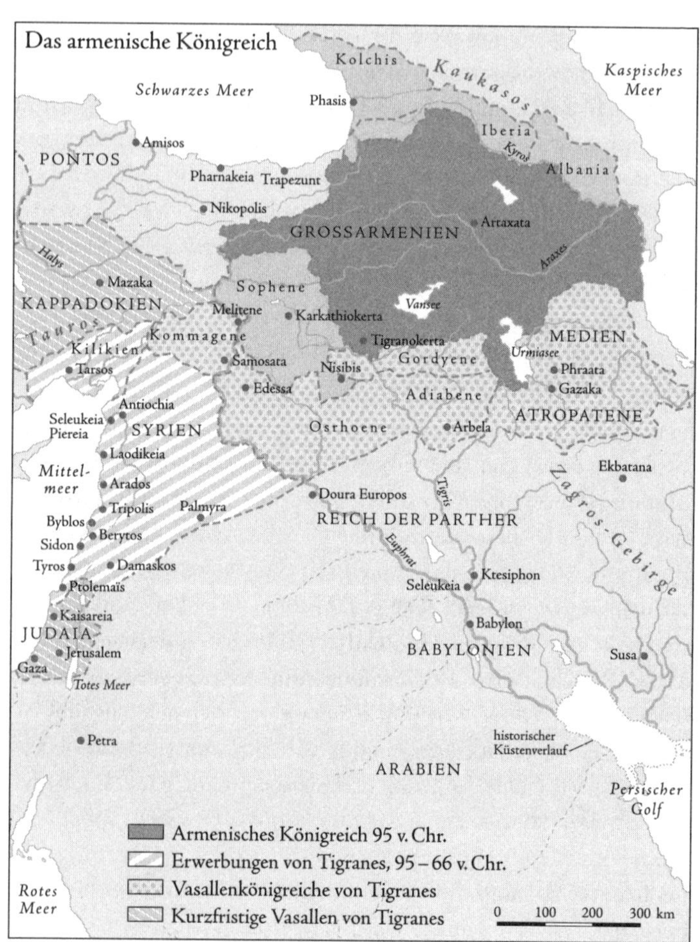

Karte 9: Das armenische Königreich unter Tigranes II. dem Großen

die erste Audienz gewährte: Er beschränkte seine Unterstützung des geflüchteten pontischen Herrschers und Schwiegervaters auf das bloße Aufenthaltsrecht und die Gewährung von Schutz in seinem Reich und gestattete ihm erst nach zwanzig Monaten den Aufenthalt am Königshof.

Während Lucullus im Winter 71/70 mit den Städten in Asia über deren weiteren Schuldenabbau verhandelte, wurde der junge, aber gleichwohl ungemein stolze und selbstbewusste Appius Claudius Pulcher mit dieser Mission betraut und als Gesandter ins syrische Antiocheia am Orontes geschickt. Dort nahm er zunächst zahlreiche Hilferufe anderer Völker und Stämme und geheimzuhaltende Botschaften entgegen, bevor er mit Tigranes II. zusammentraf. Bei den von dem armenischen König unterworfenen Völkern herrschte große Unzufriedenheit über die Gewaltherrschaft des Tigranes; insbesondere wurde die Umsiedlung der Araber sowie der erzwungene Synoikismos zur Gründung der Residenzstadt Tigranokerta kritisiert. Appius hatte von Lucullus den Auftrag erhalten, den Erfolg auf diplomatischem Weg anzustreben und von Tigranes zu fordern, den Römern seinen Schwiegersohn unverzüglich auszuliefern. Noch im Frühjahr 70 hielt sich Lucullus im Pontosraum auf. Dort empfing er die hochmütige Antwort des Tigranes, er sei nur mit König und nicht mit dem Titel ‹König der Könige› tituliert worden; deshalb unterließ er es auch, den Titel «Imperator» eigens zu verwenden.

Zudem erklärte er, dass er keinesfalls seinen besiegten Schwiegersohn ausliefern werde. Insgeheim plante er bereits, mit Hilfe des Mithradates zunächst Kilikien und Lykaonien zu erobern, um von dort aus erneut Kleinasien wiederzugewinnen. Gleichwohl gestaltete sich die Lage für Mithradates und seinen Schwiegervater weiterhin schwierig: Machares, der Sohn des Mithradates und stellvertretende Herrscher über das Bosporianische Reich, trat im Jahr 70 unerwarteterweise an die Seite Roms. Im Gegenzug erhielt er einen goldenen Kranz zum Geschenk und wurde unter die Freunde und Bündner Roms aufgenommen. Mit 12 000 Fußsoldaten und knapp 3000 Reitern brach Lucullus von der pontischen Küste aus auf, gelangte in Eilmärschen bis zum Tigris, der damali-

Abb. 14: Tetradrachme Tigranes' II. des Großen (95–55 v. Chr.), geprägt im Jahr 70/69 v. Chr. in Tigranokerta.
Vorderseite: Büste des Königs mit adlergeschmückter armenischer Tiara,
Rückseite: Tyche von Antiocheia mit Palmzweig, zu ihren Füßen der Flussgott Orontes

gen Grenze zum armenischen Reich. Nach einem Opfer beim Flussübergang führte er dann sein Heer 69 bis in die Gegend von Tigranokerta, dem heutigen Silvan.

Diese Residenzstadt war zu dieser Zeit vom armenischen Herrscher erst jüngst durch gewaltsame Auflösung von zwölf kappadokischen Städten, darunter Mazaka, und der Ansiedlung ihrer Einwohner an einem neuen Ort künstlich geschaffen worden. Wider Erwarten verließ Tigranes II. jedoch seine Neugründung und zog sich ins Tauros-Gebirge zurück, wo er seine Streitkräfte sammelte. Die Flucht des Tigranes aus der Stadt beantwortete Lucullus mit der Teilung des Heeres: Murena setzte mit 6000 Soldaten die Belagerung fort, er selbst verfolgte mit seinen 10000 Schwerbewaffneten und 3000 Reitern den König und stellte ihn schon bald. Die Größe des Aufgebots war zwar gewaltig – im Bericht an den Senat wurden 20000 Bogenschützen und Schleuderer, 55000 Reiter, darunter 17000 Kataphraktenreiter (Panzerreiter), und 150000 Fußsoldaten aufgeführt –, jedoch auch unbeweglich. Lucullus errang einen großen Sieg über Tigranes, 100000 seiner Soldaten sollen gefallen sein, während die Römer nur geringe Verluste zu beklagen hatten. Die Stadt wurde im Sturm genommen und zur Plünderung freigegeben. So denkwürdig war die Schlacht von Tigranokerta, dass Antiochos von Askalon sie in seiner Schrift über die Götter eigens erwähnte und sie auch von Livius und Plutarch zu den größten militärischen Leistungen der römischen Republik gezählt wurde.

Mit dieser Niederlage hatte Tigranes zugleich die Herrschaft über Syrien verloren, das Lucullus wieder der seleukidischen Königsdynastie zusprach. Als römischer Klientelkönig wurde Antiochos XIII. Asiatikos (69–64), der Sohn Antiochos' X., eingesetzt. Nach einem gescheiterten Feldzug gegen die Araber rief sich jedoch Philipp II. Philorhomaios (65–63), der Sohn Philipps I., mit arabischer Hilfe zum Gegenkönig aus. Im Jahr 63 setzte Pompeius allerdings Philipp II. ab und beendete damit die seleukidische Herrschaft in Syrien, das er als Provinz *Syria* einrichtete.

Lucullus hatte zwar beabsichtigt, sofort gegen die Parther zu ziehen, jedoch ließ er von dem Plan angesichts der Kriegsmüdigkeit seiner Truppen ab. Es folgte vielmehr eine weitere militärische Auseinandersetzung mit Mithradates und Tigranes: Lucullus überschritt den Tauros, nahm die Getreidevorräte des Gegners in Besitz und wandte sich nun gegen die Stadt Artaxata (Artaschat), die zwanzig Kilometer südöstlich des heutigen Eriwan liegt. 68 gelang es Lucullus, auch die armenische Residenzstadt zu erobern und den Bruder des Tigranes sowie dessen griechischen Militärexperten Kallimachos gefangenzunehmen. Tigranes' wurde er jedoch nicht habhaft, so dass er sich gezwungen sah, diesen und Mithradates weiterzuverfolgen. Allerdings musste er sein Vordringen in Armenien, bedingt durch einen frühen Wintereinbruch, vorzeitig abbrechen, da sich sein Heer weigerte, den Marsch fortzusetzen. Notgedrungen zog sich Lucullus über das Tauros-Gebirge nach Mygdonien bis nach Nisibis zurück und schlug sein Winterquartier in der Gordyene auf. Währenddessen hatten Tigranes und Mithradates sich nach Pontos begeben und das Königreich im Kampf gegen Triarius weitgehend zurückerobert und Kappadokien verwüstet. Abermals wurde der pontische König von der dortigen Bevölkerung freudig begrüßt, weil römische Soldaten im Auftrag von Legaten und Militärtribunen, die sich zuvor offen gegen Lucullus gestellt hatten, Wuchergeschäfte getätigt hatten. Der Hass der Bevölkerung war groß. Angesichts dieser Situation brach Lucullus im Frühjahr 67 aus Nisibis in Richtung Pontosgebiet auf und beabsichtigte, Tigranes zu stellen, bevor dieser seine Truppen mit dem Heer des Mithradates würde vereinigen können. Auf dem Marsch brach jedoch unter den Truppen des Lucullus eine Meuterei aus, und kurz danach wurde dem Feldherrn mitgeteilt, dass ihm vom Senat – hauptsächlich als Resultat von Intrigen seitens der Ritter, deren finanziellen Ausbeutungspraktiken er in Asien zumindest Grenzen gesetzt hatte – der Oberbefehl entzogen worden sei. Die Absetzung des Lucullus erfolgte gegen den erklärten Willen des Senats und der Vornehmen, die um das Unrecht wussten, das Lucullus damit zugefügt wurde. Im Herbst 67 übergab Lucullus dem Glabrio seine Truppen; als Imperiumsträger übernahm er – jedoch nur noch für kurze Zeit – den Vorsitz der Zehn-Männer-Kommission in Kleinasien.

Nach erfolgreicher Beendigung des Seeräuberkrieges wurde schließlich Pompeius zu Beginn des Jahres 66 aufgrund der *lex Manilia* das außerordentliche Kommando (*imperium extraordinarium*) für den Krieg im Osten gegen Mithradates VI. und Tigranes II. übertragen. Als Nachfolger des amtsenthobenen Glabrio war Pompeius freilich nicht bereit, die Entscheidungen der Zehn-Männer-Kommission, seines Vorvorgängers Lucullus und dessen Neuordnung des Ostens anzuerkennen. Pompeius untersagte, den Befehlen des Lucullus weiterhin Folge zu leisten.

Pompeius vollendete nun die Neuordnung des hellenistischen Ostens, für die Lucullus durch seine vielfältigen diplomatischen Verhandlungen mit den Städten und Herrschern den Boden bereitet hatte. Mit dem Partherkönig Phraates III. (70–58/57) schloss Pompeius ein Bündnis ab, damit dieser Krieg gegen Tigranes II. führte und ihn aus einem Zweifrontenkrieg heraushielt. Bei Nikopolis besiegte Pompeius Mithradates vernichtend. In Galatien setzte er im Jahr 66 Tetrarchen ein, wobei der römische Feldherr Deiotaros besonders großzügig behandelte, was dieser ihm mit großer Treue auch im Kampf gegen Caesar dankte. Er wurde zum König der Tolistobogier ernannt, dem zusätzlich zum Kernland seines Stammes weiteres Land an der pontischen Küste, einschließlich der wichtigen Städte Pharnakeia (Kiresun) und Trapezunt (Trebsond), zugesprochen wurde. Bei seinem Tod im Jahr 25 v. Chr. vererbte auch dieser Herrscher den Römern sein Reich. Auch den alten Tigranes II. setzte Pompeius zum römischen Klientelfürsten ein, der sich der Annexion des armenischen Throns durch den eigenen Sohn erfolgreich widersetzt hatte und nun, da Pompeius mit seinem Heer bereits bis kurz vor die Hauptstadt Artaxata vorgerückt war, kapitulierte. Die Gebiete, die bereits Lucullus ihm genommen hatte – Galatien, Kappadokien, Kilikien, Syrien und Phonikien –, verblieben unter römischer Herrschaft. Tigranes wurde auf sein Stammland beschränkt, die Gebiete Sophene und Gordyene sollten von seinem aufständischen Sohn regiert werden. Dankbar darüber, dass er wider Erwarten die armenische Königswürde behalten durfte – er hatte die Königsbinde bereits vor dem römischen Feldherrn abgelegt –, beschenkte er Pompeius und dessen gesamtes Heer mit großen Geldsummen. Unterdessen war Mithradates, nachdem er feststellen musste, dass sein Schwiegervater 100 Talente auf seinen Kopf ausgesetzt hatte, nach Osten in die Landschaft Kolchis am Kaukasos geflüchtet und hatte sich in der Stadt Pantikapeion am kimmerischen Bosporos eine neue Herrschaft aufgebaut – an der heutigen Straße von Kertsch, welche die Krim von der russischen Tamanhalbinsel trennt.

Im Frühjahr 65 stieß jedoch Pompeius bis in die Kolchis und bis zur Mündung des Phasis vor. Durch eine Seeblockade der Krim ließ er den pontischen Herrscher durch seinen Flottenkommandanten Q. Servilius Caepio kontrollieren. Er selbst wandte sich über Kleinarmenien gegen die aufständischen, südlich des Kaukasus lebenden Albaner und marschierte dann weiter in Richtung der Küste des Kaspischen Meeres, die er allerdings nicht erreichte. Am Araxes entlang trat er den Rückweg nach Armenien an. So enttäuschend diese Verfolgung und Märsche für Pompeius persönlich gewesen sein mögen, so beflügelnd wirkte die Kunde davon auf die Phantasie der Zeitgenossen, die den römischen Feldherrn wegen dieses Feldzugs an den Grenzen der damals bekannten «bewohnten Welt» (*oikuméne*) mit dem großen Makedonenkönig zu vergleichen begannen. Hatte Pompeius nun doch Gebiete am Kaukasos betreten, die Alexander seinerzeit nicht erreicht hatte. Noch vor dem Tod des pontischen Herrschers wurden 64 v. Chr. die Provinz *Pontus et Bithynia* und 63 die Provinz *Syria* eingerichtet. Mithradates starb schließlich durch die eigene Hand, von seinem eigenen Sohn Pharnakes II. dazu gezwungen.

Das Ende der Ptolemäerherrschaft und der hellenistischen Königswelt
Nachdem die Römer Makedonien, große Teile Griechenlands, Kleinasiens bzw. des pergamenischen und des bithynischen Reiches und nun auch Syriens als verbliebenes Kernland des ehemaligen Seleukidenreiches zu Provinzen gemacht hatten, blieb nur das Ptolemäerreich als letzte große unabhängige Diadochenherrschaft – und Teil des ehemaligen Alexanderreiches – zumindest noch formal unabhängig.

Bereits die testamentarische Bestimmung des «dicken» Ptolemaios VIII. hatte es deutlich gezeigt: dass seit dem späten 2. Jahrhundert v. Chr. Ägypten in starke Abhängigkeit von Rom geraten war, und dass dieses Diadochenreich mittlerweile (nach Abtrennung der Kyrenaika und Zyperns) der helfenden Hand der neuen Macht aus dem Westen bedurfte, um nicht auch noch sein Kernland zu verlieren. Die Ptolemäer büßten an den Grenzen zu den Nubiern die Kontrolle über den Süden des Landes ein; wie am Seleukidenhof wurde innerhalb der Dynastie gewaltsam um die Königswürde gerungen – mit dem alexandrinischen Mob als zusätzlichem Akteur in diesem Machtkampf.

In Rom wurden jedoch bereits Pläne geschmiedet, wie mit einer weiteren zu erwartenden Erbschaft oder mit einem Ägypten, das sich freiwillig der römischen Oberherrschaft anschloss, umzugehen und vor allem wie dieses überaus getreidereiche Land auszubeuten sei. Der reiche Crassus, ein plebeiischer Günstling Sullas – der durch die Proskriptionen, in deren Verlauf die Gegner des Diktators systematisch ausgeschaltet worden waren, mit wenig Startkapital zu viel Landbesitz und zu einem riesigen Vermögen gekommen war –, sprach sich kurzerhand für die Annexion Ägyptens aus, um dort Veteranen des Pompeius anzusiedeln. Cicero stellte sich diesem Vorhaben in seinem Konsulatsjahr 63 v. Chr. (in seiner Rede *de lege agraria*) energisch entgegen, weil er sah, wie sehr eine auch nur zeitweilige Statthalterschaft über eine solch reiche Provinz wie Ägypten die inneraristokratischen Kräfteverhältnisse in Rom zugunsten Einzelner verschoben hätte. Durch reiche Geldgeschenke gelang es aber Ptolemaios XI., sich Caesar gewogen zu machen, so dass dieser als Konsul des Jahres 59 v. Chr. den Status Ägyptens offiziell anerkannte und Ägypten in den Kreis der römischen Freunde und Bündner aufnahm (*amici*). Freilich wurde durch hohe, außerordentliche Geldzahlungen an führende römische Politiker die Steuer- und Abgabenlast in Ägypten für die allgemeine Bevölkerung allzu drückend und löste weitere Aufstände aus, die darin gipfelten, dass Ptolemaios XII. drei Jahre im Exil in Rom (zwischen 58 und 55 v. Chr.) verbringen musste. Notgedrungen mussten seine beiden Töchter Kleopatra VI. († 57) und Berenike IV. für diese Zeit die Regierungsgeschäfte übernehmen, bis Ptolemaios XII. Neos Dionysos durch Aulus Gabinius, Proconsul von Syrien und Gefolgsmann des Pompeius, wieder in seine Herrschaft eingesetzt wurde. Ihm zur Seite wurden nicht mehr eigene griechische Gefolgsmänner und Vertraute gestellt, sondern römische Bankiers. Der Ritter C. Rabirius Postumus, der dem König die gewaltigen Bestechungssummen für Caesar vorgestreckt hatte, wurde zum Finanzminister (*dioiketés*) des Ptolemaios XII. ernannt. In seinem neuen Amt war der Großbankier vor allem darauf bedacht, das ihm von Ptolemaios geschuldete Geld wieder einzutreiben. Dabei nahm er keinerlei Rücksicht auf die soziale Not der Bevölkerung, so dass die Alexandriner sich, wie schon häufig zuvor, erhoben. Die Empörung über Rabirius war so groß, dass dieser von Ptolemaios zum Schein festgenommen werden musste, um überhaupt dessen Leben retten zu können.

Nach der Reinthronisation vollzog Ptolemaios XII. das inzwischen übliche grausame Ritual: Die Tochter, die eng mit ihrer im Hintergrund agierenden Mutter Kleopatra VI., zusammengearbeitet hatte, war zur unliebsamen Konkurrentin geworden und wurde kurzerhand beseitigt. Noch vor seinem Tod im Jahr 51 erhob Ptolemaios XII. seine Tochter Kleopatra VII., die ihn ins Exil nach Rom begleitet hatte, zur Mitregentin (* 69); sie sollte nach seinem letzten Willen zusammen mit ihrem jüngeren Bruder Ptolemaios XIII. (* 61, 51–47) die in Ägypten üblich gewordene Doppelherrschaft ausüben. Diese Hoffnung des sterbenden Vaters erfüllte sich indes nicht. Vielmehr folgte ein bizarres, an Wendungen reiches Finale der bewegten Geschichte des ptolemäischen Diadochenreiches.

Der jüngere Bruder kam wegen Kleopatra zunächst nicht zum Zug, wurde jedoch von seinen Vormündern – von dem für die Finanzen und Administration zuständigen Eunuchen Potheinos, vom General Achillas und vom Erzieher Theodotos – zur Annahme des Königsdiadems gedrängt, zumal er der Favorit des Pompeius war. Von dem mächtigen Römer protegiert und von seinen Vormündern gelenkt, vertrieb er seine ältere Schwester, die 49 nach Rom floh und dort geduldig auf ihre Rückführung wartete. Die politische Freundschaft der genannten Trias mit Pompeius bedeutete freilich nicht viel: Nach der Schlacht von Pharsalos – einem der Höhepunkte im seit Jahren tobenden römischen Bürgerkrieg mit seinen Protagonisten Caesar und Pompeius – war der unterlegene Pompeius im Jahre 48 nach Ägypten geflohen. Seine alten Verbündeten unter den Hoffunkionären wechselten in dieser Situation ungerührt die Seiten, ermordeten den Verlierer und präsentierten dem Sieger dessen Kopf.

Der ptolemäische Hof hatte sich von dieser grausamen Geste erhofft, Caesar zum Patron zu gewinnen. Dieser knüpfte jedoch als Bedingung für die Zusicherung von Schutz und Freundschaft die sofortige Rückführung der Kleopatra, genauer gesagt, forderte er eine Doppelherrschaft von ihr zusammen mit ihrem jüngeren Bruder Ptolemaios XIII. Die beiden jüngeren Geschwister Arsinoe und Ptolemaios XIV. sollten Zypern erhalten – so sollte nach der Vorstellung Caesars und Kleopatras die dynastische Herrschaft der Familie und die nächste Thronfolge gesichert werden. Arsinoe, Ptolemaios XIII. und die Bevölkerung Alexandreias widersetzten sich jedoch dieser Neuordnung: Es kam zum sogenannten Alexandrinischen Krieg (48–47 v. Chr.), bei dem Caesar anfangs nur den

Palastbereich und den Hafen unter seiner Kontrolle hatte. Nach der Niederschlagung dieses Aufstands wurden Kleopatra VII. und ihr jüngerer Bruder Ptolemaios XIV., bis dahin König von Zypern (47–44), gemeinsam zu Herrschern über Ägypten und Zypern ausgerufen. Doch auch diese Doppelherrschaft sollte nicht lange Bestand haben.

Mit der Ermordung Caesars (15. März 44) war nämlich auch die Herrschaft der Kleopatra gefährdet, die sich von 46 bis 44 in Rom aufgehalten hatte. Um in dem absehbaren neuerlichen römischen Bürgerkrieg die Thronfolge für ihren Sohn zu sichern, vergiftete sie angeblich ihren jüngeren Bruder und Mitregenten Ptolemaios XIV., mit dem sie drei Jahre gemeinsam regiert hatte. Kaisarion (* 47), der gemeinsame Sohn Caesars und Kleopatras, wurde zum Mitregenten seiner Mutter erhoben (44–30). Nach dem Sieg über die Caesarmörder Marcus Brutus und Gaius Cassius bei Philippi im Jahr 42 v. Chr. wurde Marcus Antonius, einst enger Gefolgsmann und Militär Caesars, der neue große Mann im Osten, während Octavian, der Großneffe und durch Adoption Sohn des Ermordeten, den Westen kontrollierte. Seit 41/40 miteinander bekannt, heiratete 37 v. Chr. Marcus Antonius Kleopatra in Antiocheia, die sich als Gattin dieses *Néos Diónysos* eine neue, bis dahin ungekannte Machtposition geschaffen hatte. M. Antonius selbst gefiel sich in seiner Rolle als hellenistischer Herrscher und betrieb eine umfassende Neuordnung des Ostens.

Das von ihm geschaffene Reich betrachtete er als sein persönliches, durch militärische Gewalt (speer)gewonnenes Land. Durch die Ehe mit Kleopatra hatte er in die ptolemäische Herrscherdynastie eingeheiratet, pflegte mit ihr einen luxuriösen Lebensstil und sicherte durch drei gemeinsame Kinder die Nachfolge. Auch was die Ausdehnung des Herrschaftsgebiets betraf, nahm sich die Lage Ägyptens besser als lange zuvor aus: Zypern, Kilikien, die syrische Küste, wichtige Häfen von Judaea, das er nach Hinrichtung eines Hasmonäers verkleinert und dann wieder dem Herodes überantwortet hatte, und Kreta gehörten nun wieder zu den Außenbesitzungen. Durch Kleopatra und Marcus Antonius war Alexandreia wieder zur glanzvollen Hauptstadt eines hellenistischen

Abb. 15: Tetradrachme der Kleopatra und des Marcus Antonius, geprägt um 36 v. Chr. im phoinikischen Raum.
Vorderseite: Drapierte Büste der Königin mit Diadem, aufwendiger Frisur und reichem Schmuck, Rückseite: Büste ihres Ehemannes Marcus Antonius.

Großreiches und zu einer Metropole der damaligen Welt geworden. 36 v. Chr. scheiterte zwar der Partherfeldzug des Antonius, dem allerdings ein Sieg über den armenischen König Artavasdes folgte; einen Triumph wollte der Sieger zwar nicht mehr in Rom abhalten, wohl aber in Alexandreia. Er nutzte diese Gelegenheit, um seine Gattin wenige Tage später zur «Königin der Könige», zur Herrscherin über den griechischsprachigen Osten, und den mitregierenden Sohn, Ptolemaios XV. Kaisar, gleichfalls zum «König der Könige» zu erheben und auch den übrigen Kindern jeweils eigene Königreiche zuzusprechen. So wurde Alexander Helios zum Herrn über Armenien, Medien und das Territorium östlich des Euphrats, Kleopatra Selene zur Königin von Kyrene und Ptolemaios Philadelphos zum Herrscher über Phoinike, Syrien und Kilikien erhoben, ohne dass sich diese Territorien überhaupt fest in der Hand des Antonius befunden hätten. Damit tat Marcus Antonius nur in gewiss übersteigertem Maße den umfassenden Herrschaftsanspruch dieser neuen Verbindung zwischen einer ptolemäischen Herrscherin und einem römischen Feldherrn kund und deutete seine weitreichenden machtpolitischen Ambitionen an, was in Rom entrüstet zur Kenntnis genommen wurde.

33 v. Chr. endete das zehn Jahre geltende Triumvirat zwischen

Antonius, Octavian und Lepidus, wobei Lepidus bereits seit Jahren machtpolitisch kaltgestellt war. In den folgenden Jahren (32–30) kam es zum großen Kampf der verbliebenen politischen Erben Caesars. Octavian vertrieb die Konsuln aus Rom, die daraufhin einen Gegensenat in Ephesos bildeten; der Osten stand gegen den Westen, Rom gegen Alexandreia, Octavian gegen Marcus Antonius und Kleopatra, die vor allem das riesige Flottenbauprogramm ihres Ehemannes finanzierte. Die Seeschlacht vor der Bucht der akarnanischen Hafenstadt Aktion, in der am 2. September 31 v. Chr. die ptolemäische Flotte zunächst von der römischen eingeschlossen, dann herausgelockt und vernichtet wurde, entschied die Herrschaft über die gesamte Mittelmeerwelt und stellt im historischen Rückblick auch das militärische Ende der hellenistischen Königsherrschaften dar.

Alexandreia wurde zur letzten Bastion der Gegner Octavians; dieser griff die Hauptstadt des ptolemäischen Reiches im darauffolgenden Jahr an. Daraufhin suchte zuerst Marcus Antonius den Freitod durch Einnahme eines von seinem Leibarzt verabreichten Giftes. Die gebildete und führungsstarke Kleopatra hoffte hingegen auch noch danach, dass Octavian womöglich einem ihrer Söhne die Herrschaft übetragen könnte. Als sich diese Hoffung zerschlug, nahm auch sie sich das Leben. So entging das Herrscherpaar des Ostens der Schmach, im Triumphzug des Octavian dem römischen Publikum vorgeführt zu werden. Ihr Leibarzt Olympos verbreitete dabei das Gerücht, Kleopatra sei durch den Biss einer Kobra umgekommen, was ihre kultische Verehrung als «Wiedergeburt der Isis» (*Néa Isis*) ermöglichte.

Die Nachkommen der Kleopatra wurden in Rom erzogen, zwei von ihnen allerdings ermordet, da sie Octavians Herrschaftsanspruch hätten streitig machen können: Ptolemaios XV., Caesarion, der leibliche Sohn Caesars und der Kleopatra, und Antyllos, der Sohn des Marcus Antonius und der Kleopatra. Ägypten wurde zur Sonderdomäne Octavians – dem der Senat im Jahr 27 den Ehrennamen ‹Augustus› verliehen hatten –, welche Senatoren fortan nur mit dessen besonderer Genehmigung betreten durften. War Ägypten die Kornkammer für Italien, weil dort der Ursprung des Wohlstands, der Versorgung der *urbs* und Italiens mit Getreide lag, so war es fortan die Aufgabe des Augustus, als Patron des stadtrömischen Volkes persönlich Sorge darum zu tragen (*cura annonae*), dass der Zustrom des Getreides nie versiegte.

VI. ÜBERGREIFENDE ASPEKTE DER HELLENISTISCHEN ZEIT II

1. Herrscherehrung und der Umgang mit alten und neuen Göttern

Ein wichtiger Aspekt der Herrschaft der hellenistischen Könige waren Verehrung und Kult der Götter. Daraus erwuchsen ihnen Beinamen wie Eusebés (der Fromme), Hiérax (der Habicht), Theós (Gott), Diónysos oder Neòs Diónysos. Die Herrscher besaßen kein ihnen eigenes Medium, um ‹Öffentlichkeitsarbeit› zugunsten ihrer eigenen Person zu machen oder um bestimmte politische Botschaften zu verbreiten. Die Städte konnten sie zwar mittels Vertrauensleuten und Garnisonen lenken, jedoch nur schwerlich für die Propagierung ihrer Politik und Selbstdarstellung einsetzen. Als einzige Orte und Foren solcher Bemühungen in regionalem und überregionalem Maßstab boten sich Heiligtümer an: Durch spektakuläre Siege ihrer Rennställe bei den Pferde- und Wagenrennen, durch Weihungen von Statuen und Statuengruppen in höchster Qualität, durch großzügige Stiftungen prächtiger Bauten, durch Renovierung beschädigter Tempel, durch Einrichtung und Pflege verschiedener mit Kulten verbundener Feste und Bankette konnten sie sich einen Namen machen, ihren aktuellen Ruf verbessern und künftigen Ruhm mehren. Mochten die Stifter durch Weihungen ihre Verbundenheit zum jeweiligen Heiligtum zum Ausdruck bringen und den allgemeinen Erwartungen an ihren Rang und ihre Prominenz entsprechen, mochten sie also kurzfristig von ihrem Stiftungsengagement in den Heiligtümern profitieren, so konnten Heiligtümer auch noch nach langer Zeit und selbst nach Verlusten bedeutender Weihgeschenke Nutznießer solcher Weihungen sein, wenn sie in der Lage waren, ihren Besuchern eine besonders lange Stiftungstradition zu demonstrieren. Mit Hilfe solcher Aufzeichnungen der Geschichte ihrer Heiligtumsschätze bemühten sich zumindest die Priester des Heiligtums von Lindos darum, sich in späthellenistischer Zeit einen Vorteil gegenüber anderen Konkurrenten zu verschaffen.

Es ist kein Zufall, dass in hellenistischer Zeit die Zahl städtischer Feste und gymnischer Spiele wuchs, da die Herrscher daran interessiert waren, sich dadurch, dass sie Ehrfurcht vor den Göttern durch reiche Weihgeschenke demonstrierten, öffentlich bekannt zu machen und so ihre Überlegenheit sowohl an militärischen Erfolgen – den häufigsten Anlässen für die Stiftung von Weihgaben – wie an finanziellen Mitteln den Festbesuchern aus der ganzen griechischen Welt kundzutun. Dies galt um so mehr, wenn es sich um gutbesuchte panhellenische Heiligtümer wie Olympia, Delphi, Nemea oder Didyma handelte. Darüber hinaus bekundeten die Herrscher ihre enge Verbundenheit mit griechischen Heiligtümern und Städten, indem sie Bittgesuchen der Gesandten der betreffenden Gemeinden und Priesterschaften nachkamen, Autonomie- und Asyliedekrete (Unverletztlichkeitsprivilegien) erließen oder viele andere Wünsche befriedigten, indem sie verschiedene Baumaßnahmen unterstützten wie beispielsweise den Bau oder die Reparatur von Festungsmauern, öffentlichen Gebäuden, Tempeln oder Gymnasien, aber auch die Ausrichtung von Opfern, Festen, Kulten oder öffentlichen Banketten finanzierten. Die öffentliche Dokumentation der wohltätigen Leistungen durch die empfangenden Bürgerschaften lag im beiderseitigen Interesse: Der Herrscher stellte nämlich damit seine Rolle als freigiebiger Helfer in der Not heraus und steigerte durch deren inschriftliche Dokumentation langfristig seine Reputation, wohingegen der Beschenkte auf die besondere Wertschätzung seitens des Herrschers am Beispiel der Schenkung verweisen konnte.

Herrscherehrungen und Herrscherkult

Nur zu einem gewissen Teil ist die Praxis des Herrscherkults auf den Willen der Herrscher selbst zurückzuführen. Die kultische Verehrung und Überhöhung derselben hatte vor allem zwei Wurzeln: Zum einen ging sie auf die Initiative der unterworfenen Völkerschaften, wie etwa der Ägypter, zurück, deren Traditionen es entsprach, einen Herrscher als Gottheit oder zumindest götternahe Person zu begreifen, der kultische Ehren und eigene Tempel und Heiligtümer zustanden (s. etwa Abb. 7). Zum anderen riefen die griechischen Bürgerschaften selbst diese neuartigen Herrscherkulte ins Leben, da sie aus der Tradition ihrer begrenzten stadtstaatlichen Strukturen heraus bislang keinerlei angemessene Ausdrucksform hatten entwickeln müssen, wie solch (über)mächtige Männer zu ehren seien.

Die hellenistischen Herrscher wurden zwar nicht als Götter, sondern als Menschen angesehen, die aber mit einer überragenden Machtfülle ausgestattet waren, welche ihnen gleichsam göttliche Macht und Gewalt verlieh: Ihr Wille entschied über das Schicksal der Städte; sie herrschten wie Götter, die Gutes und Schlechtes zuteilten und durch ihre Gaben sichtbar wirkten. So waren die olympischen Götter ihrem Wesen nach diesen Herrschern sehr ähnlich: gewaltig in ihren Möglichkeiten und Mitteln, aber gleichfalls durch viele Unzulänglichkeiten und moralisch fragwürdiges Handeln ausgezeichnet.

Doch auch wenn die Herrscher in ihrer Machtfülle den Status von Göttern unter Menschen besaßen, so waren sie ihrerseits dennoch auf die Gunst und den Schutz der wahren Gottheiten angewiesen. Daher erschien es nicht unangemessen, dass sie als Wohltäter gegenüber Heiligtümern von lokaler oder panhellenischer Bedeutung auftraten. Diese Entwicklung setzte mit dem bereits von Philipp II. konzipierten Bau des Philippeions in Olympia ein, in dem zwar die verstorbenen Großeltern und der Vater Alexanders als Götter verehrt wurden, das aber zugleich auch der kultischen Verehrung noch lebender Mitglieder der Königsdynastie (Olympias und Alexander) mit fünf Goldelfenbeinstatuen diente. Seine sinnfällige Fortsetzung fand diese Tendenz in der Begrüßung Alexanders als Sohn Ammons durch die Priesterschaft im Zeus-Heiligtum der Oase Siwa. Und da es keine Grenze für übertriebene Schmeicheleien gab, wollten die Parteigänger des Makedonen selbst in Athen die kultische Ehrung Alexanders als eines unbesiegbaren Gottes durchsetzen. Göttlichkeit war ein Attribut, das in der

Epoche des Hellenismus immer häufiger den noch lebenden Herrschern und den königlichen Familien zugeschrieben wurde.

Das gewaltige machtpolitische und wirtschaftliche Gefälle zwischen Herrschern und beherrschten Städten ließ den Herrscher- und Dynastiekult oder die Idee des Gottmenschentums entstehen: Kulte und Ehrungen mussten die Herrscher nicht erbitten, sondern sie wurden ihnen dank der Präsenz ihrer überlegenen Machtfülle zuteil und aufgrund ihrer persönlich herausragenden Qualitäten. Die Furcht vor dem Einsatz der überlegenen Machtmittel, vor der Menge der Söldner und beutegierigen Heere und Herrscher ließ den Städten und Heiligtümern keine andere Wahl – aus Furcht wurde Ehrfurcht: Aus eigener Initiative trug man offiziell den Herrschern götterähnliche Ehrungen an, richtete Feste, Wettkämpfe und Opfer ein, ließ Preislieder und Dankesgebete an sie richten und neue Kulte etablieren, womit die Familie des Herrschers geehrt wurde.

Ein bekanntes Beispiel bietet etwa die Einrichtung eines Kultes für Ptolemaios I., nachdem die Rhodier 305/304 nicht zuletzt dank dessen Unterstützung die Belagerung der Stadt durch Demetrios Poliorketes abgewehrt hatten. Fester institutionalisiert waren die Herrscherkulte erst im 2. und 1. Jahrhundert v. Chr. Besonders sinnfällig kommt dies in der Verehrung der Könige von Kommagene als Götter zum Ausdruck, die neben verschiedenen persischen und olympischen Gottheiten den lokalen synkretistischen Götterhimmel bevölkerten. Zum Zweck der kultischen Verehrung wurde auf dem Gipfel des Nemrud Dag ein riesiges Grabmonument zu Ehren der eigenen Dynastie errichtet und zugleich ein umfangreiches Kultgesetz erlassen, das alle Untertanen, gleich welcher Herkunft, zur regelmäßigen Ausübung der Zeremonien des Herrscherkults anhielt. Dieser neu geschaffene Herrscherkult war ein Mittel, durch das die Untertanen den Herrschern ihre Loyalität unter Beweis stellten und das die Bedeutung der sprachlichen, kulturellen, religiösen Unterschiede innerhalb der Reichsbevölkerung einebnete und so die Bewohner miteinander verband. So war gerade der Herrscherkult ein wesentliches Instrument zur kulturellen Homogenisierung im eigenen Herrschaftsbereich.

Die Verehrung des Herrschers wie überhaupt religiöse Praxis bildeten insgesamt eine wichtige Ebene der Kommunikation, auf der Städte und Herrscher miteinander in Kontakt treten konnten. In diesem Rahmen konnte man von den Königen Wohltaten empfangen, sich aber auch weiterhin eine gewisse politische Unabhängigkeit bewahren.

Ebenso rasch wie die kultische Verehrung eines Herrschers beschlossen wurde, konnte die Bindung einer Stadt an ihn auch wieder gelöst werden, wenn sich eine vermeintlich günstigere machtpolitische Option im endlosen Mächtekampf der Nachfolger Alexanders ergab. Zu Lebzeiten der Herrscher beschränkte sich die Verehrung meist auf öffentliche Loyalitätsbekundungen, ging jedoch selten über diese hinaus. Die kultische Verehrung wurde während der folgenden Jahrhunderte beibehalten, wobei sich das Ausmaß der Verehrung deutlich steigerte. So wurde beispielsweise Apollonis, die langlebige Mutter Eumenes' II., von mehreren Bürgerschaften nach ihrem Tod (wahrscheinlich 169/168) geehrt. Dabei brachten durch entsprechende Ehrbeschlüsse und Tempelweihungen Bürgerschaften wie diejenige von Hierapolis oder auch von Teos ihre Verbundenheit mit dem Königshaus zum Ausdruck. Die Einwohner von Teos weihten ihr sogar einen Tempel, in dem sie in Kultgemeinschaft (*sýnnaos*) mit Aphrodite verehrt wurde. Der Bau wurde dort errichtet, wo einstmals Apollonis bei ihrem Einzug in die Stadt erstmals deren Boden betreten hatte (*theá … apobatéria*). Zudem stifteten ihre beiden Söhne «aus Mutterliebe» einen Tempelneubau in ihrer Heimatstadt Kyzikos, in dessen Skulpturenschmuck die große Mutterliebe beider thematisch aufgegriffen und mythische Vergleichsbeispiele präsentiert wurden. Am göttergleichen Status zu Lebzeiten änderte dies nichts, ohne dass die Attaliden zu Lebzeiten als Götter kultisch verehrt worden wären.

Anders nahm sich die Lage in den Zentren der königlichen Herrschaft aus: Dort erfuhren Angehörige der Herrscherdynastie, sobald sie verstorben waren, kultische Ehren, jedoch in Verbindung mit anderen Gottheiten. In Ägypten gelang die Integration der ptolemäischen Könige in die traditionellen Formen der Verehrung aus mehreren Gründen: Die einheimische Priesterschaft und Bevölkerung war zum einen mit der Verehrung auch von Fremdherrschern seit Jahrtausenden vertraut. Zudem suchten die makedonischen Fremdherrscher keine unmittelbare Anbindung an ihre ägyptischen Vorgänger, sondern prägten vielmehr mit dem in der griechischen Hauptstadt Alexandreia zentralisierten Herrscher- und Dynastiekult eigene Formen der Herrscherverehrung aus. Daher bereitete es den Ägyptern keine Probleme, die makedonischen Herrscher in die lange Reihe der Pharaonenherrscher einzureihen. Zwangsläufig glichen sich durch die Parallelität des hellenistisch-ptolemäischen und des pharaonischen Königskults diese einander an. Das Dekret der ägyptischen Krönung von Ptolemaios V. im Jahr 196, uns überliefert durch den Stein von Rosette, markiert die Endstufe dieser kultischen Assimilation, wurde dabei doch ein amtierender Pharao erstmals zu einem Gott des ägyptischen Tempels erhoben, was ein absolutes Novum in der jahrhundertelangen Kulttradition darstellte. Während die Städte des griechischen Kernlands keine Dynastiekulte kannten, gab es solche im Seleukidenreich durchaus. So gab es zumindest unter Antiochos III. einen königlichen Kult mit einem Oberpriester, der auch die Verehrung der noch lebenden Herrscher einschloss.

Die Bemühungen der griechischen Städte und Heiligtümer, die Herrscher in der geschilderten Weise dauerhaft zu ehren, die ihrer überragenden Machfülle angemessen schien, verbanden sich mit Bestrebungen der Herrscher, familiäre Eintracht und Kontinuität propagandistisch hervorzuheben und zu überhöhen. Dies drückt sich in Beinamen aus wie Philopátor (der Vaterliebende) bzw. dem Gegenstück Philométor (der Mutterliebende), ergänzt um Philádelphos (der Bruder- oder Geschwisterliebende) oder auch Eupátor (der gute Vater).

Die Duldung traditioneller Gottheiten durch die Herrscher am Beispiel der Juden

Eine Grundvoraussetzung für die Sicherung eroberter Gebiete war der Rückhalt durch eine möglichst dauerhafte Anhängerschaft: Städte und Gruppen, die loyal zum jeweiligen König standen. Daher gestatteten Letztere grundsätzlich die Verehrung der einheimischen nichtgriechischen Gottheiten in deren traditionellen Heiligtümern sowie die Ausübung der lokalen Kulte. Diese Duldungspolitik verhalf letztlich auch einer Gruppe von Andersgläubigen dazu, dass in Alexandreia die größte jüdische Gemeinde außerhalb Jerusalems entstehen konnte. Zunächst lebten die Juden dort Haus an Haus mit ihren an heidnische Götter glaubenden Nachbarn. Seit der Mitte des 2. Jahrhunderts v. Chr. ist hingegen belegt, dass sie in einem Ghetto (*políteuma*) wohnten mit einem eigenen Ethnarchen, *«der ihre Gemeindeangelegenheiten leitet, Recht spricht und für ihre Verträge und Dekrete zuständig ist, als wenn er der wirkliche Herr einer unabhängigen Stadt wäre»* (Josephus, *Jüdische Altertümer* 14,7,2).

Trotz dieser Sonderstellung scheinen Juden dennoch in hohem Grade hellenisiert gewesen zu sein. Dies kann man zumindest daraus schließen, dass die griechische Übersetzung des Alten Testaments, die sogenannte Septuaginta, wohl auf die Initiative von Juden zurückging, die nicht mehr in der Lage waren oder denen es zumindest Mühe bereitete, ihre zentralen Glaubenstexte im hebräischen Original flüssig zu lesen. Auch das Buch des Aristoboulos deutet auf Hellenisierungsbestrebungen der Juden hin, vertrat der Autor doch in seinem Kommentar zum Pentateuch die Auffassung, dass den griechischen Autoren von Homer bis Aristoteles die Heilige Schrift nicht nur bereits vorgelegen hätte, sondern sie diese auch für ihre Werke benutzt hätten. Doch während die gemäßigten Juden in Palästina wie in der Fremde, der Diaspora, es vermochten, ihre monotheistische Glaubensausübung mit der hellenistischen Kultur zu einem gewissen Teil zu verbinden, lehnten die «Rechtgläubigen» (Orthodoxen) unter ihnen eine Angleichung an die griechische Lebensweise vehement ab. Konnte allein der unerschütterliche Glaube der Juden an die auserwählte Stellung ihres Volkes Argwohn bei der sie umgebenden heidnischen Bevölkerung hervorrufen, so brachte schließlich die orthodoxe Abkehr in der übrigen Lebenswelt antisemitische Verleumdungen hervor (Diodor 34/35,1): *«Als einziges Volk von allen mieden die Juden den Kontakt zu allen anderen Nationen und sähen alle als Feinde an. Man sagte ihm (dem König) auch, ihre Vorfahren seien gottlose, den Göttern verhasste Menschen gewesen, die man aus ganz Ägypten verjagt hätte. Da sie nämlich einen weißen oder leprösen Ausschlag am Leibe gehabt hätten, seien sie der Reinigung wegen wie Fluchbeladene zusammengetrieben und über die Grenzen hinausgejagt worden. Diese Vertriebenen hätten nun die Gegend um Jerusalem besetzt, woraus das Volk der Juden entstanden sei, und den Hass gegen die Menschen zur Tradition gemacht; daher wiesen sie auch ganz seltsame Bräuche auf, nämlich mit überhaupt keinem anderen Volk Tischgemeinschaft zu pflegen oder ihm irgendwelches Wohlwollen zu erweisen».*

Der Nährboden für Konflikte war demnach bereits gelegt, als Antiochos IV. mit seinem Anspruch auf die Tempeleinkünfte der Juden und dessen Nachfolger Demetrios I. durch die Plünderung des Heiligtums den von ihren Vorgängern stets gewahrten Respekt gegenüber fremden religiösen Praktiken und Heiligtümern missachteten und so die Juden in ihrer Loyalität herausforderten. Neun Jahre lang dauerte daraufhin der berühmte Makkabäeraufstand (173–164) an dessen Ende die Juden zwar den Seleukidenkönigen wichtige Zugeständnisse wie eine umfassende Abgabenfreiheit und das Recht auf eine eigene Münzprägung in Palästina abzuringen vermochten, eine endgültige Befriedung des Konfliktes konnte jedoch nicht herbeigeführt werden. Abhängig von der jeweiligen historischen Situation wurde dieser selbst noch unter römischer Herrschaft fortgeführt, indem die jüdische Bevölkerung immer wieder zwischen der Anpassung an ihre hellenisierte Umwelt und der Unterstützung des Kampfes der orthodoxen Juden gegen jegliche Form von Fremdherrschaft schwankte. Später griffen die Apostel diesen Kampf auf – nur eben unter christlichen Vorzeichen –, indem sie es als ihre Mission ansahen, allen griechischen und hellenisierten Heiden von Kleinasien bis ins griechische Mutterland die «frohe Botschaft» (*euangélion*) zu bringen und sie zum Christentum zu bekehren.

Göttin «Zufall» und andere neue Götter

Die ständigen Wechsel der Herrscherdynastien und der damit einhergehende permanente Aufstieg und Fall von großen Familien und ihren Gefolgsleuten sowie die Ohnmachtserfahrung ganzer

Städte gegenüber dem Willen mächtiger Einzelner führten zu einem immer stärker werdenden Unsicherheitsgefühl des Einzelnen, was seine persönliche Zukunft und die Unvorhersehbarkeit des Fortgangs der Geschichte im Allgemeinen betraf. Der Einfluss der olympischen Götter auf die Macht des Schicksals, so glaubte man zunehmend, schien zu schwinden; einhergehend damit wuchs in der Bevölkerung die Furcht vor dem unberechenbaren Walten des Zufalls, über das hellenistische Gelehrte wie etwa der Historiker Polybios räsonierten (Polybios 29,21).

Doch nicht nur in schriftlichen Äußerungen gebildeter Männer ist dieses Phänomen belegt, auch die damals weitverbreitete kultische Verehrung der Tyche, die auf Münzen, Reliefs und in Form von Statuen als günstige Schicksals- und wohlwollende Stadtgöttin dargestellt wurde, weist auf eine weitverbreitete Verunsicherung in der Bevölkerung hin. Standen doch die der Tyche beigegebenen Attribute der Mauerkrone und des Füllhorns für ihr heilsames Wirken, das der betreffenden Stadt zu äußerer Sicherheit und zu innerem Wohlstand verhalf. Dadurch wurde die kultische Verehrung der olympischen Gottheiten zwar keineswegs bedeutungslos; die militärische Fremdherrschaft von Griechen und Makedonen führte jedoch vielerorts zu verschiedenen Akkulturationsphänomenen bis hin zu religiösen Neuschöpfungen und begünstigte insbesondere die Entstehung und Ausbreitung des Christentums.

Schon Alexander der Große hatte sich 332 beim Besuch des Orakelheiligtums in der Oase Siwa als Sohn des Zeus-Ammon, des ägyptischen und griechischen Göttervaters, preisen lassen, um sich so vor allem bei seinen nichtgriechischen Untertanen zusätzliche Legitimität zu verschaffen. Diesem großen Vorbild folgend, bemühten sich auch Alexanders Nachfolger um die Anerkennung ihrer Herrschaften, indem auch sie sowohl ihre eigene Person als auch ihre griechische Götterwelt in die vorgefundenen religiösen Vorstellungen und Kulttraditionen einzubinden versuchten. Hierbei war ihnen die Hilfe von Seiten der Priesterschaften der lokalen Heiligtümer sehr von Nutzen: Bekannte Beispiele für die Unterstützung der Könige bei der Einführung neuer Kulte durch Priester sind Manetho aus dem unterägyptischen Sebennytos sowie

Berossos von Babylon. Während Ersterer unter einem der Ptolemäer eine ägyptische Geschichte von der Zeit der Götter bis zur Eroberung Ägyptens durch Dareios schrieb, stellte der Priester des Bel in Babylon die Seleukidenherrschaft in eine Tradition, die bis auf Nebukadnezar (605–562) zurückreichte. Ptolemaios I. Soter ging in seinem Bemühen, seine eigenen griechischen Gottheiten mit dem ägyptischen Pantheon zu verbinden, sogar so weit, dass er einen neuen Kult ins Leben rief, der beide Götterwelten in sich vereinigte und sich in der Folgezeit in der hellenistischen Welt großer Beliebtheit erfreute. Davon zeugt die große Zahl an Heiligtümern und an Weihegaben in Form von Statuen und Statuetten des von ihm neu erschaffenen Gottes Sarapis, in dessen Gestalt die beiden ägyptischen Götter Osiris und Apis mit dem griechischen Göttervater Zeus verschmolzen.

Letzteres Beispiel deutet auf ein weiteres Folgephänomen der griechischen Fremdherrschaft hin, den Synkretismus: die von griechischer Seite vorgenommene Gleichsetzung ägyptischer und anderer orientalischer Gottheiten mit den griechischen; so etwa die Angleichung der Demeter, der Göttin der Fruchtbarkeit und Ernte, mit Isis, der Ehefrau des Osiris. Besonders eindrucksvoll veranschaulicht diesen Prozess des religiösen Synkretismus der Hymnos eines ägyptischen Priesters, der sich an einer Wand des Tempels der Isis im ägyptischen Faijum eingeritzt fand (SEG 8, 1937, 548): «*Die Syrer nennen Dich Astarte-Artemis-Nanaia und die Stämme der Lykier Königin Leto, die Thraker rufen dich die Mutter der Götter und die Griechen die mächtig thronende Hera und Aphrodite und gute Hestia und Rhea und Demeter, die Ägypter aber Thiouis, weil du in deiner eigenen Person allein bist all die anderen Göttinnen, die von den Völkern benannt werden.*» Durch die Zusammenfassung verschiedener Gottheiten in eine wurde einerseits das göttliche Wirken vereinheitlicht, andererseits wurde es auch stärker auf die persönlichen Bedürfnisse und Nöte des Einzelnen, auf das individuelle Wohlergehen und das Fortleben nach dem Tod (*sotería*) bezogen.

Entsprechend gewannen damals im Vergleich zu den traditionell verehrten Gottheiten andere in der griechischen Welt bis dahin unbekannte Götter sowie überhaupt die Mysterienkulte erheblich

Abb. 16: Goldenes Medaillon mit Isis und Serapis, um 250 v. Chr.

an Bedeutung. Vor allem die Mysterienkulte entsprachen mit ihren geheimen Initiationsriten und individuellen Heils- und Erlösungsversprechungen der Sehnsucht vieler nach persönlichem Schutz. Die uns bekanntesten sind das Kabirenheiligtum auf der Insel Samothrake und die Mysterien von Eleusis; auch berichten uns die Quellen von Pilgerscharen, die aus der ganzen griechischen Welt zu Heiligtümern wie dem des Asklepios in Epidauros stömten und dort an verschiedenen Zeremonien und Riten dionysisch-orgiastischer Art teilnahmen. Um im Schlaf göttliche Winke zur Therapie oder vielleicht unmittelbar Heilung von Gebrechen zu empfangen, war man sogar bereit, in heiliger Umgebung zu übernachten.

Um ein kurzes Fazit der religiösen Entwicklungen in hellenistischer Zeit zu ziehen: Die Ausbreitung der griechischen Kultur über Kleinasien bis in den Orient bewirkte nicht nur in den eroberten Gebieten große Veränderungen, sondern die Einflüsse der Fremde wirkten durchaus auch auf das kulturelle Leben im Mutterland zurück. So lässt sich vor allem in wichtigen See- und Handelshäfen wie Rhodos oder Delos die kultische Verehrung von vielen in hellenistischer Zeit neu eingeführten Gottheiten nachweisen. Neben den bereits erwähnten besonders populären neuen Göttern Sarapis und Isis sind zumindest die anatolische Muttergöttin Kybele und ihr Gefährte Attis, der Gott Men aus Phrygien, die aus Assyrien stammenden und mit Zeus und Aphrodite gleichgesetzten Gottheiten Atargatis und Hadad, der mit Herakles identifizierte Melqart oder die mit Aphrodite gleichgesetzte Astarte sowie Adonis und Sabazios zu erwähnen. Die genannten ‹importierten› orientalischen Kulte wurden dabei mit Zeremonien und Initiationsriten verbunden, die originär auf griechische Traditionen zurückgingen und dem spezifisch griechischen Bedürfnis nach persönlicher Kontaktaufnahme mit den Göttern entsprachen. Es ist dieser synkretistische Charakter der neuen Kulte, der die besondere Qualität und Vielfalt der hellenistischen Religiosität ausmacht.

2. Die Ausbreitung griechischer Kultur und Bildung

Das rasch zerbrochene Alexanderreich stellte weder eine religiöse noch eine ökonomische und auch keine politische Einheit dar, was auch weder von dem Makedonenherrscher selbst noch von seinen Nachfolgern je systematisch konzipiert oder praktisch vorangetrieben worden wäre. So war das äußere Gesamtbild des in nur kurzer Zeit eroberten Reiches vielmehr von großen Unterschieden geprägt. Dies begann bei der großen Sprachenvielfalt, die vom Griechischen über das Ägyptische, Aramäische bis zum Persischen reichte, und setzte sich in den höchst unterschiedlichen kulturellen, sozialen und politischen Traditionen und Institutionen fort. Was diese verschiedenen Kulturen allerdings miteinander verband und die gesamte hellenistische Welt seit dem Alexanderzug bis in die Spätantike durchdrang, waren Etablierung und Vorherrschaft der griechischen Sprache und Kultur, deren Verbreitung mit der Entstehung der hellenistischen Reiche einherging. Seitdem drangen griechische Kultur und Erziehung sowie griechische Lebens- und Wissensformen bis an die Ränder der damals bekannten Welt vor. Zwar hatte es im Anschluss an ihre militärischen Erfolge verschiedentliche Bemühungen seitens der griechischen Eroberer gegeben, lokale Eliten einzubinden, jedoch blieben diese weitgehend fruchtlos, weil ihnen keine feste politische Konzeption oder Strategie zugrunde lag.

Das Gymnasion als zentrale Bildungsinstitution

Die Ausbreitung der hellenistischen Kultur gründete wesentlich auf der Etablierung von Gymnasien in den unterworfenen Gebieten. Das örtliche Gymnasion, ein Erbe der aristokratisch-agonalen Kultur der archaischen Zeit, war eines der wesentlichen Bestandteile jeder griechischen Stadt. In dieser Einrichtung wurde jungen Männern (*néoi*) nicht nur ihre körperliche, charakterliche und intellektuelle Bildung (*paideía*) vermittelt, sondern auch ihre Identität als Bürger.

Die Etablierung der Gymnasien in den eroberten Territorien war weniger einer zielgerichteten Politik der griechischen Herrscher geschuldet als vielmehr dem Bedürfnis der Griechen und Makedonen, auch in der Fremde nicht auf die gewohnte gymnasiale Lebensform zu verzichten. Da jedoch eine Vielzahl von Mitgliedern der Führungsschichten der unterworfenen Bevölkerungsgruppen zunehmend daran interessiert war, an der Lebensweise der makedonischen Fremdherrscher teilzuhaben, breitete sich die griechische Kultur vor allem aufgrund des starken Wunsches nach Selbsthellenisierung aus.

Mittelpunkt eines jeden Gymnasions war die Palaistra, ein Peristylbau (ein von Säulenhallen umstandener Innenhof), welcher einst zum Ringen und Boxen auf der sandbestreuten Innenfläche der Anlage diente. Um diesen offenen Platz herum gruppierten sich verschiedene Funktionsräume wie ein Unterrichtssaal (*exédra*), ein Waschraum (*loutrón*) und ein Umkleideraum (*apodytérion*). Im Unterschied zu einer Palaistraanlage verfügte ein Gymnasion jedoch zusätzlich über mehrere Laufbahnen (*drómoi*) und Wandelgänge (*perípatoi*) sowie über eine größere Zahl an Einrichtungen für sportliche Übungen, vor allem für das Laufen, Speer- und Diskuswerfen, und gegebenenfalls sogar über eine Parkanlage. Seine konkrete bauliche Ausgestaltung erfuhr das Gymnasion allerdings erst im Laufe des 3. Jahrhunderts v. Chr.

In hellenistischer Zeit war das Gymnasion die zentrale städtische Institution, an der neben physischen Fähigkeiten auch praktisches und theoretisches Wissen vermittelt wurden: Dort erwarben die Kinder elementare Kulturtechniken wie Lesen, Schreiben und

Rechnen, übten sich in den musischen Künsten und maßen sich erstmals in verschiedenen sportlichen Wettbewerben miteinander. Auch wurden dort die Epheben im Kriegshandwerk unterwiesen und auf militärische Einsätze taktisch vorbereitet. Das Gymnasion verstand sich allerdings nicht nur als ein Ort der Kinder- und Jugendausbildung; es diente vielfältigen Zwecken des bürgerlichen kulturellen Lebens von Jung und Alt: Epheben trafen sich daselbst mit jungen und älteren Männern, um gemeinsam Vorträge und Kurse von Wandergelehrten zu besuchen, Männer aller Altersstufen (auch nach dem Erhalt des Bürgerrechts) übten sich sportlich und nutzten die Badeeinrichtungen, und die Bürgerschaft pflegte sich dort häufig zu versammeln, um lokale Kulte gymnasialer Heroen und Götter auszuüben sowie Feste und Bankette zu Ehren derselben gemeinschaftlich zu begehen.

Somit versteht es sich von selbst, dass das griechische Gymnasion sich schwerlich mit einer ‹öffentlichen Erziehungsanstalt› moderner Prägung vergleichen lässt. Das griechische Gymnasion kannte kein von der Bürgerschaft angestelltes Lehrpersonal, auch keine Schulbürokratie oder Lehrpläne, war es doch neben dem Ort des schulischen Unterrichts vor allem ein Ort der öffentlich gepflegten urbanen Lebensart. In dieser für eine jede griechische Polis zentralen Institution vollzog sich die Sozialisation des Einzelnen und seine Integration in den Bürgerverband, und dort vergewisserte sich die städtische Gemeinschaft ihrer politischen und kulturellen Identität.

Dabei darf man jedoch auch nicht den grundsätzlich exklusiven Charakter außer Acht lassen, sofern man das Gymnasion mit dem anderen zentralen Element einer Polis, mit der Agora, vergleicht: Der Zugang zum Gymnasion war strikt reglementiert und in der Regel nur den männlichen Bewohnern einer Stadt, nur den Bürgern und allen freigeborenen Fremden gestattet. Als Ort der Muße war das Gymnasion ein exklusiver ‹Club der Bürger›, in dem diese ihre freie Zeit gemeinschaftlich verbrachten, und zwar in verschiedenen festgelegten Altersgruppen (*paîdes*, *épheboi*, *neanískoi*, *néoi*, *gérontes*). Soweit man sich von Arbeit und häuslichem Alltag freimachen konnte, förderten all diese gemeinschaftlich bis ins hohe

Abb. 26: Der Unterrichtsraum (sogenannter ‹Ephebensaal›) im unteren Gymnasion von Priene in einer Rekonstruktionszeichnung

Alter hinein verbrachten überwiegend sportlichen und militärischen Aktivitäten zweifellos das Zugehörigkeitsgefühl des Einzelnen zur Heimatgemeinde. Von dieser eigentümlichen «Bildung» (*paideía*) war die Identität und Lebenspraxis eines jeden Nutzers des Gymnasions maßgeblich geprägt. So war das Gymnasion konstitutiv für den Status einer Polis und stellte als Ort von sportlichem, militärischem und intellektuellem Eifer die zentrale Institution einer jeden griechischen Bürgerschaft dar.

Gleichwohl kam es offenbar im 3. Jahrhundert v. Chr. nur selten vor, dass die Vermittlung intellektueller Bildung auf breiter Basis, und sei es auch nur der Elementarunterricht, mit öffentlichen Mitteln seitens der Bürgerschaften nachhaltig unterstützt und gefördert wurde. Diese nach wie vor geringe Wertschätzung intellektueller Bildung im öffentlichen Leben spiegelt sich auch darin, dass im 3. Jahrhundert v. Chr. noch keine öffentlichen Bibliotheken existierten, also noch nicht einmal kleine Sammlungen von Buchrollen, auf die die im Gymnasion lehrenden Philosophen und Rhetoren hätten zurückgreifen können. Die Schulung des Intellekts und der Erwerb rhetorisch-philosophischer Bildung blieb auch bis ins 3. Jahrhundert hinein noch eine exklusive Privatangelegenheit reicher Bürger.

Erst im 2. Jahrhundert v. Chr. – nach Ausweis der epigraphischen und literarischen Zeugnisse wohl eher um die Mitte als zu Beginn des Jahrhunderts – scheint in unterschiedlichen Quellen eine verstärkte allgemeine Wertschätzung von Wissen und Bildungsgütern auf und wird zugleich der Wunsch, die Öffentlichkeit daran teilhaben zu lassen, erkennbar. Der Bildungseifer der städtischen Eliten lässt sich im späten Hellenismus nicht nur an der weitaus häufigeren Erwähnung von Lehrern und oft von weither angereisten Schülern in den literarischen und epigraphischen Zeugnissen festmachen, sondern lässt sich auch an der privaten wie öffentlichen Repräsentation des einzelnen Bürgers ablesen – an Grabreliefs und Grabstatuen ebenso wie an Ehrenbildern und städtischen Dekreten, an Steinepigrammen oder Gemmen. Eine bis dahin nicht gekannte Hinwendung, ja geradezu ein Bekenntnis zu intellektueller Bildung dokumentiert sich auch in der weiteren Ausdifferenzierung und Ausweitung der Fachschriftstellerei. So erwuchs im späten Hellenismus – und dies sei nur als *ein* Beispiel erwähnt – aus dem verstärkten Interesse für die Lokalgeschichte ein neues, historisches Bewusstsein.

Der Wandel der Einstellung gegenüber intellektueller Bildung und die vielfältige Blüte gelehrter Praxis war zugleich die entscheidende Voraussetzung dafür, dass etwa um 150 v. Chr. erstmals auch öffentliche, d. h. für jeden Bürger frei zugängliche, aus städtischen Mitteln finanzierte Bibliotheken den Gymnasien hinzugefügt wurden. Seine inhaltliche Entsprechung fand diese Entwicklung darin, dass ungefähr zur gleichen Zeit in mehreren kleinasiatischen Städten durch großzügige private Stiftungen erstmals ein regulärer öffentlicher Elementarunterricht eingeführt wurde. Darin manifestierte sich zweifellos der Wille, dass nicht nur ein kleiner Teil, sondern nunmehr nach Möglichkeit alle Bürger an einer Ausbildung zum «gebildeten Bürger» (*pepaideuménos*) teilhaben sollten. Die im 3. Jahrhundert v. Chr. noch weitgehend exklusiv gehaltene Idee vom «gebildeten Bürger» war damit im 2. Jahrhundert v. Chr. endgültig zum Allgemeingut und zu einem zentralen Element griechischer Polisidentität geworden. Die Neubewertung intellektueller Bildung spiegelt sich besonders deutlich in der abschließenden Begründung eines Ehrendekrets, mit dem die Samier den Philosophen Epikrates aus Herakleia auszeichneten[1]: Die Bürgerschaft ehrte den Peripatetiker um 200, weil er in der Lage gewesen sei, wie ausdrücklich vermerkt wird, *«allen wissensbegierigen jungen Männern (philomathoûntes) zu nützen, und zwar nicht nur denjenigen, die durch ihren Reichtum herausragen, sondern auch denjenigen, denen der Lebensunterhalt fehlt»*. Das Philosophieren wie überhaupt die intellektuelle Bildung war spätestens zu diesem Zeitpunkt grundsätzlich anerkannt und die höhere intellektuelle Bildung endgültig in den städtischen Gymnasien heimisch geworden. In diese Entwicklung fügt es sich gut ein, dass die Institution des griechischen Gymnasions sich im 2. Jahrhundert v. Chr. im Nahen Osten stark ausgebreitet hatte.

Gleichwohl sollten wir uns auch für das 2. Jahrhundert keine allzu idealistischen Vorstellungen darüber machen, was das Ausmaß der aktiven Nutzung der Gymnasien durch den Großteil der Bürgerschaften betrifft. Nach Abschluss der Ephebie und der Einschreibung in die Bürgerlisten nämlich besuchte im späten Hellenismus die große Masse der jungen Bürger nicht mehr regelmäßig das heimische Gymnasion. Ausdrücklich wird beispielsweise im Fall des zwischen 130 und 110 geehrten Polemaios hervorgehoben,[2] dass er *«bei den geheiligten Wettkämpfen bekränzt wurde, weil er sich noch in der Altersstufe nach der Ephebie im Gymnasion aufhielt und dort einerseits die Seele mit den schönsten Wissensdisziplinen nährte, andererseits den Körper durch sportliche Übungen trainierte.»* Demzufolge blieb es anscheinend das Privileg der vermögenden Bürgersöhne, die über die nötige Muße und das dafür erforderliche Vermögen verfügten, ein regelmäßiges athletisches Training fortzusetzen und Siegespreise in heiligen Wettkämpfen zu Ehren der Götter und zum Ruhm der Heimatstadt zu erringen. Dass in diesem Zeugnis zudem sportliches und geistiges Training ausdrücklich als gleichberechtigte Bestandteile der allgemeinen *paideía* aufgeführt werden, ist ebenso bemerkenswert wie bezeichnend für die späthellenistische Zeit.

Diese eher zurückhaltende Einschätzung vom generellen Stellenwert der intellektuellen Bildung in den griechischen Städten wird durch die geringe Zahl der uns bekannten Schulstiftungen bestätigt, die erst im 2. Jahrhundert v. Chr. bezeugt sind. Hier ist einerseits auf die Stiftung des Eudemos in Milet, andererseits auf die des Polythrous in Teos zu verweisen.[3] Und selbst wenn man zusammen mit diesen alle übrigen bezeugten «*Wohltaten zugunsten der Bildung der städtischen Jugend*» in den Blick nimmt, so wird man jedoch nicht davon sprechen können, dass mit diesen Stiftungen ein öffentliches Elementarschulwesen oder gar ein langfristig wirkendes Bildungssystem institutionell begründet worden wäre.

Die Ausbreitung der Gymnasien und deren bauliche Ausgestaltung zog nicht nur eine Ausweitung der gymnasialen Bildung, sondern auch eine einzigartige Blüte von Literatur, Philosophie, Wissenschaft und technologischen Neuerungen nach sich. Auf all diesen Gebieten fand in hellenistischer Zeit ein Prozess der Vergesellschaftung im Sinne der Teilhabe an den verschiedenen Wissensinhalten und Wissensformen sowie ihrer Ausdifferenzierung statt. Kennzeichnend für die und bemerkenswert an der Entwicklung von Philosophie und Wissenschaft in hellenistischer Zeit war der Umstand, dass ein zunächst exklusiv verwaltetes Wissen zunehmend rascher in die Mitte der Gesellschaft vordringen konnte. Die im 4. Jahrhundert entwickelten Methoden und institutionalisierten, zumeist privaten Formen zur Erzeugung von neuem Wissen wurden literalisiert und zumindest von der gebildeten Öffentlichkeit rezipiert: Fachphilosophie und Popularphilosophie bildeten dabei nur zwei Seiten derselben Entwicklung. So wurden philosophische Einsichten und wissenschaftliche Erkenntnisse zwar durchaus vergesellschaftet, sie beeinflussten jedoch nicht nachhaltig die Lebens- und Arbeitswelt der Bürger in den griechischen Städten.

Was aber stand einem solchen nennenswerten wissenschaftlichen und damit auch materiellen Fortschritt entgegen? In erster Linie fehlte es an einem Medium, das eine schnelle Reproduktion von Fachschriften und eine weite Verbreitung von Erkenntnisfortschritten – wie etwa Jahrhunderte später durch den Buchdruck –

jenseits der kleinen Zirkel von Fachwissenschaftlern an den wenigen Zentren gelehrten Wissens erlaubt hätte. Hinderlich war weiterhin, dass wissenschaftliche Forschung sich letztlich nicht vollends aus den sie begrenzenden und einengenden religiösen und sozialen Rahmenbedingungen zu lösen vermochte. Langfristige Förderung genoss diese nur in gesonderten und zugleich exklusiven Schutzräumen: in Philosophen- und Medizinerschulen sowie im alexandrinischen Museion. Damit war verbunden, dass eine Institutionalisierung der philosophischen Lehren und Einzelwissenschaften oft ausblieb, weil die Anhänger sich häufig weniger von der Sachhaltigkeit der Lehre und der Stichhaltigkeit der Argumente als vom Charisma der Lehrerpersönlichkeit einfangen ließen. Dies spiegelt sich bereits in den Bezeichnungen, die sich die Anhänger verschiedener philosophischer Richtungen beilegten – wenn sie sich entweder selbst Epikureer, Zenoneer oder Pyrrhonisten nannten oder von der Öffentlichkeit so tituliert wurden. Die Notwendigkeit einer wissenschaftlichen Ausbildung wurde zwar empfunden und auch ausdrücklich gefordert, jedoch führte dies nicht zum systematischen Aufbau von Fachschulen und Ausbildungsgängen. Vielmehr wurde nach wie vor jede Form der wissenschaftlichen Diskussion der theoretischen Grundlagen und Vorannahmen nur von einem sehr kleinen, sozial privilegierten Personenkreis betrieben.

Der Siegeszug der griechischen Kultur bis ans Ende der Oikumene

Zum Siegeszug der giechischen Kultur innerhalb der Oikumene trug aber nicht allein die Ausbreitung von Gymnasien und gymnasialer Bildung bei. Denn die rege Kolonisationstätigkeit Alexanders und der ihm nachfolgenden hellenistischen Herrscher unterlag schon alleine deswegen der Notwendigkeit, die griechische Polis und die damit verbundene Lebensform zu exportieren, weil die in den Neugründungen angesiedelten Makedonen und Griechen auch in der Fremde nicht auf die für eine Polis konstitutiven Merkmale von Markt- und Versammlungsplatz (Agora), Theater und Gymnasion verzichten wollten. Auch wenn die Eroberer sich nur in sehr geringem Maße den äußeren Rahmenbedingungen der für sie noch unbekannten Länder anzupassen bereit waren, blieb es wohl nicht aus, dass sie dabei lokale Handwerks-, Bau- und Kunsttraditionen aufgriffen. Während eine ethnische Durchmischung den Quellen nach anfangs allenfalls in Ansätzen stattfand, lassen sich auf der Ebene der materiellen Kultur verschiedene Formen der Akkulturation, der kulturellen Wechselwirkungen und der Entstehung von Mischformen nachweisen. Vereinzelt wird in der Überlieferung aber auch von Fällen sprachlicher und kultureller ‹Selbsthellenisierung› der indigenen Oberschichten berichtet: So richteten etwa Juden in Jerusalem aus eigenem Antrieb ein lokales Gymnasion ein und übernahmen, um vom König Anerkennung zu erfahren, dessen griechische Polisverfassung.

Die Gründung von Veteranensiedlungen und Städten in den militärisch eroberten Gebieten führte – zumindest zeitweise – zu einer Absicherung der Herrschaft über die neuen Territorien, was wiederum ausschlaggebend für die steigende Mobilität Richtung Osten war. Auch wenn Reisen in die hinzugewonnenen Gegenden nach wie vor außerordentlich riskant waren, unternahmen abenteuerlustige Griechen seit der Diadochenzeit zunehmend solche. Die häufiger werdenden Unternehmungen von Händlern, Abenteurern, Söldnern und Gelehrten in die nun stark erweiterte «bewohnte Welt» (*oikuméne*) waren langfristig letztlich weitaus folgenreicher und historisch bedeutsamer als die wenigen Versuche aktiver politischer Integration. Der Trend aber wies immer nur in eine Richtung, nämlich nach Osten – dies belegen jedenfalls die verstreuten Zeugnisse der literarischen, historiographischen und inschriftlichen Überlieferung. Wenngleich wir, was diese Frage betrifft, überwiegend nur auf griechische Quellen zurückgreifen können, so dürfte die Feststellung dennoch grundsätzlich zutreffend sein: Es waren vornehmlich Griechen und Makedonen, welche die neu gegründeten militärischen Stützpunkte und griechischen Städte bis zu den Grenzen der damals bekannten Welt aufsuchten. Von einem regen Austausch in umgekehrter Richtung ist dagegen kaum etwas zu hören.

Die Ergründung von noch wenig bekannten Landesteilen und

Kulturen ermutigte griechische Privatleute, auf eigene Rechnung und eigenes Risiko Forschungsreisen in den fernen Osten oder auch – wie Pytheas von Massalia – in den hohen Norden (bis nach Britannien und Jütland) zu unternehmen. Der militärischen folgte so die kulturelle Durchdringung der Welt durch die Griechen.

Auf seinem Feldzug war Alexander bis Afghanistan, Baktrien und zum Indusdelta vorgedrungen und hatte so die Grenzen der damals bekannten Welt erreicht. Für Makedonen, Griechen und später für die Römer hatte er damit das Tor nach Indien geöffnet und ihnen zugleich die Handelswege zum Persischen Golf erschlossen. In der Folgezeit wurde das von Seleukos I. gegründete Seleukeia am Tigris, das spätere Ktesiphon, zum zentralen Umschlagplatz für Waren aus Indien und Arabien: War es doch der Hafen für alle Seefahrer, die am Persischen Golf entlang nach Indien oder nach Westen segelten und beispielsweise Myrrhe, Weihrauch oder Zimt mit sich führten, als auch die Endstation der Karawanen, die über den Hindukusch und Nordiran ihre Waren, vornehmlich Gewürze und andere Luxusgüter, in die Mittelmeerwelt transportierten. Griechischen Geschäftsleuten versprach die Erschließung der neuen Handelsgebiete trotz vieler Risiken und Gefahren große Gewinne. Einige wagemutige Griechen drangen sogar in Gebiete vor, die jenseits der Wegstrecke des Eroberungszuges des berühmten Makedonenherrschers lagen. So berichtet der ältere Plinius von einem gewissen Demodamas von Milet, der in der Zeit Seleukos' I. Nikator oder Antiochos' I. Soter, jedenfalls in der ersten Hälfte des 3. Jahrhunderts v. Chr., eine Expedition in das Gebiet des Iaxartes, dem heutigen Syrdarja (Kasachstan), unternommen hatte und zum Dank für seine glückliche Ankunft dort mehrere Altäre dem Apollon von Didyma, der Hauptgottheit seiner Heimatstadt, weihte. Auch Patrokles, ein gebildeter Offizier Seleukos' I., erzählt in seinem geographischen Werk, wie er den kühnen Plan Alexanders in die Tat umsetzte und eine Reise zum Kaspischen Meer unternahm. Eine weitere überlieferte Expedition aus dem frühen 3. Jahrhundert v. Chr. ist die des Philon, die ihn bis in das nubische Königreich Meroe, also an die südliche Grenze des Ptolemäerreiches führte. Von all diesen kühnen Unternehmungen, die, insgesamt betrachtet, freilich Episoden blieben, wissen wir leider nicht viel mehr, als dass sie durchgeführt wurden.

So bleibt es für die meisten überlieferten Expeditionen auch ungewiss, ob diese rein privater Natur waren oder ob hellenistische Herrscher sie anregten und unterstützten. Letzteres ist im Falle des Megasthenes überliefert, der von Seleukos I. beauftragt wurde, an seiner Stelle dem Maurya-Herrscher Sandrakottos (Chandragupta) in dessen Residenz am Ganges einen Besuch abzustatten. Seine Eindrücke von dieser Reise hielt Megasthenes in einer Schrift über Indien und Ceylon (Taprobane) fest. Auch von dem Forschungsreisenden Satyros, einem General unter Ptolemaios II. Philadelphos, berichtet Strabon (16,4,5), dass er *«ausgesandt worden war, um das troglodytische Land auszukundschaften und Elephanten zu jagen»*; auf ihn geht die Gründung der Stadt Philotera zurück. Auch die Etablierung kleinerer Handelsstützpunkte und Häfen, die das Westufer des Roten Meeres absichern sollten, und die Erkundung der südöstlichen Wüstenregionen des ptolemäischen Herrschaftsgebietes lassen sich auf verschiedene Bemühungen der ersten vier Ptolemäer zurückführen. Neben allgemeinen Handelsabsichten waren diese vor allem am Import von für den militärischen Einsatz geeigneten Elefanten interessiert.

In diesem Zusammenhang ist die Reise des peripatetischen Philosophen Klearchos von Soloi nach Ai Khanoum (im heutigen Afghanistan) besonders bemerkenswert (s. S. 55: Karte des Alexanderreiches). Dieser nahm die weite Reise zu dem Zweck auf sich, um der erst wenige Jahre zuvor gegründeten Stadt am Oxos in Baktrien, am Rande der damals bekannten Zivilisation, eine Spruchsammlung zu überbringen. Dabei handelte es sich um eine von dem Schüler des Aristoteles selbst angefertigte Abschrift der 100 Lebensregeln der ‹Sieben Weisen› aus dem delphischen Heiligtum Apolls, das in der gesamten griechischen Welt bekannt war und somit für die Stadt in der Fremde ein Stück kanonisch gewordener griechischer Identität und Kultur darstellte. In Nachahmung des delphischen Vorbilds hatte man in der Vorhalle des dortigen Heroons, das dem Gründer der Siedlung, einem thessalischen Offizier unter Seleukos I., zum Gedenken geweiht war, eine große

Stele aufgestellt. Auf dieser waren an drei Seiten die berühmten Lebensmaximen eingemeißelt; einige davon lauteten: «*Sei als Kind ordentlich und anständig, als Ephebe diszipliniert, als Mann mittleren Alters gerecht, als älterer Mann wohlberaten, am Ende frei von Trauer und Sorge.*» Auf den Basisblock der Stele aber setzte man ein Epigramm, das die außergewöhnliche Tat des Philosophen würdigte und die Hilfe des Peripatetikers bei der kulturellen Selbstvergewisserung der griechischen Bürgerschaft belegte:[4] «*Diese weisen Worte berühmter Männer aus älteren (Zeiten) sind im allerheiligsten Pytho geweiht. Klearchos schrieb sie sorgfältig ab und brachte sie, von fern her strahlend, in das Temenos des Kineas.*» Neben dem Ruhm, den die Erfüllung eines solch herausragenden Kulturauftrages mit sich brachte, hatte Klearchos wohl auch seine persönlichen Gründe, solch einen beschwerlichen Reiseweg auf sich zu nehmen: versprach er sich davon doch auch eine Begegnung mit persischen Magiern und indischen Gymnosophisten, wie es die überlieferten Fragmente und Schriftentitel aus dem Werk des Philosophen vermuten lassen.

Aufs Ganze gesehen, blieben jedoch derartige Reisen bis an die Ränder der damals bekannten Welt spektakuläre Episoden einzelner reiselustiger und wagemutiger Griechen. Erheblich stieg allerdings in hellenistischer Zeit auch die Mobilität im griechischen Binnenraum an, und zwar als Folge einer Vielzahl neu ins Leben gerufener städtischer Feste. Neben den Festgesandten (*theoroi*), die durch Mythos oder Geschichte miteinander verbundene Städte entsandten, reisten, wie das Beispiel der dionysischen Techniten lehrt, zumeist regional beschränkt, wandernde Redner, Historiker, Dichter und sonstige Literaten, auf die ein Großteil der hellenistischen Epigramme auf öffentlichen Monumenten und Grabsteinen zurückgehen, aber auch Akrobaten, Sänger, Musiker, Gaukler und Schauspieler von Stadt zu Stadt und unterhielten das Festpublikum mit ihren Talenten und Fertigkeiten.

VII. EPILOG: DER HELLENISMUS ALS EPOCHE – EINE WELT IM UMBRUCH

Alexander, die Diadochen und ihre Nachfolger

Nachdem das formale Ziel des Korinthischen Bundes, die Rache der Griechen an den Persern für die in den Perserkriegen erlittenen Verluste und Zerstörungen, mehr als erfüllt war, hatte sich die monarchische Herrschaft Alexanders von ihren ursprünglichen Voraussetzungen und Rahmenbedingungen – gleichermaßen von makedonischen wie auch von griechischen Traditionen und Gepflogenheiten – in vielerlei Hinsicht emanzipiert. Seine monarchische Herrschaft hatte eine gänzlich neue Dimension königlicher Herrschaftspraxis und Repräsentation eröffnet. Mit den herkömmlichen Maßstäben war der überragende Status des Herrschers und seiner Möglichkeiten und Mittel nicht länger zu beschreiben – seit Alexander stand er für die Sieghaftigkeit schlechthin. Es versteht sich von selbst, dass angesichts dieses neuen charismatischen Herrscherverständnisses traditionelle Formen der Ehrungen als unangemessen und unzureichend empfunden wurden und daher seitens der Städte neue Formen gleichsam ‹erfunden› werden mussten. Dass Alexander mit der Vereinigung achaimenidischer und persischer Herrschermacht und Herrschertradition viele Makedonen und Griechen vor den Kopf stoßen musste, lag auf der Hand. Allerdings gab es kein stabilisierendes gemeinsames politisches Fundament, keine neue Reichsidee, die hätte propagiert werden und Akzeptanz finden können. Der von seiner Selbstsucht gezeugte Ruhmeswille Alexanders hatte sich darauf beschränkt, die Leistungen gewöhnlicher Sterblicher immer häufiger und immer deutlicher zu übertreffen und seinen persönlichen Status und sein Ansehen als Heros, Sohn des Gottes Zeus-Ammon und Nachfahre des Herakles, unübersehbar unter Beweis zu stellen.

Die von Alexander gleichsam begründete, mit seinem Tod einsetzende Epoche des Hellenismus bietet, was die Lektüre der vorangehenden Seiten vermitteln wollte, eine schwer überschaubare Fülle von Herrschern und ihren Familien, von großen Protagonisten und kleinen Akteuren, eine ermüdende Vielzahl kleiner Konflikte und großer Kriege, von Morden an Herrschern und Mitgliedern der jeweiligen Herrscherfamilien, von schwierigen Herrscherwechseln und damit im Zusammenhang stehenden höfischen Intrigen. Aus den zahllosen Einzelereignissen, die kaum Anspruch erheben können, im allgemeinen historischen Gedächtnis zu verbleiben, lassen sich jedoch im Überblick einige besonders charakteristische Merkmale und Errungenschaften des hellenistischen Zeitalters herausarbeiten, die es verdienen, als Merkmale der hellenistischen Geschichte erinnert zu werden.

An erster Stelle sei der unfertige Charakter der Königsherrschaften genannt. Nicht einmal den Ptolemäern gelang es, trotz besserer, weil stabilerer lokaler Voraussetzungen ein zukunftsweisendes universalisierbares Herrschaftskonzept zu entwickeln und zu formulieren, geschweige denn es umzusetzen. Ursache für die zahllosen Unfertigkeiten und Abbrüche, nicht nur auf machtpolitischer Ebene, ist die Dynamik der permanenten machtpolitischen Konkurrenz der Diadochen untereinander, welche die militärischen Auseinandersetzungen nicht nur vervielfältigten, sondern auch – infolge der Vielzahl von Interventionsmöglichkeiten – enorm beschleunigten und intensivierten.

Dies brachte, zweitens, auf vielen Gebieten neben einer großen Ruhe- und Rastlosigkeit auch zukunftsweisende Innovationen hervor – so etwa auf auf dem Gebiet des Wissens, der Bau- und Ingenieurkunst. Doch wurden diese Fortschritte mitunter ebenso rasch wieder zunichte gemacht, in ihren Wirkungs- und Anwendungspotentialen unterschätzt oder schlichtweg nicht ausgeschöpft, wodurch sie spätestens mit dem Ende der hellenistischen Dynastien in Vergessenheit gerieten. Aus diesem Grund begegnen uns beim Studium der hellenistischen Geschichte nah benachbart Zerstörungswut und bewundernswerter Wille zum Wiederaufbau, soziales Elend neben strahlendem Marmorglanz der Metropolen, wohltätiges Engagement neben mitleidslosen Versklavungen und Massentötungen, enorme Wissensfortschritte und aufklärerische Ideen neben altem Aberglauben und religiösen Neuschöpfungen.

Zugleich ging, drittens, mit der Intensivierung der Kriegsführung, der Bautätigkeit (Städtebau, Höfe und Baustiftungen in Städten und Heiligtümern) oder des gelehrten Wissens (Bibliotheken, Redner- und Philosophenschulen) ein Prozess der fachlichen Spezialisierung und Professionalisierung von vielen Berufszweigen einher – im sozialen, wirtschaftlichen, kulturellen Bereich ebenso wie auf dem Feld der Politik (Hofämter).

Darüber hinaus war durch den Alexanderzug eine ungeheure Dynamik in Gang gesetzt worden: Mit diesem Feldzug bis an die Grenzen Indiens wurde ein unvorstellbar weiträumiger und für die griechische Welt bis dahin weitgehend unbekannter geographischer Raum erschlossen. Die Straßen des einstigen Heerzuges wurden zu Handelsrouten. An strategisch wichtigen Wegstationen entstanden befestigte griechisch-makedonische Siedlungen, die zunächst das gewonnene Gebiet absicherten, später aber griechischen Kaufleuten, Abenteurern und Gelehrten als Etappenstationen dienten und ihnen nicht nur Schutz und Unterkunft boten, sondern bald auch in sprachlich und kulturell gänzlich fremder Umgebung mit griechischem Lebensstil, griechischen Kulten und Heiligtümern, städtischen Vereinen, aber auch mit Institutionen wie Gymnasien, Theatern und Bibliotheken aufwarteten. Zwangsläufig steigerte sich dadurch die soziale und kulturelle Mobilität. Über den Austausch von Waren und Rohstoffen hinaus wurden auch ideelle Güter zwischen den Kulturen transferiert. Neue Welten wurden mithin nicht nur geographisch erschlossen, sondern auch in religiöser und kultureller Hinsicht. Die griechische Sprache wurde zur *lingua franca*, zur sogenannten *koiné*. Griechische Wissenschaften und griechisches Handwerk, ästhetische und literarische Kultur, rhetorische und philosophische Bildung (*paideía*), Urbanistik und Architektur wurden zu Allgemeingütern und setzten in nahezu allen Lebensbereichen Maßstäbe und Normen. Die griechische Kultur wurde zur bestimmenden Kultur, an der alle, die in die Führungsschichten strebten, partizipieren wollten und sich deshalb mittels der Institution des griechischen Gymnasions bereitwillig hellenisierten. Es versteht sich, dass diese Zeit die große und vielleicht beste Zeit der griechischen Städte war; dies gilt insbesondere in späthellenistischer Zeit, als sich die Herrscherdynastien etabliert hatten und um die Gunst der Städte buhlten, den Heiligtümern und Städten Mauern und Bauwerke schenkten, großzügige Getreideimporte spendeten und der Bevölkerung noch viele andere Wohltaten zukommen ließen.

Mit der machtpolitischen Zersplitterung der zu Reichen verfestigten Herrschaften verlor die innovative Dynamik an Kraft und Nachhaltigkeit. Dieser Prozess wurde durch innerdynastische teils spektakuläre Intrigen und Umstürze befeuert, in dessen Folge die Großreiche der Diadochen unter ihren Nachfolgern seit dem Ende des 3. Jahrhunderts v. Chr. in mehrere Teilreiche zerfielen. In ihrer labilen machtpolitischen Stellung geschwächt und in ihrer Bedeutung reduziert, besaßen sie keinerlei langfristige eigenständige Überlebensperspektive mehr, als mit Rom ein neuer Akteur auftrat und machtvoll seine Interessen artikulierte – und durchzusetzen in der Lage war.

Der Schritt, Rom als Erben für die verbliebenen Herrschaften aus freien Stücken testamentarisch einzusetzen, war mithin nur folgerichtig. Er entsprang der Einsicht, dass dieser Staat als Ordnungsmacht im östlichen Mittelmeerraum nicht mehr zu verdrängen war. Indem man die eigene Herrschaft kampflos abzutreten bereit war, anerkannte man den letztlich episodischen Charakter der eigenen Herrschaft. Im Blick auf diese Partikularität und Episodenhaftigkeit der hellenistischen Herrschaften und Reiche darf man mit vollem Recht die hellenistische Zeit – zumindest in machtpolitischer Hinsicht – als ein «Zwischenzeitalter» oder als eine Epoche des «Noch Nicht» oder des «Umbruchs» bezeichnen, denn tatsächlich haftet den meisten Phänomenen auf der Ebene des politischen und militärischen Geschehens etwas Episodenhaftes, Transitorisches an.

So ist das hellenistische Zeitalter durchaus eine Epoche, die weder die Polis «überwindet» noch die Bürgerschaften hätte gänzlich ihre Geltung und Selbstbestimmung verlieren lassen. Ganz das Gegenteil dessen ist zutreffend: Gerade die Zeit zwischen 250 und

150 v. Chr. erweist sich als eine Blütezeit der Städte, was sich an ihrer institutionellen Ausstattung und an der großen Zahl ihrer Festen ablesen lässt. Dieser Feststellung steht durchaus nicht entgegen, dass die Volksversammlungen und andere demokratische Gremien zwar nach wie vor zusammentraten, aber im Verlauf des 2. Jahrhunderts v. Chr. eine andere Funktion als früher wahrnahmen: Sie bildeten die Bühne für die Auftritte der wenigen vermögenden Meinungsführer in einer Stadt, die dort für ihre politische Betätigung erforderliche Zustimmung und ihren Auftrag erhielten.

Neben den klassischen Polis- und Bürgerschaftsstrukturen etablierten sich die Könige und ihre Höfe – mitsamt Familien, Gefährten, Heer und Hofgesellschaft im Sinne einer kollektiven Einheit. Dort lag das Übergewicht der politischen Unterhandlungen, der diplomatischen Initiativen, der militärischen Konflikte, und dort ereigneten sich die nahezu regelmäßigen Mordtaten im Anschluss an einen Herrscherwechsel, oder kam es zu den zahllosen höfischen Intrigen. Dass die hellenistische Königsherrschaft nach wie vor eine personale Herrschaftsform war, in der das Schicksal des Einzelnen durch seine Nähe zum König bestimmt wurde – und umgekehrt –, belegt bereits der Umstand, dass Philipp II. und Alexander ebenso wie später die Diadochen und deren Nachfolger wichtige Positionen mit erfahrenen Kampfgefährten, Freunden oder Verwandten besetzten. Zumindest die ersten beiden Generationen einer Herrscherdynastie waren von Angst vor Anschlägen und Umsturzversuchen beherrscht. Dies zeigt sehr schön die Geschichte des Eumenes I. (StV 481), der einen Vertrag mit den Söldnern in den von ihm neu begründeten Festungen abschloss, wobei die Soldaten alle einen persönlichen Treueschwur auf den Herrscher unter Anrufung der in Pergamon verehrten Göttern ablegen mussten.

Der griechische Osten und Rom

Rom war im hellenistischen Mächtespiel zumindest anfänglich ein grundsätzlich passiver Akteur, der von sich aus nicht die Initiative ergriffen hatte, sondern von verschiedenen hellenistischen Mittelmächten etwa um eine Beteiligung an einem Schiedsgericht oder um militärischen Beistand gebeten worden war. Allmählich und geradezu zwangsläufig – nämlich durch die griechische Gepflogenheit, sich um äußere Hilfe bei auswärtigen Mächten zu bemühen – wurden die Römer in die großen und kleinen Konflikte der hellenistischen Welt hineingezogen. Bis dahin besaßen die Senatoren nur ein sehr begrenztes Interesse an territorialen Gewinnen. Einen Plan zur Weltherrschaft, geschweige denn eine auf ein solches Ziel ausgerichtete politische Doktrin gab es nicht, auch wenn Polybios (1,3,6) dies Rom gerne unterstellte: «*Nachdem die Römer [im Zweiten Punischen Krieg] die Karthager besiegt hatten und damit den größeren, den entscheidenden Schritt auf dem Weg zur Weltherrschaft glaubten getan zu haben, da wagten sie es, ihre Hände nach dem Übrigen auszustrecken und mit Heeresmacht nach Griechenland und Asien hinüberzugehen.*» Den Senatoren Roms eine solche Absicht zu unterstellen entsprach jedoch ganz dem Bewertungs- und Deutungsmuster eines hellenistischen Historikers, der Philipp II. und Alexander zum Maßstab erhob. Dennoch sei betont, dass keine Ambition der Römer zu erkennen ist, die darauf abgezielt hätte, zur hegemonialen Ordnungsmacht zu werden, die den gesamten hellenistischen Osten langfristig zu einen und zu stabilisieren bestrebt war. Auch wenn interveniert worden war, so wurden der griechischen Welt mit ihren zahlreichen Städten und Monarchen zunächst deren Freiheiten gelassen. Rom beschränkte sich darauf, bei Bedarf rasch und konsequent militärisch einzuschreiten. Wenn sich denn überhaupt grundsätzliche Prinzipien in der römischen Politik im hellenistischen Osten erkennen lassen, dann ist es die römische Strategie der kalkulierten Aufsplitterung der Macht- und Kräfteverhältnisse. Beabsichtigt war nicht die Vernichtung, wohl aber die nachhaltige Schwächung und Reduktion von militärischem Bedrohungspotential. So begnügte sich Rom zunächst mit der ‹informellen Kontrolle› des hellenistischen Ostens. Indem sich Rom als Schutzmacht kleinerer Partner, sogenannter Mittelmächte, präsentierte – gewissermaßen im Sinne einer defensiv ausgerichteten Variante des expansiv-militärischen Handlungsstils der hellenistischen Könige –, schuf es eine verbindliche und dauerhafte Grundlage für eine langfristige Bindung an das römische Bundesgenossensystem. In diesem Zusammenhang sei exemplarisch auf die Behandlung der Galater hingewiesen, die nicht, wie durchaus zu erwarten gewesen wäre, der Aufsicht Pergamons unterstellt, sondern vielmehr als unterworfenes Volk eigenständig behandelt wurden. Dass die Galater neben Pergamon in einem von Rom bestimmten politischen Ordnungsrahmen mit dem Rivalen koexistieren durften, ermöglichte Rom langfristig, die Bündner gegeneinander auszuspielen, sofern einer von ihnen größere machtpolitische Ambitionen an den Tag legen sollte.

Rom, das aus den Kämpfen mit den hellenistischen Herrschern siegreich hervorging, trat das Erbe der Diadochenherrschaften und ihrer Nachfolger an und überführte die hellenistische «bewohnte Welt» mit dem Beginn des augusteischen Prinzipats in ein einheitliches, im Inneren wie Äußeren befriedetes Großreich, das von seinen Dimensionen, wenn auch mit anderen geographischen Grenzen, das von Alexander eroberte Gebiet noch bei weitem übertraf. Mit der unmittelbaren römischen Herrschaft war die Verantwortlichkeit für die Besteuerung und für den Schutz der Bevölkerung von den hellenistischen Königen auf den *princeps* übergegangen. Dies bedeutete sicherlich ein geringeres Maß an städtischer Eigenständigkeit und Freiheit, führte aber nach den Mithradatischen Kriegen und den römischen Bürgerkriegskämpfen und den damit verbundenen unvorstellbaren Belastungen für die Bevölkerung zum lange entbehrten und um so mehr ersehnten Frieden. Aus Dankbarkeit und als Ausdruck ihrer Loyalität gegenüber den neuen römischen Oberherren richteten die Städte Feste und Kulte zu Ehren von Roma und Augustus ein. Die hellenistischen Herrscher spielten seitdem weder in der politischen Gegenwart noch in der Erinnerung der Städte eine bedeutende Rolle. Aus langfristiger Perspektive betrachtet, war der Transfer griechischer Bildung, kultureller Praktiken und religiöser Überzeugungen weitaus wichtiger, denn durch die Verbindung griechischer Kultur mit jüdischem Glauben wurden die Grundlagen für die christliche Lehre und die Ausbreitung des Christentums gelegt.

ANMERKUNGEN

I. Einleitung: Eine politische Geschichte des Hellenismus

1 Näheres bei: Kraus (1999).

II. Philipp II. und Alexander als Wegbereiter der hellenistischen Herrschaften (Die Grundlagen der hellenistischen Herrschaften)

1 Isokrates, Philippos 14–16. Ein weiteres Zeugnis dieser von führenden Intellektuellen der Zeit propagierten Idee einer panhellenischen Expansion ist der offene Brief des Speusippos, des Neffen Platons, an Philipp, geschrieben im Jahr 342.

2 HGI II 256 = Syll.[3] 260 = GHI II 177.

3 Plutarch, Moralia 327a = De Alexandri Magni fortuna aut virtute 2, 1.

4 Während seines Aufenthalts in Assos hatte Aristoteles Pythias, die Nichte des Herrschers, geheiratet und seitdem zu den engsten Vertrauten des Tyrannen gezählt. Nach dem Tod seines Schwiegervaters ließ der Philosoph in Delphi eine Bronzestatue seines Verwandten errichten. Darüber hinaus richtete Aristoteles alljährlich zum Gedenken an Hermias eine Feier in Delphi aus, bei der zunächst ein Enkomion, verfasst von seinem Neffen Kallisthenes, verlesen und danach von einem Chor ein Trauerlied gesungen wurde; vgl. Scholz (1998), 146–152.

5 Tetradrachme, geprägt zwischen 323 und 320 v. Chr. in einer unbekannten Münzstätte; Price (1991), 109 var.

6 Die Echtheit wurde bestritten, jedoch halten Will (1986) und andere Forscher den Brief mittlerweile für authentisch.

7 Vgl. die Charakteristik Alexanders bei Arrian, Anabasis 7, 28,1–3. 30,1–3.

III. Die (langlebigen) Nachfolger des jungen Eroberers und die Etablierung der hellenistischen Dynastien

1 Ein Exemplar des von den Rückkehrern geänderten Verfassungstextes von Kyrene aus dem Jahr 322/21 hat sich inschriftlich erhalten: SEG 9, 1944, 11. Der Text gewährt einen seltenen Einblick in die Geschichte und Verfassungswirklichkeit einer griechischen Stadt jenseits des hellenistischen Athen. Das Erscheinen der kyrenaischen Flüchtlinge in Ägypten sowie der fehlende Königstitel bei der Erwähnung des Ptolemaios sprechen für eine Datierung in das Jahr 322 v. Chr. (statt 248/247 v. Chr. unter Ptolemaios III. Euergetes).

2 Auch in einem Fragment des Arrian aus seiner Schrift «Ereignisse nach Alexander» (FGrHist 156 F 9 §§ 34–38) tritt Antipatros als die bestimmende Persönlichkeit auf, welche die Zuweisungen bei Triparadeisos leitete.

3 Die Hochzeit kann nur zwischen den Jahren 321 und 319 datiert werden.

4 Anastasia Pekridou: Das Alketas-Grab in Termessos, Tübingen 1986.

5 Niederlage und Tod des Eumenes: Diodor 19,40–44; Plutarch, Eumenes 17–19.

6 Diodor 18,55–57.

7 Zu Demetrios von Phaleron: Bayer, Gehrke; Sammelband von Fortenbaugh.

8 Diodor 19,57–64. 66–69. 73–75. 77–100.

9 Ein besonders anschauliches Dokument seiner Städtepolitik, ein Brief des Antigonos, geschrieben an die Bürger von Skepsis in der Troas, in der er die Beschlüsse des Diadochenfriedens mitteilt, hat sich glücklicherweise erhalten: OGIS 5+6 = Welles (1934) 1 = HGI II 276.

10 Ein historiographischer Bericht, der nur durch einen in Ägypten gefundenen Papyrus überliefert ist, bezeugt ebenfalls diesen Akt (P. Köln VI 247 = Zenon von Rhodos?) – offenkundig aus rhodischer Sicht und unter Parteinahme für Ptolemaios. Ein drittes Zeugnis ist Appian, Syriaca 54, 275–277, das recht knapp den Seesieg bei Zypern als Ausgangspunkt für die Annahme des Königstitels betrachtet. So verkürzt auch die Aussagen der drei dargelegten Quellen sind, sie bezeugen doch eindeutig, (1) dass sie den gemeinsamen Schritt der Diadochen, den Königstitel anzunehmen, (2) und dass Antigonos und Demetrios hier die Vorreiterrolle spielten, denen die anderen schrittweise nachfolgten.

11 Moretti (1967/1976) I 9; II 72.

12 Andrew Pearce Gregory, A Macedonian δυναστης: Evidence for the Life and Career of Pleistarchos Antipatrou, in: Historia 44 (1995), 11–28.

13 Das Mittelfresko an der Ostwand der Villa von Boscoreale/Kampanien geht auf ein Gemälde zurück, das sich im Palast von Antigonos Gonatas befand, und zeigt nach der Deutung von Landucci Gattinoni einen in heroischer Pose auf einem Thron sitzenden Mann, der sich auf einen Stab stützt, und eine gleichfalls sitzende, im Nachdenken versunkene Frau. Die beiden Personen könnten Phila und ihren Ehegatten Demetrios Poliorketes darstellen.

14 Thomas L. Shear, Kallias of Sphettos and the Revolt of Athens in 268 BC, Princeton (NJ) 1978; Bringmann/von Steuben (1995) Nr. 16 = HGI 320.

15 Chremonides-Dekret: Athenischer Volksbeschluss über das Bündnis mit Sparta, ca. 268–265 (IG II2 687 und 686 = Syll.[3] 434/5 = Staatsverträge III 476 = HGIÜ II 323).

16 Die Basis einer Ehrenstatue dieses jüngeren Demetrios wurde gefunden (mit acht eingeschriebenen Kränzen der Bürgersoldaten der Festen von Rhamnus, Panakton und Phyle, dann vom Rat, Volk, Demos von Eleusis, Reiterei): IG II 2, 2971.

17 P. Cairo Zen. 59021, Z. 4–20. 42–46 = Austin (2006) Nr. 299.

18 Gesetz aus dem Jahr 259 unter Ptolemaios auf Anordnung des Apollonios: Austin (2006) Nr. 297 = P. Rev. Laws col. 38–56.

19 Athenisches Ehrendekret für Eurykleides, nach 229 v. Chr. (IG II2 834 = Syll.[3] 497 = HGI III 415), Fragment einer Marmortafel aus dem Piräus.

IV. Übergreifende Aspekte der hellenistischen Zeit I

1 S. neuerdings hierzu: Muccioli (2013).

2 S. den Bericht des Kallixeinos von Rhodos im 4. Buch über Alexandreia (FGrHist 627 F2) zu den Ptolemaia 275/274 oder 271/270.

3 Milet I 3, 147 Z. 3–8; vgl. Meier (2012), 126f. (Übersetzung auf der Grundlage von P. Herrmann).

4 Dies verdeutlicht etwa eine Episode vom Untergang der Bürgerschaft von Abydos im Jahr 200: Polybios 16,31.

5 Vgl. auch die familiäre Situation der Epikteta in Thera: IG XII 3,330, um 210–195 v. Chr.

6 Inschriften von Priene 108, Z. 99f. Zu diesem Phänomen: Gauthier (1985); Quass (1993).

7 S. hierzu umfassend: Elena Mango, Bankette im hellenistischen Gymnasion, in: Kah/Scholz (2004), 273–312.

8 Inschriften von Histria 54 = Syll.[3] 708, Z. 35.

9 So das Ergebnis von Wörrle, in: Wörrle/Zanker (1995), 241–250.

10 S. etwa die Ehrungen, die der Gymnasiarch Menas empfing: Inschriften von Sestos 1 (= OGIS 339), Z. 39ff. 59ff.

11 SEG 33, 1035, Z. 1ff.; 1037, Z. 12ff.; 1041, Z. 1.

V. Rom – Der neue Akteur im hellenistischen Mächtespiel

1 StV III Nr. 479.

2 Dass die Akarnanen 239 Rom um Hilfe gegen die Aitoler unter Verweis auf die gemeinsame trojanische Abstammung (*syggéneia*) baten, hat Derow (Rome and the Greek World, 102–125) als Legende erwiesen. Auch mit Ilion, der Stadt, zu deren Territorium Troja gehörte, unterhielt Rom eine Freundschaft, denn die Römer sollen bei Seleukos (I. oder II. ?) eine Abgabenfreiheit für Ilion erwirkt haben, als sie eine *amicitia* und *societas* mit ihm eingingen (Sueton, Claudius 25,3).

3 Bei Appian (Illyrike 7,17–8,22) fehlt die dramatische Geschichte um Teuta: Hier werden die römischen Gesandten zusammen mit den Issaiern noch vor der Ankunft angegriffen und ein römischer Gesandter kommt zu Tode.

4 Polybios 4,3,1–3 und 4,67,4: Einfall in Epeiros und Zerstörung des Heiligtums von Dodona.

5 StV III Nr. 520.

6 Der von Polybios 7,9 (StV III Nr. 528) überlieferte Text ist erkennbar aus Sicht der Karthager formuliert und dürfte einen Vorschlag zu einem Bündnisvertrag zwischen Makedonien und Karthago darstellen.

7 Polybios 18,44,2–7.

8 Sherk (1969) Nr. 33 = Syll.[3] 593.

9 Thomas Fischer, Molon und seine Münzen (222–220 v. Chr.), Bochum 1988.

10 Polybios 5,50,1–7.8–10 u. 56,1–2.4.6–13.

11 Das zweite Dekret von Philai berichtet gleichfalls von einem Sieg des Ptolemaios V. über Aufständische.

12 Hirt (2007).

13 HGI III Nr. 467 = SEG 30,1073; vgl. SEG 34,863; 36,777; 37,711.

14 Syll.[3] 643 = Schmitt 109 = HGI III Nr. 474 = FdD III 4,75 = Sherk, RDGE 40; Übersetzung (modifiziert) nach Klaus Bringmann, Geschichte der römischen Republik, München 2002, 138f.

15 Inschriften von Pergamon I 160 + II p. 508 = OGIS 248 + p. 655 = HGI III Nr. 473.
16 FGrH 231.
17 Zum Nachleben der Person des Ptolemaios VIII. in der antiken Überlieferung: Nadig (2008).
18 OGIS 435 = Sherk (1969) Nr. 11 (zwischen 133 und 129 v. Chr.).
19 Nachlesenswert ist Memnons von Herakleia Bericht über den Aufstieg des Mithradates und seine Kriege gegen die Römer: FGrHist 434 F 22; vgl. Appian, Mithradatike 10–30.
20 Brief des Mithradates VI. an seinen Satrapen Leonippos bezüglich des Chairemon an die Stadt Nysa, 88 v. Chr.: Syll.[3] III 741 = BE 1936, 384; BE 1970, 533.

VI. Übergreifende Aspekte der hellenistischen Zeit II

1 IG XII 6,128. Zur sozialhistorischen Bedeutung der Inschrift: Scholz (2007) 168–171.
2 Robert, Claros I 11–17 (= SEG 39,1243) col. I, Z. 2–7. 24f.
3 Eudemos in Milet (200/199 v. Chr.): Syll.[3] II 577; Polythrous in Teos (um 200 v. Chr.): Syll.[3] II 578; Delphi (160 v. Chr.): Syll.[3] II 672 (= Bringmann/von Steuben [1995] 94 [E]); Rhodos: Polybios 31,31,1–3 (= Bringmann/von Steuben [1995] 212 [L]); vgl. Weber (1993) 154–164.
4 Louis Robert, Les inscriptions (de Ai-Khanoum), in: P. Bernard (Hg.), Fouilles d' Ai-Khanoum I, Paris 1973, 211–213.

ZEITTAFEL MIT DEN WICHTIGSTEN EREIGNISSEN

359	Philipp II. wird König von Makedonien
338	Sieg Philipps über den Hellenischen Bund bei Chaironeia
338/337	Beschluss zum Perserkrieg des Korinthischen Bundes unter Führung Philipps
336	Ermordung Philipps; Alexander tritt die Nachfolge Philipps II. an
335	Zerstörung Thebens
334	Einfall in das Achaimenidenreich; Schlacht am Granikos
333	Sieg Alexanders bei Issos; Eroberung Phoinikiens
332/331	Alexander in Ägypten; Gründung von Alexandreia
331	Schlacht bei Gaugamela; Alexander wird zum «König über Asien» ausgerufen
330	Brand von Persepolis; Tod des Dareios III.; Eroberung des östlichen Iran (bis 327)
327–324	Indienfeldzug Alexanders
325/324	Schlacht am Hydaspes
324	Massenhochzeit von Susa; Meuterei von Opis; Alexanders Vergöttlichungsforderung
323	Tod Alexanders in Babylon (10/11. Juni); Philipp III. Arrhidaios und Alexander IV. als Nachfolger, Verteilung der Satrapien
323/322	Lamischer Krieg (5. September 322 Schlacht bei Krannon); Perdikkas herrscht in Asien
322	Tod des Aristoteles, Begründer der Philosophenschule des Peripatos, und Tod des Redners Demosthenes
321/320	Erster Diadochenkrieg
320	Tod des Perdikkas in Ägypten (Mai); Treffen von Triparadeisos (im Sommer) und Neuordnung
319	Tod des Antipatros; Eumenes wird in Nora belagert (Herbst)
318–316	Zweiter Diadochenkrieg; Antigonos besiegt Polyperchon
317	Polyperchon propagiert die «Freiheit der Griechen»; Ermordung Philipps III. (im Oktober)
316	Ermordung der Olympias durch Kassandros (Winter); Flucht des Seleukos nach Ägypten; Gründung von Kassandreia und Wiederaufbau von Theben

315–311	Dritter Diadochenkrieg (Ptolemaios, Lysimachos und Kassandros verbünden sich gegen Antigonos und Polyperchon)
315	Gründung von Thessalonike (Frühjahr); Freiheitserklärung des Antigonos und des Kassandros; Antigonos in Phoinikien
312	Ptolemaios in Kilikien und Griechenland; Schlacht von Gaza (Spätherbst)
311	Rückeroberung Babylons durch Seleukos (im Frühjahr) und Aufbruch in den Osten (im Herbst); Friedensschluss (Dezember)
310/309	Ermordung Alexanders IV. durch Kassandros
309	Gründung von Lysimacheia (Dezember)
307	Befreiung Athens (10. Juni)
306	Schlacht von Salamis/Zypern (Frühjahr); Annahme des Königstitels durch Antigonos; Scheitern des Angriffs auf Ägypten (Herbst)
305	Belagerung von Rhodos (Sommer); Annahme des Königstitels durch Seleukos, der beim Versuch der Rückeroberung der indischen Gebiete scheitert
304	Ptolemaios wird König (6. Januar); Demetrios in Griechenland
303	Wiederbegründung des Hellenenbundes (Sommer)
302–301	Vierter Diadochenkrieg (Bündnis der übrigen Diadochen gegen Antigonos und Demetrios)
301	Schlacht von Ipsos und Tod des Antigonos (Sommer); Lysimachos besetzt Phrygien, Ptolemaios Phoinikien
300	Gründung von Seleukeia, Laodikeia, Apameia und Antiocheia; Heiratsallianzen zwischen Ptolemaios und Lysimachos
299	Heiratsallianzen zwischen Demetrios und Seleukos
297 (Mai)	Tod des Kassandros
296	Pyrrhos wird König von Epeiros (Frühjahr); Demetrios belagert Athen (Sommer)
295	Athen kapituliert (Sommer); Bürgerkrieg in Makedonien (Herbst)
294	Pyrrhos in Makedonien (Frühjahr); Demetrios wird König von Makedonien (Herbst)
292	Krieg zwischen Demetrios und Pyrrhos; Antiocheia am Orontes wird Hauptstadt des Seleukidenreiches
291/290	Tod des Komödiendichters Menander
290	Gründung von Demetrias
289	Sieg des Demetrios über Pyrrhos
288–286	Fünfter Diadochenkrieg (Pyrrhos, Lysimachos, Seleukos und Ptolemaios verbünden sich gegen Demetrios)
288	Revolte gegen Demetrios in Makedonien

287	Ptolemaios in Athen; Demetrios und Pyrrhos teilen Makedonien auf
285	Demetrios unterliegt Seleukos (Winter); Ptolemaios II. tritt die Nachfolge von Ptolemaios I. an; Lysimachos Alleinherrscher in Makedonien (Sommer)
283	Tod des Demetrios
282–281	Sechster Diadochenkrieg (Kampf zwischen Seleukos und Lysimachos)
282	Tod des Ptolemaios I. (Januar); Krieg zwischen Seleukos und Lysimachos (August)
281	Schlacht von Kurupedion (Februar); Ermordung des Seleukos durch Ptolemaios Keraunos (September); Antiochos I. wird König (Oktober)
280	Erster Syrischer Krieg; Pyrrhos setzt nach Italien über; Neugründung des Achäischen Bundes
279	Kelteneinfall (Sommer); Tod des Ptolemaios Keraunos (Winter)
278	Kelten in Delphi; Einfall in Kleinasien
277	Antigonos Gonatas besiegt die Kelten bei Lysimacheia
276	Antigonos Gonatas wird König von Makedonien
275	Antiochos I. besiegt die Kelten (Elefantenschlacht)
274	Pyrrhos fällt in Makedonien ein
272	Tod des Pyrrhos in Argos
271/270	Tod Epikurs, Begründer der «Gartengemeinschaft»
267–261	Chremonideischer Krieg (Athen, Sparta, Ptolemaios II. gegen Antigonos Gonatas)
264–241	Erster Punischer Krieg (zwischen Rom und Karthago)
261 (?)	Tod des Zenon, Begründer der stoischen Philosophenschule
260–253 (?)	Zweiter Syrischer Krieg (zwischen Ptolemaios II. und Antiochos II.)
251	Aratos befreit Sikyon
250 (?)	Begründung des Gräkobaktrischen Königreiches durch Diodotos
246–241	Dritter Syrischer Krieg (zwischen Ptolemaios III. und Seleukos II.)
246	Aitoler erneuern die Soteria
243	Aratos von Sikyon erobert Akrokorinth
239	Krieg zwischen Makedonien und Aitoler- und Achäischem Bund
238–227	Kriege des Attalos I. von Pergamon gegen Antiochos Hierax und die Kelten
235	Kleomenes III. wird König in Sparta; Megalopolis tritt dem Achäischen Bund bei

ab 230	Parnereinfälle in Parthien; Keltenkriege des Attalos I.
229	Athen erlangt die Unabhängigkeit von Makedonien
229–221	Krieg zwischen Sparta und dem Achäischen Bund
227	Umsturz des Kleomenes III. in Sparta; Antigonos III. Doson in Karien
226	Sparta besiegt den Achäischen Bund
225/224	Antigonos III. Doson auf der Peloponnes
223	Gründung des Hellenenbundes
221	Niederlage des Spartanerkönigs Kleomenes III. bei Sellasia
223–222	Achaios in in Kleinasien
220–217	Krieg des Hellenenbundes gegen die Aitoler
217	Friede von Naupaktos
220	Antiochos III. wirft den Kronprätendenten Molon nieder
219–217	Vierter Syrischer Krieg (zwischen Ptolemaios IV. und Antiochos III.)
217	Schlacht bei Raphia
218–201	Zweiter Punischer Krieg (zwischen Rom und Hannibal)
215	Bündnis zwischen Philipp V. und Hannibal
216–213	Antiochos besiegt den seit 220 aufständischen Achaios
211–205	Erster Römisch-Makedonischer Krieg (zwischen Rom und Philipp V.)
211	Bündnis zwischen Rom und den Aitolern
206	Sonderfrieden der Aitoler und ihrer Verbündeten mit Makedonien
205	Frieden von Phoinike
212–205	Ostfeldzug des Antiochos III.
212	Eroberung von Syrakus durch Rom und Tod des Archimedes; Bündnis zwischen Rom und den Aitolern
206–185	Aufstände in Ägypten (Oberägypten unter eigenen Königen)
203/202	Philipp V. und Antiochos III. verbünden sich gegen Ägypten
202–195	Fünfter Syrischer Krieg (zwischen Ptolemaios V. und Antiochos III.)
200	Sieg des Antiochos III. am Paneion; Eroberung von Koilesyrien
200–197	Zweiter Römisch-Makedonischer Krieg (zwischen Rom und Philipp V.)
197	Schlacht bei Kynoskephalai
196	Freiheitserklärung des Flamininus bei den Isthmischen Spielen in Korinth
194	Die Römer räumen Griechenland

192–188	Römisch-Syrischer Krieg (zwischen Rom und Antiochos III.)
191	Antiochos III. unterliegt bei den Thermoyplen
190/189	Niederlage des Antiochos III. bei Magnesia am Sipylos; Niederlage der Aitoler
188	Friede von Apameia; Verlust Kleinasiens für Antiochos III.; Landgewinne für Pergamon und Rhodos
171–168	Dritter Römisch-Makedonischer Krieg (zwischen Rom und Perseus)
170–168	Sechster Syrischer Krieg (zwischen Antiochos IV. und Ptolemaios VI., VIII., Kleopatra II.)
168	Sieg der Römer bei Pydna; Ende des makedonischen Königreiches; Antiochos IV. muss Ägypten räumen (Ultimatum des Popilius Laenas bei Eleusis)
168/7–164	Aufstand der jüdischen Makkabäer
167	Römer verwüsten Epeiros
165–152	Rebellion des Dionysios Petosarapis
149/148	Aufstand des Andriskos in Makedonien
148	Schaffung der römischen Provinz Macedonia
147/146	Römisch-Achäischer Krieg (146 Zerstörung Korinths und Karthagos durch Rom)
133	Pergamenisches Königreich wird durch Attalos III. testamentarisch an Rom vermacht
133–129	Aufstand des Pergameners Aristonikos in Kleinasien
129	Einrichtung der Provinz Asia
129	Tod des Antiochos VII. Sidetes auf dem Partherfeldzug; Verlust Mesopotamiens an die Parther
96	Kyrene wird von Ptolemaios Apion den Römern testamentarisch vermacht
89/88–85	Erster Mithradatischer Krieg
88	Ermordung von 80 000 Italikern
86	Eroberung und Plünderung Athens durch Sulla)
83/82	Zweiter Mithradatischer Krieg
74–63	Dritter Mithradatischer Krieg (74 Nikomedes IV. vermacht Bithynien den Römern; 63 Sieg des Pompeius und Tod des Mithradates; 64/63 Einrichtung der Provinz Syria)
58	Zypern wird von Rom eingezogen
54/53	Partherfeldzug des Crassus (53 Tod des Crassus bei Karrhai)
48	Sieg Caesars über Pompeius bei Pharsalos; Tod des Pompeius
48/47	Alexandrinischer Krieg Caesars

47	Geburt von Caesars und Kleopatras Sohn Ptolemaios Kaisar (Kaisarion)
42	Niederlage der Caesarmörder Brutus und Cassius bei Philippi
37–34	Schenkungen des Marcus Antonius an Kleopatra
36	Partherfeldzug des Marcus Antonius
32–30	Krieg Octavians gegen Marcus Antonius und Kleopatra
31	Sieg Octavians vor Akteion (2. September)
30	Fall Alexandreias (1. August); Selbstmord des Marcus Antonius und der Kleopatra; Einrichtung der Provinz Aegyptus

HERRSCHERLISTEN

Makedonische Könige

Bis 497	Amyntas I., Sohn des Alketas
497–454	Alexander I. Philhellenos, Sohn des Amyntas I.
454–413	Perdikkas II., Sohn des Alexander I.
413–399	Archelaos, Sohn des Perdikkas II.
399	Krateros
399–396	Orestes, Sohn des Krateros
396–393	Aeropos II.
393	Pausanias, Sohn des Aeropos II.
393	Amyntas II. der Kleine, Sohn des Archelaos
393	Amyntas III., Sohn des Arrhidaios (1. Regierung)
393–392 (ca.)	Argaios II.
392–370	Amyntas III., Sohn des Arrhidaios (2. Regierung)
370–368	Alexander II., Sohn des Amyntas III.
368–365	Ptolemaios von Aloros, Sohn des Amyntas II.
365–359	Perdikkas III., Sohn des Amyntas III.
359–336	Philipp II., Sohn des Amyntas III.
336–323	Alexander III. der Große, Sohn Philipps II.
323–317	Philipp III. Arrhidaios
323–310	Alexander IV.
305–297	Kassandros
297	Philipp IV.
297–294	Antipatros und Alexander V.
294–288	Demetrios Poliorketes
288–281	Lysimachos
281–279	Ptolemaios Keraunos
279	Antipatros Etesias
277–239	Antigonos Gonatas
239–229	Demetrios II. Aitolikos
229–222	Antigonos III. Doson
222–179	Philipp V.
179–168	Perseus

Könige von Epeiros

372/370–360	Neoptolemos I.
360–343/2, 323–ca. 320	Arybbas
343/2–331/0	Alexandros I.
320–317	Aiakides
313–306	Alketas
306–302, 297/6–272	Pyrrhos I.

272–ca. 250	Alexandros II.
ca. 250–234	Pyrrhos II.
234– ca. 233/2	Ptolemaios

Könige von Skodra

260/250	Pleuratos I.
250–230	Argon
230–228	Teuta
230–212	Pinnes
212–206	Skerdilaidas
206–um 180	Pleuratos II.
180–168	Genthios

Antigoniden

306–301	Antigonos I. Monophthalmos
306–283	Demetrios I. Poliorketes
283–239	Antigonos II. Gonatas
239–229	Demetrios II. Aitolikos
229–221	Antigonos III. Doson
221–179	Philipp V.
179–168	Perseus

Ptolemäische Könige

323–283/2	Ptolemaios I. Soter (König seit 304)
283/2–246	Ptolemaios II. Philadelphos
246–222/1	Ptolemaios III. Euergetes I.
222/1–204	Ptolemaios IV. Philopator
204–180	Ptolemaios V. Epiphanes
180–145	Ptolemaios VI. Philometor
170–164	Ptolemaios VIII. Euergetes II. (Physkon)
145–116	Ptolemaios VIII. Euergetes II. (Physkon) (2. Herrschaftsperiode)
116–107	Kleopatra III. und Ptolemaios IX. Soter II. (Lathyros)
107–101	Kleopatra III. und Ptolemaios X. Alexandros
101–88	Ptolemaios X. Alexandros I. und Kleopatra Berenike
88–81	Ptolemaios IX. Soter II. (Lathyros) (2. Herrschaftsperiode)
80	Kleopatra Berenike und Ptolemaios XI. Alexandros II.
80–51	Ptolemaios XII. Neos Dionysos Auletes
56–55	Berenike IV.
51–30	Kleopatra VII. Philopator
51–47	Ptolemaios XIII. (mit Kleopatra VII.)
47–44	Ptolemaios XIV. Philopator (mit Kleopatra VII.)
44–30	Ptolemaios XV. Kaisar Philopator Philometor (mit Kleopatra VII.)

Seleukidische Könige

311–281	Seleukos I. Nikator (König seit 305)
281–261	Antiochos I. Soter
261–246	Antiochos II. Theos
246–226/5	Seleukos II. Kallinikos
226/5–223	Seleukos III. Soter Keraunos
223–187	Antichos III. Megas
187–175	Seleukos IV. Philopator
(175–170	Antiochos, Sohn des Seleukos IV.)
175–164	Antiochos IV. Epiphanes
164–162	Antiochos V. Eupator
162–150	Demetrios I. Soter
[162–161	Timarchos, Usurpator]
150–145	Alexander Balas I.
145–139	Demetrios II. Nikator
145/4–142/1	Antiochos VI. Epiphanes Dionysos
142/1–138/7	Diodotos Tryphon
138–129	Antiochos VII. (Sidetes) Epiphanes Philometor Kallinikos
129–126/5	Demetrios II. Nikator (2. Herrschaftsperiode)
125–123/2	Alexandros Zabinas
126/5–121	Kleopatra Thea
126	Seleukos VI.
126/5–96	Antiochos VIII. Grypos
114/13–95	Antiochos IX.Philopator (Kyzikenos)
95	Seleukos VI.
	Antiochos X. Eusebes Philopator
95–88	Demetrios III. Philopator Soter (in Damaskos)
95	Antiochos XI. Epiphanes Philadelphos (in Kilikien)
95–84	Philipp (in Kilikien)
87	Antiochos XII. Dionysos (in Damaskos)
84/3	Philipp II.

Herrscher und Könige von Pergamon

282/1–263	Philetairos (ohne Königstitel)
263–241	Eumenes I. (ohne Königstitel)
241–197	Attalos I. Soter
197- 159/8	Eumenes II. Soter
159/8–138	Attalos II. Philadelphos
139/8–133	Attalos III. Philometor Euergetes

Könige von Bithynien

297/6–280	Zipoites
280–255	Nikomedes I.
255–235	Ziaëlas
235–183	Prusias I.
183–149	Prusias II.

149–128/7	Nikomedes II. Epiphanes
128/7–94	Nikomedes III. Euergetes
94–74	Nikomedes IV. Philopator

Kappadokische Könige

333–322	Ariarathes I.
301–ca. 280	Ariarathes II.
ca. 280–230	Ariaramnes
255–ca. 220	Ariarathes III. (unter ihm wird Kappadokien ein unabhängiges Königreich)
220–163/2	Ariarathes IV. Eusebes
163/2–130	Ariarathes V. Eusebes Philopator
[158/7	Orophernes Nikephoros
130–115/4	Ariarathes VI. Epiphanes Philopator
115/4–101	Ariarathes VII. Philometor
101–ca. 96	Ariarathes VIII.
101–87	Ariarathes IX.
95–ca. 63	Ariobarzanes I. Philorhomaios
63–ca. 52	Ariobarzanes II. Philopator
ca. 52–42	Ariobarzanes III. Eusebes Philorhomaios
42–36	Ariarathes X. Eusebes Philadelphos
36–17 n. Chr.	Archelaos Sisines Philopatris

Könige von Pontos

281–266	Mithradates I. Ktistes
266–250	Ariobarzanes
250–220	Mithradates II.
nach 220–ca. 189	Mithradates III.
ca. 189–155	Pharnakes I.
155–ca. 152	Mithradates IV. Philopator Philadelphos
ca. 152–120	Mithradates V. Euergetes
120–63	Mithradates VI. Eupator Dionysos
63–47	Pharnakes II. (63–47: Bosporos; 48–47: Pontos)
39–38	Dareios
37–8	Polemon I. (37–8: Pontos; 15/4–8: Pontos Bosporos)
8 v. Chr.–38 n. Chr.	Pythodoris Philometor
38–64	Polemon II.

Armenische Könige

220–vor 190	Orontes
vor 189/8–160	Artaxias I.
160–120	Artavasdes
120–95	Tigranes I.
95–55	Tigranes II. der Große
55–34	Artavasdes II.
34–20	Artaxias II.

20–12/6	Tigranes III.
6 – 1 n. Chr.	Tigranes IV.

Könige von Kommagene

163–130	Ptolemaios
130–96	Samos II.
96–69	Mithradates I.
69–36	Antiochos I.
36–20	Mithradates II.
20–12	Mithradates III.
12–17 n. Chr.	Antiochos III.
38–72 n. Chr.	Antiochos IV.

Graekobaktrische Könige

250–230	Diodotos I.
239–230	Diodotos II.
230–200	Euthydemos I.
200–190	Demetrios I.
190–185	Euthydemos II.
190–180	Agathokles
190–185	Pantaleon
185–170	Antimachos I.
180–160	Apollodotos I. Theos
175–170	Demetrios II.
160–155	Antimachos II. Nikephoros
175–145	Eukratides I. Megas
145–140	Eukratides II. Soter
145–140	Platon Epiphanes
145–130	Heliokles I. Dikaios
155–130	Menandros I. Soter
130–125	Agathokleia mit Straton I.
130–120	Zoilos I. Dikaios
120–110	Lysias Aniketos
115–95	Antialkidas Nikephoros
110–100 oder 95–90	Heliokles II.
100	Polyxenos Soter
100	Demetrios III.
100–95	Philoxenos Aniketos
95–90	Diomedes Soter
95–90	Amyntas Nikator
95–90	Epandros (?)
90	Theophilos Autokrator Dikaios
90	Peukolaos Dikaios Soter
90	Thrason (?)
90–85	Nikias Soter
90–85	Menandros II. Dikaios

85	Artemidoros (?)
90–80	Archebios Dikaios Nikephoros
90–70	Hermaios Soter
75–70	Telephos (?)
80–65	Apollodotos II.
65–55	Ippostratos
65–55	Dionysios
55–35	Zoilos II.
35–25	Apollophanes
25–10 n. Chr.	Straton II.

Parthische Könige

238–211	Arsakes I.
211- 191	Arsakes II.
191–176	Phriapatios
176–171	Phraates I.
171–138	Mithradates I.
138–127	Phraates II.
127	Interregnum
127–124	Artabanos I.
123–88	Mithradates II.
95–87	Gotarzes I.
90–77	Orodes I.
77–70	Sinatrukes
70–57	Phraates III.
57–54	Mithradates III.
57–38	Orodes II.
ca. 50	Pakoros
38–2	Phraates IV.
29–27	Tiridates
2–4 n. Chr.	Phraates V.

ABKÜRZUNGEN

BE = Bulletin épigraphique.

FdD = Fouilles de Delphes III. Épigraphie, Paris 1929.

FGrHist = Die Fragmente der Griechischen Historiker, hrsg. v. F. Jacoby, Berlin/Leiden 1923–1958, 1996 ff.

GHI = Greek Historical Inscriptions from the sixth Century B. C. to the Death of Alexander the Great in 323 B. C., hrsg. von M. N. Tod, 2 Bände, Oxford 1933–1948.

HGIÜ = Historische Griechische Inschriften in Übersetzung II/III, hrsg. v. K. Brodersen u. a., Darmstadt 1996–1999.

IG = Inscriptiones Graecae, Berlin 1903 ff.

IGRR = Inscriptiones Graecae ad res Romanas pertinentes, hrsg. von R. Cagnat/J. Toutain/P. Jouguet, 4 Bände, Paris 1927.

OGIS = Orientis Graecae Inscriptiones Selectae, ed. W. Dittenberger, 3 Bände, Leipzig 1903–105.

C. C. Edgar, Cairo 1925–1940

P. Cair. Zen. = Zenon Papyri. Catalogue général des antiquités égyptienne du Musée du Caire I–V, ed. P. Hal. 1 = Dikaiomata: Auszüge aus alexandrinischen Gesetzen und Verordnungen in einem Papyrus des Philologischen Seminars der Universität Halle (Pap.Hal. 1), Berlin 1913.

P. Teb. = The Tebtunis Papyri.

P. Köln = Kölner Papyri.

P. Rev. Laws = Revenue Laws of Ptolemy Philadelphus, hrsg. von B. P. Grenfell, Oxford 1896.

SEG = Supplementum Epigraphicum Graecum.

Sel. Pap. = Select Papyri (The Loeb Classical Library), 3 Bände, London/Cambridge (Mass.) 1932–1942.

Sherk, RDGE = Roman Documents from the Greek East, hrsg. von R. Sherk, Baltimore 1969.

StV = Hatto H. Schmitt, Die Staatsverträge des Altertums III, München 1969.

Syll.[3] = Sylloge inscriptionum Graecarum, hrsg. von W. Dittenberger, 3. Aufl. Leipzig 1915–1924.

HINWEISE ZU FORSCHUNG UND LITERATUR

Die folgenden Bemerkungen erheben keinerlei Anspruch auf Vollständigkeit. Aufgeführt sind vornehmlich grundlegende Werke und Überblicksdarstellungen, über welche die ältere und weitergehende Forschungsliteratur, auch zu thematischen Teilgebieten, leicht zu erschließen ist. Mit Blick auf eine breite Leserschaft habe ich vor allem Monographien aufgeführt und mich dabei darum bemüht, vor allem neuere Untersuchungen, gleichermaßen deutschsprachige wie auch fremdsprachige Studien, zu berücksichtigen.

Allgemeines

Überblicks-, Grundlagen und Einführungswerke zur hellenistischen Epoche

Unentbehrlich als Nachschlagewerk ist das Lexikon des Hellenismus von Schmitt/Vogt (2005). Für eine topographische Orientierung ist der Atlas von Martinez-Sève (2011) zu benutzen und das leider nur auf Griechenland beschränkte Lexikon von Lauffer (1989) heranzuziehen. Den besten Zugang zu einzelnen Themen, Zeitabschnitten und zentralen Forschungsproblemen bietet nach wie vor Gehrke (2008), eine kommentierte Bibliographie Fernoux/Legras/Yon (2003). Knapp gehaltene, gut lesbare Einführungen haben vorgelegt: Walbank (1983), Green (2007), Heinen (2007) und Meißner (2012). Eine dezidiert makedonische Perspektive hat Errington (2008) für seine flüssig zu lesende Gesamtdarstellung gewählt. Für die häufig komplexe chronologische Situation sind Beloch (1912–1927) sowie die entsprechenden Bände der Cambridge Ancient History (1984–1994) heranzuziehen. Darüber hinaus ist das epochemachende Werk Droysens (1877/78) nach wie vor ebenso lesenswert wie die an ihn anschließenden Überblicke von Niese (1893/1903) und Kaerst (1901). Die Entstehung, den ‹Erfolg› des Epochenbegriffs und die mit der Verwendung des ‹Hellenismus›-Konzepts verbundenen Implikationen erörtert ausführlich Bichler (1983).

Beloch, Karl Julius (1912–1927), Griechische Geschichte I–IV, 2. Aufl. Berlin.
Bugh, Glenn R. (Hrsg.) (2006), The Cambridge Companion to the Hellenistic World, Cambridge.
Cambridge Ancient History (1984–1994), Bde. 7–9, Cambridge.
Errington, Malcolm (2008), A History of the Hellenistic World, Malden/Oxford.
Erskine, Andrew (2003) (Hrsg.), A Companion to the Hellenistic World, Oxford.
Fernoux, H.-L./Legras, B./Yon, J.-B. (2003), Cités et royaumes de l'Orient méditerranéen 323–55 av. J.-C., Paris.
Gehrke, Hans-Joachim (2008), Geschichte des Hellenismus, 4. Aufl. München.
Green, Peter (1990), Alexander to Actium, New York.
Green, Peter (2007), The Hellenistic Age. A Short History, New York.

Heinen, Heinz (2007), Geschichte des Hellenismus, 2. Aufl. München.
Lauffer, Siegfried (1989), Griechenland. Lexikon der historischen Stätten, München.
Marek, Christian (2010), Geschichte Kleinasiens in der Antike, München.
Martinez-Sève, Laurianne (2011), Atlas du monde hellénistique, 336–31 av. J.-C., Paris.
Meißner, Burkhard (2012), Hellenismus, 2. Aufl. Darmstadt.
Ogden, Daniel (2002), The Hellenistic World. New Perspectives, London.
Préaux, Claude (1978), Le monde hellénistique. La Grèce et l'Orient de la mort d'Alexandre à la conquête romaine de la Grèce (323–146 av. J.-C.) I–II, Paris.
Schmitt, Hatto H., Vogt, Ernst (2005) (Hrsgg.), Lexikon des Hellenismus, Wiesbaden.
Shipley, G. (2000), The Greek World after Alexander, London, New York.
Walbank, Frank W. (1983), Die hellenistische Welt, München.
Will, Edouard (1979/1982), Histoire politique du monde hellénistique I/II, 2. Aufl. Nancy.

Forschungsgeschichte

Droysen, Johann Gustav (1877/78), Geschichte des Hellenismus I–III, 3. Aufl. Berlin [Nachdruck: Darmstadt 1998].
Bichler, Reinhold (1983), Hellenismus. Geschichte und Problematik eines Epochenbegriffs, Darmstadt.
Kaerst, Julius (1901), Geschichte des hellenistischen Zeitalters, Leipzig.
Niese, Benedictus (1893–1903), Geschichte der griechischen und makedonischen Staaten seit der Schlacht von Chaeronea I–III, Gotha.

Quellensammlungen, Quellenstudien

Eine Übersicht über die weit verstreuten Quellen kann in diesem Rahmen nicht geboten werden. Diese sind – freilich nur in Übersetzung, darüber hinaus nur in englischer Sprache – am besten, weil alle Bereiche des hellenistischen Zeitalters abdeckend – bei Burstein (1985), Bagnall/Derow (2004) und Austin (2006) zusammengestellt. Nützlich ist nach wie vor die Zusammenstellung wichtiger Inschriften aus hellenistischer Zeit von Moretti (1967/1976). In deutscher Übersetzung liegt eine gute Auswahl inschriftlicher Dokumente von Brodersen/Günther/Schmitt (1996/1999) vor. Viele wertvolle Bemerkungen zu zahlreichen hellenistischen Inschriften finden sich in den kleinen Schriften von Robert (1969/1990). Die reziproke Praxis des euergetischen Wirkens, des Schenkens und Ehrens, dokumentieren die wichtigen Spezialcorpora von Bringmann/von Steuben (1995) und Kotsidu (2000), deren besonderer Vorzug in der Vorlage sämtlicher literarischer, epigraphischer und archäologischer Zeugnisse besteht (jeweils mit Übersetzung und ausführlichem Kommentar). Weitere wichtige Spezialcorpora liegen zu verschiedenen Aspekten hellenistischer Geschichte und Kultur vor. An dieser Stelle kann nur beispielhaft auf einige derartiger Sammlungen verwiesen werden, etwa auf die von Del Monte (1997), Hackl/Jacobs/Weber (2010), Hengstl (1978) oder Rigsby (1996).

Zu Arrians Alexandergeschichte liegt der wichtige Kommentar von Bosworth (1980/1995) vor. Eine vergleichende Analyse der beiden Hauptquellen bietet Hammond (1993). Eine quellenkritische Untersuchung zur Politik Alexanders gegenüber den griechischen Städten hat Lehmann (2015) vorgelegt. Über den Historiker Polybios hinaus sind Plutarch (vor allem seine Biographien zu Alexander, Demosthenes, Eumenes von Kardia, Demetrios Poliorketes, Pyrrhos, Arat von Sikyon, Philopoimen, Flamininus, Aemilius Paullus, Lucullus und Antonius), auch Diodor, Pausanias und Strabon als zentrale Quellenautoren für die politische Geschichte der hellenistischen Zeit zu erwähnen. Zweisprachige (griechisch-englische) Ausgaben auch abgelegener hellenistischer Autoren sind in Loebs Classical Library, nur in Fragmenten vorliegende Historiker in Felix Jacobys FGrHist (nur Originaltexte und Kommentar) und in Brill's New Jacoby (mit englischer Übersetzung und umfangreichem Kommentar) zu finden. Aus der reichhaltigen Forschungsliteratur zu Polybios verweise ich neben dem unverzichtbaren Kommentar von Walbank (1957/1979) nur auf einige wichtige jüngst erschienene Monographien und Sammelbände: Bollansée/Schepens (2005); Dreyer (2011); Maier (2012); Gibson/Harrison (2013); Grieb/Koehn (2013). Einen Einstieg zu den übrigen Autoren vermitteln: Beck (2014) [zu Plutarch]; Habicht (1985) [zu Pausanias]; Engels (1999) [zu Strabon]; Kebric (1977); Hornblower (1981) [zu Hieronymos von Kardia: FGrHist 154]; Wirth (1993) [zu Diodor];]Malitz (1983) [zu Poseidonios: FGrHIst 87]; Brodersen (1989), Brodersen (1991), Hose 1993 [zu Appian]; Van Wickevoort Crommelin (1993) [zu Pompeius Trogus]. Ein Handbuch der hellenistischen Literaturgeschichte – seit langem ein Desiderat – haben nun kürzlich vorgelegt: Zimmermann/Rengakos (2014).

Austin, Michael M. (Hrsg.) (2006), The Hellenistic World from Alexander to the Roman Conquest, A Selection of Ancient Sources in Translation, 2. Aufl. Cambridge.

Bagnall, Roger S./Derow, Peter (2004), The Hellenistic Period. Historical Sources in Translation, Malden (Mass.).

Beck, Mark (Hrsg.) (2014), A Companion to Plutarch, Chichester.

Bollansée, Jan/Schepens, Guido (2005) (Hrsgg.): The Shadow of Polybius. Intertextuality as a Research Tool in Greek Historiography. Proceedings of the International Colloquium, Leuven, 21–22 September 2001, Leuven.

Bosworth, Albert B. (1980/1995), A Historical Commentary on Arrian's History of Alexander, 2 Bände, Oxford.

Brodersen, Kai (1989), Appians Abriss der Seleukidengeschichte (Syriake 45,232–70,369). Text und Kommentar, München.

Brodersen, Kai (1991) Appians Antiochike (Syriake 1,1–44,232); Text und Kommentar, München.

Brodersen, Kai/Günther, Wolfgang/Schmitt, Hatto H. (Hrsgg.) (1996/1999), Historische griechische Inschriften in Übersetzung Bd. II–III, Darmstadt.

Burstein, Samuel M. (1985), The Hellenistic Age from the Battle of Ipsos to the Death of Kleopatra VII, Cambridge.

Bringmann, Klaus/von Steuben, Hans (1995), Schenkungen hellenistischer Herrscher an griechische Städte und Heiligtümer. Teil I: Zeugnisse und Kommentare, Berlin.

Del Monte, Giuseppe F. (1997), Testi della Babilonia ellenistica I: Testi cronografici, Pisa/Rom.

Dreyer, Boris (2011), Polybios. Leben und Werk im Banne Roms, Hildesheim.

Engels, Johannes (1999), Augusteische Oikumenegeographie und Universalhistorie im Werk Strabons von Amaseia, Stuttgart.

Gauthier, Paul/Hatzopoulos, Miltiades (1993), La loi gymnasiarchique de Béroia, Paris, Athen.

Gibson, Bruce/Harrison, Thomas (Hrsgg.) (2013) Polybius and his World. Essays in Memory of F. W. Walbank, Oxford.

Grieb, Volker/Koehn, Clemens (Hrsgg.) (2013), Polybios und seine Historien, Stuttgart.

Habicht, Christian (1985), Pausanias und seine ‹Beschreibung Griechenlands›, München.

Hackl, Ursula/Jacobs, Bruno/Weber, Dieter (Hrsgg.) (2010), Quellen zur Geschichte des Partherreiches Bände 1–3, Göttingen.

Hammond, Nicholas G. L. (1993), Sources for Alexander the Great. An Analysis of Plutarch's Life and Arrian's Anabasis Alexandrou. Cambridge.

Hengstl, Joachim (1978), Griechische Papyri aus Ägypten als Zeugnisse des öffentlichen und privaten Lebens, München.

Hornblower, Jane (1981), Hieronymus of Cardia, Oxford.

Hose, Martin (1993), Erneuerung der Vergangenheit. Die Historiker im Imperium Romanum von Florus bis Cassius Dio, Stuttgart.

Kebric, Robert B. (1977), In the Shadow of Macedon: Duris of Samos, Wiesbaden.

Kotsidou, Haritini (2000), Time kai doxa. Ehrungen für hellenistische Herrscher im griechischen Mutterland und in Kleinasien unter besonderer Berücksichtigung der archäologischen Denkmäler, Berlin.

Lehmann, Gustav A. (2015), Alexander der Große und die «Freiheit der Hellenen». Studien zu der antiken historiographischen Überlieferung und den Inschriften der Alexander-Ära, Berlin.

Maier, Felix K. (2012), «Überall mit dem Unerwarteten rechnen». Die Kontingenz historischer Prozesse bei Polybios, München.

Malitz, Jürgen (1983), Die Historien des Poseidonios, München.

Moretti, Luigi (1967/1976), Iscrizioni storiche ellenistiche I–II, Florenz.

Price, Martin J. (1991), The Coinage in the Name of Alexander the Great and Philipp Arrhidaeus I/II, Zürich/London.

Rigsby, Kent J. (1996), Asylia. Territorial Inviolability in the Hellenistic World, Berkeley.

Robert, Louis (1969/1990), Opera Minora Selecta, Amsterdam.

Schmitt, Hatto H. (1969), Die Staatsverträge des Altertums III, München.

Schubert, Rudolf (1914), Die Quellen zur Geschichte der Diadochen, Leipzig.

Smith, Christopher/Yarrow, Liv Mariah (Hrsgg.) (2012), Imperialism, Cultural Politics, and Polybius, Oxford.

Van Wickevoort Crommelin, Bernhard (1993), Die Universalgeschichte des Pompeius Trogus, Hagen.

Walbank, Frank (1957–1979), A Historical Commentary on Polybius I–III, Oxford.

Welles, C. Bradford (1934), Royal Correspondence in the Hellenistic Period, New Haven.

Wirth, Gerhard (1993), Diodor und das Ende des Hellenismus. Mutmaßungen zu einem fast unbekannten Historiker, Wien.

Ziegler, Konrat (1964), Plutarchos von Chaironeia, 2. Aufl. Stuttgart (= RE XXI,1), Stuttgart 1951, 636–962.

Zimmermann, Bernhard/Rengakos, Antonios (2014) (Hrsgg.), Handbuch der griechischen Literatur der Antike 2: Die Literatur der klassische und hellenistischen Zeit, München.

Makedonien und Epeiros

Die Geschichte und Landeskunde Makedoniens ist in den beiden vergangenen Jahrzehnten verstärkt erforscht worden. Eine erste Orientierung zu den verstreuten Funden und schwierigen topographischen Fragen bieten die Überblickswerke von Errington (1986), Roisman/Worthington (2010) und Lane Fox (2011), speziell zu Epeiros Hammond (1967) und Cabanes (1976). Vertiefend müssen hinzugezogen werden das monumentale Gemeinschaftswerk von Hammond/Griffith/Walbank (1972/1988) sowie die Forschungen von Hatzopoulos (1996 und 2001). Die gut dokumentierten makedonischen Könige der hellenistischen Zeit sind ebenso Gegenstand eigener Monographien geworden (Ptolemaios Keraunos: Heinen [1973]; Antigonos Doson: Le Bohec [1993]; Philipp V.: Walbank [1940]) wie die Geschichte des epeirotischen Königtums und der Molosser (Funke [2000], Meyer [2013]) und Makedoniens unter römischen Einfluß (Daubner [2016]), die Kolonisationstätigkeit der Könige (Billows [1995]), die Rolle der Frauen (Carney [2000]) und das Verhältnis zu den Inseln der Ägäis (Buraselis [1982]).

Billows, Richard A. (1995), Kings and Colonists. Aspects of Macedonian Imperialism, Leiden.

Buraselis, Kostas (1982), Das hellenistische Makedonien und die Ägäis, München.

Cabanes, Pierre (1976), L'Épire de la mort de Pyrrhos a la conquête romaine, Paris.

Carney, Elizabeth D. (2000), Women and Monarchy in Macedon, Norman.

Daubner, Frank (2016), Makedonien im römischen Reich (168 v. Chr.-14 n. Chr.), (in Vorbereitung).

Errington, Malcolm (1986), Geschichte Makedoniens, München.

Funke, Susanne (2000), Aiakidenmythos und epeirotisches Königtum. Der Weg einer hellenischen Monarchie, Stuttgart.

Hammond, Nicholas G. L. (1967), Epirus, Oxford.

Hammond, Nicholas G. L./Griffith, Guy T./Walbank, Frank W. (1972/1988), A History of Macedonia, 3 Bde., Oxford.

Hatzopoulos, Miltiades B. (1996), Macedonian Institutions under the Kings, 2 Bde., Athen/Paris.

Hatzopoulos, Militiades B. (2001), L'organisation de l'armée macédonienne sous les Antigonides, Athen.

Heinen, Heinz (1972), Untersuchungen zur hellenistischen Geschichte des 3. Jhs.

v. Chr. Zur Geschichte der Zeit des Ptolemaios Keraunos und zum Chremonideischen Krieg, Wiesbaden.
Lane Fox, Robin (2011) (Hrsg.), Brill Companion to Ancient Macedonia, Leiden.
Le Bohec, Sylvie (1993), Antigone Dôsôn roi de Macédoine, Nancy.
Meyer, Elizabeth (2013), The Inscriptions of Dodona and a New History of Molossia, Stuttgart.
Roisman, Joseph/Worthington, Ian (Hrsgg.) (2010), A Companion to Ancient Macedonia, Oxford.
Walbank, Frank W. (1940), Philip V of Macedon, Cambridge.

Philipp II. und Alexander

An Grundlagenwerken (Berve [1926], Heckel [1992], Seibert [1985]), Überblicksdarstellungen (Bosworth [1993], Bosworth [1996], Green [1992], Heckel/Tritle [2009], Lane Fox [2004], Lauffer [1993]) und Einführungswerken zu Alexander (besonders empfehlenswert: Wiemer [2015] und Gehrke [2013]; Wirth [1985b] und [1993], Will [1986], Pfrommer [2002]) herrscht verständlicherweise kein Mangel. Demgegenüber wurde Philipp II. nur selten monographisch (mit)behandelt (Worthington [2014], Engels [2006], Wirth [1985a]). Bei der Analyse des Alexanderzuges sind die persische Perspektive zu berücksichtigen (z. B. Wiesehöfer [1993]) wie auch die Widerstände innerhalb des makedonischen Heeres (z. B. Müller [2003]).

Berve, Helmut (1926), Das Alexanderreich auf prosopographischer Grundlage, 2 Bde., München.
Bosworth, Albert Brian (1993), Conquest and Empire. The Reign of Alexander the Great. Cambridge University Press, 2. Aufl. Cambridge 1993.
Bosworth, Albert Brian (1996), Alexander and the East. The Tragedy of Triumph. Oxford/New York.
Dahmen, Karsten (2007), The Legend of Alexander the Great on Greek and Roman Coins, London.
Engels, Johannes (2006), Philipp II. und Alexander der Große, Darmstadt.
Gehrke, Hans-Joachim (2013), Alexander der Große, 6. Aufl. München.
Green, Peter (1992), Alexander of Macedon. A Historical Biography, Berkeley u. a.
Heckel, Waldemar (1992), The Marshals of Alexander's Empire, London.
Heckel, Waldemar/Tritle, Lawrence A. (2009) (Hrsgg.): Alexander the Great. A New History, Oxford u. a.
Lane Fox, Robin (2004), Alexander der Große. Eroberer der Welt, Stuttgart 2004 [englische Originalausgabe: 1973].
Lauffer, Siegfried (1993), Alexander der Große, 3. Aufl. München.
Müller, Sabine (2003), Maßnahmen der Herrschaftssicherung gegenüber der makedonischen Opposition bei Alexander dem Großen, Frankfurt am Main 2003.
Pfrommer, Michael (2002), Alexander der Große. Auf den Spuren eines Mythos, Mainz.
Seibert, Jakob (1985), Die Eroberung des Perserreiches auf kartographischer Grundlage, Wiesbaden.
Wiemer, Hans-Ulrich (2015), Alexander der Große, 2. Aufl. München.

Wiesehöfer, Josef (1993), Das antike Persien von 550 bis 650 n. Chr., Zürich.
Will, Wolfgang (1986), Alexander der Große, Stuttgart.
Wirth, Gerhard (1985a), Philipp II., Stuttgart.
Wirth, Gerhard (1993), Der Brand von Persepolis. Folgerungen zur Geschichte Alexanders des Großen, Amsterdam.
Wirth, Gerhard (1985b), Studien zur Alexandergeschichte, Darmstadt.
Worthington, Ian (2014), By the Spear. Philip II, Alexander the Great, and the Rise and Fall of the Macedonian Empire, Oxford.

Die Diadochen und verschiedene Aspekte ihrer Herrschaft

Eine neue Grundlage für die Chronologie der frühen Diadochenzeit hat Boiy (2007) gelegt. Eine Einführung bietet Seibert (1989), auch wenn diese in vielen Aspekten veraltet ist. Die Entstehung der Diadochenherrschaften und deren politisches und militärisches Wirken sind etwa von Billows (1990), Cohen (1995), Roisman (2012) gründlich untersucht worden, mehrfach unter besonderer Berücksichtigung der Formen der Legitimation und Repräsentation: Gehrke (1982), Bulloch/Gruen/Long/Stewart (1993), Bilde (1996), Bringmann (2000), Bosworth (2002), Virgilio (2003). Zu allen Aspekten der hellenistischen Monarchien ist die Sammlung ausgewählter Beiträge von Habicht (2006) heranzuziehen. Zu den einzelnen Herrscherpersönlichkeiten liegen zumeist neuere monographische Untersuchungen vor, so Landucci Gattinoni (1992), Franco (1993) und Lund (1994) zu Lysimachos, Landucci Gattinoni (2003) zu Kassandros, Schäfer (2002) und Anson (2004) zu Eumenes von Kardia, zu den Eheverbindungen Seibert (1967) und zur Rolle der Frauen Ogden (1999), zu den Beziehungen der Könige zu den Städten und lokalen Führungsschichten Orth (1977), Dreyer/Mittag (2011), zum personellen Führungsstab der Herrscher Savalli-Lestrade (1998), zum höfischen Leben Vössing (2004), zu den Beinamen der Herrscher Muccioli (2013).

Anson, Edward M. (2004), Eumenes of Cardia. A Greek under Macedonians, Boston.
Bengtson, Hermann (1937), Die Strategie in hellenistischer Zeit, 3 Bde., München.
Bilde, Per (Hrsg.) (1996), Aspects of Hellenistic Kingship, Aarhus.
Billows, Richard A. (1990), Antigonos the One-Eyed and the Creation of the Hellenistic State, Berkeley/Los Angeles.
Boiy, Tom (2007), Between High and Low, A Chronology of the Early Hellenistic Period, Berlin.
Bosworth, Brian (2002), The Legacy of Alexander. Politics, Warfare, and Propaganda under the Successors, New York.
Bringmann, Klaus (2000), Geben und Nehmen. Monarchische Wohltätigkeit und Selbstdarstellung im Zeitalter des Hellenismus. Mit einem numismatischen Beitrag von Hans-Christoph Noeske. Berlin.
Bulloch, Anthony/Gruen, Erich S./Long, Anthony A./Stewart, Andrew (Hrsgg.) (1993), Images and Ideologies. Self-Definition in the Hellenistic World, Berkeley.
Cohen, Getzel M. (1995), The Hellenistic Settlements in Europe, the Islands, and Asia Minor, 4 Bände, Berkeley.

Dreyer, Boris/Mittag, Peter Franz (Hrsgg.) (2011), Lokale Eliten und hellenistische Könige. Zwischen Kooperation und Konfrontation, Berlin.
Franco, Carlo (1993), Il regno di Lisimaco. Strutture amministrative e rapporti con le città, Pisa.
Gehrke, Hans-Joachim (1982), Der siegreiche König. Überlegungen zur hellenistischen Monarchie, in: Archiv für Kulturgeschichte 64, 1982, 247–277.
Habicht, Christian (2006), The Hellenistic Monarchies. Selected Papers, Michigan.
Hatzopoulos, Miltiades B. (1988), Une donation du roi Lysimaque, Athen, Paris.
Landucci Gattinoni, Franca (1992), Lisimaco di Tracia. Un sovrano nella prospettiva del primo ellenismo, Mailand.
Landucci Gattinoni, Franca (2003), L'arte del potere. Vita e opere di Cassandro di Macedonia, Stuttgart.
Lund, Helen S. (1994), Lysimachus. A Study in Early Hellenistic Kingship, London/New York.
Muccioli, Federicomaria (2013), Gli epiteti ufficiali dei re ellenistici, Stuttgart.
Ogden, Daniel (1999), Polygamy, Prostitutes and Death. The Hellenistic Dynasties, London.
Orth, Wolfgang (1977), Königlicher Machtanspruch und städtische Freiheit. Untersuchungen zu den politischen Beziehungen, München.
Roisman, Joseph (2012), Alexander's Veterans and the Wars of the Successors, Austin.
Schäfer, Christoph (2002), Eumenes von Kardia und der Kampf um die Macht im Alexanderreich, Frankfurt am Main.
Savalli-Lestrade, Ivana (1998), Les Philoi royaux dans l'Asie hellénistique. Paris/Genf.
Seibert, Jakob (1967), Historische Beiträge zu den dynastischen Verbindungen in hellenistischer Zeit, Wiesbaden.
Seibert, Jakob (1989), Das Zeitalter der Diadochen, Darmstadt.
Virgilio, Biagio (2003), Lancia, diadema e porpora. Il re e la regalità ellenistica, 2. Aufl. Pisa.
Vössing, Konrad (2004), Mensa Regia. Das Bankett beim hellenistischen König und beim römischen Kaiser, München/Leipzig.

Seleukiden/Baktrien

Grundlegend für die Beschäftigung mit dem Seleukidenreich sind die Werke von Bikerman (1938), Boiy (2004), Capdetrey (2007). Zu verschiedenen Herrschern der Seleukidendynastie liegen Monographien vor, so diejenigen von Mehl (1990) und Grainger (1990a) zum Begründer der Dynastie, Morkholm (1966) und Mittag (2006) zu Antiochos IV. sowie Ehling (2008) zur gesamten weiteren Geschichte des Seleukidenreiches bis zur römischen Provinzeinrichtung. Zu den Städten unter seleukidischer Herrschaft: Carsana (1996) und Ma (1999) vor allem zu den griechischen, Grainger (1990b) zu den syrischen Städten, Grainger (1992) und Sartre (2001) zum phoinikischen Raum. Zu den östlichen Provinzen des Seleukidenreiches und deren Abspaltung sind die Studien von Kuhrt/Sherwin-White (1983) und (1993), Holt (1999), zur seleukidischen Münzprägung ist Houghton/Lorber (2002/2008) heranzuziehen.

Bikerman, Elias (1938), Institutions des Séleucides, Paris.

Boiy, Tom (2004), Late Achaemenid and Hellenistic Babylon, Leuven.

Capdetrey, Laurent (2007), Le pouvoir séleucide. Territoire, administration, finances d'un royaume hellénistique (312–129 avant J.-C.), Rennes.

Carsana, Chiara (1996), Le dirigenze cittadine nello stato seleucidico, Como.

Ehling, Kay (2008), Untersuchungen zur Geschichte der späten Seleukiden, 164–63 v. Chr. Vom Tode des Antiochos IV. bis zur Einrichtung der Provinz Syria unter Pompeius, Stuttgart.

Grainger, John D. (1990a), Seleukos Nikator. Constructing a Hellenistic Kingdom, London/New York.

Grainger, John D. (1990b), The Cities of Seleukid Syria, Oxford.

Grainger, John D. (1992), Hellenistic Phoenicia, Oxford.

Holt, Frank L.(1999), Thundering Zeus. The Making of Hellenistic Bactria, Berkeley/Los Angeles.

Houghton, Arthur/Lorber, Catharine (2002/2008), Seleucid coins: a comprehensive catalogue, 2 Bände, New York.

Kuhrt, Amélie/Sherwin-White, Susan A. (1987), Hellenism in the East. The Interaction of Greek and Non-Greek Civilizations from Syria to Central Asia after Alexander, London/Berkeley.

Kuhrt, Amelie/Sherwin-White, Susan (1993), From Samarkandh to Sardis. A New Approach to the Seleucid Empire, London.

Ma, John (1999), Antiochos III and the Cities of Western Asia Minor. Oxford.

Mehl, Andreas (1986), Seleukos I. Nikator und sein Reich 1. Teil, Lovain.

Mittag, Franz-Peter (2006), Antiochos IV. Epiphanes. Eine politische Biographie, Berlin.

Morkholm, Otto (1966), Antiochos IV of Syria, Kopenhagen.

Sartre, Maurice (2001), D'Alexandre à Zenobie. Histoire du Levant antique, IVe siècle av. J.-C. – IIIe siècle ap. J.-C., Paris.

Pergamon, Galater, bithynische, pontische und kappadokische Könige

Gesamtdarstellungen der Geschichte Pergamons und der angrenzenden Königshäuser bieten Hansen (1971), Radt (2005), Sartre (2003), Evans (2012), zur Einführung kann das Buch von Zimmermann (2011) empfohlen werden. Wichtige Einzelaspekte wie die euergetischen Bemühungen der pergamenischen Könige auf kulturellem Gebiet, deren Herrschaftsorganisation und deren Stiftungspraxis in Athen und andernorts haben Schalles (1985), Stewart (2003) und Mileta (2008) untersucht. Den Einfall der Galater und deren Sesshaftwerdung in Kleinasien behandelt Strobel (2015), deren ideologische Funktionalisierung in Wort und Bild Kistler (2009). Zur Geschichte des bithynischen, pontischen und kappadokischen Königshaus und deren Territorium liegen die Studien von McGing (1986), Marek (2003) und Michels (2008) vor.

Evans, Richard (2012), A History of Pergamum. Beyond Hellenistic Kingship, London.

Hansen, Esther V. (1971), The Attalids of Pergamon, 2. Auflage, Ithaca/London.

Kistler, Erich (2009), Funktionalisierte Keltenbilder. Die Indienstnahme der Kelten zur Vermittlung von Normen und Werten in der hellenistischen Welt, Berlin.

McGing, Brian (1986), The Foreign Policy of Mithridates VI Eupator King of Pontus, Leiden.
Michels, Christoph (2008), Kulturtransfer und monarchischer ‹Philhellenismus›. Bithynien, Pontos und Kappadokien in hellenistischer Zeit, Göttingen.
Mileta, Christian (2008), Der König und sein Land. Untersuchungen zur Herrschaft der hellenistischen Monarchen über das königliche Gebiet Kleinasiens und seine Bevölkerung, Berlin.
Radt, Wolfgang (2005), Pergamon. Geschichte und Bauten einer antiken Metropole, Darmstadt.
Sartre, Maurice (2003), L'Anatolie hellénistique de l'Égée au Caucase, Paris.
Schalles, Hans-Joachim (1985), Untersuchungen zur Kulturpolitik der pergamenischen Herrscher im 3. Jh. v. Chr., Tübingen.
Stewart, Andrew (2003), Attalos, Athens, and the Acropolis. The Pergamene ‹Little Barbarians› and their Roman and Renaissance Legacy, Cambridge.
Strobel, Karl (2015), Die Galater. Geschichte und Eigenart der keltischen Staatenbildung auf dem Boden des hellenistischen Kleinasien, Berlin, 2 Bände, 2. Aufl.
Zimmermann, Martin (2011), Pergamon, München.

Ptolemäer und Ägypten

Ausführliche Überblicke über die Geschichte der ptolemäischen Herrschaft in Ägypten bieten Huß (2001) und Hölbl (2004). Grundlegend für die Beschäftigung mit allen Bereichen des sozialen Lebens im ptolemäischen Ägypten sind die Arbeiten von Bagnall (1976) und (2006). Wichtig zu den Fragen der wirtschaftlichen und finanziellen Grundlagen der ptolemäischen Herrschaft sind ferner die neueren Beiträge von Manning (2003), Habermann/Tenger (2004), von Reden (2007) und Bingen (2007). Das maßgebliche Handbuch zur Geschichte der neuen griechischen Hauptstadt Alexandreia hat Fraser (1972) geschrieben, das zur ‹alten› Hauptstadt Memphis Thompson (1988). Die Politik und Biographie einzelner Mitglieder des Herrscherhauses sind eigenständig untersucht worden, so der Dynastiegründer durch Ellis (1994) und Carolis (2007), Ptolemaios II. durch McKechnie/Guillaume (2008), das seiner Geschwistergattin Arsinoe durch Müller (2009) und Carney (2013), die Außenpolitik des Ptolemaios III. durch Beyer-Rotthoff (1993) und die des Ptolemaios IV. durch Huß (1976). Die Zeitspanne von Ptolemaios VI. bis VIII. behandelt der Sammelband von Jördens/Quack (2011), Ptolemaios VIII. und dessen Bild in der Nachwelt Nadig (2008). Besondere Beachtung hat naturgemäß die schillernde Persönlichkeit Kleopatras erfahren: Heinen (2009) und Schäfer (2006), Walter/Higgs. Fragen des höfischen Lebens, wie etwa Rangfolge, Rolle der Dichtung etc., erörtern Mooren (1977) und Weber (1993), die Herrscher- und Dynastiekulte erläutert Pfeiffer (2008) systematisch. Die Aufstände im ptolemäischen Ägypten seit der Herrschaft Ptolemaios' III. hat Veïsse (2004) untersucht. Das Kanopos-Dekret hat Pfeiffer (2004) in einer zweisprachigen Edition kommentiert. Für die papyrologischen Grundlagen unseres Wissens um die näheren Umstände der ptolemäischen Fremdherrschaft sei beispielhaft auf die Sammlungen von Skeat (1974) und Scholl (1990), zu Fragen der kulturellen Assimilation neuerdings auf Weber (2010) verwiesen.

Bagnall, Roger S. (1976), The Administration of the Ptolemaic Possessions outside Egypt, Leiden.
Bagnall, Roger S. (2006), Hellenistic and Roman Egypt, Aldershot.
Beyer-Rotthoff, Brigitte (1993), Untersuchungen zur Außenpolitik Ptolemaios' III., Bonn.
Bingen, Jean (Hrsg.) (2007), Hellenistic Egypt. Monarchy, Society, Economy, Culture, Berkeley.
Carney, Elizabeth (2013), Arsinoë of Egypt and Macedon. A Royal Life, Oxford.
Carolis, Christian A. (2007), Ptolemaios I. Soter. Herrscher zweier Kulturen, Konstanz.
Ellis, Walter M. (1994), Ptolemy of Egypt, London/New York.
Fraser, Peter M. (1972), Ptolemaic Alexandria, 3 Bde., Oxford.
Habermann, Wolfgang/Tenger, Bernhard (2004), Der Wirtschaftsstil der Ptolemäer, in: Bertram Schefold (Hrsg.), Wirtschaftssysteme im historischen Vergleich, Stuttgart, 271–333.
Heinen, Heinz (2009), Kleopatrastudien, Konstanz.
Hölbl, Gerhard (2004), Geschichte des Ptolemäerreiches, 2. Aufl. Darmstadt.
Huß, Werner (1976), Untersuchungen zur Außenpolitik Ptolemaios' IV., München.
Huß, Werner (2001), Ägypten in hellenistischer Zeit, 332–30 v. Chr., München.
Jördens Andrea/Quack, Joachim F. (2011) (Hrsgg.), Ägypten zwischen innerem Zwist und äußerem Druck. Die Zeit Ptolemaios› VI. bis VIII., Wiesbaden.
Manning, Joseph Gilbert (2003), Land and Power in Ptolemaic Egypt. The Structure of Land Tenure, Cambridge.
McKechnie, Paul/Guillaume, Philippe (Hrsgg.) (2008), Ptolemy II Philadelphus and his World, Leiden.
Mooren, Leonard (1977), La hiérarchie de cour Ptolémaique. Contribution à l' étude des institutions et des classes dirigeantes à l' époque hellénistique. Leuven.
Müller, Sabine (2009), Das hellenistische Königspaar in der medialen Repräsentation, Berlin.
Nadig, Peter (2008), Zwischen König und Karikatur. Das Bild des Ptolemaios' VIII. im Spannungsfeld der Überlieferung, München.
Pfeiffer, Stefan (2004), Das Dekret von Kanopos (238 v. Chr.). Kommentar und historische Auswertung eines dreisprachigen Synodaldekretes der ägyptischen Priester zu Ehren Ptolemaios III. und seiner Familie, München/Leipzig.
Pfeiffer, Stefan (2008), Herrscher- und Dynastiekulte im Ptolemäerreich. Systematik und Einordnung der Kultformen, München.
Schäfer Christoph (2009), Kleopatra. Gestalten der Antike, Darmstadt.
Scholl, Reinhold (1990), Corpus der Ptolemäischen Sklaventexte, Stuttgart.
Skeat, T. C. (1974), The Zenon Archive, London.
Thompson, D. J. (1988), Memphis under the Ptolemies, Princeton.
Veïsse, Anne (2004), Les révoltes égyptiennes. Recherches sur les troubles intérieurs en Égypte du règne de Ptolémée III à la conquête romaine, Leuven.
von Reden, Sitta (2007), Money in Ptolemaic Egypt, Cambridge.
Walker, Susan/Higgs, Peter (2001), Cleopatra of Egypt from History to Myth, Princeton.

Weber, Gregor (1993), Dichtung und höfische Gesellschaft. Die Rezeption von Zeitgeschichte am Hof der ersten drei Ptolemäer, Stuttgart.

Weber, Gregor (Hrsg.) (2010), Alexandreia und das ptolemäische Ägypten. Kulturbegegnungen in hellenistischer Zeit, Berlin.

Griechische Städte, Heiligtümer und Bundesstaaten

Die politisch und wirtschaftlich außerordentlich große Bedeutung der Städte und Heiligtümer an der Westküste Kleinasiens und der ihr vorgelagerten ägäischen Inseln spiegelt sich in der reichen epigraphischen und archäologischen Überlieferung. Auf dieser wiederum beruht eine breite Beschäftigung der Forschung mit dem aus diesem Raum stammenden Zeugnissen und Befunden. Den besten Zugang zur Geschichte Kleinasiens bieten die Einführung von Schwertheim (2010) und das Handbuch von Marek (2010). Den anatolischen Raum decken die Forschungen von Robert (1937) und Mitchell (1993) ab. Zum Verhältnis der Städte zu den Königen ist nach wie vor Heuss (1937) in rechtlicher Hinsicht und Gauthier (1985), vor allem im Blick auf das euergetische Wirken der Herrscher und dessen politische Implikationen zu Rate zu ziehen. Zur Verfassung, sozialen und politischen Geschichte verschiedener Städte und Inseln liegen ebenfalls wichtige Grundlagenwerke vor, so Jones (1971) und Dmitirev (2005) zu den kleinasiatischen Städten generell, speziell zur städtischen Führungsschicht der ‹Honoratioren› Quass (1993), zur Kontrolle der städtischen Beamten Fröhlich (2004), allgemein zur Ägäis Buckler (2003), zu Rhodos Berthold (1984), Wiemer (2001), Gabrielsen (2007) und Wiemer (2003), zu Delos Bruneau (1970), Roussel (1987) und Reger (1994), zu Kos Sherwin-White (1987) und Paul (2013), zu Klaros/Kolophon Robert/Robert (1989), zu den karischen Poleis Van Bremen, Riet/Carbon (2006). Das Ausmaß und die Formen der Bürgerpartizipation in hellenistischer Zeit haben Carlsson (2005), Grieb (2007) und Mann/Scholz (2012), Fragen des ‹Bürgerseins› (Status, Repräsentation, Fremdwahrnehmung und Selbstdarstellung von Bürgern und Städten) Wörrle/Zanker (1995), Fröhlich/Müller (2005), Matthaei/Zimmermann (2009) und Ma (2013), die durch die permanente Kriegsführung der hellenistischen Herrscher verursachten sozialen und finanziellen Belastungen für die Städte – allesamt überwiegend am Beispiel kleinasiatischer Städte – Couvenhes/Fernoux (2004), die Finanzierung öffentlicher Bauten hat schließlich Meier (2012) untersucht. Zu den regionalen Herrscherdynastien in Kleinasien ist nach wie vor auf Hoben (1969) zurückzugreifen.

Zu den Bundesstaaten und Heiligtümern im griechischen Kernland ist die Benutzung folgender Werke hilfreich: allgemein zu den Bundesstaaten im 4.Jh. Larsen (1968) und Beck (1997), zur theoretischen Konzeption des Bundesstaates Lehmann (2001), zum Aitolischen Bund Scholten (1999) und Grainger (1999), zum Achäischen Bund Urban (1979) und Koehn (2007) wie auch zu deren herausragenden Führern Philopoimen Errington (1969) und Aratos von Sikyon Walbank (1933), zu Delphi, der Amphiktyonie und der Abwehr der Kelten Nachtergael (1977), Lefèvre (1998) und Sanchez (2001), zu Sparta Cartledge/Spawforth (1989), zu Messenien Luraghi (2008), zur zwischenstaatlichen Kommunikation der hellenistischen Städte mittels der Berufung auf Verwandtschaftstraditionen, der Verleihung eines gemeinsamen Bürgerrechts oder der Proxenie Lücke (2000) und Marek (1984).

Beck, Hans (1997), Polis und Koinon. Untersuchungen zur Geschichte und Struktur der griechischen Bundesstaaten im 4. Jh. v. Chr., Stuttgart.

Berthold, Richard M. (1984), Rhodes in the Hellenistic Age, Ithaca/London.

Bresson, Alain/Descat, Raymond (Hrsgg.) (2001), Les Cités d'Asie Mineure occidentale au IIe siècle a.C., Bordeaux, Paris.

Bruneau, (1970), Recherches sur les cultes de Délos à l'époque héllenistique et à l'époque impériale, Paris.

Buckler, John (2003), Aegean Greece in the 4th Century BC, Leiden/Boston.

Carlsson, Susanne (2005), Hellenistic Democracies. Freedom, Independence and Political Procedure in Some East Greek City-States, Uppsala.

Cartledge, Paul/Spawforth, Antony (1989), Hellenistic and Roman Sparta. A Tale of Two Cities, London/New York.

Couvenhes, Jean-Christophe/Fernoux, Henri-Louis (Hrsgg.) (2004), Les cites grecques et la guerre en Asie Mineure à l'époque hellénistique, Tours.

Dmitriev, Sviatoslav (2005), City Government in Hellenistic and Roman Asia Minor, Oxford.

Errington, Malcolm (1969), Philopoemen, Oxford.

Fröhlich, Pierre (2004) Les cités grecques et le contrôle des magistrats (IVe-Ier siècle av. J. C.). Genf.

Fröhlich, Pierre/Müller, Christel (Hrsgg.) (2005), Citoyenneté et participation a la basse époque hellénistique, Genf.

Gabrielsen, Vincent (1997), The Naval Aristocracy of Hellenistic Rhodes, Aarhus.

Gauthier, Philippe (1985), Les cités grecques et leurs bienfaiteurs (IV e I er siècle av. J. C.), Contribution à l'histoire des institutions, Paris.

Grainger, John D. (1999), The League of the Aitolians, Leiden.

Grieb, Volker (2007), Hellenistische Demokratie. Politische Organisation und Struktur in freien griechischen Poleis nach Alexander dem Großen. Stuttgart 2007

Heuss, Alfred (1937), Stadt und Herrscher des Hellenismus in ihren staats- und völkerrechtlichen Beziehungen, Leipzig.

Hoben, Wolfgang (1969), Untersuchung zur Stellung kleinasiatischer Dynasten. Diss. Mainz.

Jones, A. H. M. (1971), Cities of the Eastern Roman Provinces, 2. Auflage, Oxford.

Koehn, Clemens (2007), Krieg, Diplomatie, Ideologie. Zur Außenpolitik hellenistischer Mittelstaaten, Stuttgart.

Larsen, Jakob A. O. (1968), Greek Federal States. Their Institutions and History. Oxford.

Lehmann, Gustav A. (2001), Ansätze zu einer Theorie des griechischen Bundesstaates bei Aristoteles und Polybios, Göttingen.

Lefèvre, François (1998), L' Amphictionie Pyléo-Delphique. Histoire et institutions, Paris.

Lücke, Stephan (2000), Syngeneia. Epigraphisch-historische Studien zu einem Phänomen der antiken griechischen Diplomatie, Frankfurt am Main.

Luraghi, Nino (2008), The Ancient Messenians. Constructions of Ethnicity and Memory, Cambridge.

Ma, John (2013), Statues and Cities. Honorific Portraits and Civic Identity in the Hellenistic World. Oxford Studies in Ancient Culture and Representation, Oxford.

Mann, Christian/Scholz, Peter (Hrsgg.) (2012), Demokratie im Hellenismus. Von der Herrschaft des Volkes zur Herrschaft der Honoratioren?, Mainz.
Marek, Christian (1984), Die Proxenie, Frankfurt am Main.
Marek, Christian (2010), Geschichte Kleinasiens in der Antike, München.
Matthaei, Albrecht/Zimmermann, Martin (Hrsgg.) (2009), Stadtbilder im Hellenismus, Berlin.
Meier, Ludwig (2012), Die Finanzierung öffentlicher Bauten in der hellenistischen Polis, Mainz.
Mitchell, Stephen (1993), Anatolia. Land, Men and Gods in Asia Minor I: The Celts and the Impact of Roman Rule, Oxford.
Nachtergael, Georges (1977), Les Galates en Grèce et les Sôteria de Delphes. Recherches d'historie et d'épigraphie hellénistiques, Brüssel.
Paul, Stéphanie (2013), Cultes et sanctuaires de l'île de Cos, Liège.
Quass, Friedemann (1993), Die Honoratiorenschicht in den Städten des griechischen Ostens, Stuttgart.
Reger, Gary (1994), Regionalism and Change in the Economy of Independent Delos, Berkeley/Los Angeles.
Robert, Jeanne/Robert, Louis (1989), Claros I. Décrets héllénistiques. Paris.
Robert, Louis (1937), Études anatoliennes. Recherches sur les inscriptions grecques de l'Asie Mineure, Paris.
Roussel, Pierre (1987), Délos colonie athénienne, 2. Aufl. Paris.
Sanchez, Pierre (2001), L'Amphictionie des Pyles et de Delphes. Recherches sur son rôle historique. Des origins au IIe siècle de notre ère, Stuttgart.
Scholten, Joseph (1999), The Politics of Plunder. Aitolians and their Koinon in the Early Hellenistic Era, 279–217 B. C., Berkeley, Los Angeles.
Schwertheim, Elmar (2011), Geschichte Kleinasiens, 2. Aufl. München.
Sherwin-White, Susan (1978), Ancient Cos. A Historical Study from the Dorian Settlement to the Imperial Period, Göttingen.
Urban, Ralf (1979), Wachstum und Krise des Achäischen Bundes. Quellenstudien zur Entwicklung des Bundes von 280 bis 222 v. Chr., München.
Van Bremen, Riet/Carbon, Jan-Mathieu (Hrsgg.) (2006), Hellenistic Karia, Talence.
Walbank, Frank W. (1933), Aratos of Sicyon, Cambridge.
Wiemer, Hans-Ulrich (2001), Rhodische Traditionen in der hellenistischen Historiographie, Frankfurt am Main.
Wiemer, Hans-Ulrich (2003), Krieg, Handel und Piraterie, Berlin.
Wörrle, Michael/Zanker, Paul (Hrsgg.) (1995), Stadtbild und Bürgerbild im Hellenismus, München.

Athen in hellenistischer Zeit

Die Geschichte des hellenistischen Athens hat Christian Habicht auf eine neue Grundlage gestellt, unter anderem auf der Basis der chronologischen Rekonstruktionen, die Tracy (1990) und (1995) unternommen hat; die wichtigsten Ergebnisse seiner mehreren Jahrzehnte umfassenden Beschäftigung hat Habicht in mehreren Werken zusammengeführt: Habicht (1979), (1983), (1994), (1995). Verschiedene Modifikationen in der Rekonstruktion der Ereignisse hat Dreyer (1999) vorgeschlagen. Den Lamischen Krieg erörtert Schmitt (1992), die Zeit unter makedonischer Aufsicht thematisieren auch Palagia/Tracy (2003) und Oliver (2007). Anhand der Biographie des Hypereides behandelt Engels (1993) die lykurgische Ära.

Dreyer, Boris (1999), Untersuchungen zur Geschichte des spätklassischen Athen (322–230), Stuttgart.

Engels, Johannes (1993), Studien zur politischen Biographie des Hypereides. Athen in der Epoche der lykurgischen Reformen und des makedonischen Universalreiches, München.

Habicht, Christian (1979), Untersuchungen zur politischen Geschichte Athens im 3. Jahrhundert v. Chr., München.

Habicht, Christian (1983), Studien zur Geschichte Athens in hellenistischer Zeit, Göttingen.

Habicht, Christian (1994), Athen in hellenistischer Zeit. Gesammelte Aufsätze, München.

Habicht, Christian (1995), Athen. Die Geschichte der Stadt in hellenistischer Zeit, München.

Oliver, Graham J. (2007), War, Food, and Politics in Early Hellenistic Athens (322–229 v. Chr.), Oxford.

Palagia, Olga/Tracy, Stephen V. (Hrsgg.) (2003), Macedonians in Athens, 322–229, Oxford.

Schmitt, Oliver (1992), Der Lamische Krieg, Bonn.

Tracy, Stephen V. (Hrsg.) (1990), Attic Letter Cutters of 229 to 86 B. C., Berkeley/Los Angeles.

Tracy, Stephen V. (Hrsg.) (1995), Athenian Democracy in Transition. Attic Letter Cutters of 340 to 290 B. C., Berkeley/Los Angeles.

Juden, Araber und andere Völker im Hellenismus

Gute Einführungen und Überblicke zur Wahrnehmung des Fremden in der griechischen Antike bieten Momigliano (1979) und Gruen (1998), zum Verhältnis von Judentum und hellenistischer Umwelt Hengel (1988), Bakhos (1989), Gruen (2002), Collins (2005) und Bringmann (2005). Den Makkabäeraufstand erörtern ausführlich Bringmann (1983) und Bar-Kochva (1989). Die jüdische Sicht auf die hellenistischen Herrscher untersucht der Sammelband von Rajak/Pearce (2007). Zu den Makkabäerbüchern und der Überlieferung der jüdischen Literaten: Holladay (1983), von Dobbeler (1997). Unser Wissen um die griechische Präsenz in der arabischen Welt hat Potts (1990) zusammengestellt.

Bakhos, Carol (2005), Ancient Judaism in Hellenistic Context, Leiden/Boston.

Bar-Kochva, S. (1989), Judas Maccabaeus. The Jewish Struggle against the Seleucids, Cambridge.

Bringmann, Klaus (1983), Hellenistische Reform und Religionsverfolgung in Judäa. Eine Untersuchung zur hellenistisch-jüdischen Geschichte (175–163 v. Chr.), Göttingen.

Bringmann, Klaus (2005), Geschichte der Juden im Altertum. Vom babylonischen Exil bis zur arabischen Eroberung, Stuttgart.

Collins, John (Hrsg.) (2005), Jewish Cult and Hellenistic Culture, Leiden/Boston.
Dobbeler, S. von (1997), Die Bücher 1/2 Makkabäer, Stuttgart.
Gruen, E. S. (1998), Heritage and Hellenism. The Reinvention of Jewish Tradition, Berkeley/Los Angeles.
Gruen, Erich S. (2002), Diaspora. Jews amidst Greeks and Romans, Cambridge (MA).
Hengel, Martin (1988), Judentum und Hellenismus, 3. Aufl. Tübingen.
Holladay, C. (1983), Fragments from Hellenistic Jewish Authors I–IV, Chico.
Momigliano, Arnaldo (1979), Hochkulturen des Hellenismus, München.
Potts, D. (1990), The Arabian Gulf in Antiquity II, Oxford.
Rajak, Tessa/Pearce, Sarah u. a. (Hrsgg.) (2007), Jewish Perspectives on Hellenistic Rulers, Berkeley.
Sartre, Maurice (2001), D'Alexandre à Zénobie: Histoire du Levant antique (IVe siècle av. J.-C. – IIIe siècle ap. J.-C.), Paris.

Sizilien/Syrakus/Unteritalien

Die von dem karthagischen-griechischen Antagonismus bestimmte Geschichte Siziliens hat Hans (1983) in wesentlichen Stationen untersucht. Um eine grundlegende Neubewertung des hellenistischen Siziliens bemühen sich Crawley/Prag (2013). Die charismatische Gestalt des Agathokles ist Gegenstand verschiedener Untersuchungen geworden: Berve (1953) (nach wie vor grundlegend), Nerina Consolo Langher (2000), Lehmler (2005), Zambon (2008), der das hellenistische Sizilien bis zur römischen Herrschaft erörtert.

Berve, Helmut (1953), Die Herrschaft des Agathokles, München.
Crawley, Quinn J./Prag, Jonathan (Hrsgg.) (2013), The Hellenistic West: Rethinking the Ancient Mediterranean, Cambridge.
Hans, Linda-Marie (1983), Karthago und Sizilien, Hildesheim.
Lehmler, Caroline (2005), Syrakus unter Agathokles und Hieron II. Die Verbindung von Kultur und Macht in einer hellenistischen Metropole, Frankfurt am Main.
Nerina Consolo Langher, Sebastiana (2000), Agatocle. Da capoparte a monarca fondatore di un regno tra Cartagine e i Diadochi. Messina.
Zambon, Efrem (2008), Tradition and Innovation. Sicily between Hellenism and Rome, Stuttgart.

Rom und der hellenistische Osten

Eine überaus nützliche Auswahl der wichtigsten literarischen und epigraphischen Quellenzeugnisse in deutscher Übersetzung hat Schmitt (1992) zusammengestellt. Wichtig ist die kommentierte Auswahl thematisch relevanter Inschriftendokumente von Sherk (1969) und (1985). Ausgehend von der ausführlichen Darstellung im Werk von Gruen (1984) haben Eckstein (2006) und Kallet-Marx (1995) die Diskussion über die Motive und die Bewertung des römischen Vorgehens im hellenistischen Osten geführt. Das Verhältnis zu den Ptolemäern hat Lampela (1998) untersucht. Das Schicksal der griechischen Städte unter römischer Herrschaft hat das Handbuch von Magie (1950) weiterführend, eingehend Bernhardt (1985) und (1998) erörtert, aber auch Lehmann (1998) und Schmitt (1957) (speziell zum Verhältnis zu Rhodos). Das Ausmaß des politischen Widerstands skizziert Deininger (1971). Den führenden römischen Akteuren sind verschiedene Monographien gewidmet: Badian (1970) [zu Flamininus]. Das Phänomen der Klientelkönige haben untersucht Braund (1984) und Sullivan (1990), den historischen Prozess der ‹Hellenisierung› Roms und Italiens Zanker (1976), Gruen (1990) und (1992), Jones/Segal/Tarrant (1995), Rawson (2002) und Wallace-Hadrill (2010). Scholz (2011) will diese Hellenisierung allerdings wesentlich als ‹Intellektualisierung› der Senatsaristokratie verstanden wissen.

Badian, Ernst (1970), Titus Quinctius Flamininus. Philhellenism and Realpolitik, Cincinatti.

Bastini, Andreas (1987), Der achäische Bund als hellenische Mittelmacht. Geschichte des achäischen Koinon in der Symmachie mit Rom, Frankfurt am Main.

Bernhardt, Rainer (1985), Polis und römische Herrschaft in der späten Republik (149–31 v. Chr.), Berlin.

Bernhardt, Rainer (1998), Rom und die griechischen Städte des hellenistischen Ostens (3.–1. Jahrhundert v. Chr.), München.

Braund, David. (1984), Rome and the Friendly King. The Character of Client Kingship, London.

Deininger Jürgen (1971), Der politische Widerstand gegen Rom in Griechenland 217–86 v. Chr., Berlin.

Eckstein, Arthur M. (2006), Mediterranean Anarchy, Interstate War, and the Rise of Rome, Berkeley/Los Angeles.

Gruen, Erich (1984), The Hellenistic World and the Coming of Rome, 2 Bände, Berkeley.

Gruen, Erich (1990), Studies in Greek Culture and Roman Policy, Leiden.

Gruen, Erich (1992), Culture and National Identity in Republican Rome, Ithaca.

Jones, Christopher P./Segal, Charles u. a. (Hrsgg.) (1995), Greece in Rome. Influence, Integration, Resistance, Cambridge (Mass.).

Kallet-Marx, R. M. (1995), Hegemony to Empire. The Development of the Roman Imperium in the East from 148 to 62 BC, Berkeley/Los Angeles.

Lampela, A. (1998), Rome and the Ptolemies of Egypt. The Development of their Political Relations 273–80 B. C., Helsinki.

Lehmann, Gustav A. (1998), Römischer Tod in Kolophon/Klaros. Neue Quellen zum Status der ‹freien› Polisstaaten ander Westküste Kleinasiens im späten zweiten Jahrhundert v. Chr. Göttingen.

Magie, David (1950), Roman Rule in Asia Minor, 2 Bände, Princeton.

Rawson, Elisabeth (2002), Intellectual Life in the Late Roman Republic, London.

Scholz, Peter (2011), Den Vätern folgen. Sozialisation und Erziehung der republikanischen Senatsaristokratie, Mainz.

Sherk, Robert (1969), Roman Documents from the Greek East. Senatus Consulta and Epistulae to the Age of Augustus, Baltimore.

Sherk, Robert K (1984), Rome and the Greek East to the Death of Augustus, Cambridge.

Schmitt, Hatto H. (1957), Rom und Rhodos. Geschichte ihrer politischen Beziehun-

gen seit der ersten Berührung bis zum Aufgehen des Inselstaates im römischen Weltreich, München.
Schmitt, Hatto H. (1992), Rom und die griechische Welt. Von der Frühzeit bis 133 v. Chr. Antike Quellen in Übersetzung, München.
Sullivan, R. D. (1990), Near Eastern Royalty and Rome, 100–30 BC, Toronto.
Wallace-Hadrill, Andrew (2010), Rome's Cultural Revolution, Cambridge/New York.
Zanker, Paul (Hrsg.) (1976), Hellenismus in Mittelitalien, 2 Bände, Göttingen.

Religion und Herrscherkult

Die Grundlagen zur Untersuchung der reziproken Beziehung zwischen Herrscher und griechischen Städten und der darin gründenden Ehrungs- und Verehrungsformen hat Habicht (1970) gelegt. Einen Einblick in die neueren Forschungen zum Herrscherkult vermitteln Chankowski/Iossif/Lorbeer (2011) und Günther/Plischke (2011). Die Nähe der Darstellung hellenistischer Herrscher zu den Göttern haben Svensson (1995) und Bergmann (1998) untersucht. Den zentral bestimmten und beaufsichtigten Herrscherkult in Ägypten und die Voraussetzungen für die besonderen Verhältnisse dort beleuchten Heinen (1995), Merkelbach (1995) und Pfeiffer (2008), Aspekte des religiösen Lebens in Athen stellt umfassend Mikalson (1998) dar, das dortige Kultpersonal haben Horster/Klöckner (2012) analysiert.

Bergmann. Marianne (1998), Die Strahlen der Herrscher. Theomorphes Herrscherbild und politische Symbolik im Hellenismus und in der römischen Kaiserzeit, Mainz.
Chankowski, Andrzej S./Iossif, Panagiotis P./Lorber, Catharine C. (Hrsgg.) (2011), More than Men, Less than Gods. Studies on Royal Cult and Imperial Worship, Leuven.
Günther, Linda-Marie/Plischke, Sonja (Hrsgg.) (2011), Studien zum vorhellenistischen und hellenistischen Herrscherkult, Berlin.
Habicht, Christian (1970), Gottmenschentum und griechische Städte, 2. Aufl. München.
Heinen, Heinz (1995), Vorstufen und Anfänge des Herrscherkultes im römischen Ägypten, in: W. Haase/H. Temporini (Hrsgg.), Aufstieg und Niedergang der Römischen Welt, Reihe II Bd. 18, Berlin, 3144–3180.
Highbie, Carolyn (2003), The Lindian Chronicle and the Greek Creation of their Past, Oxford.
Horster, Marietta/Klöckner, Anja (Hrsgg.) (2012), Civic Priests. Cult Personnel in Athens from the Hellenistic Period to Late Antiquity, Berlin/Boston.
Merkelbach, Reinhold (1995), Isis regina – Zeus Sarapis. Die griechisch-ägyptische Religion nach den Quellen dargestellt, Stuttgart/Leipzig.
Mikalson, Jon D. (1998), Religion in Hellenistic Athens, Berkeley/Los Angeles.
Pfeiffer, Stefan (2008), Herrscher- und Dynastiekulte im Ptolemäerreich. Systematik und Einordnung der Kultformen, München.
Svenson, D. (1995), Darstellungen hellenistischer Könige mit Götterattributen, Frankfurt am Main.

Sozial- und Wirtschaftsgeschichte

Nach wie vor einen umfassenden, wenn auch auf einem veralteten Forschungsstand beruhenden enzyklopädischen Überblick bietet das Handbuch von Rostovtzeff (1955). Speziell zur Sozialgeschichte, zu Fragen der Akkulturation und ethnischen Identität, sind Funck (1996) und Freitag/Michels (2014), zur Wirtschaftsgeschichte Briant (1982), Archibald (2001) und Archibald/Davies/Gabrielsen (2005), zu den wirtschaftlichen Grundlagen der seleukidischen Herrschaft Aperghis (2004) und Chankowski/Duyrat (2005), zur ptolemäischen Geldgeschichte von Reden (2007) heranzuziehen, zur Stellung der Frau in hellenistischer Zeit Bielmann (2002) und Stavrianopoulou (2006), zu wandernden Techniten, Dichtern und Historikern, Le Guen (2001), Aneziri (2003), Hunter/Rutherford (2009) und Chaniotis (1988). Vornehmlich die sozialen Folgen hellenistischer Kriege und Kriegsführung beleuchtet eindringlich Chaniotis (2005).

Aneziri, Sophia (2003), Dionysische Techniten. Die Vereine der *Dionysischen Techniten* im Kontext der hellenistischen Gesellschaft Stuttgart.

Aperghis, Makis (2004), The Seleucid Royal Economy. The Finances and Financial Administration of the Seleukid Empire, Cambridge.

Archibald, Zosia H. (Hrsg.) (2001), Hellenistic Economies, London/New York.

Archibald, Zosia H./Davies, John K./Gabrielsen, Vincent (2005), Making, Moving and Managing. The New World of Ancient Economies, 323–31 BC, Oxford.

Bielman, Anne (2002), Femmes en public dans le monde hellénistique, Paris.

Briant, Pierre (1982), Rois, tributs et paysans. Etudes sur les formations tributaries du Moyen-Orient ancient, Paris.

Chaniotis, Angelos (1988), Historie und Historiker in den griechischen Inschriften, Stuttgart.

Chaniotis, Angelos (2005), War in the Hellenistic World, Oxford.

Chankowski, Véronique/Duyrat, Frédérique (Hrsgg.) (2005), Le roi et l' économie. Autonomies locales et structures royales dans l' économie de l' émpire Seleucide, Paris.

Freitag, Klaus/Michels, Christoph (Hrsgg.) (2014), Athen und/oder Alexandreia. Aspekte von Identität und Ethnizität im hellenistischen Griechenland, Köln.

Funck, Bernd (Hrsg.) (1996), Hellenismus. Beiträge zur Erforschung von Akkulturation und politischer Ordnung in den Staaten des hellenistischen Zeitalters, Tübingen.

Hunter, Richard/Rutherford, Ian (Hrsgg.) (2009), Wandering Poets in Ancient Greek Culture. Travel, Locality and Pan-Hellenism, Cambridge/New York.

Le Guen, Brigitte (2001), Les Associations de technites dionysiaques à l'époque hellénistique, Nancy/Paris.

Rostovtzeff, Michael (1955), Gesellschafts- und Wirtschaftsgeschichte der hellenistischen Welt, Darmstadt [englische Originalausgabe 1941].

Samuel, Alan E. (1983), From Athens to Alexandria. Hellenism and Social Goals in Ptolemaic Egypt, Leuven.

Stavrianopoulou, Eftychia (2006), Gruppenbild mit Dame. Untersuchungen zur rechtlichen und sozialen Stellung der Frau auf den Kykladen im Hellenismus und in der Kaiserzeit, Stuttgart.

von Reden, Sitta (2007), Money in Ptolemaic Egypt, Cambridge.

Wissenschaft, Philosophie, Kultur- und Sozialgeschichte

Unerlässlich zur Gewinnung eines ersten Überblicks ist nach wie vor das zweibändige Werk von Schneider (1967/1969), eine knapper gehaltene, jedoch neuere Forschungen einschließende Darstellung hat Weber (2007) initiiert. Eine multiperspektivische Betrachtung der städtischen Institution des Gymnasions, die verschiedene Bildungsformen vermittelte, bieten Kah/Scholz (2004). Nilsson (1955) skizziert die Institutionen, Formen und Stufen des griechischen Schulwesens. Eine wichtige Quellensammlung zur hellenistischen Philosophie haben Long/Sedley (2000) zusammengestellt, die auch in einer deutschen Übersetzung vorliegt. Eine wichtige Einführung in die hellenistische Philosophie bietet Long (1986), einen Überblick über die damals umlaufenden Utopien Winiarczyk (2011). Die Rückwirkung der anfänglichen sozialen Außenseiterstellung auf die politische Theorie der hellenistischen Philosophenschulen hat Scholz (1998) untersucht, die inschriftliche Überlieferung zu den Philosophen Haake (2007). In die hellenistische Wissenschaftsgeschichte führt das Werk von Lloyd (2002) ein. Geus (2002) stellt ein biographisch gut dokumentiertes Beispiel vor. Die spektakuläre Reise eines Peripatetikers ins afghanische Ai-Khanoum erörtert Robert (1968).

Geus, Klaus (2002), Eratosthenes von Kyrene. Studien zur hellenistischen Kultur- und Wissenschaftsgeschichte, München.

Haake, Matthias (2007), Der Philosoph in der Stadt. Untersuchungen zur öffentlichen Rede über Philosophen und Philosophie in den hellenistischen Poleis, München.

Kah, Daniel/Scholz, Peter (Hrsgg.) (2004), Das hellenistische Gymnasion, Berlin.

Lloyd, Geoffrey (1973), Greek Science after Aristotle, New York.

Long, Anthony A./Sedley, David N. (2000), Die hellenistischen Philosophenschulen, Stuttgart.

Long, Anthony A. (1986), Hellenistic Philosophy, Berkeley.

Nilsson, Martin P. (1955), Die hellenistische Schule, München.

Robert, (1968), De Delphes à l'Oxus. Inscriptions grecques de la Bactriane, in: CRAI (1968), 416–457 = Louis Robert, Opera Minora Selecta V, 510–552.

Schneider, Carl (1967/1969), Kulturgeschichte des Hellenismus, 2 Bände, München.

Scholz, Peter (1998), Der Philosoph und die Politik. Die Ausbildung der philosophischen Lebensform und die Entwicklung des Verhältnisses von Philosophie und Politik im 4. und 3. Jh. v. Chr., Stuttgart.

Weber, Gregor (Hrsg.) (2007), Kulturgeschichte des Hellenismus, Stuttgart.

Winiarczyk, Marek (2011), Hellenistische Utopien, Berlin.

Hellenistische Literatur, Architektur und Kunst und das Nachleben der hellenistischen Kultur

Einen guten Überblick über die verschiedenen Gattungen hellenistischer Kunst bietet Pollitt (1986), eine Einführung in die hellenistische Baukunst Lauter (1986), in die plastischen Bildwerke Smith (1991), Andreae (2001) und Ridgway (2000/2002), speziell zur Rezeption des Alexanderbildnis und der Fortentwicklung der hellenistischen Herrscherdarstellung Smith (1988) und Stewart (1994), in die hellenistische

Literatur Zimmermann/Rengakos (2014) und in die Kunst des Epigramms Gutzwiller (1998). Das Nachleben einzelner Elemente hellenistischer Kultur und Bildung in den nachfolgenden Epochen der Antike nehmen schließlich die Werke von Bowersock (1990), Swain (1996) und Zacharia (2008) in den Blick.

Andreae, Bernhard (2001), Skulptur des Hellenismus, München.

Bowersock, Glen (1990), Hellenism in Late Antiquity, Ann Arbor.

Burn, Lucilla (2005), Hellenistic Art from Alexander the Great to Augustus, Los Angeles.

Gutzwiller, Kathryn J. (1998), Poetic Garlands. Hellenistic Epigrams in Context, Berkeley.

Lauter, Hans (1986), Architektur des Hellenismus, Darmstadt.

Pollitt, Jerome Jordan (1986), Art in the Hellenistic Age, Cambridge.

Ridgway, Brunilde S. (2000/2002), Hellenistic Sculpture, 3 Bände, Madison.

Smith, R. R. R. (1988), Hellenistic Royal Portraits, Oxford.

Smith, R. R. R. (1991), Hellenistic Sculpture. A Handbook, London.

Stewart, Andrew (1994), Faces of Power: Alexander's Image and Hellenistic Politics, Berkeley.

Swain, Simon (1996), Hellenism and Empire. Language, Classicism, and Power in the Greek World, AD 50–250, Oxford.

Zacharia, Katerina (2008), Hellenisms. Culture, Identity and Ethnicity from Antiquity to Modernity, Aldershot.

Zimmermann, Bernhard/Rengakos, Antonios (Hrsgg.) (2014), Handbuch der griechischen Literatur der Antike 2: Die Literatur der klassische und hellenistischen Zeit, München.

PERSONENREGISTER

Das Ortsregister finden Sie unter: http://www.chbeck.de/go/Hellenismus